饒宗頤國學院漢學譯叢

百歲選堂

現代日本中庸研究論文集

刁小龍 編譯

中華書局

本叢書出版承蒙「香港浸會大學饒宗頤國學院
— Amway 發展基金」慷慨贊助，謹此致謝。

目　錄

前言

回顧二十世紀日本學者探討〈中庸〉基礎性問題的代表性論文，並結合日本漢學在二戰前後的發展歷史，可知〈中庸〉等相關傳統經學研究在延續與深入近代日本漢學思考框架與研究方法的同時，也已轉型為立足於文獻實證基礎之上、深入結合社會歷史變動的思想概念發展的思想史研究。

〈中庸〉原是儒家經典《禮記》四十九篇之一。作為儒家道德經典論說，〈中庸〉很早就為世人關注。《漢書．藝文志》即有書名曰《中庸說》，或即為〈中庸〉之解說（亦有說謂即〈中庸〉篇）。至南朝宋戴顒則有《禮記中庸傳》二卷，此則〈中庸〉篇自《禮記》四十九篇中單行之肇始，其後梁武帝更有《中庸講疏》一卷、《私記制旨中庸義》五卷。三書皆見於《隋書．經籍志》而早佚。入唐則有李翺撰〈復性書〉，專論〈中庸〉大義。至北宋時，學者益重此篇，范仲淹、胡瑗、司馬光、程顥等學者皆為之注釋，後遂有朱熹賡續鴻業，撰定《中庸章句》。朱熹將此篇與〈大學〉篇一併從《禮記》中抽出，與《論語》、《孟子》並列，此即後世所尊崇之「四書」。

關於〈中庸〉之作者與成書，據《史記．孔子世家》「子思作〈中庸〉」，相傳為戰國之際孔子之孫子思所作。此說為一般學者所據信。不過，自宋代開始，對此說已有質疑。鄭樵《六經奧論》即疑此篇鈔自《孟子》，朱子再傳弟子王柏則著《訂古中庸》，將此篇分為〈中庸〉十一篇、〈誠明〉十一篇，而以為後者與〈中庸〉無關（見朱彝尊《經義考》卷一五三引）。日本江戶時期學者伊藤仁齋接踵王柏之說，著《中庸發揮》，以第一章為《樂經》之竄入，第二至第十五章為〈中庸〉本文，第十六章則非子思之文、自此至第十九章為漢儒雜記；第二十章以降為論誠之文，與〈中庸〉無涉。此後，大阪懷德堂三宅石庵、中井竹山、中井履軒則謂第十六章當接第二十四章下，是為錯簡。皆是先賢大儒含英咀華之後所發疑古之思。

呈現在讀者面前的這本小書，則是二十世紀現代日本學者〈中庸〉研究論文的譯文彙編。[1] 按照作品發表時間順序，最早的刊行於 1940 年代，最晚的則下至 1990 年代。相關內容討論則圍繞今本〈中庸〉的成書年代與篇章結構、內容主旨及其在中國古代社會思想史的定位等，而不涉及宋明理學相關論述及在日本之傳播受容、對日本思想史之影響等。回顧這一現代學術研究成果，從時間跨度而言承上啟下，繼承近代以來傳統論述而有益於今日及將來推進相關研究；從地域範圍而言則是漢語學界的他山之石，分析思考角度變化勢必導致考察結論迥異。

一

按照最初刊行時間順序，本書所收錄的作者姓名及篇題依次是[2]：

1. 武內義雄〈易與中庸之研究〉（1943 年）[3]

1　本書所收除武內義雄〈易と中庸の研究〉一篇曾以單本書籍形式出版之外，餘皆為單篇論文形式。

2　相關文章實際刊行以及本書編譯之所據具體出版資訊，請參看單篇譯文篇題下譯者說明。

3　武內義雄一書雖然初版於 1943 年，但是〈中庸〉相關論述的基本

2. 津田左右吉〈漢儒的著述方式——剖析《禮記》諸篇〉（中庸部分）（1940年）

3. 重澤俊郎〈子思學派〉（1949年）

4. 金谷治〈中與和〉（1951年）

5. 金谷治〈論中庸——其倫理的特徵〉（1953年）

6. 大濱皓〈中的思想——中庸與荀子所見〉（1954年）

7. 赤塚忠〈關於《中庸》「誠明」章〉（1961年）

8. 板野長八〈《中庸》篇的成書〉（1963年）

9. 赤塚忠〈《中庸》解說〉（1967年）

10. 島森哲男〈《中庸》篇的構成與其思想——尋求個體的方式〉（1974年）

11. 木村英一〈中國哲學中的中庸思想〉（1979年）

12. 金谷治〈心中之心——中國古代心理學說的展開〉（1987年）

13. 淺野裕一〈非受命聖人——《中庸》的編撰意圖〉（1989年）

14. 金谷治〈《中庸》之成書〉（1998年）

關於明治時期以來一百四十年間日本學者的〈中庸〉思想研究，臺灣大學佐藤將之教授曾有文，將其劃分為五個不同時段：一、明治維新以降三十年（1867–1900），二、大正時期

內容已見於氏著《老子原始》（1926年出版）一書附錄「諸子考略」之「子思子」中。《易と中庸の研究》一書則詳盡論述並補充了若干內容。因之，此處置於津田左右吉文前。謹此說明。又，武內此文曾收錄江俠菴編譯《先秦經籍考》一書，中冊之四書類，目錄改題〈中庸考（一名子思子考）〉，原文徑作〈子思子考〉，1931年由上海商務印書館出版。近年上海文藝出版社、北京國家圖書館出版社等皆有重印。

至昭和初期（1900–1922），三、昭和前期（1922–1950），四、昭和後期（1950–1998），五、1998迄今（2011），並以「建構體系」與「文獻解構」的描述進行回顧與總結。[4] 參考這一時期劃分，則此處所收錄論著涵蓋上述第三、四兩個階段在內。之所以在這一時間跨度範圍之內選擇上述相關討論，其根本原因在於，這一時期開始，日本學者〈中庸〉的相關研究進入到一個嶄新的階段。著人先鞭者即此處所收錄第一篇論著：京都大學學者武內義雄的〈易與中庸之研究〉。這一鴻篇迥異於其時日本學者傳統經學、儒學的〈中庸〉理解抑或藉助西方哲學思想闡發〈中庸〉道德倫理價值的論述，而是立足實證主義的文獻考證，考察〈中庸〉等四篇子思子著作及《易傳》等內容，質疑與否定今本〈中庸〉為子思之著述的傳統說法，勾勒出子思學派相關著作的思想發展歷程。自這一奠基性典範作品發軔之後，日本學者開始了嶄新的〈中庸〉研究篇章。

武內〈易與中庸之研究〉一文於1943年以同名書籍刊行，詳盡闡述了其關於子思學派學術思想發展的完整理解。是篇分為兩大部分，第一部分討論〈中庸〉及子思學派相關文獻，第二部分討論作者認為與子思學派關係極為密切的《易傳》。基於宋代學者王柏等人以及日本江戶時期學者伊藤仁齋等對於〈中庸〉文本的理解與批判，武內將〈中庸〉分為新（以誠為主題之後半，即〈中庸說〉）、舊（以中庸為主題之前半，〈中庸〉原本）兩個部分，內部章節也相應做了調整。在此基礎之上，武內考察傳統文獻目錄所記載的《子思子》內容——〈坊

4　參看氏著：〈「建構體系」與「文獻解構」之間——近代日本學者之〈中庸〉思想研究〉，收錄於《政大中文學報》第16期（2011年），頁43–68。

記〉、〈表記〉、〈緇衣〉與〈中庸〉四篇文字內容與形式差異，並結合前文所指出〈中庸〉新舊兩部分內容，揭示出子思學派內部由〈中庸〉本書（戰國前期）到〈表記〉、〈緇衣〉、〈坊記〉三篇（戰國末期、秦初），再到〈中庸說〉（秦始皇統一六國之後）的思想發展歷程。同樣基於《易傳》相關文字內容與形式考察，武內指出《易傳》從〈彖傳〉上下與〈象傳〉之〈小象傳〉部分（與〈中庸〉舊本時代相前後、戰國前期）到〈繫辭傳〉與〈心〉第一節（與〈中庸〉新本時代約同時代、秦始皇統一前後），再到〈說卦傳〉、〈大象傳〉、〈序卦傳〉與〈雜卦傳〉（時代最晚或有及至漢代者）的成書與思想發展歷程。他並認為，《易傳》當是戰國末年由子思學派所編訂的文獻，思想上與前揭《子思子》有相近之處。通過〈中庸〉與《易傳》的相關考察而描繪出子思學派歷史發展，再從這一結論出發，武內更發展出關於孔子之後儒學兩大派系的理解：即曾子／子思一系，從精神層面繼承孔子理論，發展行仁道學說；子夏／子游一系，從形式上繼承孔子學說，強調復禮。[5]

武內〈中庸〉研究基於中庸與誠的主題區別，提出今本〈中庸〉新舊二分說，舊的部分蓋子思或相近時代作者所作，新的部分則要遲至秦朝，從而否定了今本〈中庸〉為孔子之孫子思著述的傳統論說。儘管今本〈中庸〉的編輯成書年代，此後研究還有新的討論，但是今本〈中庸〉新舊二分說，則為此後眾多學者逐漸接受。稍晚於武內的重澤俊郎以及武內的弟子金谷

5　參看氏著《支那思想史》第三章，1936 年岩波書店出版。是書旋即由汪馥泉譯介至中國，改題《中國哲學思想史》，由商務印書館 1939 年出版。戰後改題《中國思想史》，近年或改題《中國哲學小史》（北京：民主與建設出版社，2017 年）、《中國思想簡史》（北京：北京聯合出版公司，2018 年）重新刊印。

治與島森哲男等論述都立足於武內研究的延長線之上。戰後不久，重澤〈子思學派〉一文即基於武內說這一學界共識（「學界定論」），考察〈中庸〉新舊兩部分的中庸、孝道、誠等概念，指出其論述對於儒家道德內容的抽象化概念發展。武內弟子島森則稍異其說，提出今本〈中庸〉為三部分構成說，新舊兩部分之間另有過渡部分文字。金谷治初承師說而作發揮，半個世紀之後又撰〈《中庸》之成書〉一文反思武內之說，指出新舊二分說界限並不清晰，相互呼應文字確實存在；遂從解構整體轉向建構統一，認為全篇以天命之誠為中心構成整體，彙編相關資料編纂而成。儘管結論認為今本〈中庸〉編纂於秦始皇至漢文帝之間，並未遠逾秦漢之際成書之舊說，實際或已摒棄乃師舊說，另立新論。

稍晚於武內此篇鴻文，早稻田大學學者津田左右吉在其〈漢儒的著述方式〉（〈中庸〉部分）一文中，[6] 同樣徹底否定了今本〈中庸〉為子思之著作的傳統觀點，認為其為不同短篇論述彌合雜湊而成，具有漢代著述的明顯特徵。儘管津田質疑與解構傳統的精神為後來學者所肯定與繼承發揚，甚至關於〈中庸〉成書年代也與此後研究結論相近似，但是此文的論述則鮮為學者們再度提及，或許這是因為津田反覆批判〈中庸〉篇中上下文概念與思路錯亂，反而頗令人質疑其前見太甚或過於追求己見，以至於並無實質建設性意義所致。

不同於武內的新舊二分說的學者，主要有赤塚忠、板野長八與淺野裕一等三位學者共四篇文字。三人各自從不同的角度出發，申論今本〈中庸〉為完整的篇章結構及其相關內容主旨。

---

6 津田左右吉死後，生前論著結集為《津田左右吉全集》二十八卷，別冊五卷，補卷二卷。著述宏富，影響深遠。

赤塚忠兩篇論述側重各有不同，一則是對於相關篇章解釋，一則是對於〈中庸〉全篇的考察，然而主要學術觀點本質相通，不妨合而觀之。前者〈關於《中庸》「誠明」章〉針對新舊二分說認為中庸與誠當為兩部分主題內容核心思想，據此二分今本〈中庸〉的基本觀點，則試圖闡明中庸與誠之間的關係：即中庸與誠皆與道相關。誠如此，那麼強行以中庸、誠分割今本〈中庸〉為兩部分當然也就無所據了。赤塚認為，〈中庸〉所論述儒家道德思想，其普適性（普遍合宜屬性）乃在於中庸，其形而上的形式表達與形而下的個體實踐相對立，〈中庸〉誠明章撰述之目的即為化解這一矛盾。尋求從個體的人性來理解這一普適性，這一人性即為〈中庸〉之誠。是以將形式上的普適性與道德實踐中的自我自主自律二者相結合，而形成儒家的道德實踐原論。〈中庸解說〉一文則基於上述以道貫穿中庸與誠的觀點而廣為擴展，一方面從文獻目錄學角度質疑武內以來對於《中庸說》一書的解讀，另一方面廣泛考察先秦時期文獻與思想，檢討了相關「中」的系譜、道與道家之道、誠之系譜與〈中庸〉之誠的意義，並對〈中庸〉全篇進行了重新建構和解釋說明，同時也依據篇中相關文字討論了其成書年代問題。結論認為〈中庸〉的編輯是秦代儒家對道家思想的吸收與反駁，闡明自思孟學派與荀子學派以來儒家道德的著作。前揭武內及其後學研究的觀察，著眼於〈中庸〉行文中的前後思想內容差別，赤塚文章則是基於思想和哲學體系對於今本〈中庸〉進行建構和闡述。二者立論不同，結論亦懸絕。板野長八的〈中庸〉整體論詮釋則不同於此。雖然同樣是立足〈中庸〉具體文本分析、並考察戰國至漢初相關文獻的思想發展，板野論文〈中庸篇的成書〉則基於今本〈中庸〉來討論其中相關思想形成發展及其與時代之間的關係，解釋戰國至漢初儒家文獻如何發展自身理論以適應從封建制向郡縣制轉型的時代需要，並最終為政治政權所利用。這一長文分為兩大部分，第一部分為〈中庸〉篇之概觀，結合具體文字訓詁與文本分析，探討全篇結構；第二部分為〈中庸〉篇之位置，考察孟子、荀子，及《孝經》、《呂氏春秋》、《易傳》、《荀子．樂論》與《禮記．樂記》、《韓詩外傳》至《春秋繁露》與董仲舒（對策）的學術思想史發展，明確〈中庸〉篇以歷史定位。在第二部分，板野主要圍繞關於性的基本屬性、性與情之間關係、天人關係、同類相引或感應的巫術性質與道德屬性的聖人君主理論、禮樂理論——尤其對於樂的突出重視，以及人性內在化理論探討等命題，辨明相關文獻之間論述差異，並結合政治、社會發展試圖給予合理性解釋。板野文中，就戰國至秦漢之際儒道兩家思想理論相互影響與發展有深入探討，並對眾多重要典籍進行了深入細緻的考察與討論，幾近於斷代的思想史書寫。淺野裕一的論文〈非受命聖人——中庸的編撰意圖〉寫作晚於上述兩篇文字，而與此前論述又不相同。針對武內以來文獻解構與赤塚哲學性建構論述，淺野在行文之初，旗幟鮮明地批判了二者在方法論上都忽略了文本撰述意圖。基於近年出土的帛書〈五行〉篇相關文字，淺野對於〈中庸〉中的重要概念「慎獨」重新進行解讀；在此基礎之上，以〈中庸〉全篇的撰述意圖——調和儒家以有德聖王君臨天下的歷史為依據、鼓吹德位相配理論與孔子有德無位（即「未受命之聖人」）二者之間的矛盾——為視角重新詮釋〈中庸〉。特別在此處附加說明的是，淺野並未在最初發表的論文中表明其關於〈中庸〉成書年代的看法。然而此後作者稍事修訂，將該文收錄至《孔子神話——作為宗教的儒教之形成》第三章之中，則將〈中庸〉置於孟子之前，並在〈中庸〉一節的最末明確指出「（〈中庸〉）或在孟子之前、或與孟子同時成立」。[7] 結論無疑近於子思作〈中庸〉的傳統說法。作為同一時代的學者，赤塚著眼通過論述中庸與誠兩個概念之間的邏輯聯繫，構建起今本〈中庸〉哲學思想的一體性闡釋；板野則從社會與思想互動的角度，將思想史與政治史、社會史相結合，通過考察相關概念的歷史發展，詳細描繪出戰國以來儒家基於不斷汲取其他派別思想而發展出戰國末期秦初的〈中庸〉思想的軌跡。尤其是板野的這一社會思想史研究方法，[8] 延續了二戰以前日本漢學研究中國哲學或思想與歷史中與社會學研究相結合的方法，[9] 也對戰後相關研究影響深遠。這些論述

---

7 參看氏著：《孔子神話——宗教としての儒教の形成》（東京：岩波書店，1997 年），頁 75。此後淺野對此說仍有申述，認為〈中庸〉成書在戰國前期。參看〈新出土資料と諸子百家研究〉一文，收錄於《中國研究集刊》別冊特集號（總 38 號〔2005 年〕），頁 65–114。

8 板野長八在其《中國古代における人間観の展開》（東京：岩波書店，1972 年）一書自序中，明確表達要嘗試尋求將「思想的發展與相關政治、社會形勢以及思想家立場、態度相關聯」。板野出自日本漢學兩大重鎮之一的東京大學。此文在其歿後，收錄其弟子所編氏著《儒教成立史の研究》一書，並請其好友東京大學西嶋定生作序。是可視為東京大學漢學研究代表。近年其弟子所編定另一本文集《中國古代社會思想史の研究》（東京：研文出版，2000 年），書名最得其研究方法之神髓。另一漢學重鎮的京都大學則有小島祐馬強調從社會史、經濟史的角度考察中國思想發展。參看小島祐馬：《中國思想史》（東京：創文社，1968 年）之〈序說：中国思想史の意義ならびにその研究資料〉相關論說。

9 社會學方法研究古代中國（思想）或以深受河上肇影響的京都大學小島祐馬最為出名，而坂出祥伸則在〈我が国に於ける中国哲学研究の回顧と展望（上）〉（《關西大學文學論集》第 26 卷第 1 號〔1977 年〕）一文中指出，遠藤隆吉（1874–1946）即已使用社會學方法研究古代中國，乃小島祐馬等先驅者。町田三郎亦有類似敘述。參看劉岳兵：《日本近代儒學研究》（北京：商務印書館，2003 年），頁 149 腳注。

都在不同層面促進相關研究的廣度與深度拓展，深化了思考本身與研究對象的內涵。

與此同時，也不難發現，西方哲學與思想與東方儒家思想的比較研究方法在日本漢學研究中更趨深入，[10] 而不再是簡單的概念比附或生搬硬套。類似的論述也散見於金谷治這樣以文獻考證著稱的學者的相關論述之中。如金谷治在〈論中庸——其倫理的特徵〉一文中指出，中庸作為儒家的倫理學思想，始終不離具象，具有鮮明實踐性特徵。這一論述顯然不是無的放矢，蓋即以西方倫理學思想為討論背景；其〈中與和〉則認為，本質上中與和是同一概念的不同表達，中經由理性自覺而從和發展而來；相對於和作為直觀感性的概念，中則認識到對立事物存在，更為理性。這些論述顯然也有別於傳統的字詞訓釋。

東西方思想與哲學的比較研究，更為明顯的則見於大濱皓與木村英一的相關〈中庸〉論述。有別於前揭諸文相對側重文本批判、文獻研究的考察，大濱皓與木村英一的兩篇論文轉向更具邏輯論理與思辨哲學特色討論。不同的是，前者立足〈中庸〉文中基本概念之微觀考察，更側重勾勒出概念的變化發展：通過與《荀子》相關概念之比較，以釐清思想內在的邏輯性聯繫，確定〈中庸〉在思想史上之定位，邏輯論理的意味濃厚。後者著眼於世界哲學或思想、宗教的宏觀比較，辨明中國哲學或思想的特異之處，以及〈中庸〉篇所論中庸思想在

10 漢學一詞在中、日文以及歷史語境之下意義分歧而有諸多指涉，本文不擬深入，用《現代漢語詞典》中「外國人指研究中國的文化、歷史、語言、文學等方面的學問」一般性釋義。參看李慶《日本漢學史》(上海：上海人民出版社，2010 年) 前言中第一部分討論。

中國思想史上的意義。木村論文的宏觀視野實為日本漢學研究所罕見。在〈中國哲學中的中庸思想〉一文中，木村認為，中國哲學或思想有別於世界其他地區或側重科學的、外在的自然哲學，或側重宗教的、神的哲學，而是通過良識試圖認識人的哲學。作為尋求人之為人的哲學表達，中庸乃是仁的另一種表述。這一思想所表明的是從現實中把握世界而非通過外在的對象化，是人之為人的生存方式。

相關論文中所見二十世紀日本學者對於中國典籍的深度思考和涉獵之寬度，時至今日仍有不少有參考意義的討論。如關於中國哲學合法性的問題，即中國有無西方意義上的「哲學」，一直以來同樣也是日本學者所關心的問題。作為漢學家的木村英一對此亦有相當自覺與反省，其文中指出：「有論者認為，（作為中國人所特有的認識能力的）良識或實踐理性固然遵循合理性而展開，其為合目的性亦即目的合理性，而非科學的理論合理性，因此不堪冠以哲學之名。就此意義，不名之為哲學而稱之為思想似更合宜。此處不拘於此，方便起見仍稱為哲學。所謂『中國哲學』也是指這一意義而言。」由此可知木村英一對於中國哲學本質的理解。[11] 又如，考察〈中庸〉思想

11 木村英一為小島祐馬弟子。小島祐馬對於中國有無西方意義上的哲學問題，曾謂「西方的哲學概念，不等於哲學之為哲學的本質概念」，而所謂的「哲學」概念，應該加入東方諸地區諸文化的主要思考方式，加以新的定義（轉引自李慶《日本漢學史》第三部第五編第六章「哲學、思想史和宗教研究的主要學者」之「木村英一」條，頁 191）。據此，可知此處木村英一的觀點與乃師相同。這一論述更可以追溯至京都學派創始人狩野直喜，狩野即一再強調「中國哲學」並非「西洋哲學」定義下的哲學，並以「中國哲學」統稱中國傳統之經學、朱子學、宋明理學等學問。參看劉岳兵《日本近代儒學研究》第五章「狩野直喜論」相關論述。

發展所涉及荀子性論問題，大濱皓在文中，轉引竹岡八雄觀點認為，荀子並非持簡單的性惡論，不僅每言性惡必有「其善者僞也」之附文；[12] 又指出《荀子》他處文字也表明「性不過是人格形成的素材而已」。據此言之，大濱皓所理解荀子性論當是二元論。板野長八文中也有相關論述，否定荀子持性惡論之說，更指出荀子性論與天人關係論之間的密切聯繫、與戰國之際政治、社會轉型的密切聯繫，這些考察對於荀子性論的研究與理解或不無裨益。[13]

二十世紀七十年代以來，中國大陸出土簡帛所載典籍與文書不斷湧現。其中，1993 年在湖北省荊州郭店出土的戰國竹簡典籍中有整理者題名為〈性自命出〉一篇，部分內容與〈中庸〉文字相近，遂有中國學者根據考古研究對於出土墓葬、陪葬品等綜合判斷，認為相關竹簡時代為戰國中期偏晚而早於孟子時代，屬於思孟學派文獻。據此重新討論〈中庸〉一篇的成書年代及相關思孟學派思想，提出改寫早期中國思想史與學術史之建議。此後上海博物館收購一批戰國竹簡，其中也有內容與〈性自命出〉基本相同的〈性情論〉一篇。本書中的淺野裕一教授即有相同的認識，基於這一出土竹簡年代認定，進行傳世文獻之考察。此處〈中庸〉論文即為一例。[14] 相比之下，大

12 據大濱皓所引，此說出自竹岡八雄〈性惡論の問題〉一文，《東洋の文化と社會》（1953 年）所收錄。

13 日本學界對於荀子性論研究的總結與回顧，參看橋本敬司：〈明治以降の『荀子』研究史——性說、天人論〉，《廣島大學大學院文學研究科論集》第 69 卷特輯號（2009 年）。

14 淺野氏另有〈《中庸》「誠者天之道也」再考——以其與《五行》之關係為中心〉一文，同樣基於出土文獻以解讀〈中庸〉內容，中譯文見《饒宗頤國學院院刊》第四期（談仁譯，2017 年）頁 137–158。收錄於氏著：《消えた轍——古代中国の面影》（京都：朋友書

多日本學者之理解則有別於此。池田知久、金谷治等學者或認為〈性自命出〉（包括上博簡〈性情論〉）的成書年代當在戰國末期，[15] 或認為其與〈中庸〉思想雖有相近而其主旨則有別。[16] 日本學者對於傳世與出土文獻研究的審慎態度，可見一斑。[17] 相關學術研究與討論還在逐步展開之中，一時不易遽定是非。因其相關論說已進入二十一世紀而逾出此處時間跨度，容俟異日再作彙編整理，呈諸讀者。

二

二十世紀以來的日本學界作為世界漢學領域研究之翹楚，在相關領域引領風騷，飲譽至今。相關研究成果至今仍然值得包括漢語圈在內的學界同仁認真面對，汲取精華。本書〈中庸〉之相關研究即為例證之一。與此同時，作為曾經深陷變革與動蕩、乃至戰爭之中的東亞諸國、地區的當代學者們，撫今追昔

店，2020 年），筆者未見。

15 參看氏著：〈郭店楚簡中〈性自命出〉篇中的「道之四術」〉，收錄於曹峰譯：《池田知久簡帛研究論集》（北京：中華書局，2006 年）。

16 參看金谷治：〈楚簡「性自命出」篇の考察〉，《日本學士院紀要》第 59 卷第 1 號（2004 年），頁 65–114。

17 此處可以末永高康〈《禮記・中庸》の誠について〉一文為例。末永從武內義雄今本〈中庸〉二分說，結合出土文獻〈五行〉、〈性自命出〉等內容考察指出，〈中庸〉新本不少內容蓋出自子思，但其著述體例與〈中庸〉舊本、〈緇衣〉、〈坊記〉、〈表記〉三篇迥異，是難視其為子思所作，蓋出自其後學之手而在《孟子》之後。混合新舊本為今本〈中庸〉的形式其可能性仍以秦漢之際為最。其文收錄於小南一郎編：《京都大學人文科學研究所研究報告：中國の禮制と禮學》（京都：朋友書店，2001 年）；後收錄於氏著：《性善說の誕生——先秦儒家思想史の一斷面》（東京：創文社，2015 年）第六章。

之際，對於二十世紀日本漢學的理解，也不能僅僅關注其作為表象的學術成果，或許還需要做更多深層與全面的觀察。所謂「頌其詩，讀其書，不知其人，可乎？是以論其世也」（《孟子．萬章下》），蓋即此旨。因此，下文在大致勾勒二戰前後日本漢學脈絡的基礎上，以本書之儒家經典文獻相關研究為中心，考察其研究思考框架與研究方法之發展與延續。試論之如下。

對於近代以來的日本漢學研究，一般以二戰戰敗作為標誌，將其劃分為兩個階段：戰前的日本漢學研究主觀或客觀上服務於日本近代民族國家的東亞侵略戰爭，是所謂「御用學術」；戰後的日本中國研究則與之決裂，反省蛻變再重新起步。這一劃分著眼於二戰前後日本漢學與政治之間聯繫、研究宗旨之區別，固然有理；然而若從日本漢學戰前戰後內在邏輯言之，或有可商。回顧百餘年來的日本漢學，其肇始當推東京大學和京都大學兩個漢學重鎮的建立，其主要流派也以東京與京都為各自中心。[18] 其學術起點則是德國蘭克史學實證主義的接受與化用，日本傳統漢學遂得以改良，這一過程依次體現在東洋史（中國史）、中國哲學史、中國文學史，最後則是經學史。[19]

---

18 嚴紹盪認為日本戰前「中國學」研究主要流派有以東京帝國大學為中心的「新儒家學派」、京都帝國大學為中心的「實證學派」以及白鳥庫吉、津田左右吉等人為首的「疑古學派」三派。關於嚴氏學派定名之商榷，參看劉岳兵《日本近代儒學研究》相關討論。嚴說見氏著《日本中國學史》及《日本中國學史稿》相關章節，前者係季羨林等主編《東方文化叢書》（南昌：江西人民出版社，1992 年）之一，後者係閻純德等主編《列國漢學史書系》（北京：學苑出版社，2009 年）之一。

19 參看金培懿：〈捐棄舊名，汰換故技，化成新學——戰後日本經學最先著手近代漢學研究的，是以服部宇之吉等為首的東京大學漢學研究。東大漢學積極綜合運用西洋哲學、歷史學、社會學等觀念和方法系統改造傳統漢學、儒學；服部關於儒學的闡釋、對於孔子教的提倡，都有著明顯為現實政治服務的傾向，秉承明治以來國家「忠君愛國」的儒教意識形態，是服務於國家的官學形態。前揭佐藤將之論文中指出，明治維新之後至1920年代的日本〈中庸〉論著，多以傳統漢學訓釋或東西比較哲學式論述讚頌〈中庸〉所見儒家倫理道德，即是此旨。不滿於這一衞道主義立場，遂有白鳥庫吉與津田左右吉等「批判」型與京都大學「考證」式漢學研究。這一立場變化即實證主義研究在漢學領域的運用及深入。作為實證主義的東洋史學者，津田繼承乃師白鳥庫吉的「疑古主義」文化觀念以及「文本批判」的文獻學方法，將其移用至中國古典文獻考察。雖然與服部等同為近代（西方）學術的產物，津田則批評前者缺乏客觀、無批判地以傳統或西方哲學方式闡釋與宣揚儒家道德，明言要以「現代意義」進行「（中國相關）學問研究」。[20] 津田受乃師及蘭克史學影響，盡棄傳統漢學者與中國思想研究者多依賴典籍解釋或傳統訓詁注釋方法，而轉向從典籍書寫者的階級屬性、心理層面來考察中國思想與文化，因而批判儒家學者因功利主義、追逐名利而缺乏純粹的治學之志，遂致其對中國文化、思想評價過低，也對儒家文獻批判有失允當。前揭津田的〈中庸〉闡釋文字中所見其解構性論述正當作此觀。

研究法之摸索發展與走向〉相關敘述，《東方學報》（京都）第93冊（2018年），頁156。

20 津田左右吉的漢學研究，可參看前揭村山文。又中文研究參看劉泙：《津田左右吉研究》（北京：中華書局，2004年）相關論述。

同樣不滿於比較哲學式或情感式傳統漢學理解與闡述，稍後成立的京都大學文學部為對抗東京大學，以狩野直喜為首，確立起「京都支那學」發展格局，旨在對中國古典進行歷史的、客觀的、實事求是的「第三者的立場」的研究。狩野本人思想相對守舊，政治主張保守，學術傳承多於創新。其方法論研究十分重視實證主義研究的考證，此或與其在東京大學所接受學術訓練不無關係。稍後，京都大學「支那學」的中堅學者小島祐馬、本田成之、[21] 武內義雄等人無不親炙之。[22] 武內義雄的〈中庸〉研究即是以文獻學考證立論。武內弟子金谷治的文獻學考證也可見影響所及。

實證主義研究理念，對於京都大學「支那學」或對於前揭白鳥、津田等人而言，並無不同；二者區別在於：白鳥、津田多疑、多否定、多解構，而京都大學「支那學」重在立、重肯定、重在建構——對中國古代或古典世界的理想建構，這與「支那學」的另一研究方法有莫大關係。

考證學方法之外，京都大學「支那學」眾學者更受到另一位「京都支那學」巨擘內藤湖南的研究方法論影響。內藤年輕

---

21 本田成之：《支那經學史論》，東京弘文堂 1927 年刊行，1929 年再版，1940 年更重刷至第四版，在日本戰前流傳極廣。孫俍工中譯本改題《中國經學史》，由中華書局 1934 年出版，次年再版，近年大陸還有出版社（上海書店出版社 2001 年，灕江出版社 2013 年）重新刊印。

22 以上京都大學「支那學」論述參看劉岳兵《日本近代儒學研究》第五章「狩野直喜論：中國古典解釋學的現代復興」。又見其〈論「京都支那學」的開創者——狩野直喜的思想與性格〉一文，收錄於韓東育主編：《本體的解構與重建——對日本思想史的新詮釋》（上海：上海科學院出版社，2005 年）。

時，即接觸江戶時期佛教學者富永仲基之學，此後遂在清朝考證學之外，更將其「加上法」——後來思想學說在既有思想學說的基礎之上再做疊加——的思想史方法，移用至東洋史（中國史）研究。受到內藤湖南之影響，武內義雄乃有將考證學與富永仲基研究法加以結合的想法。武內在昭和十四年（1939）題為〈關於富永仲基〉的演講中即明言：「那時（聽到內藤湖南介紹富永仲基）多少感到了考證學的危機。覺得那樣做精細的考據是難以開掘出更大的學術路子的。那麼，若將仲基的研究法和考證學折中起來，我覺得這可以給至今為止難以發展的研究投入新的曙光的。」[23] 不僅如此，武內退休之後，應後學之請撰作《支那學研究法》一書，闡述中國古典研究方法，除了強調基本文獻學研究的文字訓詁、目錄、版本、校讎、輯佚等方法之外，還特地提及富永仲基的這一「加上法」，可見其受到內藤湖南影響之深。[24] 其在〈易與中庸之研究〉一文中對於子思學派思想發展歷程的論述，不難發現考證法之外於「加上法」的運用。考證作為方法，其討論的對象大多是局部或細節性知識；於更為宏觀知識體系建構而言，「加上法」則作用更為重要，意義更為重大。正因此，子安宣邦指出：「這種對仲基的再發現，同時也宣告了與近代日本盛行的『西學』相對

23 武內義雄之受到內藤湖南影響，參看子安宣邦〈近代知識與中國觀〉一文中關於武內義雄相關論述，收錄於氏著，趙京華譯：《東亞論——日本現代思想批判》（長春：吉林人民出版社，2004 年）引文見頁 180。

24 中嶋隆藏在〈金谷治先生の治学方法〉一文中，指出金谷治繼承武內義雄所提倡「加上法」，並以金谷《管子の研究》為例，可見其學系之傳承。中嶋文收錄於《臺灣東亞文明研究學刊》第 4 卷第 1 期（2007 年），頁 165–177。

抗的『支那學』的成立」。[25] 不過，這一志在所謂客觀、科學、純學術的京都學派，實際也未能倖免於戰爭意識形態污染。內藤湖南的東洋文化中心轉移說，即中國文明衰退、文化中心東移日本，以及小島祐馬中國思想史研究論述中漢代以降中國思想停滯論，實則都成為落後保守的中國應該接受日本征服與引領的邏輯論據。

戰後日本漢學界對於戰前的御用學術進行了反省與決裂。日本漢學隨之開始側重現代中國、中國革命等研究。與之相對的是，中國古典與儒學相關研究則逐漸式微，本書所收錄〈中庸〉研究論文數量在 1960 年代之後急劇減少，某種程度上即戰後學術轉向的直接體現。同時，戰爭前後，學界外部的日本政治體制變化也影響至日本漢學研究：其問題意識、研究宗旨等都明確區別於戰前，一變為在東西方冷戰衝突背景之下：「努力從亞洲歷史脈絡出發觀察中國或通過中國革命重新思考亞洲現代性問題」、「以反思西方現代性和追尋亞洲殖民地的真正解放為目標」。[26]

不過，斷裂與巨變的表象背後，依舊可見的是批判繼承之下的延續。[27] 這一延續性或可從漢學研究的基本思考框架與研

---

25 子安宣邦：〈近代知識與中國觀〉，《東亞論——日本現代思想批判》，頁 183。

26 趙京華語，參看其〈在東西兩洋間重述「中國」——近代日本的東洋學／中國學〉一文，收錄於《文化縱橫》2017 年第 2 期。

27 子安宣邦曾將近代日本進入歐洲中心的「世界史」歷程，劃分為三個時期，分別以 1850 年、1930 年、1980 年為轉捩點，指出 1945 年是「一個應該轉折卻沒能很好實現其轉折」的時期。可為此處所論之參考。參看氏著〈巨大的他者——近代日本的中國像〉一文，《東亞論——日本現代思想批判》，頁 85。亦見同書〈「世界史」與亞洲、日本〉一文相關論述。

究方法兩方面得以印證。

二十世紀初期日本近代漢學之中史學、文學與哲學學科的確立，成為與西洋學、日本學相並列的新興教育體制學科，由此開始，構建起西洋（歐洲）與反西洋／東洋（亞洲）的二元思考框架，而位於非西洋／東洋（亞洲）的日本則有著近代西洋（歐洲）的社會制度、文明屬性與迴別於古代「專制」、「停滯」的東洋。[28] 這一思考框架與近代日本帝國主義亞洲殖民擴張的邏輯正相同步，以中國為中心的（儒家思想為核心）東洋（文明）研究則具有雙重意涵：一則以此為核心對抗西洋，再則作為東洋（亞洲）與日本之間的紐帶。日本傳統漢學對於傳統儒家文明的正面闡揚，內藤湖南的文化中心轉移論的曲折詮釋，其深層所指即當作此觀。津田左右吉的國民主義的近代日本世界，則在排斥與拒絕中國思想的同時，接受西洋文明並堅信其普遍屬性；[29] 其漢學研究因緣於此，是以就其思考框架實質並未突破東洋與西洋二元論模式。戰後的日本漢學基本立場與學術傾向發生了根本改觀，效法西方高校重新建立了相關地域研究。不過，其東洋史（中國史為中心）論述框架或依舊在

---

28 子安宣邦指出，日本近代「支那學」的理論基礎與認識構架的關鍵因素乃是黑格爾歷史哲學中「停滯的帝國」這一中國觀，是以實質上與帝國日本殖民主義的東亞戰略同步。參看氏著：〈黑格爾「東洋」概念的緊箍咒〉一文，收錄於《東亞論——日本現代思想批判》，又可參看趙京華：《日本後現代與知識左翼》（北京：生活·讀書·新知三聯書店，2007 年）第三章「思想史和文化研究視野下的日本與東亞」相關論述。

29 參看增淵龍夫：〈日本の近代史学史における中国と日本——津田左右吉と內藤湖南〉第一部分津田左右吉相關論述，頁 47，收錄於氏著：《歷史家の同時代史的考察について》（東京：岩波書店，1983 年）。

西洋、東洋的二元模式之中，[30] 中國思想、哲學研究也與之同調。前揭〈中庸〉相關論文中，無論哲學性論述中尋找中國「哲學」或「思想」定位（木村英一），抑或有別於西方的實踐性倫理性思想闡述（金谷治），無不是這一思考框架之下的具體展示，實是一脈相承。值得注意的是，無論戰前戰後這一思考框架都有別於歐洲中心主義論調，超越狹隘民族主義論述，其正面意義與價值或不容徹底抹殺。

思考框架之外，戰後日本漢學很大程度上也承繼了戰前的具體研究方法。就傳統經學研究而言，可從實證主義與社會科學研究方法兩方面加以印證。

至戰後，日本漢學研究的實證主義研究更為加強，更強調客觀化、科學化，使得戰前研究方法相當程度上得以繼承乃至深化。相對擺脫政治意識形態影響之後，日本漢學也於戰前文獻考證研究方法有所推陳出新。實證主義考證的研究方法，自戰前以來即是日本學者最稱著者。舉凡相關中國研究大多立論言無虛發，信而有據。至於〈中庸〉等中國哲學、思想研究方面，戰後的五六十年代更加以有意識方法總結，從而逐漸發展

30 此處可以戰後東京大學西嶋定生與京都大學宮崎市定的東亞史研究為例。前者，受到馬克思主義歷史學影響，西嶋定生揭示出在古代世界帝國（共性）之中的東亞地區以中國為中心、冊封體制為特徵的東亞史（個性）叙述框架。就其實，仍籠罩在黑格爾歷史哲學—馬克思主義歷史學這一西洋（歐洲）／東洋（亞州）二元模式的視野之下，觀察東亞與中國。後者，宮崎市定明確提出東亞／西亞／歐洲三個世界的東洋史（中國史）論述架構。內容有所擴充、結構也有所突破，而西洋／亞洲（東亞＋西亞）的二元論思考模式的痕跡依舊可循。關於近代以來日本史學研究的以中國為中心的相關思考框架，參看黃東蘭：〈作為隱喻的空間——日本史學研究中的「東洋」、「東亞」與「東部歐亞」概念〉，《學術月刊》2019 年第 2 期。

與形成嶄新的「文本整理」與「文本批判」方法。前者指搜集古代典籍中的重複言說、論說，加以比較檢討，訂正今本錯訛脫漏；在此基礎之上，從思想史角度出發，加以再比較研究，考察相關思想或書籍的原初樣態。而為推進這一「文本整理」，勢必需要對前者的文本加以比較，同時必須邏輯地思考文本接續之間「內在意義」、文章結構等，以疏通文本內在邏輯的理論脈絡——即後者所謂「文本批判」。[31] 以本書所收錄〈中庸〉相關研究為例，金谷治、板野長八、赤塚忠等論文在考察相關「中」、「中庸」、「誠」的概念時，對於相關思想考察無不立足文獻以追溯語源，訓詁比義，思考其邏輯發展，從而實現「對核心概念語彙意涵的歷史性衍義變遷史」研究。[32]

細繹這一戰後中國哲學、思想研究的方法論，不難發現其立足實證主義文獻研究而歸結為思想史研究之性質。若對比戰前以考證學著稱的京都大學「支那學」傳統經學研究，則其間的傳承亦一望可知。內藤湖南在其名篇〈尚書編次考〉中謂：「實際上批評先秦古書的方法，與其去追溯古書中的事實，不如去尋找引起事實變化的根本思想的變化，除此之外別無他法。」[33] 此即清晰表明，其闡釋儒家經典並非關注經典古書中記載史事（東洋史、中國史研究內容），而是考察其所記載史

31 參看前揭金培懿論文，頁 129–130。

32 參看前揭金培懿論文，頁 126。

33 此文初見《支那學》第 1 期第 7 號，後改名〈尚書稽疑〉，收錄於氏著《研幾小錄》，又曾改名以《支那學叢考》出版。見於江俠菴編譯：《先秦經籍考》（上海：商務印書館，1931 年）。此處參考子安宣邦〈近代知識與中國觀——「支那學」的成立〉一文中趙京華譯文，文字與前者略有不同，收入氏著：《東亞論——日本現代思想批判》，頁 195。

事（變化）相關之思想（及變化）。歸根結底就是思想的變化歷史考察，即思想史。易言之，戰後日本漢學傳統經學研究承繼戰前實證主義文獻研究方法，而加以昇華，內涵更為豐富，思想史研究性質也更為明確。

此外，戰後日本中國學研究還延續了戰前社會科學研究方法。伴隨近代以來西方學術引進，社會科學方法即引入至傳統漢學研究。服部宇之吉曾運用社會學、倫理學等詮釋儒家經典，[34] 京都大學「支那學」則有小島祐馬等提倡「社會科學的立場」。[35] 及至戰後，隨著「社會發展史學派」與「社會科學學派」的盛行，尤其前者主張「超越儒學的範圍，而將哲學、歷史、文學與其他廣泛的文化現象、經濟現象聯繫起來考察」，[36] 使得社會與思想的結合研究更為深化與普及。進入 1960 年代後，傳統儒家經典研究經歷過戰後調整，舊有的「經學式」研究已過渡、轉型及打破經學中經書、注疏的藩籬，注重從外部歷史、社會、政治、制度、民俗、宗教等視角加以客觀、科學、有機地考察。[37] 京都大學池田秀三更具體指出，（戰後）日本的經學研究，就是經學的思想史研究：「凡是經學的思想

34 嚴紹璗《日本中國學史稿》第十八章「戰後日本中國學的基本態勢」相關論述。

35 小島祐馬相關學術研究特點參看劉岳兵《日本近代儒學研究》第三章「小島祐馬論：『共同社會』——大同理想的再興」。

36 此處學派及相關說明參看嚴紹璗《日本中國學史稿》第十八章「戰後日本中國學的基本態勢」，頁 453 闡述。需要指出的是，二者作為日本漢學研究方法戰前皆已有之。子安宣邦即指出，昭和初期（1930–40 年代）為「東亞新秩序」的帝國主義戰爭之需，包括「馬克思主義學派的中國、亞洲社會科學分析家們」都被動員起來參與其中。參看氏著〈昭和日本與「東亞」概念〉相關論述，收錄於《東亞論——日本現代思想批判》。

37 參看前揭金培懿論文，頁 126。

（史）研究，大多都是圍繞著政治、社會思想的層面。」[38] 正是此說絕好印證。本書中所收錄板野長八的〈中庸〉研究即明顯體現出這一社會思想史研究方法。即使是以考證見長的金谷治、島森哲男等考察〈中庸〉文字，也不難窺見將思想與社會發展相結合的嘗試。

結言之，戰後日本漢學研究、傳統中國古典文獻與儒家典籍等研究，其思考框架與具體研究方法等在批判繼承、深入發展之中，與戰前漢學研究有著密切聯繫。中國傳統經學研究也在這一過程之中成為基於客觀文獻考證立場而形成具體的「文本整理」與「文本批判」方法，並結合政治與社會思想層面研究的客觀、科學的思想史研究。與此同時，〈中庸〉等中國傳統經學研究有其實，卻不再有其名，成為綜合性的思想史研究，這一研究態勢一直延續至今。

本書旨在將二十世紀日本學者〈中庸〉相關研究的重要成果介紹給廣大漢語圈讀者。以上略就本書所收錄論文的內容與特點、以及相關日本漢學、中國研究發展背景等略作說明。更願讀者展閱原文，窺其討繹之究竟。若能為相關研究提供一二參考，則欣慰之極。

補記：

本論文集中原預定收錄的論文：大濱皓〈中的思想——中庸與荀子所見〉（1954 年）與木村英一〈中國哲學中的中庸思

---

38 池田秀三，石立善譯：〈經學在中國思想裡的意義〉，收錄於彭林主編：《中國經學》第十四輯（桂林：廣西師範大學出版社，2014 年）。後收錄於童嶺編：《秦漢魏晉南北朝經籍考》（上海：中西書局，2017 年）。此處引文據後書頁 49。

想〉（1979 年）兩篇，因相關版權問題，最終不得不放棄，相關內容與學術史意義介紹請參看本文所述。

除此之外，本論文集另收錄了金谷治〈心中之心——中國古代心理學說的展開〉（1987 年）一文，此處一併略加說明。

該文中，作者主要圍繞僅見於《管子》一書的「心中之心」概念，深入討論前後兩個不同「心」所對應的內涵，並對比孟荀、老莊等儒道兩家相關論述，考察兩處「心」的不同繼承、發展與融合。文末特別就「心中之心」與〈中庸〉所見「誠」的概念加以比較，說明二者之相類似屬性。乍看之下，本文主題是道家《管子．心術》與〈內業〉篇中所見「心中之心」議題，似與本論文集〈中庸〉相去甚遠；實則從另一個角度——通過先秦思想史中「心」的概念的完整發展討論，勾勒出道儒兩家相互獨立又交融的思想世界——對於作者關於〈中庸〉成書年代、主旨思想等進行申論。是以，本文正可與本論文集中所收錄作者討論〈中庸〉的三篇論文相互參照。筆者以為，該文完整體現了金谷氏關於《管子》、〈中庸〉研究的學術史與思想史整體性論述（本文與作者相關《管子》研究均書於作者退官之後）：二者不僅在成書年代接近，同時也展現出戰國之末至秦漢之際各派學術思想融合的趨勢，雖然依然可見各自主體性思想傾向。一定程度上，本文可以作為金谷氏對於《管子》、〈中庸〉相關討論的大成之作，也是作者以小見大討論先秦儒道思想史與學術史的大成之作，不啻為二十世紀日本學者基於傳世文獻對於相關議題研究的大成之作。正是基於近一個世紀的不斷深入考察，日本學者構建起基於傳世文獻的完整先秦思想史與學術史譜系。然而，或許同樣也正因此，導致了二十世紀末至新世紀初期，日本學界對於相關新出土文獻的抗拒、質疑乃至否定態度。同樣以金谷氏為例。作者晚年曾有與〈中庸〉相關的另一篇大作〈楚簡「性自命出」篇の考察〉（收錄於《日本學士院紀要》第 59 卷第 1 號〔2004 年〕，本論文集未收錄）。文中，作者對新出土〈性自命出〉篇與傳世〈中庸〉篇進行了細緻對比考察，明確否定了二者之間的聯繫。

據此，本論文集特意收錄該篇論文，謹供讀者參考。

附：譯文格式、校注等等一仍日文原文格式，未作變更。

《易》與〈中庸〉之研究*

武內義雄

* 譯案：原書《易と中庸の研究》(《易與中庸之研究》，東京：岩波書店，1943 年)；後收錄於氏著：《武內義雄全集》(東京：角川書店，1979 年)，第三卷「儒教篇二」。

序

本書前半有關〈中庸〉的部分，是幾年前筆者在東北帝國大學時教學講義草稿的整理；後半部關於《易》的內容，則是日前投稿給岩波講座《倫理學》一書的拙文重加修訂者。兩部分內容雖然是分別撰寫的，但是後半部內容是以前半部的總結為前提所作考察，二者內容上密切相關。因此，這裡將兩部分的內容匯為一本書，懇請方家不吝賜教。此書所論本微不足道，或許不足博雅一觀，卻也自負於儒教發展史上、前賢視若等閒之處，或許也有別開生面之論。

附錄三篇，第一篇〈《易》韻〉是筆者在對《易》進行文本批判時所作筆記，因為和本書正文關係密切者頗多，可作為《易》嶄新研究的入門參考，因此收錄在本書。第二篇〈大象傳之特徵〉是全新之作，目的在於考察可視為《易傳》最終結論的〈大象傳〉，並為補充本書正文所論不足。最後一篇則是轉載此前雜誌《理想》所收錄的拙稿。[1] 畢竟《易》和〈中庸〉之學的發展，作為誠的哲學的展開，與日本儒教也有諸多關連，職是之故，附錄於此，以揭示日本儒教的精神與《易》、〈中庸〉相通之處。

1　譯案：此文本書未收錄。

回想二十多年前，筆者小論〈論《子思子》〉刊登於雜誌《支那學》，嘗試批判研究〈中庸〉之際，已故恩師內藤湖南先生特意惠書一封，對區區之論以示鼓勵，至今記憶猶新。本書的前半部正欲報答恩師鼓勵之萬一，同時，後半部內容也是受恩師高論〈易疑〉啟發而撰成者。是書校正作業結束之際，本自孺慕甚切，而恩師已倏忽間易簀八載，請益無由。所幸恩師令嗣內藤乾吉纘續家門，紹述師學，妙得先哲筆法菁華，故今懇祈署題，援以為飾，殊榮無任。

昭和十七年（1942）十月仙台北二番街臨時居所 武內義雄筆

一、敘由

眾所周知，《易》在《六經》之中蘊含至為深遠的哲學思想，〈中庸〉在《四書》之中也尤精於論述道德理論。《漢書．藝文志》評論《六經》，指出《五經》分別講授五常之道，《樂》教以仁，《詩》教以義，《禮》教以禮，《書》教以知，《春秋》教以信，這些道德的根源就在《易》的哲學。朱子在《中庸章句》卷首引程子之言，謂此篇所記為孔門傳授的心法，而其書始言一理，中散為萬事，末復合為一理；放之則彌六合，卷之則退藏於密，其味無窮。由此可以想見，《易》與〈中庸〉二書是何等重要的文獻。實際上，這兩本書所講述為儒教的基本原理，但凡有志於東洋道德之士都須熟讀玩味之。

但是，這兩本書相當難懂，特別是《易》更被認為艱澀難懂。很久以前，筆者在京都大學求學時，曾參加恩師高瀨惺軒博士任講席的《易》輪讀會。高瀨老師擔心初學的我們誤入歧途，僅以程氏《易傳》和朱了《本義》人致曉示其義。筆者當然也依照高瀨老師的要求完成閱讀；然而一年之後，回顧所學，卻不禁茫然自失。儘管如此，還是要感謝這段學習經歷讓筆者對《易》感到親近。此後，在閱讀了伊藤東涯的《周易經翼通解》之後，筆者在《易》的研究上發現一絲光明。無需多言，伊藤東涯是伊藤仁齋的長子，繼承仁齋的《易》學論點而進行了詳細展開。

傳說孔子晚年喜讀《易》，作《十翼》，即〈彖傳上下〉、〈象傳上下〉、〈繫辭傳上下〉、〈文言〉、〈序卦〉、〈說卦〉、〈雜卦〉十篇，解說《易經》。伊藤仁齋尊崇《論語》為宇宙第一之書，並以此為標準批判其他經典。他將《易》拿來和《論語》比較研究的結果，即認為《十翼》不可能為孔子所作。古《易》學分為兩派，一派重視〈彖〉、〈象傳〉與〈文言〉，另一派則是〈繫辭〉與〈說卦〉等；後者是占筮《易》學，前者則是儒家《易》學，二者判然有別。伊藤東涯的《周易經翼通解》繼承了仁齋的這個論點並加以詳述。他在其著書的卷頭〈釋例〉中即表明研究態度，其中提到：「先子抱遺經，尋墜緒，闡明聖猷，以終其身，研覃鄒魯二書（《論語》和《孟子》），兼治《周易》。然《易》唯解乾坤二卦，務明大義，不要瑣究。胤不肖，紹述遺志，敘之舊聞，僭為此解。但曰《易》主義理不從卜筮，曰《十翼》非夫子之所作，曰古《易》有卜筮、義理兩端。凡此大義數條，皆本于先子之綿蕞」，其紹述之真摯，令人動容。吟味其內容，更能體會到伊藤東涯清楚地論證了《易》經文和〈彖〉、〈象傳〉、〈說卦傳〉之間的區別，並比較考察各家學說而領悟到《易》說的發展變遷。

後來，筆者又曾從已故湖南老師那裡恭聽到關於《易》經文成立的卓見。湖南老師的此番高論刊登於大正十二年（1923）十二月的雜誌《支那學》上，並於昭和三年（1928）

收錄在《研幾小錄》一書中。筆者無數次熟讀玩味此文，對湖南老師千古未見的卓論佩服得五體投地。拙意以為，若將湖南老師這番高見和伊藤仁齋、伊藤東涯的論點加以綜合整理，既可闡明《易》學的發展，同時也可拯救學界一直以來只欲從平面研究而折中異論，乃至陷入牽強附會之弊。自那以後，筆者對於《易經》的研究方向便轉向將伊藤仁齋、伊藤東涯之《易》說和湖南老師的高見相結合，試圖闡明從《易經》的成立到《十翼》的發展過程。

筆者又曾讀魏源《古微堂集》，發現其中一篇題為〈庸易通義〉的文章。這篇文章揀出《易》之《十翼》和〈中庸〉之間相似的文字語句，力圖證明兩者之間有密切關係。在讀這篇文章的時候，筆者適蒙其時旅居大阪的碩園西村時彥[2]老師提掖。碩園老師往昔即曾邀約居住在大阪同仁，組織了一個文會曰景社。景社每月集合一次，同仁皆持近期新作往赴，彼此評騭修改、互相切磋。與會者幾乎都是阪地的老儒碩學，其中頗有曾求學昌平黌、八十歲以上的老者交往其間。在這之中，最年輕的便是筆者。承蒙應允加入景社之後，受教良多。景社唯一的規定是，集會之日一定要攜自己近作一篇前來赴會。於是，某月之會中，碩園先生提交了一篇名為〈讀中庸〉的論文。內容是將《易》之《十翼》和〈中庸〉互相比較，並推論《易》之《十翼》的作者應該是子思。拜讀這篇論文時，筆者想起魏源的〈庸易通義〉，並為這個巧合感到驚訝。但是，冷靜思考之後便發現，《周子通書》也好，程子的《易傳》也好，都暗示出《易傳》和〈中庸〉之間的關係；魏源和碩園先生絕非首倡《易》之《十翼》和〈中庸〉之間有相似之處者。這麼

2　譯案：即西村天囚，碩園、天囚其號。

多的學者們都認可的觀點，其中必然有其道理。因此，筆者認為，即使不能斷言《易傳》和〈中庸〉出自同一人之手，也可確信必定是有著相通思想傾向的同一學派文獻。筆者遂相信，藉由《易》之《十翼》和〈中庸〉的比較考察，可給予《易》學發展歷史以新的依據。於是，筆者將注意力轉至〈中庸〉。

〈中庸〉原本只是《禮記》中的一篇，宋代朱熹始為其單行本加注釋而廣為流布。據南朝梁沈約之言，現在《禮記》中所存〈中庸〉、〈表記〉、〈緇衣〉、〈坊記〉四篇，都是抄錄自《子思子》。因此，雖然朱熹認為僅有〈中庸〉一篇是子思之作，但據沈約則須加上其他三篇；是以，〈中庸〉、〈表記〉、〈緇衣〉、〈坊記〉這四篇都是和子思有關的文獻。清末學者黃以周以這四篇為主，蒐集子思佚文，編成《子思子輯解》七卷；簡朝亮則為之注釋，著《禮記子思子言鄭注補正》四卷。筆者就這四篇重加檢討，發現問題的中心仍然還是〈中庸〉。

筆者敬佩於伊藤仁齋和伊藤東涯的《易》說，也欽佩於伊藤仁齋的〈中庸〉研究——《中庸發揮》。《中庸發揮》一書中，就其細節論點，參考清朝考據學者的研究，須修訂者不在少數，就其中猜想也並非沒有異議；但是伊藤仁齋對於〈中庸〉文本的批判分析，誠屬燃犀之見，令人萬分佩服。茲假朱子分章以說明之。第一，伊藤仁齋以為〈中庸〉首章之中有〈樂經〉斷簡而亂入者，遂排斥之，而謂第二章到第十五章為〈中庸〉本文。第二，謂第十六章的內容與孔子教誨相悖，此下至十九章為止混入漢儒的雜記而與〈中庸〉無關，而謂其內容毋寧近似《孝經》之說明。第三，第二十章到第三十三章為止，主要都是在論述誠，這也與〈中庸〉無關；贊同宋代王柏之論，謂其當獨立為《誠明書》。如此，伊藤仁齋將〈中庸〉分為三部分，其中僅有第一部分是子思著作，其他部分都是後人附會竄入的。其批判之犀利，分析之鮮明，聞之有老吏斷獄之感。因此，筆者參酌此後諸家之研究，增以蠡測之見，修正伊藤仁齋之說，而將〈中庸〉全篇分為兩部分，即第二章到第二十章的第一節為止為〈中庸〉本文。第一章和第二十章從講述五達道的部分開始至篇末都是〈中庸說〉。結論以為，前者是後者的本文，後者是前者敷陳說明的解釋。所謂〈中庸〉本文，據《史記・孔子世家》記載為子思所作；退一步言之，就算〈中庸〉不是子思的著作，也是和子思最為接近的著作。後半部的〈中庸說〉，據其內容和文體而言，則可以斷定出自秦始皇時代子思學派的後學之手。

其餘〈表記〉、〈緇衣〉、〈坊記〉三篇，從內容和形式上來說，應是子思後學匯集老師話語而成的語錄；相較〈中庸〉本文為新，而早於〈中庸說〉，是位於本文和說之間的文獻。因此，我們藉由《禮記》中〈中庸〉、〈表記〉、〈緇衣〉、〈坊記〉四篇文章，排定其〈中庸〉本文、〈表記〉以下三篇與〈中庸說〉的次第，由此得以俯瞰自子思時代到秦朝為止、子思學派思想發展的蹤跡。

最後，筆者將以上所知子思學派思想的發展和《易傳》做一對照，認為《易》的〈彖傳〉、〈象傳〉與〈中庸〉的本文相近，〈繫辭傳〉和〈文言〉則與〈中庸說〉相近，〈說卦〉和〈大象〉（〈象傳〉最開始說明卦名的部分）則是再後來發展而成的。因此，筆者藉由《易》和〈中庸〉的比較研究，將學界一直以來僅從平面角度檢討而無法會通之處予以貫通，根據歷史背景、將因牽強附會的說明而倍增晦澀的《易》說重加排列，得以鳥瞰其思想發展脈絡，因以嘗試開闢東洋道德思想發展的新局面。這就是本書的目的。

二、〈中庸〉與《子思子》

〈中庸〉今以四書之一為世人所知，但〈中庸〉最早只是《禮記》中一篇、擷取出來的單行之書，成為現在的形式是南宋的大儒朱熹著《中庸章句》之後。朱子從《禮記》摘出〈大學〉和〈中庸〉兩篇文章，訂正其錯亂，分其章節並加以注釋，而後將這兩本書和《論語》、《孟子》並稱為四書。朱子解釋說，《論語》是孔子的言論結集成書者，《大學》是孔子門人曾參敷陳師說之作，〈中庸〉則是孔子之孫子思紹述聖祖的言論，而《孟子》則是從學於子思門人的孟軻論說之編集。因此，藉由這四書即清晰闡明從孔子、曾參、子思再到孟子為止的儒教正統派的思想學說。這其中，〈中庸〉被尊為最具精深儒教哲學的經典。

但是，朱熹的《中庸章句》加入了朱子一派的論點；因此，要從根本研究〈中庸〉的話，一定得據《禮記》中所收〈中庸〉的原型進行研究。《禮記正義》在〈中庸〉之下引用鄭玄的《三禮目錄》，謂「此篇為孔子之孫子思伋為昭明聖祖之德所作」，這大概是根據《史記．孔子世家》中「子思作〈中庸〉」的記載，其說並無相當之根據。今本《禮記》一書中，〈中庸〉一文僅一篇而已，但是《孔叢子．居衞》篇中則提到，子思十六歲時，趣宋遭樂朔之難，記其事之後，云：

> 文王厄於牖里，作《周易》；祖君屈於陳蔡，作《春秋》。吾困於宋，可無作乎？於是撰〈中庸〉之書四十九篇。

據此記載，〈中庸〉有四十九篇。然而唐李翱〈復性書〉中則提到：

> 子思仲尼之孫，得其祖之道，述〈中庸〉四十七篇，以傳於孟軻。

此後宋代晁說之的〈中庸傳〉也提到：「此書原四十七篇」，鄭樵的《六經奧論》也說：「〈中庸〉四十七篇」。古書中常出現「七」誤寫成「九」的例子，所以《孔叢子》的四十九篇可能是四十七篇的筆誤。因此《孔叢子》作者所見的〈中庸〉應為四十七篇。不過，《孔叢子》原本就是魏晉時代的偽書，所以不能輕易相信其記載；但是《孔叢子》作偽的魏晉時代既存〈中庸〉四十七篇，卻毋容置疑。如此一來，四十七篇的〈中庸〉和《禮記》中僅存的一篇〈中庸〉之間究竟有何關係，便成為問題。

如檢視《漢書・藝文志》，就會發現〈諸子略〉的儒家類中記載《子思子》為二十三篇；梁阮孝緒的《七緒》中則記《子思子》為七卷，這大概是因為漢代的《子思子》是竹簡之書，所以分為二十三篇，當紙張發明之後，寫在紙上的卷本則將二十三篇合為七卷，內容應該沒有變化。現在不管是二十三篇的竹簡或是七卷的卷本都已亡佚，沒有流傳下來。《隋書・音樂志》中引用沈約之言：

> 漢初典章滅絕，諸儒捃拾溝渠牆壁之間，得片簡遺文，與禮事相關者，即編次以為禮，……，〈中庸〉、〈表記〉、〈坊記〉、〈緇衣〉，皆取《子思子》。

其中「諸儒捃拾溝渠牆壁之間，得片簡遺文，與禮事相關者，即編次以為禮」，所指即是《禮記》的編纂，而今本《禮記》中的〈中庸〉、〈表記〉、〈緇衣〉、〈坊記〉四篇，都是從《子思子》中擷取出來的。沈約是南朝梁的學者，因此，南朝梁所存七卷本《子思子》的內容與〈中庸〉及以下四篇相符，乃有此言。南朝梁的學者庾仲容曾摘抄周秦諸子要語而輯成《子鈔》一書，之後唐代馬總再抄略此書成《意林》一書，其中《子鈔》現已亡佚不存，馬總的《意林》則收錄於《道藏》，晚近有周廣業的注本，可獲一見。馬總的《意林》從七卷本《子思子》中收錄以下十一條要語：

（一）慈父能食子，不能使知味；聖人能悅人，不能使人必悅。

（二）國有道，以義率身；無道，以身率義，荀息是也。

（三）言而信，信在言前；令而化，化在令外。聖人在上，而還其化。

（四）終年為車，無一尺之軫，則不可馳。

（五）百心不可以得一人，一心可得百人。

（六）君，本也；臣，枝葉也。本美則葉茂，本枯則葉凋。

（七）君子不以所能者病人，不以人之不能者愧人。

（八）小人溺於水，君子溺於口也。

（九）繁於樂者重於憂，厚於義者薄於行。

（十）見長不能屈其色，見貴不能盡其辭。雖有風雨，吾不入其門也。

（十一）君子以心導耳目，小人以耳目導心。

上列十一條之中，第七條見於今本〈表記〉之中，第八條也見於今本〈緇衣〉。因此，沈約認為〈表記〉、〈緇衣〉等取自《子思子》，是有憑據的。今本〈中庸〉篇中三則文字：

天命之謂性，率性之謂道，脩道之謂教。(《後漢書．朱穆傳》注引子思之語)

天下之通道五，所以行之者三。(《史記．平津侯傳．索隱》以為子思之語)

詩，於穆不已。(〈周頌．疏〉引《詩譜》，以為子思論詩之語)

唐人注釋引以為《子思子》之語。又〈表記〉之文：

天下有道則行有枝葉，天下無道則辭有枝葉。

《太平御覽》四〇三引以為《子思子》之語。[3]〈緇衣〉之文：

民以君為心，君以民為體，心莊則體修，心肅則身敬也。(《文選注》五十一引《子思子》)

《詩》云：昔吾有先正，其言明且清，國家以寧，都邑以成。(《文選注》二十四引《子思子》)

上二文《文選注》引也以為《子思子》之語。由上可知，不僅〈表記〉、〈緇衣〉兩篇，〈中庸〉也是《子思子》中一篇。雖然〈坊記〉沒有明確證據，但是從其他三篇加以類推，也應當是

3　譯案：「辭」作「言」。

《子思子》中的一篇。因此，沈約認為〈中庸〉、〈表記〉、〈緇衣〉、〈坊記〉四篇出自《子思子》，有明確可信的證據。這大概是沈約將當時尚存的《子思子》七卷和《禮記》中的這四篇合觀所得結論。但是，在《禮記》中〈坊記〉列在〈中庸〉之前，沈約卻認為〈中庸〉是《子思子》的首篇，這可能是因為《禮記》是編纂禮類的書籍，所以將《子思子》中與禮特別相關的文章列於最前。因此，《子思子》原本應以〈中庸〉為第一篇文章。

清儒翟灝的《四書考異》對《子思子》與〈中庸〉之間的關係作以下說明：「〈中庸〉……應居《子思子》各篇之首，故初號四十九篇之書統曰〈中庸〉。《孔叢子》……〈中庸〉之書四十九篇；〈復性書〉……四十七篇」。乍看之下這是很怪異的論點，但是《漢書．藝文志》列騶衍之書《騶子》四十九篇，《史記》則選其篇首文章作〈騶子主運〉；又屈原作〈九歌〉、〈九辯〉等諸多著作，但《史記》中也只選其首篇作〈離騷〉。由上述例子推論可知，翟灝的論點蓋得之，蓋子思的舊作只有〈中庸〉，此後則以〈中庸〉為首篇，附入子思學派相關續集資料，而成《漢書．藝文志》中所說的《子思子》二十三篇；這二十三篇的各篇分為上下，則為四十六篇，另加敘錄一篇，就成了《孔叢子》和李翱等所說的〈中庸〉四十七篇。雖然這只是想像而無確證，不過，參考《孟子》七篇被東漢的趙岐將各篇分拆上、下而成十四篇，此後為《孟子》作注者皆承襲此十四篇的分章方式，那麼，上述推論或許也稱不上是荒唐無稽的臆測了。分為四十七篇的《子思子》，也就是〈中庸〉，此後被轉寫在紙帛的卷本上時，篇帙合為七卷，也就是南朝梁的七卷本。沈約看到的版本與《意林》所依據的版本都是此七卷本，但不知這七卷本於何時佚失，現今只有《禮記》中的〈中庸〉、〈表記〉、〈緇衣〉、〈坊記〉四篇得以保存下來。我們能藉由這四篇文章一窺《子思子》中最重要的部分，也算是不幸中的大幸了。

因此，以這四篇為主，再蒐集古書中引用的佚文，庶幾能夠稍稍還原既已散佚的《子思子》內容。最早留意到這件事的是清末學者黃以周。黃以周是黃式三之子，浙江定海人。光緒乙卯年間，他校訂《意林》時，其無意發現其中留存大量散失的諸子語錄，故以此文獻為主，再從其他古籍中補其佚文，進而編纂成《意林逸子》四十四種。元和的許增得知後，提出希望將其出版。黃以周遂將原稿給了許增，但數年後仍未見刊行。因此，黃以周便要求許增返還原稿，但許增卻說原稿丟失，無從歸還。黃以周遍翻篋底卻無副本，僅存《子思子》的部分，於是重加修訂刊出《子思子》七卷。黃以周在序文中記錄此書的由來，云：

> 《漢藝文志．子思》二十二篇，不名《子思子》。《子思子》之名，自隋唐間始。故漢魏諸書引《子思子》語，與唐馬總《意林》同，而並曰《子思》，從舊名也。《毛詩譜》引〈中庸〉一事、《史》《漢》注引〈中庸〉兩事、《文選注》引〈緇衣〉兩事，《意林》所采《子思子》十餘條，一見於〈表記〉，再見於〈緇衣〉。則梁沈約謂：「今《小戴》〈中庸〉〈表記〉〈坊記〉〈緇衣〉四篇類列，皆取諸《子思》書中」，斯言洵不誣矣。其書唐代猶盛行，文史家類書家所引，或從舊名曰「子思」，或依新題曰「子思子」，此各家體例有不同也。北宋之初，其書猶存，《太平御覽》采取頗多，而條稱「子思」，條稱「子思子」，一部

> 書中稱謂錯雜，豈其所引子思語別見於它書與？然檢諸古籍，多目為《子思子》，則輯《御覽》者，人各異題，初無別於其間也。《意林》載《子思子》七卷，南宋以後七卷本已難獲，而鼂公武猶及見之。其季遂亡，淵博如王伯厚已不得見。……近時輯子書者，以嚴鐵橋、[4]馬竹吾[5]書為巨觀，而皆不及《子思子》。非六合內之大憾與？初以周輯《意林逸子》四十四種，內有是書……近染寒疾，已踰一載，時思舊輯疏漏，宜重董正，而精力不逮。爰命南菁講舍諸生，廣為搜羅，復得若干，乃加注焉。而寒熱時發，功有作輟，凡四閱月而後蕆事。……時襄輯逸文者，顧鴻闓、曹元忠、胡玉縉、蔣元慶、達李、[6]林之祺之功為多云。

黃以周的輯本雖然有七卷並廣蒐佚文，但是其中心還是〈中庸〉、〈表記〉、〈緇衣〉、〈坊記〉四篇。因此，筆者下文批判並分析此四篇文章，確定其成文之前後年代，藉此推測子思學派思想的發展。

三、《子思子》之分析

如前所述，現存《禮記》所收錄〈中庸〉、〈表記〉、〈緇衣〉、〈坊記〉四篇皆為《漢書．藝文志》所載《子思子》二十三篇的殘篇。但問題是，《漢書》中的《子思子》是否係

4　譯案：即嚴可均。

5　譯案：即馬國翰。

6　譯案：原文「達李」之間誤植頓號，今徑改如此。

子思一人所撰？古代文獻極少有某學者一人之作，多為學派後學將師說記錄下來並加以敷陳，流傳於後世。在傳承時，也常見後學加上自己的想法以潤色學說。伊藤仁齋就曾說過，記錄孔子言行的《論語》僅上論十篇較為古老，下論十篇則為此後補集者。又《漢書・藝文志》中所記載的《孟子》分為內書七篇、外書四篇，共十一篇；與內書七篇相比，外書四篇遠較遜色，似非《孟子》之真本，於是東漢趙岐捨棄外書，僅為內書七篇作注。伊藤仁齋也曾指出，[7] 此七篇之中，〈梁惠王〉篇到〈滕文公〉篇三篇備記孟子事業、出處，〈離婁〉篇到〈盡心〉篇四篇則雜以議論，蓋出自他人之手。伊藤仁齋此論點正確與否，姑置不論。舉凡古代文獻，必非出自一人之手殆無可疑。因此，《漢書》中所見《子思子》二十三篇之中，應該也有經子思學派後學所增補的內容。從中抄錄出來的〈中庸〉以下四篇，也當兼有近於子思之本真與後學增補兩部分內容。

《史記》的〈孔子世家〉中有「子思作〈中庸〉」一句，鄭玄的《三禮目錄》亦明記：「〈中庸〉，孔子之孫子思伋作之」；然而並未就〈表記〉以下三篇作者加以記錄。從這一點來看，應只有〈中庸〉為子思所作，〈表記〉以下三篇應出於後學的編纂。由此看來，宋代朱子將〈中庸〉單獨抽出並斷定其為子思之作，頗具卓識。但是，就算同為〈中庸〉一文，內容有前後不同，時代也有新舊之別。因此，《宋史・儒林傳》中，記載朱子再傳弟子王柏著《訂古中庸》二篇，將〈中庸〉分成〈中庸〉十一篇和〈誠明〉十一篇。今日我們已無法看到王柏的《訂古中庸》一書。所幸，朱彝尊的《經義考》引其書之跋文，可以窺其大略。試將其要點抄錄如下：

7 譯案：《孟子古義》。

〈中庸〉者，子思子所著之書，所以開大原，立大本，而承聖緒也。義理精微而實難於窺測，規撫宏遠而實難於會通，眾說淆雜而實難於折衷。此子朱子以任其責，而後學亦以春融而氷釋矣。惟愚滯之見，常覺其文勢時有斷續，語脈時有交互，思而不敢言也，疑而不敢問也。一日偶見西漢〈藝文志〉有曰：〈中庸說〉二篇……惕然有感，然後知班固時尚見其初為二也。合而亂，其出於小戴氏之手乎？……僕不揆狂僭，為之隱索，取而析之，以類相從，追還舊觀。……各提一性字而其義不同，一原其性之所自來，一原其性之所實有；雖各提一教字而其旨亦異，一以行為主，故曰修道，一以知為主，故曰明誠。始於天者終於天，始於誠者終於誠，分限嚴而不雜，塗轍一而不差，子思子亦可以無遺憾於千古之上矣。（《經義考》一百五十三引）

熟讀以上跋文，可知王柏《訂古中庸》據《漢書・藝文志》禮類中所著錄〈中庸說〉二篇，將〈中庸〉一分為二：定上篇為〈中庸〉十一篇，下篇為〈誠明〉十一篇。雖然難免師心自任、任意改文之嫌，但能分辨出〈中庸〉前半和後半之差異，可謂卓識。伊藤仁齋左袒王柏之說，云：「魯齋王氏以第二十一章（以朱熹的《中庸章句》為依據）以下定為〈誠明書〉，予謂其說甚有理」；又引用陳善的《捫蝨新語》之說，認為〈中庸〉第十七、十八章與中庸之義無關，斷定其為漢儒雜記；力斥第十六章讚嘆鬼神之德與子不語怪力亂神的孔門教誨相悖，不當為子思之語。此外，又疑〈中庸〉首章「喜怒哀樂之未發，謂之中；發而皆中節，謂之和。中也者，天下之大本也；和也者，天下之達道也。致中和，天地位焉，萬物育焉」四十七字為《樂經》斷簡，而非〈中庸〉之文本。結論以為，〈中庸〉第一章到十五章的部分為其本文，其餘內容應為漢儒雜記與〈誠明〉之書。伊藤仁齋的這番批判，在今日看來多少需要修改，但大體上來說，論斷鮮明，頗有力透紙背之勢。

要之，伊藤仁齋認為〈中庸〉當一分為二，第十五章以上是〈中庸〉的正文，第十六章以後則是其他書籍的錯簡，以及與〈中庸〉無關的文獻。雖然筆者也認同伊藤仁齋將〈中庸〉分為二部分的論點，但是就何處開始區分這一點，仍覺需要稍事修改。伊藤仁齋認為〈中庸〉的正文到第十五章為止，筆者則認為至第二十章開頭部分為止，都應是〈中庸〉之本文。又伊藤仁齋認為〈中庸〉正文僅到第十五章的理由為，第十六章讚頌鬼神之德，悖於不語怪力亂神的孔門之教。大阪學問所懷德堂書院初代學主三宅石庵則認為，[8] 第十六章本來應該是在第二十四章之後，但因錯簡的緣故變成第十六章。中井竹山據此說作《中庸懷德堂定本》，竹山之弟履軒承襲此說。受教於竹山、履軒的山片蟠桃對此作如下介紹：

> 鬼神章居第十六章為錯簡。本書（指〈中庸〉）前後連貫，但此章前後文義不暢，故雖自朱熹始諸家多說仍未為安。仁齋先生以此章上無所承、下無所起，雖始疑之而終未得其說。萬年三宅先生之卓見謂，若此章置於二十四章則前後連貫，是五井、中井

8　譯案：《中庸錯簡說》。

> 二先生[9]力唱此說，至今竹山、履軒二先生[10]其說乃備。若無鬼神之章，第十五章「父母其順也乎」始至第十七章之「舜其大孝也乎與」，漸述武王、周公之孝。是以第二十四章為第二十三章。自「至誠如神」始置於第十六章，「鬼神其為德其盛也乎」；而其末之至「誠之不可揜如此乎」後接二十五章「誠自成也，道自道也」，是始終本末兼備而又無遺憾。其書始於天命，轉至中庸，終而成於誠。誠為此書之總紐。其舊第十六章始見誠字而二十五章則無之，是故此篇文脈未安。若今之文，則誠字初出於二十四章，此後反覆出現，終乃於悄無聲息之中俾使〈中庸〉文義脈絡通貫，此可謂千載之一快。（山片蟠桃《夢之代》卷七）

平心靜氣熟讀玩味〈中庸〉全文，可知石庵錯簡之說正確。據此說以正定〈中庸〉錯亂，則伊藤仁齋所謂「類《孝經》語勢，與〈中庸〉之義似不相關」，而視之為漢儒雜記的第十七章至第十九章三章內容，上接第十五章末句「父母其順也乎」；讚嘆舜之大孝與武王、周公之達孝，最後乃結以因郊社之禮、宗廟之禮而奉仕上帝、致孝祖先，這是政治道德之根本精神，亦即仁義之實踐，由是首尾一貫。因此，筆者據石庵之說，將第十六章移至第二十四章之後，並認為〈中庸〉正文至第二十章開頭為止，這是筆者對仁齋學說的第一處修改。

9　譯案：指五井蘭洲與中井甃庵。

10　譯案：指中井竹山與中井履軒，中井甃庵二子。

又，對於〈中庸〉首章提到解釋中和的四十七字，即：

> 喜怒哀樂之未發，謂之中。發而皆中節，謂之和。中也者，天下之大本也。和也者，天下之達道也。致中和，天地位焉，萬物育焉。

伊藤仁齋舉下文十證，論其內容不可能為〈中庸〉本文，其十證如下：

（一）未發已發之說，《六經》以來群聖人之書皆無之。

（二）孟子受業於子思門人，當祖述其言，而又不言。

（三）如中字，虞廷及三代之書皆以已發言之，而此處獨以未發言之。

（四）典、謨所謂中字，皆說發而中節之地，而此反以和名之。

（五）若以未發之中為言，則《六經》、《語》、《孟》皆為有用無體之書。

以上五證示此四十七字與《六經》、《語》、《孟》相悖。

（六）此書本以〈中庸〉名篇，當專論中庸之義，而首論中和之理。

（七）中字後章屢出，皆以已發言之，而不有一以未發言者。

（八）且若和字，子思當屢言之，而終篇又無復及之者。

（九）此以喜怒哀樂發而皆中節為天下之達道，而後以君臣、父子、夫婦、昆弟、朋友之交為天下之達道。

（十）此以大本、達道並稱，而後單言天下之大本，偏而不備。

以上五證示〈中庸〉文中矛盾者。

伊藤仁齋列舉上述十證，論證未發之中與中節之和非子思之言，並認為〈樂記〉中有喜怒哀樂四字與中和的相關解釋，以此為證據，斷定這四十七字應為《樂經》之斷簡。

但中和兩字並用之例在《周禮》的〈大司樂職〉和〈大司徒職〉中亦可見到。〈大司徒職〉「中和」寫作「忠和」，鄭玄注〈大司樂職〉「中猶忠也」，是以據〈大司徒職〉文知「中」為「忠」的假借字。惠棟的《九經古義》則認為中、忠二字通，其證云：漢呂君碑「以中勇顯名」，據其文意指忠勇；《後漢書．王常傳》「忠將軍」之官名，〈馮異傳〉作「中將軍」；《古文孝經》中引《詩經》「忠心藏之，何日忘之」，而《毛詩》「忠」作「中」。據此，〈中庸〉首章的「中和」也是「忠和」的假借；與和相對的中，其本字為忠，忠即中心之義，指天命之性。此處忠性是指與外物相接，六情發露而皆中節者，即和。是以「中和」的中即忠，也就是誠，是上承前文天命之性而導出下篇之誠的伏筆，〈中庸〉首章：

> 天命之謂性；率性之謂道；修道之謂教。道也者，不可須臾離也；可離，非道也。是故君子戒慎乎其所不睹，恐懼乎其所不聞。莫見乎隱，莫顯乎微。故君子慎其獨也。喜怒哀樂之未發，謂之中。發而皆中節，謂之和。中也者，天下之大本也。和也者，天下之達道也。致中和，天地位焉，萬物育焉。

應與〈中庸〉下篇下文相接：

> 天下之達道五，所以行之者三，曰：君臣也、父子也、夫婦也、昆弟也、朋友之交也。五者，天下之

> 達道也。知、仁、勇三者，天下之達德也。所以行之者「一」也。[11]

蓋其本為〈中庸說〉卷首之文，而誤植於〈中庸〉正文之首。故此，筆者認為，不僅是解釋中和的四十七字，首章全文都應為〈中庸說〉的錯簡，這是筆者修正伊藤仁齋學說的第二點。

依據上述二處所作修正，筆者認為，《朱子章句》的第二章到第二十章開頭為止，都是〈中庸〉正文；從第二十章解釋五達道的部分到第三十三章、並加上首章的內容，都應為〈中庸說〉，是〈中庸〉正文的解釋敷陳。〈中庸〉正文的「中」為兩端之中央、無過與不及之意，是極為常識性的道德標準。〈中庸說〉的「中」則為忠，也就是誠。這裡的誠不僅指人的道德標準，既然其本諸上天所賦予人之本性，那麼，此誠終必為天道。所以，〈中庸說〉謂：「誠者，天之道也。誠之者，人之道也。」據此可知，相較〈中庸〉正文，〈中庸說〉的思想更為深刻。

〈中庸〉正文與〈中庸說〉不僅思想有別，文體也相去甚遠。陳澧的《東塾讀書記》謂，[12] 古來記言之體有三種。第一種，例如《論語》，孔子門人如實地將孔子言行記錄下來的產物；不是一時之言，不是一人所記，而是將多人在不同場合下、所聽聞的內容加以記錄匯編而成。第二種，如〈中庸〉的前半部，記錄所傳聞的孔子之言；所記非一時之言，而出於

11 案：一字衍。

12 譯案：卷九「《禮記》」條。

一人之手，並對孔子之言加以引證、申說，而後成篇。[13] 第三種，為〈仲尼燕居〉、〈孔子閒居〉、〈哀公問〉之類，一人記錄一時所傳聞的孔子之言，加以敷衍潤色而成。上述三種分類，大抵第一種最為古老，第二種次之，第三種則是年代最晚的文體。依據這個標準考察〈中庸〉，屬於正文的部分當然就是第二種文體，〈中庸說〉的部分則與第三種文體相似。因此，不論是從思想內容、還是文體來看，都可以斷定〈中庸〉是由兩個不同時代的資料匯集而成的。

但是，這兩份資料絕非毫無關係、偶然匯集而成的。〈中庸〉後半部分是敷衍潤色前半部分而成者，前半部分為正文，後半部分是其說明，雖然時代相異，但匯集的卻是同一學派的文獻。換言之，前半部分為〈中庸〉的正文，是《史記》記載「子思作〈中庸〉」中所謂〈中庸〉；即使退一步，就算〈中庸〉不是子思手定，也必定是離子思時代不遠的文獻。後半部分蓋相當於《漢書・藝文志》中所記載〈中庸說〉二篇，當出於後世子思學派的學者之手。

雖然〈中庸說〉的作者至今不明，但其成書年代蓋為秦代。今本中有：

今天下，車同軌，書同文，行同倫。[14]

如果據許慎《說文解字・序》中所述：

---

13 譯案：案覈陳澧原書，第二類所舉例為〈坊記〉、〈表記〉、〈緇衣〉三篇。此處係武內據此三篇與〈中庸〉前半部分體例相似，推論所得而逕改者。

14《朱子章句》本〈中庸〉第二十八章。

> 諸侯力政，不統於王。……分為七國，田疇異畝，車途異軌，律令異法，衣冠異制，言語異聲，文字異形。秦始皇初始兼天下，丞相李斯乃奏同之。

那麼，不僅是子思的時代，整個戰國時代都因國家不同，車軌有別，文字異形。至秦始皇統一天下，李斯上奏之後，文字才趨統一。因此，〈中庸說〉所說的「今天下，車同軌，書同文」即暗示出其成書年代在秦始皇之後。秦始皇統一天下之後，巡狩天下所立頌德碑之一，琅邪臺的碑文中即有云：「器械一量，同書文字」；《史記．秦始皇本紀》中記載秦始皇二十六年新政，也記：「一法度衡石丈尺，車同軌，書同文字」。合而觀之，則〈中庸說〉的成書年代應是秦始皇之時。不過，「行同倫」一句和秦始皇的暴虐統治似不相符。琅邪臺石刻碑文云：

> 是維皇帝，匡飾異俗。

泰山石刻文亦云：

> 男女禮順，慎遵職事，昭隔內外，靡不清靜。

均記載秦始皇留意於矯正風俗、提升道德之事。尤其會稽山石刻碑文云：

> 皇帝並宇，兼聽萬事，遠近畢清。運理群物，考驗事實，各載其名。貴賤並通，善否陳前，靡有隱情。飾省宣義，有子而嫁，倍死不貞。防隔內外，禁止淫佚，男女絜誠。夫為寄豭，殺之無罪，男秉義

> 程。妻為逃嫁，子不得母，咸化廉清。大治濯俗，天下承風，蒙被休經。

清儒顧炎武根據《國語》和《吳越春秋》，論證會稽是吳越必爭之地，而鼓勵生產的結果遂亂男女風俗。上述會稽山石刻文字顯示出，秦始皇統一天下後，試圖正定當地風俗而提高至中原標準，遂激賞秦始皇坊民正俗之意與三王不異。[15] 合而觀之，則「行同倫」一文應也解作稱讚秦始皇新政之辭。因此，有此文的〈中庸說〉，其成書年代就為秦代。另〈中庸說〉又記：

> 愚而好自用，賤而好自專。生乎今之世，反古之道。如此者，災及其身者也。

上文也和《史記．秦始皇本紀》秦始皇三十四年，李斯上奏所云大意相合，即：

> 丞相李斯曰：「五帝不相復，三代不相襲，各以治，非其相反，時變異也。今陛下創大業，建萬世之功，固非愚儒所知。且越言乃三代之事，何足法也？異時諸侯並爭，厚招游學。今天下已定，法令出一，百姓當家則力農工，士則學習法令辟禁。今諸生不師今而學古，以非當世，惑亂黔首……臣請（中略），以古非今者族。吏見知不舉者與同罪。

15 譯案：《日知錄》卷十三「會稽山刻石」條。

這也暗示出〈中庸說〉應為秦始皇時之文章。另外，〈中庸說〉結尾處又記：

> 是以聲名洋溢乎中國，施及蠻貊。舟車所至，人力所通，天之所覆，地之所載，日月所照，霜露所隊：凡有血氣者，莫不尊親。

這段文字應自下文琅邪臺石刻碑文敷衍潤飾而成，亦為秦代文字：

> 日月所照，舟輿所載，皆終其命，莫不得意。

總而論之，〈中庸〉後半部分即〈中庸說〉應為〈中庸〉正文的解釋，其成書年代應在秦代，出於子思學派後學之手。

下文考察〈表記〉、〈緇衣〉、〈坊記〉三篇。乍看之下這三篇與〈中庸〉正文十分相似，但是〈中庸〉正文最初引孔子言論冠以「仲尼曰」三字，其後歷引孔子之言則使用「子曰」兩字加以說明。〈中庸〉正文為孔子之孫子思為昭明聖祖之德所著，因此，「子曰」諸條即前文「仲尼」的省略，都是孔子的言論，自不待言，但〈表記〉以下三篇不時有冠以「子言之」三字，然後推演其內容之文卻有好幾條冠以「子曰」二字。如果〈表記〉分為七段，那麼，每一段起始一條都是以「子言之」冠其首，總括該段旨趣，再接以「子曰」云云幾條內容。〈緇衣〉篇大約有二十五章，只有最初一章冠以「子言之」，從第二章開始都冠以「子曰」二字。〈坊記〉篇也是最初的一章冠以「子言之」，述其全篇綱領，續接三十九章羅列「子曰」云云。那麼，「子言之」與「子曰」究竟有何關聯？關於這個問題，南朝梁皇侃認為，「子言之」發端起義，是總論此篇之語；此後展開其論點、說明其道理時則稱「子曰」。唐孔穎達的《禮記正義》襲用此說。清儒邵晉涵則主張，「子曰」皆為孔子之言，冠以「子言之」的則是子思之語。[16] 晚近的黃以周也認為，言是自言之意，因此「子言之」是子思自己的話，「子曰」才是孔子之言。[17] 皮錫瑞的《禮記淺說》則認為「子言之」與「子曰」都是子思子之言。[18] 簡朝亮的《禮記子思子言鄭注補正》也認為，「子」是對師尊稱；〈表記〉等三篇都是子思的門人編纂師言，因此「子言之」與「子曰」都應為子思之言，而非孔子之語；每篇開始的「子言之」則是為了與《論語》有所區別，並以〈坊記〉引《論語》、〈緇衣〉引逝於孔子之後的葉公之〈顧命〉為證，明其非孔子之言，而是子思之語。[19]《史記》、《漢書》、《意林》、《御覽》、《文選注》等或以諸篇之語為子思之言，或謂此三篇為《子思子》的逸篇，據此推測，簡朝亮之說正確無誤，應當贊同。所以，雖然〈中庸〉本書相傳是子思匯集聖祖之言、為昭明其德而著者，〈表記〉以下三篇則是子思的門人弟子集結師言，或可名為子思語錄者；〈中庸說〉則是為敷衍潤色〈中庸〉本文而作的解釋，因此其成書年代則降至秦代。

下一章將分析〈中庸〉本書與〈中庸說〉，考察子思子語錄的〈表記〉、〈緇衣〉、〈坊記〉三篇，並加以科段劃分與翻譯。[20]

---

16 譯案：《南江文鈔》卷八，〈與朱笥河學士書〉。

17 譯案：黃以周《子思子輯解》卷三，〈表記〉。

18 譯案：卷下「子言之歸乎」條。

19 譯案：卷一。

20 譯案：原文第四、五兩章以現代日文翻譯《子思子》相關文獻，今

四、《子思子》之文獻[21]

（一）〈中庸〉本書

> 天命之謂性，率性之謂道，脩道之謂教。
>
> 道也者，不可須臾離也，可離非道也。是故君子戒慎乎其所不睹，恐懼乎其所不聞。莫見乎隱，莫顯乎微，故君子慎其獨也。
>
> 喜怒哀樂之未發，謂之中；發而皆中節，謂之和。中也者，天下之大本也；和也者，天下之達道也。致中和，天地位（正）焉，萬物育焉。

上為《朱子章句》第一章。朱熹認為，此章為〈中庸〉全文的總論。我邦先儒伊藤仁齋先生則懷疑，解說中和的部分與〈中庸〉無任何關係，應為《樂經》之斷簡。按，此章最初所述道德的根源在於天，與〈中庸說〉「誠者，天之道也」相呼應；中間提及因戒慎恐懼而應慎獨之說，則為「誠之」的工夫；又以中為天下之大本、和為天下之達道，正與〈中庸說〉的三達德、五達道相合。據此，蓋此章非〈中庸〉之正文，而是〈中庸說〉之錯簡。

（一）仲尼曰：「君子中庸，小人反中庸。君子之

皆以中文錄之。

21 譯案：武內此章中援引《子思子》之文或有補充、或有說明，以「（）」表示；或疑原文為衍文處，以「□」表示，詳參本章末作者說明。

中庸也，君子而（則）時中；小人之中庸也，小人而（則）無忌憚也。」

子曰：「中庸其至矣乎！民鮮能久矣！」

子曰：「道之不行也，我知之矣，知者過之，愚者不及也；道之不明也，我知之矣。賢者過之，不肖者不及也。」

人莫不飲食也，鮮能知味也。子曰：「道其不行矣夫！」

（二）子曰：「舜其大知也與！舜好問而好察邇言，隱惡而揚善，執其兩端，用其中於民，其斯以為（號）舜乎！」（舜訓充，道德充滿之意。）

（三）子曰：「人皆曰予知，驅而納諸罟擭陷阱之中，而莫之知辟也。人皆曰予知，擇乎中庸而不能期月守也。」

（四）子曰：「回之為人也，擇乎中庸，得一善，則拳拳服膺而弗失之矣。」

（五）子曰：「天下國家可均也，爵祿可辭也，白刃可蹈也，中庸不可能也。」

子路問強。子曰：「南方之強與？北方之強與？抑而（汝）強與？寬柔以教，不報無道，南方之強也，君子居之。衽金革，死而不厭，北方之強也，而強者居之。故君子和而不流，強哉矯！中立而不倚，強哉矯！國有道，不變塞焉，強哉矯！國無道，至死不變，強哉矯！」

上文藉託子路與孔子問答，敷衍前一章內容。清儒宋翔鳳認為，此章中「寬柔以教，不報無道」，與《老子》的「天下之至柔，馳騁天下之至剛」和「報怨以德」相當；又此章中「衽金革，死而不厭」亦相當於《淮南子．泰族》篇的「墨子服役者百八十人，皆可使赴火蹈刃，死不旋[22]踵」；因此，南方之強即老子之教，北方之強即墨子之教，而汝之強即儒之教。[23]

宋說甚中肯綮。但是，孔子評說墨子之事，時代錯亂，絕無可能，恐怕其時於墨子年代的曖昧不清已司空見慣，遂有此說，即是此章；其後對此所作解說又竄入〈中庸〉本文之中。另，據前引文章中以「和而不流、中立而不倚」闡明中和加以推測，此段內容應和最初解說中和的部分為同時代文字。本應是〈中庸說〉中「雖愚必明，雖柔必強」之後文字，而錯亂至此亦未可知。

〇《荀子．臣道》篇注引〈中庸〉此節，「矯」作「橋」，「矯」或「橋」為強貌。〇塞，邊塞，邊塞原指防守之地，後轉用作日常有所固守之義。

（六）子曰：「索隱行怪，後世有述焉，吾弗為之矣。君子遵道而行，半塗而廢，吾弗能已矣。君子依乎中庸，遯世不見知而不悔，唯聖者能之。」

〇「索隱行怪」原文作「素隱行怪」，《漢書．藝文志》引作「索隱行怪」。顏師古曰：「《禮記》載孔子之言。索隱，求索隱暗之事，而行怪迂之道，妄令後人有所祖述，非我本志。」〇「半塗而廢，吾弗能已矣。」「已」、「矣」二字語辭；「能」

22 譯案：原作「還」。

23《過庭錄》卷八。譯案：「南方之強、北方之強為老聃、墨翟」條。

字與下文「唯聖者能之」的「能」字同義。○「遯世不見知而不悔」，與《易．文言傳》的「遯世無悶」同義，[24] 如云「舜耕歷山，漁雷澤」，此非常人所能。故君子唯依中庸，不敢希聖者也。

> （七）君子之道費而隱。（匹）夫（匹）婦之愚，可以與知焉，及其至也，雖聖人亦有所不知焉；（匹）夫（匹）婦之不肖，可以能行焉，及其至也，雖聖人亦有所不能焉。天地之大也，人猶有所憾。故君子語大，天下莫能載焉；語小，天下莫能破焉。《詩》云：「鳶飛戾天，魚躍于淵。」言其上下察也。君子之道，造端乎（匹）夫（匹）婦（之所能之知者）；及其至也，察乎天地。

○「君子之道費而隱」，鄭玄以此七字為前一章之末，句讀作「君子之道費，而隱。」朱子則將此七字置於此章之首，注「費，用之廣也；隱，體之微也。」按之分章，朱子得之；就其訓詁則失之。「費」為光明照著之義，「隱」是幽微深遠之義。《楚辭．招魂》：「晉制犀比，費白日些」，注以「費」為光亮之貌；又《淮南子．地形訓》：「扶木在陽州，日之所曊」，注云：「曊，猶照也。」「費」為「曊」之假借，義為光明照著。故易知曰費，愚不肖所知即是也；難知曰隱，聖人所不知即是也。○「鳶飛戾天，魚躍于淵」出《詩．大雅．旱麓》，戾，至也。○「上下察」，察通際，至也，與下文之「察乎天地」的「察」字同義。

---

24 譯案：乾卦。

（八）子曰：「道不遠人。人之為道而遠人，不可以為道。《詩》云：『伐柯伐柯，其則不遠。』執（舊）柯（為則）以伐（新）柯，（其則甚近）睨而視之，猶以為遠。故君子以人（之道）治人，改而止。忠恕違道不遠，施諸己而不願，亦勿施於人。

君子之道四，丘未能一焉：所求乎子，以事父未能也；所求乎臣，以事君未能也；所求乎弟，以事兄未能也；所求乎朋友，先施之未能也。

（君子）庸德之行，庸言之謹，有所不足，不敢不勉，有餘不敢盡；言顧行，行顧言，君子胡不慥慥爾！」

○「伐柯伐柯，其則不遠」出《詩・豳風・伐柯》篇。○「以人治人，改而止」，「而止」同「而已」，語辭。○「所不足」，為不及「中」之意，「有餘」則是超過「中」。

○「慥慥爾」，古書「慥」通「蹙」；蹙，急也、迫也；慥慥，黽勉不敢緩之義。[25]

（九）君子素其位而行（道），不願乎其外。素富貴，行（道）乎富貴；素貧賤，行（道）乎貧賤；素夷狄，行（道）乎夷狄；素患難，行（道）乎患難；君子無入而不自得焉。在上位不陵下，在下位不援上，正己而不求於人則無怨（於人）。上不怨天，下不尤人。故君子居易以俟命，小人行險以徼幸。

25 王引之說。譯案：《經義述聞》卷十六，〈禮記下〉「慥慥」條。

子曰:「射有似乎君子；失諸正鵠，反求諸其身。」

○「素」，通「傃」，鄉也，當也。○「援」，阿諛攀援之義。○「求」，責也。

君子之道，辟如行遠必自邇，辟如登高必自卑。

《詩》曰:「妻子好合，如鼓瑟琴；兄弟既翕，和樂且耽；宜爾室家；樂爾妻帑。」

子曰:「父母其順矣乎！」

此章引《詩》恐為後人混入者。全章大意為，君子之道如行遠必自邇，當始於悅親。中間引《詩》反窒礙文意。

子曰:「鬼神之為德，其盛矣乎！視之而弗見，聽之而弗聞，體物（形成）而不可遺。使天下之人齊明盛服，以承祭祀。洋洋乎！如在其上，如在其左右。《詩》曰:『神之格思，不可度思！矧可射思！』夫微之顯，誠之不可揜如此夫。」

此章既不承前文，亦無啟後文之效，疑為錯簡。三宅石庵認為此段應置於「至誠之道，可以前知，（中略）故至誠如神」之後，而今本錯亂如此。參看〈中庸說〉第八章。

（一〇）子曰:「舜其大孝也與！德為聖人，尊為天子，富有四海之內。宗廟饗之，子孫保之。」

> 故大德必得其位，必得其祿，必得其名，必得其壽。故天之生物，必因其材而篤焉。故栽者培之，傾者覆之，《詩》曰：『嘉樂君子，憲憲令德！宜民宜人；受祿于天；（天）保（安）（此人）佑（助）命之（為天子），自天申（福）之！』故大德者必受命。」

「故大德必得其位」以下為解說之語，不應在〈中庸〉正文。

（一一）子曰：「無憂者其惟文王乎！以王季為父，以武王為子，父作之，子述之。武王纘大王、王季、文王之緒。壹戎衣而有天下，身不失天下之顯名。」尊為天子，富有四海之內。宗廟饗之，子孫保之。武王末受命（而為天子，未暇制禮），周公成文武之德，追王大王、王季，上祀先公以天子之禮。

> 斯禮也，達乎諸侯、大夫及士、庶人。父為大夫，子為士；葬以大夫（之禮），祭以士。父為士，子為大夫；葬以士（之禮），祭以大夫（之禮）。期之喪達乎大夫，三年之喪達乎天子，父母之喪無貴賤一也。」

「斯禮也」等解說之內容，不似〈中庸〉之正文。

〇「武王末」之「末」猶云老。據《禮記・文王世子》，則武王八十七為天子，年老未及制作。

> （一二）子曰：「武王、周公，其達孝矣乎！夫孝者：善繼（先）人之志，善述（先）人之事者也。春秋脩其祖廟，陳其宗器，設其裳衣，薦其時食。……踐其（先人所踐）位，行其（先人所行）禮，奏其（先人所奏）樂，敬其（先人）所尊，愛其（先人）所親，事死如事生，事亡如事存，孝之至也。」

「薦其時食」之下另有原文作：「宗廟之禮，所以序昭穆也。序爵，所以辨貴賤也。序事，所以辨賢也。旅酬下為上，所以逮賤也。燕毛，所以序齒也。」

此段蓋注文，非〈中庸〉之正文。

> （一三）郊社之禮，所以事上帝也，宗廟之禮，所以祀乎其先也。明乎郊社之禮、禘嘗之義，治國其如示諸掌乎。
>
> 或問禘之說。子曰：「不知也。知其說者之於天下也，其如示諸斯乎！」指其掌。（《論語．八佾》）
>
> 郊社之義，所以仁鬼神也；嘗禘之禮，所以仁昭穆也；明乎郊社之義、嘗禘之禮，治國其如指諸掌而已乎！（《禮記．仲尼燕居》）

上兩條可與此章相互發明。蓋此前諸章皆讚揚舜、文王、周公之孝，自此章始說明政治的精神在於以郊社之禮、宗廟之禮而致孝乎祖先。

（一四）哀公問政。子曰：「文武之政，布在方策。其人存，則其政舉；其人亡，則其政息。」

人道敏政，地道敏樹（生殖）。夫政也者，蒲盧也。

一堂[26]的《中庸知言》謂孔子之言到此結束。錦城[27]《中庸原解》則認為止於「其政息」。按：「人道敏政」以下文字與前後文皆無關連，應為錯簡。

〇「舉」字，讀與《日本書紀》推古天皇紀十二年「從眾同舉」之「舉」同，謂行。

故為政在人，取人以身，脩身以道，脩道以仁。仁者人也，親親為大；義（道）者宜（義）也，尊賢為大；親親之殺，尊賢之等，禮所生也。

徂徠[28]認為，至「脩道以仁」為止，都是孔子答魯哀公之言，但大田錦城和東條一堂則認為此節是子思敷衍之言，似應從之。〇「仁者人也……義者宜也」，據〈表記〉「仁者仁也，道者宜也」，似應改為「道者義也」；「仁」字上承前文「脩道以仁」的「仁」，「道」字上承前文「脩身以道」。如作「義者宜也」，則上無所承，語甚唐突。〇按：哀公問政章至此結束，《孔子家語》則接下文為一章，朱子也從《孔子家語》分章句。然《家語》本為王肅偽造，不當從之。上一章提到，治

26 譯案：東條一堂，江戶後期學者。
27 譯案：大田錦城。
28 譯案：荻生徂徠。

郊社嘗禘之禮而致孝乎上帝祖先為政治之精神，所以，此章更設哀公與孔子問答，說明禮之精神在於親親尊賢之仁道，以此結束全篇。

（二）〈中庸說〉

1.〈中庸說〉上

（一）天命之謂性，率性之謂道，脩道之謂教。

道也者，不可須臾離也，可離非道也。是故君子戒慎乎其所不睹，恐懼乎其所不聞。莫見乎隱，莫顯乎微，故君子慎其獨也。

喜怒哀樂之未發，謂之中；發而皆中節，謂之和。中也者，天下之大本也；和也者，天下之達道也。致中和，天地位焉，萬物育焉。

以上為舊本〈中庸〉之首章，今以為〈中庸說〉首章，說已詳〈中庸〉之篇首。

（二）天下之達道五，所以行之者三；曰君臣也，父子也，夫婦也，昆弟也，朋友之交也；五者天下之達道也。知、仁、勇三者，天下之達德也，所以行之者一也。或生而知之，或學而知之，或困而知之，及其知之一也；或安而行之，或利而行之，或勉強而行之，及其成功一也。子曰：「好學近乎知，力行近乎仁，知恥近乎勇。知斯三者，則知所以脩身；知所以脩身，則知所以治人；知所以治人，則知所以治天下

國家矣。」

此章與舊本哀公問政章合為一章，但文意不通。哀公問政一段恐為〈中庸〉本文之結尾，而與此章無關。此章說五達道、三達德似承舊本〈中庸〉首章大本達道，故今謹定如上。〇《史記．平津侯傳》記公孫弘上書：「臣聞，天下之通道五，所以行之者三。曰君臣、父子、兄弟、夫婦、長幼之序，此五者天下之通道也。智仁勇，此三者天下之通德，所以行之者也。故曰：『力行近乎仁，好問近乎智，知恥近乎勇』。知此三者，則知所以自治；知所以自治，然後知所以治人。天下未有不能自治而能治人者也。」《史記索隱》注：「按此語出《子思子》，今見《禮記．中庸》」。此條與今本〈中庸〉比較，雖小異而大致相同；僅「智仁勇，此三者天下之通德，所以行之者也」的最後一句，〈中庸〉作「所以行之者一也」，句尾多「一」字。後世注釋家認為，「一」訓「豫」或「誠」，而據《史記．平津侯傳》則「一」字為衍字。《漢書．公孫弘傳》引文同。因此，清儒王引之認為，據《史記》與《漢書》則「一」當為衍文。鄭玄注〈中庸〉時，至下文「天下國家有九經，所以行之者一也」中「一」字，始作注云「一謂當豫也」；可知鄭玄所見《禮記》亦應無「一」。今從王引之說法刪之。王引之說參看《經義述聞．禮記》中庸條。[29]

（三）凡為天下國家有九經，曰：脩身也，尊賢也，親親也，敬大臣也，體（接納）群臣也，子庶民

29 譯案：卷十六「所以行之者一也」條。又黃以周有駁王說，參看氏著《子思子輯解》。

> 也，來百工也，柔遠人也，懷諸侯也。脩身則道立，尊賢則不惑，親親則諸父昆弟不怨，敬大臣則（任使分明故於事）不眩，體群臣則士之報禮重，子庶民則百姓勸，來百工則財用足，柔遠人則四方歸之，懷諸侯則天下畏之。
>
> （整）齊（嚴）明盛服，非禮不動，所以脩身也；去讒遠色，賤貨而貴德，所以勸賢也；尊其位，重其祿，同（平）其好惡，所以勸親親也；官盛任使，所以勸大臣也；忠信重祿，所以勸士也；時使薄斂，所以勸百姓也；日省月試，既稟（餼稟）稱事，所以勸百工也；送往迎來，嘉善而矜不能，所以柔遠人也；繼絕世，舉廢國，治亂持危，朝聘以時，厚（賜）往而薄（貢）來，所以懷諸侯也。凡為天下國家有九經，所以行之者一也。

〇「體群臣也」的「體」字，鄭注解作接納，意為嘉納群臣之言。《漢書・賈誼傳》有「體貌大臣」之句，「體貌」解為「加禮容而敬之」。據此，「體」應為「禮」字之假借，是此條也可將「體」訓作「禮」。〇「子庶民」的「子」字與「慈」字通，慈愛之義。〇「來百工也」的「來」，王引之認為是勞來的「來」，勸勉之義。[30] 〇「所以行之者一也」中的「一」字，鄭玄注為「豫」，朱熹注解為「誠」。黃以周則認為，「一」字為同一之義，所以行九經與所以行五達道相同，此說未脫智仁勇三達德。黃說最善。[31]

30 譯案：《經義述聞》卷十六，「來百工」條。

31 譯案：《子思子輯解》卷一，〈中庸〉。

（四）凡事豫則立，不豫則廢。言前定則不跲，事前定則不困，行前定則不疚，道前定則不窮。在下位不獲乎上，民不可得而治矣；獲乎上有道：不信乎朋友，不獲乎上矣；信乎朋友有道：不順乎親，不信乎朋友矣；順乎親有道：反諸身不誠，不順乎親矣；誠身有道：不明乎善，不誠乎身矣。

「故君子不可以不脩身；思脩身，不可以不事親；思事親，不可以不知人；思知人，不可以不知天。」

誠者，天之道也；誠之者，人之道也。

「誠者自成也，而道自道也。誠者非自成己而已也，所以成物也。成己，仁也；成物，知也。性之德也，合外內之道也，故（或）時措之宜也。誠者物之終始，不誠無物。是故君子誠之為貴。」

「故君子云云」一節，[32]舊本位於哀公問政章，然前後文脈阻隔、意義不通，仁齋[33]《中庸發揮》移至此處，似當從之。今據仁齋說加以改訂。

「誠者自成也」以下一節，舊本在「故至誠無息」之前。但舊本此處前後皆說明「至誠」，與此兩節僅釋「誠」，前後不合；且「誠者自成也，而道自道也」的「道」字，移到此處始有照應，乃承上文「誠者，天之道也」的「道」字，因此，此處據鄙意加以改訂。

《孟子．離婁》篇云：「居下位而不獲於上，民不

---

32 譯案：此處「云云」原是作者引文省略用語，後文同。

33 譯案：伊藤仁齋。

> 可得而治也。獲於上有道：不信於友，弗獲於上矣；信於友有道：事親弗悅，弗信於友矣；悅親有道：反身不誠，不悅於親矣；誠身有道：不明乎善，不誠其身矣。是故誠者，天之道也；思誠者，人之道也。至誠而不動者，未之有也；不誠，未有能動者也。」

《孟子》此條可與〈中庸說〉互相發明。蓋〈中庸說〉為承襲《孟子》之文敷衍而成。《孟子》的「悅事親」即〈中庸說〉的「順親」,「順」即悅樂之義;《孟子》的「思誠」即〈中庸說〉的「誠之」,「誠之」謂欲使之誠。

> （五）誠者不勉而中，不思而得，從容中道，（斯）聖人也。誠之者，擇善而固執之者也，博學之，審問之，慎思之，明辨之，篤行之。有弗學，學之弗能弗措也；有弗問，問之弗知弗措也；有弗思，思之弗得弗措也；有弗辨，辨之弗明弗措也；有弗行，行之弗篤弗措也；人一能之己百之，人十能之己千之。果能此道矣，雖愚必明，雖柔必強。

此章說明「誠之」的方法。從章首到「擇善而固執之者也」為止，舊本在前章「誠者，天之道也；誠之者，人之道也」之下。今析其章，置於此章之首，說承前章中「誠之」的工夫。○「從容」兩字可用為副詞，也可用為名詞。此處作名詞用，為舉動之義;「從容中禮」即動容周旋皆中於禮之義。

> （六）自誠明（於善），謂之性；自明（於善）誠，謂之教。誠則明（於善）矣，明（於善）則誠矣。

唯天下至誠，（則）為能盡其性；能盡其性，則能盡人之性；能盡人之性，則能盡物之性；能盡物之性，則可以贊天地之化育；可以贊天地之化育，則可以與天地參矣。

其次（由明於善而誠之者）致（禮之委）曲，（禮之委）曲能有誠（於身），誠（於身）則形（於外），形（於外）則（其功）著，（其功）著則（其德）明，（其德）明則動（人），動（人）則變（還於善），變則化（人），唯（至於）天下至誠（者）為能化（人）。

（七）至誠之道，可以前知。國家將興，必有禎祥；國家將亡，必有妖孽；見乎蓍龜，動乎四體。禍福將至：善，必先知之；不善，必先知之。故至誠如神。

○「動乎四體」謂人之舉動。

（八）子曰：「鬼神之為德，其盛矣乎！視之而弗見，聽之而弗聞，體物而不可遺。

使天下之人（整）齊（嚴）明盛服，以承祭祀。洋洋乎！如在其上，如在其左右。《詩》曰：『神之格思，不可度思！矧可射思！』夫微之顯，誠之不可揜如此夫。」

此章見於舊本〈中庸〉正文，三宅石庵、中井竹山之《中庸錯簡說》將之移至此處，文理通順自然。

（九）故至誠無息。不息則久，久則徵，徵則悠遠，悠遠則博厚，博厚則高明。博厚，所以載物也；高明，所以覆物也；悠久，所以成物也。博厚配地，高明配天，悠久無疆。如此者，不見而章，不動而變，無為而成。

〇「徹」，鄭注本作「徵」，一本作「徹」。王引之曰：「作徹者為長，徹者，達也。（中略）久則由一時以達萬世。（中略）徹則悠遠。」[34]〇「博厚配地」云云：「配」為「合」之義，與《易．文言傳》「與天地合其德」同義。[35]

（一〇）天地之道，可一言而盡也。其為物不貳（誠），則其生物不測。天地之道，博也，厚也，高也，明也，悠也，久也。今夫天，斯昭昭之多，及其無窮也，日月星辰繫焉，萬物覆焉。今夫地，一撮土之多，及其廣厚，載華嶽而不重，振河海而不洩，萬物載焉。今夫山，一卷石之多，及其廣大，草木生之，禽獸居之，寶藏興焉。今夫水，一勺之多，及其不測，黿鼉、蛟龍、魚鱉生焉，貨財殖焉。《詩》云：「維天之命，於穆不已！」蓋曰天之所以為天也。「於乎不（丕）顯！文王之德之純！」蓋曰文王之所以為文也。

「純」亦「不已」。

34 譯案：《經義述聞》卷十六，「久則徵徵則悠遠」條。

35 譯案：乾卦。

○「不貳」，至誠無疑之義。○「華嶽」，二山之名。據《爾雅・釋山》，河南曰華，河西曰嶽，華山位於陝西華陰之南，嶽山位於陝西隴州之南。○「振」，收也。○「一卷石」，「卷」為「拳」之借字，「一拳石」即拳頭大的小石。○此處引詩為《詩・周頌・維天之命》之文。○末句將注釋誤植為本文。

（一一）大哉聖人之道！洋洋乎！發育萬物，峻極于天。優優大哉！禮儀三百，威儀三千。待其人而後行。故曰：「苟不至德（之人），至道不凝（於上）焉。」故君子尊德性而道問學，致廣大而盡精微，極高明而道中庸。溫故而知新，敦厚以崇禮。

是故居上不驕，為下不倍，國有道其言足以興，國無道其默足以容。《詩》曰：「既明且哲，以保其身」，其此之謂與！

○「禮儀三百，威儀三千」，《禮記・禮器》作：「經禮三百，曲禮三千」；《大戴禮記・衛將軍文子》作：「禮儀三百，曲禮三千」。禮儀即經禮，禮之大經；威儀即曲禮，禮之小節。○「溫故而知新」，《論語・為政》云：「溫故而知新，可以為師矣。」○「其言足以興」句，《大戴禮記・衛將軍文子》云：「國家有道，其言足以生；國家無道，其默足以容」，《論語・泰伯》云：「邦有道，貧且賤焉，恥也；邦無道，富且貴焉，恥也。」與此同義。

（一二）子曰：「愚而好自用，賤而好自專，生乎今之世，反古之道。如此者，災及其身者也。」非天子，不議禮，不制度，不考文。今天下車同軌，書同

文，行同倫。雖有其位，苟無其德，不敢作禮樂焉；雖有其德，苟無其位，亦不敢作禮樂焉。

○「今天下」云云指秦始皇的時代。俞樾《湖樓筆談》據此斷定〈中庸〉為秦代所作。[36] 筆者則將〈中庸〉分為本書與說，〈中庸〉本文即使非子思所作，也是其後學在秦代敷衍而成，詳論既如上文所述。○此章為下一章說三重之先聲。「今天下」云云為時，後續以位、德。即愚而好自用是德之反，賤而好自專是位之反，生乎今之世云云是時之反。時、位、德三者，為三重。

（一三）子曰：「吾說夏禮，杞（雖存）不足徵也；吾學殷禮，有宋存（不足徵也）焉；吾學周禮，（周禮）今用之，吾從周。」王天下有三重焉，其寡過矣乎！上焉者（即夏殷之禮）雖善無徵，無徵不信，不信民弗從；下焉者（即孔子之教）焉者雖善不尊，不尊不信，不信民弗從。故君子之道：本諸身，徵諸庶民，考諸三王而不繆，建諸天地而不悖，質諸鬼神而無疑，百世以俟聖人而（得以成為）不惑。質諸鬼神而無疑，知天也；百世以俟聖人而不惑，知人也。是故君子動而世為天下道，行而世為天下法，言而世為天下則。遠之則有望，近之則不厭。《詩》曰：「在彼無惡，在此無射；庶幾夙夜，以永終譽！」君子未有不如此，而蚤有譽於天下者也。

36 譯案：卷一。

此章之重點為三重。如上注所述，三重為時、位、德三者。〇此章中的「善」在說明「德」，「徵」則是說明「時」，「尊」則是說明「位」。三重是〈中庸說〉的重點，也與《易》的哲學相關，詳論見後。〇引詩為《詩．周頌．振鷺》篇之文。

（一四）仲尼祖述堯舜，憲章文（王）武（王）；上律天時，下襲水土。辟如天地之無不持載，無不覆幬，辟如四時之錯行，如日月之代明。萬物並育而不相害，道並行而不相悖，小德川（順）流，大德敦化，此天地之所以為大也。（亦仲尼之所以為大也）

唯天下至聖（者），為能聰明睿知，足以有臨也；寬裕溫柔，足以有容也；發強剛毅，足以有執也；齊莊中正，足以有敬也；文理密察，足以有別也。溥博淵泉，而時出之。溥博如天，淵泉如淵。見而民莫不敬，言而民莫不信，行而民莫不說。是以聲名洋溢乎中國，施及蠻貊；舟車所至，人力所通；天之所覆，地之所載，日月所照，霜露所隊；凡有血氣者，莫不尊親，故曰配天。

唯天下至誠（者），為能經綸天下之大經，立天下之大本，知天地之化育。夫焉有所倚？肫肫其仁！淵淵其淵！浩浩其天！苟不固聰明聖知達天德者，其孰能知之？

此章讚揚孔子之德，為本篇之結尾。所謂「天下之大經」是前文治理天下國家之九經，天下之大本則為中，可知天下之化育，則致中和而可參贊天下之化育。本篇之文到此結束。以上為〈中庸說〉之上篇；下一章則是〈中庸說〉下篇的摘要。

〇律，法也；襲，因也。《孝經》「則天之明，因地之利」，與此同義。〇「小德川流」與「大德敦化」對文。「川」為「順」之假借字，因此讀為流。[37] 俞樾《禮記平議》說。[38] 〇「臨」為居上望下之義。〇「溥博淵泉」，「溥」同「普」，「普博」指廣大。「淵」指深，泉深一聲之轉，「淵泉」則深遠之義。〇「知天地之化育」，「知」為助之義。〇「肫肫」與「諄諄」相同，誠懇貌。「淵淵」，靜深貌。「浩浩」，廣大貌。

2.〈中庸說〉下

《詩》曰：「衣錦尚絅」，惡其文之著也。故君子之道，闇然而日章；小人之道，的然而日亡。

〇「衣錦尚絅」，今《詩・衛風・碩人》與《經・鄭風・豐》皆作「衣錦褧衣」，此為異文，「褧」與「絅」同音相通，單衣也。「衣錦」為單衣之上再著衣服。〇「的然」，「的」為「旳」之假借字，明白貌。

君子之道：淡而不厭，簡而文，溫而理，知遠之近，知風之自，知微之顯，可與（以）入德矣。

〇「與」通「以」字。

37 譯案：俞樾讀「川」為「順」，未言讀為「流」。若川訓「流」，則「小德川流」重言「流流」，疑不辭。

38 譯案：卷二二「小德川流」條。

《詩》云：「潛雖伏矣，亦孔之昭！」故君子內省不疚，無惡於志。

○詩出《詩・小雅・正月》。

君子之所不可及者，其唯人之所不見乎。《詩》云：「相在爾室，尚不愧于屋漏。」

○詩出《詩・大雅・抑》，「屋漏」指無人之處。

故君子不動而敬，不言而信。《詩》曰：「奏假無言，時靡有爭。」是故君子不賞而民勸，不怒而民威於鈇鉞。

○詩出《詩・商頌・烈祖》。

《詩》曰：「不（丕）顯惟德！百辟其刑之。」是故君子篤恭而天下平。

○詩出《詩・周頌・烈文》。○「不顯」的「不」與「丕」通，「百辟」指諸侯。

《詩》云：「予懷明德，不大聲以色。」子曰：「聲色之於以化民，末也。」

○詩出《詩・大雅・皇矣》，頌揚上帝、文王不以聲色，而以德化民之語。

《詩》曰：「德輶如毛」，毛猶有倫。「上天之載，無聲無臭」，至矣！

〇「德輶如毛」見《詩・大雅・烝民》。「上天之載云云」，《詩・大雅・文王》之文。

以上八節於朱子《中庸章句》，為第三十三章，朱子云：「前章極致之言，反求其本，復自下學為己謹獨之事，推而言之，以馴致乎篤恭而天下平之盛。又贊其妙，至於『無聲無臭』而後已焉。蓋舉一篇之要而約言之。」[39] 大田錦城續承此義，認為：「〈中庸〉之書，始言戒懼慎獨，（中略）終贊至誠之妙矣。此章亦始言慎獨戒懼之義，終贊至誠化民之妙矣，蓋約言一篇之大要也。吾故稱此章為一篇小〈中庸〉，豈不亦信乎？」[40] 根據朱子與錦城之見解，〈中庸〉此前幾章為其理論，最後一章為其實踐說。然而此章文義斷續難通，不似前幾章層層相承文理暢達。是以，鄭玄和朱子分章各異，後人聚訟難決。恐怕此章亦未完結，別有原本，而此章為其要語抄錄而已。

馬總《意林》抄錄《子思子》要語共十一條，其中第三條為《後漢書・王良傳》等所援引，章懷太子注謂此條出自於《子思子・累德》篇。另《意林》第七條見於今《禮記・表記》，第八條見於《禮記・緇衣》。徵諸梁沈約之言，〈中庸〉、〈表記〉、〈緇衣〉、〈坊記〉四篇皆抄錄自《子思子》；如《意林》之體例依照原書順序抄錄，可知〈中庸〉與〈表記〉之間應有

39 譯案：《中庸章句》。

40 譯案：《中庸原解》卷三。

〈累德〉篇；其第六條之前所列舉的諸條之中，應還有引自〈累德〉篇的內容。試將《意林》所抄錄十一條中的前六條列舉如下：

> （一）慈父能食子，不能使知味。聖人能悦人，不能使人必悦。
>
> （二）國有道，以義率身。無道，以身率義，荀息是也。
>
> （三）終年為車，無一尺之軫，則不可馳。[41]
>
> （四）言而信，信在言前。令而化，化在令外。聖人在上，而還其化。[42]
>
> （五）百心不可得一人，一心可得百人。[43]
>
> （六）君本也，臣枝葉也，本美則葉茂，本枯則葉凋。[44]

以上六條為馬總《意林》所抄錄者，其中三、四、五條亦見《太平御覽》徵引，以為子思子之言，是《意林》之抄錄應可憑信。又三、四、五、六條也見於《淮南子・繆稱訓》；其第四條據《後漢書》注，謂出自《子思子・累德》，故疑《淮南子・繆稱訓》所引其他三條可能也出自〈累德〉篇。加之《淮

41 《太平御覽》卷七七三引作《子思子》;《淮南子・繆稱訓》亦有此句。

42 《太平御覽》卷三九四及卷一三〇引《子思子》，與此同;《淮南子・繆稱訓》亦有此句。譯案：此處引三、四條與今本《意林》(四部叢刊本)倒。

43 《太平御覽》卷三七六引作《子思子》，《淮南子・繆稱訓》亦有此句。

44 《淮南子・繆稱訓》亦有此句。

南子・繆稱訓》有諸多類似之語，其中十一條可據他書明確出自《子思子》，是以〈繆稱訓〉主要應是依據《子思子》所作，其中所引《子思子》之語大致應即出自〈累德〉篇。

今將〈繆稱訓〉中可以確認是出自《子思子》之語摘錄如下：

（一）今謂狐狸，則必不知狐，又不知狸。非未嘗見狐者，必未嘗見狸也。狐、狸非異，同類也。而謂狐狸，則不知狐、狸。是故謂不肖者賢，則必不知賢；謂賢者不肖，則必不知不肖者矣。[45]

（二）勇士一呼，三軍皆辟，其出之也誠。故倡而不和，意而不戴，中心必有不合者也。故舜不降席而王（匡）天下者，求諸己也。[46]

（三）戎、翟之馬，皆可以馳驅，或近或遠，唯造父能盡其力；三苗之民，皆可使忠信，或賢或不肖，唯唐、虞能齊其美。必有不傳者。中行繆伯手搏虎，而不能生也，蓋力優而克不能及也。[47]

（四）錦繡登廟，貴文也；圭璋在前，尚質也。文不勝質，之謂君子。故終年為車，無三寸之鎋，不可以驅馳；匠人斫戶，無一尺之楗，不可以閉藏。故君子行斯乎其所結。[48]

45《太平御覽》卷九一一引《子思子》，與畫線部分大同小異。

46《北堂書鈔》卷十五、《太平御覽》卷七〇九、《藝文類聚》卷六一九引《子思子》，同畫線之文。

47《太平御覽》三八〇引畫線之文，以為《子思子》之語。

48《意林》引子思之語，「三寸之鎋」作「一尺軫」。按「三寸之鎋」當作「一尺軫」。

（五）心之精者，可以神化，而不可以導人；目之精者，可以消澤，而不可以昭認。在混冥之中，不可諭於人。故舜不降席而天下治，桀不下陛而天下亂，蓋情甚乎叫呼也。無諸己，求諸人，古今未之聞也。[49]

（六）同言而信，信在言前也；同令而化，化在令外也。聖人在上，民遷如化，情以先之也。動于上，不應於下者，情與令殊也。三月嬰兒，未知利害也，而慈母之愛諭焉者，情也。故言之用者，昭昭乎小哉！不言之用者，曠曠乎大哉！身君子之言，信也；中君子之意，忠也。忠信形于內，感動應於外，故禹執干戚，舞於兩階之間，而三苗服。[50]

（七）夫察所夜行，周公慚乎景，故君子慎其獨也。[51]

（八）苟鄉善，雖過無怨；苟不鄉善，雖忠來患。故怨人不如自怨，求諸人不如求諸己得也。聲，自召也，貌，自示也，名，自命也，人，自官也，無非己者。[52]

（九）操銳以刺，操刃以擊，何怨乎人？故管子文錦也，雖醜登廟；子產練染也，美而不尊。[53]

（一〇）兩心不可以得一人，一心可以得百人。[54]

49《北堂書鈔》卷十五、卷一三三、《藝文類聚》卷六九、《太平御覽》卷七〇九引《子思子》，同畫線之文。

50《意林》卷一、《太平御覽》卷三九四引《子思子》，同畫線之文。《後漢書．王良傳．論》注以此為《子思子．累德》之言。

51 畫線文為〈中庸〉之語。

52 徐幹《中論．貴驗》引畫線之文，謂其出自《子思子》。

53《太平御覽》卷八一五引畫線之文，以為《子思子》之語。

54 畫線二文，《意林》謂出自《子思子》。

（一一）心哀而歌不樂，心樂而哭不哀。閔子騫三年之喪畢，援琴而彈。夫子曰：「弦則是也，其聲非也。」[55]

（一二）昔東戶季子之世，道路不拾遺，耒耜餘糧宿諸晦首，使君子小人各得其宜也。故曰：「一人有慶，兆民賴之。」[56]

（一三）君，根本也；臣，枝葉也。根本不美，枝葉茂者，未之聞也。[57]

以上十三條皆出自本於《子思子》所撰的〈繆稱訓〉之文。其中第六、一〇、一三條為《意林》連引，[58]且據第六條為《子思子・累德》之文，推知其他幾條蓋也應出自〈累德〉篇之語。又這些條文皆強調誠、忠、信，與前文假設的〈中庸說〉下篇之思想相吻合，其文體也酷似〈中庸說〉，不難想像這幾條應該與〈中庸說〉出自同一底本。據此得以藉由《淮南子・繆稱訓》得以補〈中庸說〉下篇之殘缺如此。

（三）子思子之語錄

1.〈表記〉

（一）子言之：「歸（歸）乎！君子隱而顯，不矜而莊，不厲而威，不言而信。」

55《北堂書鈔》卷一〇六引《子思子》，同畫線之文。

56 畫線之文與《路史・前紀》注所引《子思子》大同小異。

57《意林》卷一引《子思子》之言，與此大同小異。

58 譯案：此據作者前文引《意林》次第，與今本略異。

（二）子曰：「君子不失足（容貌）於人，不失色（顏色）於人，不失口（言辭）於人，是故君子貌足畏也，色足憚也，言足信也。〈甫刑〉曰：『敬忌，而罔有擇言（斁言）在躬。』」

（三）子曰：「裼襲之不相因也，欲民之毋相瀆也。」

（四）子曰：「祭極敬，不繼之以樂；朝極辨，不繼之以倦。」

（五）子曰：「君子慎以辟（避）禍，篤以不掩，恭以遠恥。」

（六）子曰：「君子莊敬日強，（小人）安肆日偷（愉）。君子不以一日使其躬儳焉，如不終日。」

（七）子曰：「齊戒以事鬼神，擇日月以見君，恐民之不敬也。」

（八）子曰：「（小人互）狎侮，（故）死焉而不畏也。」

（九）子曰：「無辭不相接也，無禮不相見也；欲民之毋相褻也。《易》曰：『初筮（意誠故）告，再三瀆，瀆則不告。』」

右第一段，闡明應敬忌言行。

（一〇）子言之：「仁者，天下之表也；義者，天下之制也；報（禮）者，天下之利也。」

（一一）子曰：「以德報德，則民有所勸；以怨報怨，則民有所懲。《詩》曰：『無言不讎，無德不報。』〈太甲〉曰：『民非后無能胥以（與）寧；后非民無以辟四方。』」

（一二）子曰：「以德報怨，則寬身（仁）之仁（人）也；以怨報德，則刑戮之民也。」

（一三）子曰：「無欲而好仁者，無畏而惡不仁者，天下一人而已矣。是故君子議道自己，而置法以（為）民。」

（一四）子曰：「仁有三，與仁同功而異情。與仁同功，其仁未可知也；與仁同過，然後其仁可知也。仁者安仁，知者利仁，畏罪者強仁。仁者右也，道者左也。仁者人也，道者義也。厚於仁者薄於義，親而不尊；厚於義者薄於仁，尊而不親。道有至有義有考。至道以王，義道以霸，考道以為無失。」

右第二段，闡明應兼修仁、義、報三者。

（一五）子言之：「仁有數，義有長短小大。中心憯怛，愛人（仁）之仁（人）也；率法而強之，資仁者也。《詩》云：『豐水有芑，武王豈不（念）（天下之）仕！詒厥（子）孫謀，以燕翼子（孫），武王烝哉！』（此）數世之仁也。〈國風〉曰：『我今不閱，皇恤我後。』（此）終身之仁也。」

（一六）子曰：「仁之為器重，其為道遠，舉者莫能勝也，行者莫能致（至）也，（所舉、所行、其）取數多者（即）仁也；夫勉於仁者不亦難乎？是故君子以義度人，則難為人（仁）；以人（仁）望人，則賢者可知已矣。」

（一七）子曰：「中心安仁者，天下一人而已矣。

〈大雅〉曰：『德輶如毛，民鮮克舉之；我儀圖之，惟仲山甫舉之，愛莫助之。』〈小雅〉曰：『高山仰止，景行（大道）行止。』」子曰：「詩（人）之好仁如此；鄉道而行，中道而廢，忘身之老也，不知年數之不足，俛焉日有（日旦）孳孳，斃而后已。」

（一八）子曰：「仁之難成久矣！人人失其所好；故仁者之過易辭也。」

（一九）子曰：「恭近禮，儉近仁，信近情（誠），敬讓以行此，雖有過，其不甚矣。夫恭寡過，情（誠）可信，儉易容也；以此失之者，不亦鮮乎？《詩》曰：『溫溫恭人，惟德之基。』」

（二〇）子曰：「仁之難成久矣，惟君子能之。是故君子不以其所能者病人，不以人之所不能者愧人。是故聖人之制行也，不制以己，使民有所勸勉愧恥，以行其言。禮以節之，信以結之，容貌以文之，衣服以移之，朋友以極之，（以此）欲民之有壹（於善道）也。〈小雅〉曰：『不愧于人，不畏於天。』是故君子服其服，則文以君子之容；有其容，則文以君子之辭；遂其辭，則實以君子之德。是故君子恥服其服而無其容，恥有其容而無其辭，恥有其辭而無其德，恥有其德而無其行。是故君子衰絰則有哀色；端冕則有敬色；甲冑則有不可辱之色。《詩》云：『惟鵜在梁，不濡其翼；彼記之子，不稱其服。』」

右第三段，專說仁。

（二一）子言之：「君子之所謂義者，貴賤皆有事於天下；天子親耕，粢盛秬鬯以事上帝，故諸侯勤以輔事於天子。」

（二二）子曰：「下之事上也，雖有庇民之大德，不敢有君民之心，仁之厚也。是故君子恭儉以求役仁，信讓以求役禮，不自尚其事，不自尊其身，儉於位而寡於欲，讓於賢，卑己而尊人，小心而畏義，求以事君，（如此）得（利祿）之自（行其為）是，不得（利祿）自（行其為）是，以聽天命。《詩》云：『莫莫葛藟，施于條枚；凱弟君子，求福不回。』其舜、禹、文王、周公之謂與！（舜、禹、文王、周公）有君民之大德，有事君之小心。《詩》云：『惟此文王，小心翼翼，昭事上帝，（上帝之德）聿懷多福，厥德不回，以受（四）方國。』」

（二三）子曰：「先王謚以尊名，節以壹惠（一善），恥名之浮於行也。是故君子不自大其事，不自尚其功，以求處情（實）；過行（復）弗率（於此），以求處厚；彰人之善而美人之功，以求下賢。是故君子雖自卑，而民敬尊之。」

子曰：「后稷，天下之為烈也，豈一手一足哉！（然）唯欲行之浮於名也，故（避尊名）自謂便人。」

右第四段，詳說義為對諸事盡心盡力。

（二四）子言之：「君子之所謂仁者其難乎！《詩》云：『凱弟君子，民之父母。』凱以強教之；弟以說安之。樂而毋荒，有禮而親，威莊而安，孝慈而敬。使民（視己）有父之尊，有母之親。如此而后可以為民父母矣，非至德其孰能如此乎？

（二五）今父之親子也，親賢而下無能；母之親子也，賢則親之，無能則憐之。母，親而不尊；父，尊而不親。水之於民也，親而不尊；火，尊而不親。土（地）之於民也，親而不尊；天，尊而不親。命（政教）之於民也，親而不尊；鬼，尊而不親。」

（二六）子曰：「夏道尊命（政教），事鬼敬神而遠之，近人而忠焉，先祿而後威，先賞而後罰，（君）親而不尊；其民之敝：惷而愚，喬（驕）而野，樸而不文。殷人尊神，率民以事神，先鬼而後禮，先罰而後賞，（君）尊而不親；其民之敝：蕩而不靜，勝而無恥。周人尊禮尚施，事鬼敬神而遠之，近人而忠焉，其賞罰用爵列，（君）親而不尊；其民之敝：利而巧，文而不慚，賊而蔽。」

（二七）子曰：「夏道未瀆（煩）辭，不求備，不大望於民，民未厭（斁）其親；殷人未瀆禮，而求備於民；周人強（禮於）民，未瀆神，而賞爵刑罰窮矣。」

（二八）子曰：「虞夏之道，寡怨於民；殷周之道，不勝其敝。」

子曰：「虞夏之質，殷周之文，至矣。虞夏之文不勝其質；殷周之質不勝其文。」

（二九）子言之曰：「後世雖有作者，虞帝弗可及也已矣。君天下，生無私，死不厚其子；子民如父母，有憯怛之愛，有忠利之教；親而尊，安而敬，威而愛，富而有禮，惠而能散；其君子尊仁畏義，恥費（違拂）輕實（財貨），忠而不犯，義而順，文而靜

（情），寬而有辨。〈甫刑〉曰：『德威（民）（民）惟威，德明（人）（民）惟明（之）。』非虞帝其孰能如此乎？」

右第五段，論述行仁義之道，禮為必要。

（三〇）子言之：「事君先資其言，拜自獻其身，以成其信。是故君有責於其臣，臣有死於其言。故其受祿不誣，其受罪益寡。」

（三一）子曰：「事君大言入則望大利，小言入則望小利；故君子不以小言受大祿，不以大言受小祿。《易》曰：『不家食，吉。』」

（三二）子曰：「事君不下達（自下不通於上），不尚辭（不出浮華之言），非其人弗自。〈小雅〉曰：『靖共爾位，正直（之人）是與；神之聽之，式穀以女。』」

（三三）子曰：「事君（疏）遠而諫，則（罪）讇（陷）也；（親）近而不諫，則尸（主）利也。」

（三四）子曰：「邇臣守和，宰正百官，大臣慮四方。」

（三五）子曰：「事君欲諫不欲（於外）陳（君之過）。《詩》云：『心乎愛矣，瑕不謂矣；中心藏之，何日忘之。』」

（三六）子曰：「事君難進而易退，則位有序；易進而難退則（序）亂也。故君子三揖而進，一辭而退，以遠亂（序）也。」

（三七）子曰：「事君三違而（尚）不出竟，則利祿也；人雖曰不要，吾弗信也。」

（三八）子曰：「事君慎始而敬終。」

（三九）子曰：「事君（我）可（使君）貴可賤，可富可貧，可生可殺，而不可使為亂（禮）。」

（四〇）子曰：「事君，軍旅不辟難，朝廷不辭賤；處其位而不履其事，則亂也。故君使其臣得（臣者）志，則慎慮而從之；否，則孰慮而從之。終事而退，（是）臣之厚也。《易》曰：『（臣致仕而去，雖）不（復）事王侯，（王侯）高尚其（臣所嘗為之）事。』」

（四一）子曰：「唯天子受命于天，士受命于君。故君命順則臣有順（天之）命；君命逆則臣有逆（天之）命。《詩》曰：『鵲之姜姜，鶉之賁賁；人之無良，我以為君。』」

（四二）子曰：「君子不以辭盡人。故天下有道，則行（盛）有枝葉；天下無道，則辭（巧）有枝葉。是故君子於有喪者之側，不能賻焉，則不問其所費；於有病者之側，不能饋焉，則不問其所欲；有客，不能館，則不問其所舍。故君子之接如水，小人之接如醴；君子淡以成，小人甘以壞。〈小雅〉曰：『盜言孔甘，亂是用餤。』」

（四三）子曰：「君子不以口譽人，則民作忠。故君子問人之寒，則衣之；問人之饑，則食之；稱人之善，則爵之。〈國風〉曰：『心之憂矣，於我歸舍。』」

（四四）子曰：「口惠而實不至，怨菑及其身。是故君子與其有諾（其後不果）責也，寧（欲初）有已怨。〈國風〉曰：『（彼我）言笑晏晏，（我）信誓（其言）旦旦，不思其反；反是不思，亦已焉哉！』」

（四五）子曰：「君子不以色親人；情疏而貌親，在小人則穿窬之盜也與？」

（四六）子曰：「情欲信，辭欲巧。」

右第六段，說君臣僚友之間言行。

（四七）子言之：「昔三代明王皆事天地之神明，無非卜筮之用，不敢以其私，褻事上帝。是故不犯日月，不違卜筮。卜筮不相襲也。大事（定）有時日（卜之）；小事無（定）時日（臨事），有筮（之）。外事用剛日（甲丙戊更壬），內事用柔日（乙丁己辛癸）。」子曰[59]：「（三代明王）牲牷禮樂齊盛，（皆）不違龜筮。是以無害乎鬼神，無怨乎百姓。」

（四八）子曰：「后稷之祀易富（福）也；其辭恭，其欲儉，其祿及子孫。《詩》曰：『后稷兆祀，庶無罪（過）悔（恨），以迄于今。』」

（四九）子曰：「大人之器威敬。天子（有守龜）無（守）筮；諸侯有守筮。天子道以筮；諸侯非其國不以筮。卜宅寢室。天子不卜處大廟。」

子曰：「君子敬則用祭器。是以不廢日月，不違龜筮，以敬事其君長，是以上不瀆於民，下不褻於上。」

右第七段，說應重視卜筮之事，與第一段提及事鬼神應擇日意相呼應。

---

59 譯案：此據孫希旦說改定，原「不違龜筮」在「子曰」上。

2.〈緇衣〉

（一）子言之曰：「為上易事也，為下易知也，則刑不煩矣。」

右第一條，全篇之序，謂當謀刑政之簡。

（二）子曰：「好賢如〈緇衣〉，惡惡如〈巷伯〉，則爵不瀆而民作愿，刑不試而民咸服。〈大雅〉曰：『儀刑文王，萬國作孚。』」

（三）子曰：「夫民，教之以德，齊之以禮，則民有格心；教之以政，齊之以刑，則民有遯心。故君民者，子以愛之，則民親之；信以結之，則民不倍；恭以涖之，則民有孫（順）心。〈甫刑〉曰：『苗民匪用命（政教），制以刑，惟作五虐之刑曰法。』是以民有惡德（皆畔），而（其君）遂（滅）絕其世也。」

（四）子曰：「下之事上也，不從其所令，從其所行。上好是物，下必有甚者矣。故上之所好惡，不可不慎也，是民之表也。」

（五）子曰：「禹立三年，百姓以仁遂（進）焉，（百姓）豈必（本性）盡仁？（倣禹之所為而行仁）《詩》云：『赫赫師尹，民具爾瞻。』〈甫刑〉曰：『一人有慶，兆民賴之。』〈大雅〉曰：『成王之孚，下土之式。』」

（六）子曰：「上好仁，則下之為仁爭先人。故長民者章志、貞教、尊仁，以子愛（慈愛）百姓；民致行己以說其上矣。《詩》云：『有梏德行，四（方之）

國順之。』」

右第二段，明為減省刑政當慎其好惡。

（七）子曰：「王言（初）如絲，其出（行於外）如綸；王言（初）如綸，其出（行於外）如綍。故大人不倡游言。可言也，不可行。君子弗言也；可行也，不可言，君子弗行也。（然）則民言不危行，而行不危（詭）言矣。《詩》云：『淑慎爾（容）止，不諐于（威）儀。』」

（八）子曰：「君子道人以言，而禁（謹）人以行。故言必慮其所終，而行必稽其所敝；（然）則民謹於言而慎於行。《詩》云：『慎爾出話，敬爾威儀。』〈大雅〉曰：『穆穆文王，於緝熙敬（容）止。』」

（九）子曰：「長民者，衣服不貳（忒），從容有常，以齊其民，則民德壹。《詩》云：『彼都人士，狐裘黃黃，其容不改，出言有章，行歸于周，萬民所望。』」

右第三段，明為減省刑法當謹言慎行。

（一〇）子曰：「為上可望（其貌）而知也，為下可述（循）（其言）而志（識）也，則君不疑於其臣，而臣不惑於其君矣。〈尹吉（誥）〉曰：『惟尹躬及湯，咸有壹德。』《詩》云：『淑人君子，其儀不忒。』」

（一一）子曰：「有國者章義[60]（以賞），癉惡（以刑），以示民厚，則民情不貳（忒）。《詩》云：『靖共（恭）爾位，好是正直。』」

（一二）子曰：「上人疑則百姓惑，下難知則君長勞。故君民者，章好以示民俗，慎惡以御民之淫，則民不惑矣。臣儀（正）行，不重辭，不援（諼）其所不及，不煩（亂）其所不知，則君不勞矣。《詩》云：『上帝板板，下民卒癉。』〈小雅〉曰：『匪其止恭，[61] 惟王之邛。』」

（一三）子曰：「政之不行也，教之不成也，爵祿不足勸也，刑罰不足恥也。故上不可以褻刑而輕爵。〈康誥〉曰：『敬明乃罰。』〈甫刑〉曰：『播刑之不迪。』」

（一四）子曰：「大臣不親，百姓不寧，則忠敬不足，而富貴已過也；大臣不治而邇臣比矣。故大臣不可不敬（君之）也，是民之表也；邇臣不可不慎（擇君）也，是民之道也。君毋以小（臣）謀大（臣之事），毋以遠（臣）言近（臣之事），毋以內（臣）圖外（臣之事），（如此）則大臣不怨，邇臣不疾，而遠臣不蔽矣。葉公（祭公）之〈顧命〉曰：『毋以小（臣之）謀敗大（臣之）作，毋以嬖御人疾莊后，毋以嬖

60 譯案：「義」今本作「善」，按《釋文》云：「章義如字，《尚書》作善；皇（侃）云，義，善也」，故黃以周《子思子輯解》卷三以為《記》文自作「義」。此據改。

61 譯案：「恭」原文作「共」，鄭注訓「恭敬」之義，《釋文》云：「音恭」，又按《毛詩・小雅・巧言》之《釋文》云：「本又作恭」，此據改。

御士疾莊士、大夫、卿士。』」

（一五）子曰：「大人不親其所賢，而信其所賤；民是以親失，而教是以煩。《詩》云：『彼求我則，如（恐）不我得；(既）執我仇仇，亦不我力（用）。』〈君陳〉曰：『未見聖，若（恐）己弗克見；既見聖，亦不克由聖。』」

（一六）子曰：「小人溺於水，君子溺於口，大人溺於民，皆在其所褻也。夫水近於人而溺人，(水）德易狎而難親也，易以溺人；(其）口費（惠）而煩，易出難悔，易以溺人；夫民閉於人，而有鄙心（私心），可敬不可慢，易以溺人。故君子不可以不慎也。〈太甲〉曰：『毋越厥命以自覆也；若虞（人之射獸，先）機張（弩），(於機間）往（意）省括于厥度，則釋（弦）。』〈兌命〉曰：『惟口起羞，惟甲冑起兵，惟衣裳在（篋）笥，惟干戈省厥躬。』〈太甲〉曰：『天作孽，可違也；自作孽，不可以逭。』〈尹吉〉曰：『惟尹躬之先（祖），[62] 見於西邑；夏（之君）自周有終，(其）相亦惟終。』」

（一七）子曰：「民以君為心，君以民為體；心莊（壯）則體舒，心肅則容敬。心好之，身必安之；君好之，民必欲之。心以體全，亦以體傷；君以民存，亦以民亡。《詩》云：『昔吾有先正，其言明且清，國家以寧，都邑以成，庶民以生；誰能秉國成（平），不自為正，卒勞百姓。』〈君雅〉曰：『夏日暑雨，小民惟曰怨；資冬祈寒，小民亦惟曰怨。』」

62 譯案：「先」字原文作「天」，據鄭注徑改。

（一八）子曰：「下之事上也，身不正，言不信，則義（儀）不壹，行無類（善）也。」

（一九）子曰：「言有物（法）而行有格也；是以生則不可奪志，死則不可奪名。故君子多聞，質（正）而守之；多志，質而親之；精知，略而行之。〈君陳〉曰：『出入（政教）自爾師虞，庶言同（則行之）。』《詩》云：『淑人君子，其儀一也。』」

（二〇）子曰：「唯君子能好其匹（此據孫希旦說改正，原本作「正」），小人毒其匹。故君子之朋友有鄉，其惡有方；是故邇者不惑，而遠者不疑也。《詩》云：『君子好仇。』」

（二一）子曰：「輕絕貧賤，而重絕富貴，則好賢不堅，而惡惡不著也。人雖曰不利，吾不信也。《詩》云：『朋有攸攝，攝以威儀。』」

（二二）子曰：「私惠不歸德，君子不自留焉。《詩》云：『人之好我，示我周行。』」

（二三）子曰：「苟有車，必見其（車前之）軾；苟有衣，必見其（衣前之）敝（韍）；人苟或言之，必聞其聲；苟或行之，必見其成。〈葛覃〉曰：『服之無射。』」

（二四）子曰：「言從而行之，則言不可飾也；行從而言之，則行不可飾也。故君子寡（顧）言，而行以成其信，（以此）則民不得大其美而小其惡。《詩》云：『白圭之玷，尚可磨也；斯言之玷，不可為也。』〈小雅〉曰：『允也君子，展也大成。』〈君奭〉曰：『在昔，上帝周申勸文王之德，[63]其集大命于厥躬。』」

右第四段，說慎好惡、謹言行即本於忠敬。

（二五）子曰：「南人有言曰：『人而無恒，不可以為卜筮。』古之遺言與？龜筮猶不能知也，而況於人乎？《詩》云：『我龜既厭，不我告猶（猷）。』〈兌命〉曰：『（使祭祀，賜爵於諸臣時）爵無及惡德，（若不及此）民立（此人）而正事，純（訰）而祭祀，是為不敬；事煩則亂，事神則難。』《易》曰：『不恒其德，或承之羞。恒其德偵（貞他人），婦人吉，夫子凶。』」

右第五段，戒無恒心。蓋通篇要旨，欲減省刑法，應始於慎好惡、謹言行；而其根本在於忠敬，若忠敬不足則無恒心，無恒心為忠敬之反也，故此章通篇之結論為戒無恒心。

3.〈坊記〉

（一）子言之：「君子之道，辟則坊與，坊民之所不足者也。」大為之坊，民猶踰之。故君子禮以坊德，刑以坊淫，命以坊欲。

右第一段，「禮以坊德，刑以坊淫，命以坊欲」為全篇之綱領。

（二）子云：「小人貧斯約（窮），富斯驕；約（窮）

63 譯案：「申勸」二字原文作「田觀」，據鄭注所引古文《尚書》徑改。

斯盜，驕斯亂。」禮者，因人之情而為之節文，以為民坊者也。故聖人之制富貴也，使民富不足以驕，貧不至於約（窮），貴不慊（擬）於上，故亂益亡。

（三）子云：「貧而好樂，富而好禮，（族）眾而以寧者，天下其幾矣。《詩》云：『民之貪亂，寧為荼毒。』」故制：國不過千乘，都城不過百雉，家富不過百乘。以此坊民，諸侯猶有畔者。

右第二段，明「命以坊欲」。

（四）子云：「夫禮者，所以章疑別微，以為民坊者也。」故貴賤有等，衣服有別，朝廷有位，則民有所讓。

（五）子云：「天無二日，土無二王，家無二主，尊無二上，示（之）民有君臣之別也。」《春秋》不稱楚越之王喪，禮君不稱天，大夫不稱君，（斯）恐民之惑也。《詩》云：「相彼盍旦，尚猶患之。」（盍旦，夜鳴求旦之鳥也，惡其覆晝夜而亂晦明也。）

（六）子云：「君不與同姓同車，與異姓同車不同服，（斯）示民不嫌也。」以此坊民，民猶得（德）同姓以弒其君。

（七）子云：「君子辭貴不辭賤，辭富不辭貧，（然）則亂益亡。」故君子與其使食浮於人也，寧使人浮於食（祿）。

（八）子云：「（受）觴酒、豆肉（君子）讓而受惡，民猶犯齒；（坐）衽席之上（君子）讓而坐下，民猶犯貴；（就）朝廷之位（君子）讓而就賤，民猶犯君。」《詩》云:「民之無良,相(互)怨一方;受爵不讓,至于已斯亡。」

(九)子云:「君子貴人而賤己,先人而後己,則民作讓。」故稱人之君曰君,自稱其君曰寡君。

(一〇)子云:「(與)利祿,先死者而後生者,則民不偕(於死者);先(因國事出)亡(於外)者而後(於國內)存者,則民可以(相)托。」《詩》云:「先君之思,以畜(好)寡人。」以此坊民,民猶偕死(者)而(老弱)號無告。

(一一)子云:「有國家者,貴人而賤祿,則民興讓;尚技(藝)而賤車(車服),則民興藝。」故君子約言,小人先言。

(一二)子云:「上酌民言,則下先上施;上不酌民言,則犯也;下不先上施,則亂也。」[64] 故君子信讓以涖百姓,則民之報禮重。《詩》云:「先民有言,詢于芻蕘。」

(一三)子云:「善則稱人,過則稱己,則民不爭;善則稱人,過則稱己,則怨益亡。」《詩》云:「爾卜爾筮,履(幸)無咎言。」

(一四)子云:「善則稱人,過則稱己,則民讓善。」《詩》云:「考卜惟王,度是鎬京;惟龜正之,武王成之。」

(一五)子云:「善則稱君,過則稱己,則民作忠。」〈君陳〉曰:「爾有嘉謀嘉猷,入告爾君于內,

64 譯案:此文中兩見「下(不)先上施」,原文「先」皆作「天」。此作者據洪頤煊《讀書叢錄》卷四,「下天上施」條說徑改。

女乃順之于外，曰：此謀此猷，惟我君之德。於乎！是惟良顯哉。」

（一六）子云：「善則稱親，過則稱己，則民作孝。」〈大誓〉曰：「予克紂，非予武，惟朕文考無罪；紂克予，非朕文考有罪，惟予小子無良。」

（一七）子云：「君子弛其親之過，而敬其美。」

> 《論語》曰：「三年無改於父之道，可謂孝矣。」高宗云：「三年其惟不言，言乃讙。」

（一八）子云：「從命不忿（怠），微諫不倦，勞（憂）而不怨，可謂孝矣。」《詩》云：「孝子（行此道）不匱。」

（一九）子云：「睦於父母之黨，可謂孝矣。故君子因睦以合族。」《詩》云：「此令兄弟，綽綽有裕；不令兄弟，交相為瘉。」

（二〇）子云：「於父之執（同志），可以（與）乘其車，不可以（與）衣其衣。君子以廣孝也。」

（二一）子云：「小人皆能養其親，君子不敬，何以辨？」

（二二）子云：「父子不同位，以厚敬也。」《書》云：「厥辟不辟，忝厥祖。」

（二三）子云：「父母在，不稱老，言孝不言慈（子之愛）；閨門之內，戲而不歎。」君子以此坊民，民猶薄於孝而厚於慈。

（二四）子云：「長民者，朝廷敬老，則民作孝。」

（二五）子云：「祭祀之有尸也，宗廟之有主也，示民有事也。修宗廟，敬祀事，教民追孝也。」以此坊民，民猶忘其親。

（二六）子云：「（饗賓客）敬則用祭器。故君子不以（饌之）菲廢禮，不以美沒（過）禮。」故食禮，主人親饋，則客祭；主人不親饋，則客不祭。故君子苟無禮，雖美不食焉。《易》曰：「東鄰（紂王）殺牛（為牲），不如西鄰（文王）（以禮）之禴祭，寔受其福。」《詩》云：「既醉以酒，既飽以德。」以此示民，民猶爭利而忘義。

（二七）子云：「七日戒，三日齊，承一人焉以為尸，過之者趨走，以教敬也。」醴酒在室，醍酒在堂，澄酒在下，示民不淫也。尸飲三（獻），眾賓飲一（獻），示民有上下也。因其酒肉，聚其宗族，以教民睦也。故堂上觀乎室（中之物）（倣之），堂下觀乎（堂）上（倣之）。《詩》云：「禮儀卒度，笑語卒獲。」

（二八）子云：「賓禮每進以讓，喪禮每加以遠。」浴（死者）於中霤，飯於牖下，小斂於戶內，大斂於阼，殯於客位，祖於庭，葬於墓，所以（禮每）示遠也。（葬後）殷人弔於壙，周人弔於家，示民不偝也。

（二九）子云：「死，民之卒事也，吾從周（之禮）。」以此坊民，諸侯猶有薨而不葬者。

（三〇）子云：「升自客階，受弔於賓位，教民追孝也。」未沒（終）喪不稱君，示民（父子）不（相）爭也。故魯《春秋》記晉喪曰：「殺其君之子奚齊及其君卓。」以此坊民，子猶有弒其父者。

（三一）子云：「孝以事君，弟以事長」，示民不貳也，故君子有君不謀仕，唯（代君）卜之日稱二君（君之副貳）。喪父三年，喪君三年，示民不疑（君之尊）也。父母在，不敢有其身，不敢私其財，示民有上下也。故天子四海之內無客禮，（對天下）莫敢為主焉。故君適其臣，升自阼階，即（主人之）位於堂，示民不敢有其室也。父母在，（其子之）饋獻不及車馬，示民不敢專（其家）也。以此坊民，民猶忘其親而貳其君。

（三二）子云：「（相見）禮之先幣帛也，欲民之先事而後祿也。」先財而後禮，則民利；無辭而行情，則民爭。故君子於有饋者，弗能見則不視其饋。《易》曰：「不耕獲，不菑畬，凶。」以此坊民，民猶貴祿而賤行。

（三三）子云：「君子不盡利以遺民。」《詩》云：「彼有遺秉，此有不斂穧，伊寡婦之利。」故君子仕則不稼，田則不漁；食時不力（求）珍，（故）大夫不（殺）坐羊（之皮上），故士不（殺）坐犬（之皮上）。《詩》云：「采葑采菲，無以（與）下體（根），德音莫違，及爾同死。」以此坊民，民猶忘義而爭利，以亡其身。

右第三段，明「禮以坊德」。

（三四）子云：「夫禮，坊民所淫，章民之別，使民無嫌，以為民紀者也。」故男女無媒不交，無幣不相見，恐男女之無別也。以此坊民，民猶（不待媒酌）有自獻其身。《詩》云：「伐柯如之何？匪斧不克；取妻如之何？匪媒不得；藝麻如之何？橫從其畝；取妻如之何？必告父母。」

（三五）子云：「取妻不取同姓，以厚別也。」故買妾不知其姓，則卜之。以此坊民，魯《春秋》猶去夫人之姓曰「吳」，其死曰「孟子卒」。

（三六）子云：「禮，非祭，男女不交爵。」以此坊民，陽侯猶殺繆侯而竊其夫人。故大饗廢夫人之禮。

（三七）子云：「寡婦之子，不有見（其才藝）焉，則弗友也，君子以辟遠也。」故朋友之交，主人不在，不有大故，則不入其門。以此坊民，民猶以色厚於德。

（三八）子云：「好德如好色。（似有脫文）諸侯不下漁色。故君子遠色以為民紀。故男女授受不親。」御婦人則進左手（背之）。姑姊妹女子子，已嫁而反，男子不與同席而坐。寡婦不夜哭。婦人疾，問之不問其疾。以此坊民，民猶淫泆而亂於族。

（三九）子云：「婚禮，壻親迎，見於舅姑，舅姑承子以授壻，恐事之違也。」以此坊民，婦猶有不至者。

右第四段，明「刑以坊淫」。

上三篇之斷句、分章依黃以周《子思子》輯本，翻譯之文，黃氏以外，並參考朱彬《禮記訓纂》、簡朝亮《禮記子思子言鄭注補正》、郭嵩燾《禮記質疑》、俞樾《群經平議》、皮錫瑞《禮記淺說》等，正訂舊注之失，而後改從日文訓讀。

上譯文中括弧（）內插入語句為解釋原文中難解之字，或原文所無、為日文訓讀而補足者；又方格□內文字則疑其或為衍文者。

五、子思學派思想之發展

現存的《子思子》殘本中僅存〈中庸〉、〈表記〉、〈緇衣〉、〈坊記〉四篇，其內容大致分為（一）〈中庸〉本文、（二）子思語錄、（三）〈中庸說〉等三部分。從（一）到（二），再到（三），作為珍貴文獻資料，記載著思想逐步發展的歷史，其大略前文既已說明。本章將根據這些資料概略說明其思想內容與發展之經緯。

（一）子思之教──「中」

如前文所述，〈中庸〉本書為子思之著作，然而其內容究竟為何？就此，如其書名所示，該書是在闡明中庸之道。中庸之道就是以中為常道，其中心思想歸結為一「中」字。所謂「中」是兩端的中央、無過與不及之義。中國盛周之道德為禮，其禮相傳是周公損益殷商之禮而制定，所以十分盡善盡美。徵諸「經禮三百，曲禮三千」之語，可以想像周禮是如何詳備。而周禮極為詳備，其中卻自有一以貫之的標準，「中」就是這一標準。《禮記》也有云：「夫禮所以制中也」，舉具體的例子，則是《禮記．喪服四制》裡所提到的喪之中庸：之所以規定喪期三年，是因為規定的程度要適當，使得賢者不能過而不肖者不得不及。不僅喪禮，禮制的規定，都要遵循無過與不及、適當的程度；因此，禮的精神可以用「中」一字來形容。

孔子之教是「仁」。所謂「仁」在主觀上來說即忠恕，從形式上來說即禮的實踐，藉此實現以孝為中心的道德。既然孔子的仁道主張應當踐行禮，那麼，有「中」的理想自然合乎情理。今本《論語》中讚嘆「中」有云：

> 子曰：「中庸之為德也，其至矣乎！民鮮久矣。」（〈雍也〉）
>
> 子曰：「過猶不及。」（〈先進〉）
>
> 子曰：「不得中行而與之，必也狂狷乎！」（〈子路〉）

子思的〈中庸〉則強調了孔子這一思考。〈中庸〉引孔子之言，劈頭第一句便讚頌中庸：「君子中庸，小人反中庸」，接著引「舜好察邇言，執其兩端，用其中於民」及「顏回擇中庸，拳拳服膺」等言，證明這一傳統由來已久。子思又說：「忠恕違道不遠」，認為父子、君臣、兄弟、朋友四道終歸也是忠恕之道的實踐，這也祖述了孔子之教。子思又云：「君子之道，辟如行遠必自邇，辟如登高必自卑」，是君子之道始於悅樂父母這樣的日常行為。下文在讚揚舜之大孝與武王、周公之達孝之後，提到：

> 郊社之禮，所以事上帝也。宗廟之禮，所以祀乎其先也。明乎郊社之禮、禘嘗之義，治國其如示諸掌乎！

與這一段話相近的文字也出現在《論語》與《禮記．仲尼燕居》之中，可以相互比較，即：

> 或問禘之說。子曰：「不知也。知其說者之於天下也，其如示諸斯乎！」指其掌。（《論語．八佾》）
>
> 子曰：「郊社之義，所以仁鬼神也；嘗禘之禮，所以仁昭穆也；……明乎郊社之義，嘗禘之禮，治國其如指諸掌而已乎！」（《禮記．仲尼燕居》）

另《孝經．聖治章》中也有與上述文字大體相近者：

> 昔者，周公郊祀后稷以配天，宗祀文王於明堂，以配上帝。

其大意為：藉由郊社之禮與嘗禘之禮，而率領百姓祭祀上帝和孝敬祖先，是政治最根本的精神。要之，孔子之教為仁，仁之根本為孝。因此，據此可謂，子思繼承了孔子的學說。此外，〈中庸〉還引用了魯哀公與孔子之間的問答，論述政治的重點在實踐義與仁，其中仁之大者為親親，即孝；是以，政治道德的標準在形式上致力於「中」，也就是無過不及。具體而言，便是將親子之間的感情推及國家社會，即孝道的擴展。

（二）子思子語錄之教──「忠敬」

如前文所述，〈表記〉、〈緇衣〉、〈坊記〉三篇都是子思的門人蒐集師言所成之書。如果忠實地蒐集子思之言，那麼其內容應與〈中庸〉完全一致；但是，通常編纂語錄時常會受到編纂者的主觀影響，其結果就是與相傳為子思手定的〈中庸〉相比多少會有些許變調，當然也在所難免。〈緇衣〉篇和〈坊記〉篇中，第一章都以「子言之」開頭，記其作為整篇的序說之論，第二章以後全都冠以「子曰」，多為敷陳詳說第一章之旨趣。據此可知，這二篇在子思的原本中，既已各自完整獨立成篇。〈表記〉篇全文可以分為七段，每段記述之初冠以「子言之」；據此推想，此篇或許是從《子思子》原本最初被分成數篇的文字之中，摘出匯錄成一篇者。此外，〈表記〉全篇七段中，第一段和第六段、第七段似有所關聯，但第二段、第四段以及第三段則似根據另一段相關資料抄錄而成；後者才是〈表記〉的中心所在。

〈表記〉第二段的開頭為：

> 子言之：仁者，天下之表也；義者，天下之制也；報者，天下之利也。(〈表記〉第十章)

上文提到仁、義、報，據鄭玄的注解，報即為禮。那麼，根據下文詳說仁、義、禮來看，這一章乃是〈表記〉整篇的概要，〈表記〉之篇名或許就是出於該章中「仁者，天下之表也」一句。對照〈中庸〉本書最後一章中所記：「仁者人也。親親為大；義(道)者宜(義)也。尊賢為大。親親之殺，尊賢之等，禮所生也」，可以推測〈表記〉篇上承〈中庸〉末章，蓋是匯錄子思對此內容詳說之言而成者。

〈表記〉中說「仁」云：

> 仁有三，……仁者安仁，知者利仁，畏罪者強仁。(〈表記〉第十四章)

上文論述三種「仁」的優點雖然相同，精神卻各異；對於真正的仁者而言，相比起優點，其過失所表現出的缺點更為人所知。此處將「仁」分為三種類型，乃是後來〈中庸說〉所提到的「或安而行之，或利而行之，或勉強而行之，及其成功，一也」一文的先聲。另外，〈表記〉中也提到了仁之數，即仁之長短大小：

> 仁有數，[義]有長短小大。中心憯怛，愛人之仁也：率法而強之，資仁者也。《詩》云：「豐水有芑，武王豈不（念天下之）仕，詒厥（子）孫謀，以燕翼（子）孫，……」（此）數世之仁也。〈國風〉曰：「我今不閱，皇恤我後。」（此）終身之仁也。（〈表記〉第十五章）

此章最初的兩句於今本《禮記》中作：「仁有數，義有長短小大。」雖然看起來像是對照說明仁之數與義的長短小大，但是仔細閱讀前後文，便可發現「義」字為衍文，「長短大小」在此是為了更進一步說明「仁之數」之義，即仁之大者，為「中心憯怛，愛人之仁」；仁之小者，為「率法而強之，資仁者」；仁之長者，為「武王，數世之仁」；仁之短者，為「〈國風〉，終身之仁」。下文又云：

> 仁之為器重，其為道遠，舉者莫能勝也，行者莫能致（至）也，（所舉、所行、其）取數多者（即）仁也，夫勉於仁者，不亦難乎？（〈表記〉第十六章）

勸勉力行於仁。

另外，〈表記〉中主張仁義相須，即：

> 仁者右也，道者左也。仁者人也，道者義也。厚

> 於仁者薄於義，親而不尊；厚於義者薄於仁，尊而不親。（〈表記〉第十四章）

又謂至道者為仁義兼備，義道為有義缺仁，考道是仁義擇取其一；如仁義無法兼備，則不能稱之為至道，即：

> 道有至、有義、有考。至道以王，義道以霸，考道以為無失。（〈表記〉第十四章）

〈表記〉又稱頌虞舜之德，即：

> 後世雖有作者，虞帝弗可及也已矣；君天下，……子（慈）民如父母，有憯怛之愛，有忠利之教；親而尊，安而敬，威而愛，富而有禮，惠而能散；其君子尊仁畏義，恥費輕實（財），忠而不犯，義而順，文而情，[65] 寬而有辨。（〈表記〉第二十九章）

此處也謂仁義應兼備，其中又云「富而有禮」、「文而情」。「文而情」中的「情」字指誠，與誠相對應之文，就是禮。因此，此段謂想要仁義兼備，就必須重禮。〈表記〉第五段以後，散見關於禮的解釋；與之相對，第一段則闡述應當敬忌言行，敬忌便是禮的精神。據此所述，〈表記〉之重點便是在闡明仁、義、禮。

65 譯案：「情」字原作「靜」，鄭注云，靜或謂情。黃以周《子思子輯解》謂當從「情」，謂「外文飾而內情實」，此即從黃說而徑改字。下文訓釋更以「情」為「誠」。

〈表記〉之後的〈緇衣〉共二十五章，第一章總括全篇內容，明確彰明其大義，即：

> 子言之曰：為上易事也，為下易知也，則刑不煩矣。

鄭玄解釋為：「言君不苛虐，臣無奸心，則刑可以措。」與此相似之語，下文也有。即：

> 為上可望而知也，為下可述而志（識）也，則君不疑於其臣，而臣不惑於其君矣。（〈緇衣〉第十章）
>
> 上人疑則百姓惑，下難知則君長勞。故君民者，章好以示民俗，慎惡以御民之淫，則民不惑矣。臣儀（正）行，不重辭，不援（諼）其所不及，不煩（亂）其所不知，則君不勞矣。（〈緇衣〉第十二章）

比較上文可發現，兩章皆論君王好惡分明則百姓從之，而臣子應捨棄機心盡其忠敬。是以鄭玄的解釋得其正鵠，該篇全文之趣旨就在論述應當盡竭誠信之事。〈緇衣〉第二段論好惡須有所節制，第三段論言行須有所節制，至第四段則論應以忠敬為主，文末勸誡勿失恆心。恆心也好，忠敬也好，最終都是指誠之義。由此可知，〈緇衣〉通篇皆在論述誠；只是此處不謂之誠，而是謂之忠敬，體現出〈緇衣〉篇保留的古雅。

最後的〈坊記〉篇共三十九章，第一章為全篇之總論：

> 君子禮以坊德，刑以坊淫，命以坊欲。（〈坊記〉第一章）

這三句為此章之中心，同時也是〈坊記〉整篇之要旨。第二章和第三章則是闡述應當「命以坊欲」。此處的「命」為教令之義，即以上位者的命令抑制慾望。第四章到第三十三章，各章皆在闡述「禮以坊德」，即以禮來防止民德之淪喪。第三十四章之後則是說明「刑以坊淫」，即制刑以禁止民之淫邪。禮、刑、命之本即是禮，刑以救禮所不得施展之困境，命是禮之活用，總之皆可視為禮。由此可知，〈坊記〉篇所闡述為制禮之目的。

總而言之，可以想見〈表記〉、〈緇衣〉、〈坊記〉三篇皆為收錄子思言語的子思子語錄之殘本，其編纂年代比〈中庸〉本書稍晚。其中，〈表記〉尤為論述仁義，〈緇衣〉闡述忠敬，〈坊記〉則論述禮之目的與效用；其論述仁義的部分是〈中庸〉本書最後一章的敷衍而成者，因此，〈表記〉篇遠較〈中庸〉本書更為詳盡。又，此處仁義對舉之論，是〈中庸說〉將至德與至道並論之發祥；而將仁分為三等的論述，則是〈中庸說〉中生而安行，學知利行，困知勉行之論的由來。此外，〈緇衣〉篇中所云忠敬之工夫，可視為〈中庸說〉中誠之先河：〈坊記〉篇對禮的讚揚則是〈中庸說〉「禮儀三百，威儀三千」讚詞之導言。果是如此，〈表記〉、〈緇衣〉、〈坊記〉三篇則可視為介於〈中庸〉本書與〈中庸說〉兩者之間，展示出從「中」的道德說發展到「誠」的哲學的子思學派思想發展的過程。

（三）〈中庸說〉之哲學──「誠」

〈中庸說〉第一章論性與道的關係：

> 天命之謂性，率性之謂道。

下文說明上天所賦予的人之本性，在尚未因情感而觸動之際的心的狀態，即喜怒哀樂未發之中，而人類道德顯現於這一未發之中動而合於節度者，即所謂：

> **喜怒哀樂之未發，謂之中。發而皆中節，謂之和。中也者，天下之大本也。和也者，天下之達道也。**

〈中庸說〉又舉道之具體表現——君臣、父子、夫婦、昆弟、朋友等五倫，並將之稱為五達道；指出實踐五達道的能力為知、仁、勇三達德。三達德指人之本性中固有之三德，因此未發之中指的便是具有此三德的人之本性。三達德之中，仁為誠動於內，知則是誠應對外物之際動之作用。因此，知與仁乃是唯一的誠的作用，此即〈中庸說〉中所云：

> **誠者非自成己而已也，所以成物也。成己，仁也；成物，知也。性之德也，合外內之道也。**

即指此義。不過，〈中庸說〉裡欠缺關於勇之直接解釋。但是據「誠者物之終始，不誠無物」推測，勇也是誠的一種表現。因此，知、仁、勇三德可歸結為「誠」一字。喜怒哀樂未發之中就是誠，發而中節之達道即在於君臣、父子、夫婦、昆弟、朋友關係得以和諧之中。換言之，〈中庸說〉的根本主張是依據誠而實踐五達道。以「喜怒哀樂未發之中」說明「誠」，應是因為試圖說明〈中庸〉本書的「中」字：〈中庸〉本書裡「中」指無過與不及、兩端的中間，與之相對，在〈中庸說〉裡「中」則變成「誠」；兩個「中」字雖然相同，但是意思卻大為不同，由此得以窺見子思學派思想的發展。

誠字，日文訓讀作「マコト（MAKOTO）」，「マコト（MAKOTO）」古代作「忠」或者「信」字。《論語》「中」字，即常以忠、信兩字替換，然而卻無將「誠」字作道德原理使用之例。降至子思的〈中庸〉本書，及更之後的〈表記〉、〈緇衣〉、〈坊記〉諸篇也都未出現「誠」字此用例；直至《孟子》才首次出現「誠」字這一用法。《孟子・離婁》章云：「誠者，天之道也；思誠者，人之道也」，而〈中庸說〉裡的「誠」襲用孟子之說，並加以詳說。因此，藉由「誠」字的使用，可以得知〈中庸說〉的成書年代相對較晚；同時從「忠」、「信」為「誠」字替換使用也顯示出思想的發展，即雖然《論語》等中使用的「忠」、「信」，日文訓讀作「マコト（MAKOTO）」而與誠字相同；但是，相比作為實踐道德原理的マコト（MAKOTO）的「忠」、「信」，〈中庸說〉的「誠」則進一步深入，顯示出宇宙原理的意義。作為實踐原理的マコト（MAKOTO）以「誠之」表示，其義用作欲使之誠。〈中庸說〉裡有云：

誠者，天之道也；誠之者，人之道也。

即是此意。解釋天之道的「誠」指宇宙原理，解釋人之道的「誠之」指忠信，即實踐原理。不用「忠信」而用「誠之」，表示實踐原理畢竟須以宇宙原理為基礎。換言之，「誠」者，是天之命，是性；「誠之」者，是欲使之誠，是人之道德。將人之道德的「誠」視為宇宙原理的顯現與發展，這就是〈中庸說〉的哲學價值之所在。

那麼，〈中庸說〉的所謂天之道，指的究竟是甚麼？

> 唯天下至誠，為能盡其性；能盡其性，則能盡人之性；能盡人之性，則能盡物之性；能盡物之性，則可以贊天地之化育；可以贊天地之化育，則可以與天地參矣。
>
> 故至誠無息。不息則久，久則徵（達）；徵則悠遠，悠遠則博厚，博厚則高明。……博厚配地，高明配天，悠久無疆。……
>
> 天地之道，可一言而盡也。其為物不貳（誠），則其生物不測。……
>
> 唯天下至誠（者），為能經綸天下之大經，立天下之大本，知天地之化育。夫焉有所倚？肫肫其仁，淵淵其淵，浩浩其天。苟不固聰明聖知達天德者，其孰能知之。

熟讀玩味上述文字，可知〈中庸說〉作者所認為的天之道，即宇宙原理，具有使得萬物生生不息之作用，稱之為天地之化育；而從道德層面來看，即稱之為「誠」。人們藉由因循天賦之德性而致力於誠之，終可至於參贊天地化育之生生作用，這一點必須加以肯定。此可謂極悠遠、博厚而高明的道德哲學。正是立足於這一悠遠、博厚的宇宙觀，才能感受得到道德努力上的無限意義。

> 今夫天，斯昭昭之多，及其無窮也，日月星辰繫焉，萬物覆焉。今夫地，一撮土之多，及其廣厚，載華嶽而不重，振河海而不洩，萬物載焉。今夫山，一卷石之多，及其廣大，草木生之，禽獸居之，寶藏興焉。今夫水，一勺之多，及其不測，黿鼉蛟龍魚鱉生

> 焉，貨財殖焉。《詩》云：「維天之命，於穆不已！」蓋曰天之所以為天也。「於乎不（丕）顯！文王之德之純！」蓋曰文王之所以為文也。

筆者每讀〈中庸說〉中上一段文字，總是能夠情不自禁地感受到，即使是微不足道的努力也有可能重若丘山。

六、《子思子》與《論》、《孟》

筆者將《子思子》分為（一）〈中庸〉本書、（二）子思子語錄、（三）〈中庸說〉等三部分，認為〈中庸〉本書為子思的自著——即使退一步不算是子思的自著，也是與子思最為接近的文獻。〈中庸說〉為秦代子思學派學者敷衍〈中庸〉本書之作，而子思子語錄則是子思後學匯錄其師之言而成、介於兩者之間的著作；三部分揭示出子思學派思想的發展。本章將摘錄《子思子》中與《論》、《孟》相關者，並加以比較，以補充前揭考察中所不備之處。

（一）〈中庸〉本書與《論語》

〈中庸〉本書中與《論語》等相類似之文，可列出如下文所示：

> （一）子曰：中庸其至矣乎，民鮮能久矣。（《釋文》：一本作「中庸之為德，其至矣乎」。）
>
> 子曰：中庸之為德也，其至矣乎，民鮮久矣。（《論語．雍也》）
>
> （二）子曰：素隱行怪，後世有述焉，吾弗為

之矣。

孔子曰：索隱行怪，後世有述焉，吾不為之矣。（《漢書．藝文志》引）

（三）君子遵道而行，半塗而廢，吾弗能已矣。

冉求曰：非不說子之道，力不足也。子曰：力不足者中道而廢，今女畫。（《論語．雍也》）

子曰：鄉道而行，中道而廢，忘身之老也，不知年數之不足也。（〈表記〉）

（四）子曰：道不遠人，人之為道而遠人，不可以為道，……故君子以人治人，改而止，忠恕違道不遠，施諸己而不願，亦勿施於人。

曾子曰：夫子之道忠恕而已矣。（《論語．里仁》）

子曰：己所不欲，勿施於人。（《論語．顏淵》又〈衛靈公〉）

（五）庸德之行，庸言之謹，有所不足，不敢不勉，有餘不敢盡，言顧行，行顧言，君子胡不慥慥爾。

子曰：庸言之信，庸行之謹，閑邪存其誠。（《易．文言》）

按：〈文言〉之文蓋本〈中庸〉所作者。

子曰：言，從而行之，則言不可飾也，行，從而言之，則行不可飾也，故君子寡言而行，以成其信，則民不得大其美而小其惡。（〈緇衣〉）[66]

66 鄭注：寡當為顧，聲之誤也。

子曰：王言如絲，其出如綸；王言如綸，其出如綍。故大人不倡游言。可言也不可行，君子弗言也。可行也不可言，君子弗行也。則民言不危行，而行不危言矣。（〈緇衣〉）[67]

按：上二則應是承〈中庸〉「言行相顧」之意敷衍而成者。

（六）在上位不陵下，在下位不援上，正己而不求於人，則無怨。上不怨天，下不尤人，故君子居易以俟命，小人行險以徼幸。

子曰：不怨天，不尤人，下學而上達，知我者其天乎。（《論語．憲問》）

曾子曰：孝子之事親也，居易以俟命，不興險行以徼幸。（《大戴禮記．曾子本孝》）

按：〈中庸〉以為孔子之言，《大戴禮記》則謂曾子之言，而王充《論衡．幸偶》篇引亦以為孔子之言，蓋曾子受孔子之言而紹述之者。

（七）子曰：射有似乎君子，失諸正鵠，反求諸其身。

子曰：君子求諸己，小人求諸人。（《論語．衛靈公》）

67 王引之曰，危讀為詭，詭者，違也，反也。言君子言行相顧，則民言不違行，行不違言矣。

> 仁者如射，射者正己而後發，發而不中，不怨勝己者，反求諸己而已矣。(《孟子．公孫丑》篇)
>
> 射者，仁之道也。射求正諸己，己正而后發，發而不中則不怨勝己者，反求諸己而已矣。(《禮記．射義》篇)

蓋〈中庸〉之文本於孔子之言，而《孟子》及〈射義〉則是延伸之而成者。

> (八)郊社之禮所以祀上帝也，宗廟之禮所以祀乎其先也。明乎郊社之禮禘嘗之義，治國其如示諸掌乎。
>
> 或問禘之說。子曰：不知也，知其說者之於天下也，其如示諸斯乎。指其掌。(《論語．八佾》)
>
> 郊社之義，所以仁鬼神也，嘗禘之禮，所以仁昭穆也。[68] 明乎郊社之義、嘗禘之禮，治國其如指諸掌而已乎？(《禮記．仲尼燕居》篇)

上〈中庸〉之文蓋本諸《論語》，而〈仲尼燕居〉又本諸〈中庸〉而成者。

> (九)仁者人也，親親為大，義者宜也，尊賢為大，親親之殺，尊賢之等，禮所生也。
>
> 子言之：仁者天下之表也，義者天下之制也，報者天下之利也。(〈表記〉)

68 譯案：中略。

仁者右也，道者左也。仁者人也，道者義也。（同上）

（二）子思子語錄與《論》、《孟》

（一）子言之：歸乎君子，隱而顯，不矜而莊，不厲而威，不言而信。（〈表記〉）

子溫而厲，威而不猛，恭而安。（《論語．述而》）

君子泰[69]而不驕，威而不猛。（《論語．堯曰》）

上《論語》二節，語氣及文意均與〈表記〉相似，〈表記〉中所謂君子蓋指孔子。「歸乎君子」一句，鄭注謂孔子遊說諸侯而不為所用、欲歸國之辭，但簡朝亮則認為這是子思居他鄉欲歸隱之辭，洪頤煊則認為歸為巋的假借字，而巋乎如巍乎，釋為獨立自足之意。今按諸此章之意，並無欲歸國之義，故洪頤煊之說是。然則，此章之君子應指孔子，為讚揚孔子之語，而此文蓋脫胎自上列《論語》之文。

（二）子曰：君子不失足於人，不失色於人，不失口於人，是故君子，貌足畏也，色足憚也，言足信也。（〈表記〉）

曾子言曰：君子所貴乎道者三，動容貌斯遠暴慢矣，正顏色斯近信矣，出辭氣斯遠鄙倍矣。（《論語．泰伯》）

69 譯案：原誤恭，徑改。

〈表記〉中的足、色、口相當於《論語》中的容貌、顏色、辭氣。〈表記〉蓋脫胎自《論語》此章而成。

> （三）子曰：仁有三，與仁同功而異情，與仁同功，其仁未可知也，與仁同過，然後其仁可知也，仁者安仁，知者利仁，畏罪者強仁。（〈表記〉）
>
> 子曰：人之過也，各於其黨，觀過斯知仁矣。（《論語．里仁》）
>
> 子曰：仁者安仁，知者利仁。（同上）

〈表記〉這一章蓋脫胎自《論語》的這二章而成，而〈中庸說〉中「或安而行之，或利而行之，或勉強而行之」一文，又應是自〈表記〉本章改寫而成者。

> （四）子曰：夫民教之以德，齊之以禮，則民有格心，教之以政，齊之以刑，則民有遯心，故君民者，子以愛之，則民親之，信以結之，則民不倍，恭以涖之，則民有孫心。（〈緇衣〉）
>
> 子曰：道之以政，齊之以刑，民免而無恥，道之以德，齊之以禮，有恥且格。（《論語．為政》）

〈緇衣〉這一章與《論語》相似而文稍詳，蓋子思敘述聖祖之言敷衍而成。

> （五）子曰：南人有言，曰，人而無恆，不可以為卜筮，古之遺言與，龜筮猶不能知也，而況於人乎……《易》曰，不恆其德，或承之羞，恆其德偵，

婦人吉，夫子凶。(〈緇衣〉)

子曰：南人有言，曰，人而無恆，不可以作巫醫，善夫，不恆其德，或承之羞，子曰：不占而已矣。(《論語．子路》)

〈緇衣〉本章與《論語．子路》篇大同小異，《論語》謂孔子之言，而〈緇衣〉則謂子思之言。蓋子思祖述聖祖之言而成者。

(六)子曰：貧而好樂，富而好禮，衆而以寧者，天下其幾矣。(〈坊記〉)

子貢曰：貧而無諂，富而無驕，何如？子曰：可也，未若貧而樂，富而好禮者也。(《論語．學而》)

右〈坊記〉之文應脫胎自《論語》者。「貧而樂」於古本《論語》中作「貧而樂道」，與《史記．仲尼弟子列傳》一致，〈坊記〉中「貧而好樂」一句與《論語》不同。

(七)子曰：君子弛其親之過，而敬其美。《論語》曰：三年無改於父之道，可謂孝矣。高宗云：三年其惟不言，言乃讙。(〈坊記〉)

文中所引用《論語》文見〈學而〉篇，而「高宗諒陰三年不言」一文見〈憲問〉篇，蓋後人於旁注記文字混入正文中者，非子思引用《論語》。

(八)子曰：從命不忿，微諫不倦，勞而不怨，可

謂孝矣。(〈坊記〉)[70]

子曰：事父母幾諫，見志不從，又敬不違，勞而不怨。(《論語．里仁》)

〈坊記〉此章蓋祖述孔子之言而稍加修改而成。《大戴禮記．曾子立孝》篇中「君子之孝也，微諫不倦，聽從而不怠」一文亦與此同義。

（九）子曰：小人皆能養其親，君子不敬，何以辨？(〈坊記〉)

子游問孝，子曰：今之孝者，是謂能養，至於犬馬皆能有養，不敬何以別乎？(《論語．為政》)

（一〇）子云：好德如好色。(〈坊記〉)

鄭玄曰：此句似不足。《論語》曰：未見好德如好色。

按：鄭玄所引《論語》之文見〈子罕〉篇。

子思子門人匯集其師之言而成〈表記〉四十九章、〈緇衣〉二十五章、〈坊記〉三十九章共一百十三章，其中十條與《論語》大同小異，此蓋子思祖述孔子之言而成者，其間文字繁簡之差當是祖述之際、敷衍所致者。這三篇之文只與《論語》相出入、而完全與《孟子》無涉，這也暗示出這三篇之記錄在《孟子》七篇編纂之前既已存在。

70 陳大可曰，怨當作怠。

（三）〈中庸說〉與《論》、《孟》

（一）天下之達道五，所以行之者三。曰君臣也，父子也，夫婦也，昆弟也，朋友之交也，五者天下之達道也。知、仁、勇三者，天下之達德也，所以行之者一[71]也。（〈中庸說〉）

當堯之時……契為司徒，教以人倫，父子有親，君臣有義，夫婦有別，長幼有序，朋友有信。（《孟子．滕文公》篇）

子曰：知者不惑，仁者不憂，勇者不懼。（《論語．子罕》又〈憲問〉）

按：《論語》多知、仁並論，知、仁、勇之三德說則根據較晚的資料；因此，〈中庸說〉言三德，亦是其成書年代不古之明證。

（二）或生而知之，或學而知之，或困而知之，及其知之一也。

或安而行之，或利而行之，或勉強而行之，及其成功一也。（〈中庸說〉）

子曰：生而知之者上也，學而知之者次也，困而學之，又其次也，困而不學，民斯為下矣。（《論語．季氏》）

仁者安仁，知者利仁，畏罪者強仁。（〈表記〉）

---

71 譯案：原脫一，徑補。

按：〈中庸說〉此條，疑雜糅《論語》及〈表記〉之義而成者。

> （三）在下位不獲乎上，民不可得而治矣。獲乎上有道，不信乎朋友，不獲乎上矣。信乎朋友有道，不順乎親，不信乎朋友矣。順乎親有道，反諸身不誠，不順乎親矣。誠身有道，不明乎善，不誠乎身矣。誠者天之道也，誠之者人之道也。誠者不勉而中，不思而得，從容中道，聖人也。誠之者，擇善而固執之者也。（〈中庸說〉）
>
> 孟子曰：居下位而不獲於上，民不可得而治也。獲於上有道，不信於友，弗獲於上矣。信於友有道，事親弗悅，弗信於友矣。悅親有道，反身不誠，不悅於親矣。誠身有道，不明乎善，不誠其身矣。是故誠者天之道也，思誠者人之道也。至誠而不動者，未之有也。不誠未有能動者也。（《孟子．離婁》篇）

《孟子》與〈中庸說〉之文大致相同，《孟子》不以此文為子思之言，而〈中庸說〉之敘述較《孟子》為詳盡，古〈中庸說〉此章蓋取自《孟子》。

> （四）博學之，審問之，慎思之，明辨之，篤行之。（〈中庸說〉）
>
> 子夏曰：博學而篤志，切問而近思，仁在其中矣。（《論語．子張》）
>
> 君子學以聚之，問以辯之，寬以居之，仁以行之。（《易．文言》）

〈中庸說〉此條蓋脫胎自《論語．子張》篇之文而成，《易．文言》亦與之相似。

（五）禮儀三百，威儀三千，待其人而後行，故曰苟不至德，至道不凝焉。（〈中庸說〉）

經禮三百，曲禮三千，其致一也。（《禮記．禮器》篇）

孔子謂公西赤曰：禮儀三百可勉能也，曲禮三千則難也。（《大戴禮記．衛將軍文子》篇）

禮經三百，威儀三千。（又〈本命〉篇）

哀公問政。子曰：文武之政布在方策，其人存則其政舉，其人亡則其政息。（〈中庸〉）

苟非其人，道不虛行。（《易．繫辭》傳）

故君子尊德性而道問學，致廣大而盡精微，極高明而道中庸，溫故而知新，敦厚以崇禮。（〈中庸說〉）

子曰：溫故而知新，可以為師矣。（《論語．為政》）

是故居上不驕，為下不倍，國有道，其言足以興，國無道，其默足以容。（〈中庸說〉）

居上位而不驕，在下位而不憂。（《易．文言》）

子曰：邦有道，危言危行，邦無道，危行言孫。（《論語．憲問》）

國家有道，其言足以生，國家無道，其默足以容。（《大戴禮記．衛將軍文子》篇）

〈中庸說〉此章似雜糅《論語》及禮的舊記等而成者，《易》

之〈繫辭〉、〈文言〉中亦有類似文字。

> （六）子曰：吾說夏禮，杞不足徵也，吾學殷禮，有宋存焉，吾學周禮，今用之，吾從周。（〈中庸說〉）
>
> 子曰：夏禮吾能言之，杞不足徵也。殷禮吾能言之，宋不足徵也，文獻不足故也，足則吾能徵之矣。（《論語．八佾》）
>
> 子曰：周監二代，郁郁乎文哉，吾從周。（同上）

〈中庸說〉此章似是結合上引《論語》二章為一而成者，《禮記．禮運》篇中亦有相似文字。

上文即以《論》、《孟》為標準來概觀《子思子》，可知，第一，〈中庸〉本書取材與《論語》最為接近，故其應成書於距離孔子不遠的時代；第二，子思語錄之文章相比《論語》及〈中庸〉為冗長，似是比〈中庸〉稍晚的著作；第三，至於〈中庸說〉，記言之體一變而成論辯之體，其中所引文字不僅有《論語》，更及《孟子》，似是《孟子》以後相當一段時間才撰寫而成；據此，將其視為秦代之書似亦無大礙。

七、《子思子》與《易傳》

前一章主要藉由與《論》、《孟》的比較，探討與發現判定子思中早、晚部分的新方法，其中旁引二、三句《易傳》為佐證。因此，敏銳的讀者或由此考慮到《子思子》與《易》之間的關聯。本章即特別就此問題加以探討，以此作為研究《易》的線索。

此前筆者曾多次論及，子思子的文獻分為〈中庸〉本書、子思子語錄與〈中庸〉解說等三部分。其中，第一部分〈中庸〉本書中，與《易傳》相關的語句有：

> （一）庸德之行，庸言之謹，有所不足不敢不勉，有餘不敢盡，言顧行，行顧言。

此文中庸德、庸言二句與《易》之〈文言〉傳中下文前兩句相類似：

> 庸言之信，庸行之謹，閑邪存其誠。
>
> （二）君子依乎中庸，遯世不見知而不悔，唯聖者能之。

這一句與《易》的〈文言〉中下文相類似：

> 潛龍勿用，何謂也？子曰：龍德而隱者也，不易乎世，不成乎名，遯世无悶。不見世（大）而无悶，樂則行之，憂則違之。

〈中庸〉與《易傳》相類之文僅此二句。其中第一處庸德、庸言之語，相比《易》之文，其義似更接近中庸；蓋〈文言〉襲用〈中庸〉，而非〈中庸〉襲用《易傳》文字。今本〈中庸〉庸德、庸言兩個詞使用，僅僅為下文論述言行應當相顧的前提；而《易傳》此文之後則附以「閑邪存其誠」的新內容。由此可知，〈文言〉的成立在後而〈中庸〉在前是顯而易見的。第二處，雖然僅比較兩文無法判定其先後順序，但是據第一處推測，可知應當也是〈中庸〉成立在先，而《易》的〈文言〉襲用了〈中庸〉。果如此，可知〈中庸〉本書並未受到《易》的任何影響。

至於子思語錄，既有與《易》相關的記載，也有稱引《易》為經典的文字。例如，〈表記〉第四十七章中，提到「昔三代明王皆事天地之神明，無非卜筮之用」；第四十九章記載天子、諸侯卜筮慣例，以及第七章提及侍奉君長亦據卜筮以擇日；又〈緇衣〉篇末章告誡無恆之人不得進行卜筮；〈坊記〉篇中也言及卜筮。加之，這三篇中引用《易》的彖辭或爻辭，將其與《詩》、《書》相並，皆視為經典。茲將這三篇中所引用《易》的彖辭或象辭[72]抄錄如下：

初筮告，再三瀆，瀆則不告。（〈蒙卦．彖辭〉）

不家食吉。（〈大畜卦．彖辭〉）

不事王侯，高尚其事。（〈蠱卦．上九．爻辭〉）

○以上三條見於〈表記〉

不恆其德，或承之羞。（〈恆．九三．爻辭〉）

恆其德偵，婦人吉，夫子凶。（〈恆．六五．爻辭〉）○以上見於〈緇衣〉

東鄰殺牛，不如西鄰之禴祭，實受其福。（〈既濟．九五．爻辭〉）

不耕穫，不菑畬。（〈无妄．六二．爻辭〉）○以上見於〈坊記〉

72 譯案：即爻辭，參看第八章第一節。

縱觀上述文字，可知子思學派之際，《易》已經尊為儒教的經典。而子思子語錄中所引《易》僅限於彖辭、爻辭部分，未及《十翼》；因此，《十翼》之成書當在子思子語錄之後。藉由將《十翼》附入《易》，過去被視為卜筮家之書的《易》，遂徹底成為論述儒家道德的經典。

雖然一言稱之曰「十翼」，卻未必出自一人之手，這其中年代最早的應該是〈彖傳〉與〈象傳〉。〈彖傳〉是彖辭的解釋，而〈象傳〉則是爻辭的解釋。在〈象傳〉爻辭的解釋之前，有二、三句概論全卦性質的文字，稱之為〈大象〉，與爻辭的解釋有別。〈彖傳〉與除去〈大象〉部分以外的〈象傳〉皆為韻文，是以韻文形式對彖辭與爻辭加以簡單解釋。依據上述韻文解釋，但凡彖辭與爻辭斷定為吉占之卦，都是得剛柔之中者；而「中」就是《易》的道德理想。以「中」為道德理想，與〈中庸〉本書的理解一致。蓋〈彖傳〉與〈象傳〉乃是子思學派之人以〈中庸〉本書的精神來解釋《易》的著作；在此，《易》方始成為儒家的經典。

《十翼》之中，重要性僅次於〈彖傳〉及〈象傳〉的文獻為〈繫辭傳〉與〈文言〉。〈文言〉是彖辭與爻辭的再解釋，本來或許遍及六十四卦，今只有乾、坤二卦的相關解釋存留下來，其斷篇殘簡今存〈繫辭傳〉之中。〈繫辭傳〉似乎也有錯簡脫文，個別文字幾難以釋讀；但是大致可謂《易》之概論，亦可謂〈文言〉之序論。據〈彖傳〉及〈象傳〉，《易》的精神乃是得剛柔之中；而在〈繫辭傳〉及〈文言〉中，則一改剛柔為陰陽概念，將《易》的精神釋為藉由陰陽二氣之消長而使萬物生生不息。〈繫辭傳〉云「天地之大德曰生」、「生生之謂易」，即此佐證，這與〈中庸說〉中所云「生物不測」相類似。又，〈文言〉中論及「閑邪存誠」，以此作為與這一陰陽生生作用相冥合的方法。〈中庸說〉中論說誠也與此相同。因此，可以推測，〈繫辭傳〉及〈文言〉應是出自與〈中庸說〉大約同時代的子思學派學者之手；若〈中庸說〉為秦代的著作，則〈繫辭傳〉與〈文言〉也應為秦代的作品。東條一堂於《繫辭問答》中，將此定為秦代的文獻，誠為卓見。筆者認為，此二者為秦代子思學派之人所撰定，而與〈中庸說〉互為表裡。

其餘的〈說卦〉、〈序卦〉、〈雜卦〉這三篇，相傳是卜筮家《易》說之殘餘，其中〈說卦〉說明八卦的象——八卦所象徵之事物，似乎是今本混入〈象傳〉中〈大象〉的序論。〈大象〉旨在說明，由八卦重疊而成的六十四卦之各卦，據其象觀察所具備道德之意義。於是，應該說〈說卦〉得〈大象〉始有結論，而〈大象〉則因〈說卦〉而有呼應。〈說卦〉中，以陰陽為天之道、以剛柔為地之道、以仁義為人之道；而《易》則將天、地、人三才之道一以貫之以理，並教導應當窮盡此理而盡人之性。這顯然是綜合〈彖傳〉、〈象傳〉與〈繫辭〉、〈文言〉之主張而成，因此，其成書時期應該是相比〈中庸說〉更晚的漢代。〈大象〉中時常有與〈大學〉相通的文字，亦可資於這一推測（關於〈大學〉篇眾說紛紜，筆者認為其為漢代著作）。

要之，如同《子思子》的文獻是從〈中庸〉本書至子思子語錄，再到〈中庸說〉的變化，《易》的《十翼》也經歷了〈彖傳〉、〈象傳〉至〈繫辭〉、〈文言〉、再到〈說卦〉、〈大象〉的三段進化發展；〈彖傳〉、〈象傳〉的思想與〈中庸〉本書接近，〈繫辭〉、〈文言〉的思想則與〈中庸說〉相似，而〈說卦〉與〈大象〉似乎是更之後成立的文獻。藉由比較考察其相似之處，可以看出子思學派與《易》學並行發展，兩者之間的關係匪淺。前幾章中，筆者已經考察了子思學派的發展，因此，下一章將探討《易》的起源、釐清其發展過程，研究《易》的精神究竟為何，以及如何進化演變而來。

八、《易》之起源及其發展

（一）八卦六十四卦之起源

《易》是藉由計算筮簽來畫卦，再據卦來斷吉凶的筮法；其基本為乾 ☰、坤 ☷、震 ☳、巽 ☴、坎 ☵、離 ☲、艮 ☶、兌 ☱ 等八卦，將這八卦加以重疊，則構成六十四卦，而依各卦以論吉凶。

䷀ 乾下乾上 乾	䷁ 坤下坤上 坤	䷂ 震下坎上 屯	䷃ 坎下艮上 蒙
䷄ 乾下坎上 需	䷅ 坎下乾上 訟	䷆ 坎下坤上 師	䷇ 坤下坎上 比
䷈ 乾下巽上 小畜	䷉ 兌下乾上 履	䷊ 乾下坤上 泰	䷋ 坤下乾上 否
䷌ 離下乾上 同人	䷍ 乾下離上 大有	䷎ 艮下坤上 謙	䷏ 坤下震上 豫
䷐ 震下兌上 隨	䷑ 巽下艮上 蠱	䷒ 兌下坤上 臨	䷓ 坤下巽上 觀
䷔ 震下離上 噬嗑	䷕ 離下艮上 賁	䷖ 坤下艮上 剝	䷗ 震下坤上 復
䷘ 震下乾上 无妄	䷙ 乾下艮上 大畜	䷚ 震下艮上 頤	䷛ 巽下兌上 大過
䷜ 坎下坎上 習坎	䷝ 離下離上 離	䷞ 艮下兌上 咸	䷟ 巽下震上 恆
䷠ 艮下乾上 遯	䷡ 乾下震上 大壯	䷢ 坤下離上 晉	䷣ 離下坤上 明夷
䷤ 離下巽上 家人	䷥ 兌下離上 睽	䷦ 艮下坎上 蹇	䷧ 坎下震上 解
䷨ 兌下艮上 損	䷩ 震下巽上 益	䷪ 乾下兌上 夬	䷫ 巽下乾上 姤
䷬ 坤下兌上 萃	䷭ 巽下坤上 升	䷮ 坎下兌上 困	䷯ 巽下坎上 井
䷰ 離下兌上 革	䷱ 巽下離上 鼎	䷲ 震下震上 震	䷳ 艮下艮上 艮
䷴ 艮下巽上 漸	䷵ 兌下震上 歸妹	䷶ 離下震上 豐	䷷ 艮下離上 旅
䷸ 巽下巽上 巽	䷹ 兌下兌上 兌	䷺ 坎下巽上 渙	䷻ 兌下坎上 節
䷼ 兌下巽上 中孚	䷽ 艮下震上 小過	䷾ 離下坎上 既濟	䷿ 坎下離上 未濟

上列六十四卦，各卦由六爻構成。每一卦各有說明該卦性質的解釋，也就是所謂彖辭，而每一爻各有說明該爻意義的爻辭或象辭。這六十四卦加上彖辭與象辭，即構成《易》的經文。因此，《易》的經文可分成六十四種卦，以及說明其意義之彖辭、象辭之兩部分。

根據此前的傳統解釋，八卦為伏羲所畫，重卦而成六十四卦的相傳是神農氏，或說是夏禹王，亦有說是周文王；但都無明確證據。《易》的〈繫辭傳〉中曾明確提及伏羲畫八卦一事：

> 古者包犧氏之王天下也，仰則觀象於天，俯則觀法於地，觀鳥獸之文與地之宜，近取諸身，遠取諸物，於是始作八卦。

據此，或可憑信。但是，這只能稱作《易》家古老傳說，而無法明言其為歷史事實。包犧之名最早出現的文獻，以《易傳》為最；而包犧二字與「八卦」音近，據此，包犧或許是將八卦擬人化的傳說。因此，八卦或六十四卦的發明人究竟為孰人或不明瞭，但是，其作為計算筮簽以占卜的筮法是明確的事實，且「筮」字是竹字頭下作巫字，據此，自然可推想其為巫覡間產生的筮法。又，《世本・作》篇中「巫咸作筮」一文亦可印證這一推想無誤。此外，《周禮・春官・筮人》中「筮人掌三易以辨九筮之名」一文，又附說明云：

> 九筮之名，一曰巫更，二曰巫咸，三曰巫式，四曰巫目，五曰巫易，六曰巫比，七曰巫祠，八曰巫參，九曰巫環。

此處所說的九筮或許是巫更、巫咸等九巫所發明的九種筮法，因此，亦可佐證《易》的筮法為巫覡間所產生的占法。《周禮》中所提及的筮之名，在《山海經》的〈海內西經〉及〈大荒西經〉中亦有相類似名稱記載，加以對照，可以推想九筮蓋為自古以來著名的巫之名。

周禮九巫	海內西經	大荒西經	備注
（一）巫更	巫彭	巫彭	更、彭音近通用。
（二）巫咸	巫咸	巫咸	
（三）巫式	巫抵	巫抵	式為抵之壞字。
（四）巫目	巫凡	巫盼	目為盼之壞字，凡、盼音近通用。
（五）巫易	巫陽	巫即	易、即二字為昜之誤，昜為陽之古字，巫陽之名亦見於《楚辭‧招魂》。
（六）巫比	巫履	巫禮	禮、履同音相通，比為禮之古文礼字之訛。
（七）巫祠	巫相	巫謝	祠、相、謝三字形近而誤。
（八）巫參		巫真	參、真同音相通。
（九）巫環		巫羅	環、羅形似而誤。
		巫姑	

九巫之中，特別著名的是巫咸，《尚書‧君奭》中云：「在昔……在太戊時則有若伊陟、臣扈格于上帝，巫咸乂王家」，即《世本》中所謂筮之作者的人物，據此或可推斷占筮的起源可以追溯至殷的巫咸。但是，或許因為占筮產生於巫之間，而將其產生託諸巫之中最著名的巫咸，遂有此傳說；實際上，筮法是更為後來的發明。

中國古代的占卜分為卜與筮兩者。卜是灼烤龜殼以占卜吉凶的方法，《尚書》中即明文指出，殷代已使用此占卜法；此外，根據近來河南省湯陰挖掘出的龜殼殘片亦可證明此說。與之相對，筮的記錄最早出現在《尚書．洪範》，相傳〈洪範〉是殷朝的箕子傳給周武王者；而其始見其他書籍所稱引在周末之際，推想或許其年代並不早。因此，筮的使用始於何時並不明確，蓋是從周初開始，到了春秋戰國時期最為盛行。《荀子．王制》篇云：「相陰陽，占祲兆，鑽龜陳卦，主攘擇五卜，知其吉凶妖祥，傴巫跛擊之事也」，此處「傴巫跛擊」為「傴巫跛覡」之義，所記敘的是傴僂者或跛者等身有廢疾者為巫覡而行卜筮的事，指出卜與筮皆為巫覡所司之職。又，《易》的卦字從卜字，根據《尚書》及《左傳》，《易》的內卦、也就是六爻的下三爻稱為貞，而外卦、也就是六爻的上三爻稱作悔。「貞」原為卜問之意，「悔」字於古文《尚書》寫作「𠧩」，亦從卜字旁。因而，《易》的筮法是由龜卜變化而來的占卜法，蓋因龜卜過於莊重，難以輕易施行，所以為將其簡化而制定這一占卜法。若允許大膽想像，則筆者認為《易》的卦是可以取代卜兆者，卜兆是藉由灼烤龜殼後出現的直坼與歧坼來判斷吉凶，易卦則使用陽爻 – 與陰爻 -- 取代直坼與歧坼，而在占卜中烤灼龜殼以求兆，易筮則藉由計算蓍也就是筮簽來決定爻；因此，吉凶之前定一以系之於蓍的數，是故可以說易筮的根本在於數。〈繫辭傳〉中所云：「錯綜其數，通其變，遂成天地之文；極其數，遂定天下之象」，大概就是這個意思。那麼，畫出《易》卦爻的根本之數究竟為何？〈繫辭傳〉的作者關於筮法有如下說明：

> 大衍之數五十，其用四十有九，分而為二以象

> 兩，掛一以象三，揲之以四以象四時，歸奇於扐以象閏，五歲再閏，故再扐而後掛。乾之策二百一十有六，坤之策百四十有四，凡三百有六十，當期之日。

此處「大衍之數」意指大筮衍易的數，是構成筮法基礎的數。根據漢儒京房的解釋，將筮法基礎定為五十是將十干、十二辰、二十八宿合計所得，與天文曆數關係密切。其下「象兩」中的「兩」字指陰、陽，而無論是「四時」、「閏」或「五歲再閏」，或「乾坤之策凡三百有六十，當期之日」，分明皆與曆數相關。因此，《易》筮法基礎的數蓋本於曆數而發明出來。想來，占筮的發明者認為四時交替、晝夜更迭代表著宇宙萬象的變化，於是欲以曆數為基準來預知未來。因此，占筮是比龜卜進步的占卜之法；而據兩者皆由巫覡所司職加以推測，占筮法是聰明的巫覡為將龜卜化繁為簡的發明，其時代約在殷、周之際。

（二）彖辭、象辭之成立

《易》是由六十四卦構成，每一卦包含六爻，每卦均具備彖辭、每爻均具備象辭，依據彖辭與象辭來決定卦名。《左傳》、《國語》中所記錄的春秋時代的占卜法中，有據彖辭、象辭加以判斷的例子；此外，離開彖、象辭，僅就卦象判斷吉凶的例子也不少。因此，彖辭、象辭並非為達到占筮目的所絕對必要之物，反而有時會因其存在而受限。由此看來，彖辭與象辭並非最初就附隨於《易》筮，應是後來才附加上去的。相傳伏羲畫八卦，而彖辭與象辭則為文王所作，其間經歷一段時間，這也暗示出卦與彖辭、象辭是分別撰作的結果。

〈繫辭傳〉中，有關於彖辭與象辭為文王之作的記載：

易之興也，其於中古乎，作易者其有憂患乎。

易之興也，其當殷之末世周之盛德邪，當文王與紂之事邪？

《史記》中也提到「西伯（即文王）拘羑里，演《周易》」。但是仔細驗證，則發現象辭中往往有文王以後之事的敘述。例如升卦六四的象辭「王用亨于岐山」，文中的王或釋為文王，但文王稱王是在武王滅殷之後；因此，此象辭亦必定是文王歿後之文。又，明夷卦六五「箕子之明夷」，文中記載箕子被囚禁之事；而箕子被囚禁在武王克殷之後，並非文王所及知曉。又，既濟卦九五爻「東鄰殺牛不如西鄰之禴祭」，或解西鄰作文王，東鄰為紂；但是文王時，紂仍南面為王，因此，絕無可能是文王所自用的對稱之詞。所以必須將這些象辭定為文王之後所作。結合《左傳》昭公二年晉國韓宣子在魯國讀《易象》而知曉周公之德的記載，象辭作者毋寧應認為是周公而非文王。因此，馬融、陸績等學者認為，只有彖辭是文王所作，而象辭的作者則是周公而非文王。

但是，通覽《易》彖辭與象辭，則會發現其中不同部分文體亦有所差異，無從認定其為特定作者所作。例如，六十四卦中，訟、比、大有、謙、豫等卦的彖、象辭書以散文，而坤、同人、困、漸等六爻皆書以押韻之文，其文體不同。又即使同是韻文，坤卦的象辭云：

䷁坤下坤上坤，元亨，利牝馬之貞云云。

初六，履霜，堅冰至。

六二，直方，大不習无不利。

六三，含章，可貞，或從王事，无成有終。

六四，括囊，无咎无譽。

六五，黃裳，元吉。

上六，龍戰于野，其血玄黃。（霜、方、章、囊、裳、黃韻）

用六，利永貞。

知其為逐爻橫向押同韻之卦；又困卦云：

☱☵（坎下兌上）困，亨貞，大人吉无咎，有言不信。

初六，臀困于株木，入于幽谷，三歲不覿。（木、谷、覿韻）

九二，困于酒食，朱紱方來，利用亨祀，征凶无咎。（食、來、祀韻）

六三，困于石，據于蒺蔾，入于其宮，不見其妻，凶。（蔾、妻韻）

九四，來徐徐，困于金車，吝有終。（徐、車韻）

九五，劓刖，困于赤紱，乃徐有說，利用祭祀。（刖、紱、說韻）

上六，困于葛藟，于臲卼，曰動悔，有悔征吉。（藟、卼、吉韻）

每一爻直向押同韻之卦。此外，也有大過、離卦等，韻文與散文交錯夾雜之卦。以大過卦為例：

☱☴（巽下兌上）大過，棟橈，利有攸往，亨。

初六，藉用白茅，无咎。

九二，枯楊生稊，老夫得其女妻。无不利。（稊、

妻韻）

九三，棟橈，凶。

九四，棟隆，吉，有它吝。

九五，枯楊生華，老婦得其士夫，无咎无譽。（華、夫、譽韻）

上六，過涉滅頂，凶，无咎。

上文，僅有九二與九五爻押韻，而他爻則無韻，且此二爻之文章互相呼應，與其餘諸爻完全不同。其他四爻中，九三與九四是與彖辭有關聯之文，與初六及上六似也稍稍有別，是此卦爻辭混雜三種材料。又，離卦中：

䷝離下離上離，利貞，亨，畜牝牛吉。

初九，履錯然，敬之无咎。

六二，黃離，元吉。

九三，日昃之離，不鼓缶而歌，則大耋之嗟，凶。

九四，突如其來如，焚如死如棄如。

六五，出涕沱若，戚嗟若，吉。（離、離、歌、嗟、沱、嗟韻）

上九，王用出征，有嘉折首，獲匪其醜，无咎。（首、醜、咎韻）

初九與九四為散文，而六二、九三、六五這三爻則押同韻，其文章也看似有關聯。而在九三與六五間的九四不僅無韻，又使用突如、來如、焚如、棄如等有如字的副詞，而與六五中使用沱若、嗟若等以若字為詞尾的副詞不同。再者，上九爻雖為韻文，但與其他諸爻押不同韻且文章風格迴異。因此，推測此卦也集合了至少三種材料。要之，可以推想，《易》六十四卦的彖辭與象辭最初並非由特定人物——例如文王、周公等——有組織地創作出來，而是匯集各種資料編纂而成。誠如此，六十四卦的彖、象辭的原始資料又是甚麼性質的文獻？

《易》的各卦由六爻組成，各包含六條象辭，這些象辭中有著包含所屬卦名的二字、三字，甚或罕見的四字以上成語，形成卦名的若干種樣貌。相對於卦名而言，這些成語性質上也可被稱作爻名，但是罕見這一類爻名存在於六爻中每一爻的狀況，大多只存在其中五爻。例如，蒙卦中有發蒙、包蒙、困蒙、童蒙、擊蒙的五爻名；需卦中有需于郊、需于沙、需于泥、需于血、需于酒等五爻名；臨卦中有咸臨、甘臨、至臨、知臨、敦臨；復卦中有休復、頻復、獨復、敦復、迷復等五爻名；咸卦中有咸其拇、咸其腓、咸其股、咸其脢、咸其輔頰舌等五爻名；兌卦中有和兌、孚兌、來兌、商兌、引兌等五爻名；渙卦有渙奔其機、渙其躬、渙其群、渙汗其大號、渙其血等五爻名。而困卦、井卦、鼎卦、艮卦、漸卦等則是六爻均具爻名。漸卦中有鴻漸于干、鴻漸于磐、鴻漸于陸、鴻漸于木、鴻漸于陵、鴻漸于陸，其中第三爻與第六爻之爻名同；艮卦中的艮其趾、艮其腓等皆為三字，只有第六爻為敦艮二字，而與其他爻不同；而鼎卦從初爻到第四爻有鼎顛趾、鼎有實等三字的爻名、且皆為韻文，但第五爻與第六爻中作「鼎黃耳金鉉，利貞」、「鼎玉鉉，大吉无不利」，無韻。若將此二爻連結成一文，則金鉉與玉鉉可以鉉字押韻，或許是將原來五組之文分配至六爻所致。由此看來，現有六爻中皆有似爻名之卦，似乎也是將原本五組的成語，後來為排列至六爻或補足或分割而成的。另外，同人、謙、豫、頤、遯、節等卦中，各有四個類似爻名之文。而頤卦中，除其爻辭中有朵頤、顛頤、拂頤、由頤等四爻名之外，其彖辭中還有觀頤一詞，合計共五個；謙卦中有第一爻謙謙、第二爻鳴謙、第三爻勞謙、第四爻撝謙等四爻名，而第六爻也有與第二爻同名的鳴謙。今本《易》經文中第二爻與第六爻同作鳴謙，而〈象傳〉以「鳴謙貞吉，中心得也」說明第二爻，以「鳴謙，志未得也」解釋第六爻，而釋為相反之義，故不應為相同的爻名。同樣，豫卦中，據鄭玄的注釋，第一爻與第六爻同為鳴豫；而馬融的注釋則以第六爻為冥豫，與初爻的鳴豫相對立。蓋鳴與冥同音，故鄭玄本中遂混淆兩者。從豫卦之例加以類推，謙卦中第六爻的鳴謙大概是冥謙之誤，而與第二爻的鳴謙有別。如此解釋，方可理解〈象傳〉將第二爻與第六爻釋為相反之義的理由。釋為「志未得也」的鳴謙應為冥謙。是以，謙卦中實際上有五爻名。雖然無法舉出其他卦的確實證據，蓋其他諸卦也曾有五爻名，後來則失去其一。此外，今本經文中，只有兩字或三字似爻名的成語之卦，推測其原本也有五個，此後則因某些原因只存下其中一部分。如此一來，《易》的彖辭中不少應是將原本五條一組的古老材料加以改編而分配成六爻。這一猜測最有力的例子為《易》最開頭的乾卦：

> ䷀乾下乾上乾，元亨利貞。
> 初九，潛龍勿用。（龍、用韻）
> 九二，見龍在田，利見大人。
> 〔九三，君子終日乾乾，夕惕若，厲无咎。〕
> 九四，或躍在淵，无咎。（田、人、淵韻）
> 九五，飛龍在天，利見大人。（天、人韻）
> 上九，亢龍有悔。
> 用九，見群龍无首，吉。（悔、首韻）

上列乾卦的彖辭、爻辭中，不押韻的是第一行的彖辭與第四行的九三爻辭，其餘皆為韻文。第五行的九四爻辭無主語，由其押韻推斷，這應是上接第三行九二爻辭之文；所以，九三爻辭「君子終日乾乾，夕惕若，厲无咎」一句應是後來附加進去的。連接二文，即「見龍在田，利見大人，或躍在淵，无咎」，則與〈小雅・鶴鳴〉一詩中「鶴鳴于九皋，聲聞于天，魚在于渚，或潛在淵，樂彼之園」之句法相似，且文章連貫意亦通順。是以，除九三爻辭之外，其餘韻文部分有潛龍、見龍、飛龍、亢龍、群龍等五爻名；從其他卦之例來看，當然應稱作龍卦，但此卦卻被特別稱為乾卦。乾的卦名，似乎是從後來附加的九三爻辭中「終日乾乾」一句而來。若是如此，推測此卦的原始資料僅為韻文的五龍之爻，為將其分配至《易》的六爻而新增「君子終日乾乾」云云之文，再從新增句子中擇取卦名、稱之為乾卦。如果這一推測正確，六爻之辭即是由更早的五句一組的材料改寫而成。

那麼，五句一組的舊材料究竟為何？吾師內藤湖南老師在其所撰寫〈易疑〉一篇中，有說云:「本來，筮者即如巫所使用之籤。細言之，有籤與各卦相當，而籤中再分為四、五種之小名，以此占卜，抽籤之後即由巫依此加以判斷。」(《研幾小錄》，又大正十二年十二月《支那學》第三卷第七號）。〈易疑〉一文誠發起《易》學千古之疑，筆者前揭所論亦皆蒙先生之啟發；不過，筆者則將《易》筮的起源推測為古老龜卜之頌，而非籤。所謂龜卜之頌，即《周禮・春官・大卜》文中說明卜經的「其經，兆之體皆百有二十，其頌皆千有二百」之文。根據此文解釋，龜卜之經中，卜兆之體分為一百二十種，各體十頌，合計一千兩百頌。頌又稱作繇，是龜卜的占辭。龜卜是灼烤龜殼後，依據其上所出現的兆象、色、墨坼等所作吉凶判斷；兆象依其形可分為二十四類，每一類又別依木火土金水五種，合計為一百二十體。各體又依其色澤分為雨、霽、蒙、驛、克等五類，再據墨坼、也就是裂紋的大小明暗分成兩種，所以各體又分為十種。體即如《易》的卦，而色則如《易》的爻；卜經中，各體有五頌，再據墨坼兩個一組共十頌；所以全經之中有一百二十體、一千兩百頌。今卜經不存，無從明其實；而《易》各卦的爻辭中各有五組可稱作爻名之文，推測這應是取材於卜經各體的五色之頌。《易》頤卦中：

> ䷚震下艮上頤，貞吉，觀頤，自求口實。
> 初九，舍爾靈龜，觀我朵頤，凶。
> 六二，顛頤拂經，于丘頤，征凶。
> 六三，拂頤，貞凶，十年勿用，无攸利。
> 〔六四，顛頤吉，虎視眈眈，其欲逐逐，无咎。〕
> 〔六五，拂經，居貞吉，不可涉大川。〕
> 上九，由頤，厲吉，利涉大川。

六四與六五似乎是將六二之爻分拆為二文，其後又加省略；而其餘四爻與卦下彖辭之中，有觀頤、朵頤、顛頤、拂頤、由頤等五則爻名；蓋因卜經中有名為頤之體，其下有觀頤等五頌，遂加以改作所致。雖然這只是筆者想像，不過，藉此解釋，不僅可說明五爻名存在的理由，同時亦能理解初九爻辭中有「靈龜」一詞的理由。其他如損卦、益卦中的「益之，十朋之龜」一文，也應是與龜卜有關的文字。又，明夷卦六五爻「箕子之明夷」一文，漢學家惠棟謂其為「亥茲」之假借，反對此為殷商箕子之說；如果爻辭之中有選取卜頌，那麼，就不能斷定殷的箕子之名出現是錯誤的。今泰卦的六五云：「帝乙歸妹」，歸妹卦的六五云：「帝乙歸妹，其君之袂，不如其娣之袂良」，所指應是殷的祖乙之事；既濟的九三云：「高宗伐鬼方，三年克之」，及未濟的九四云：「震用伐鬼方，三年有賞于大國」，皆應是殷高宗的卜占之辭。綜合上述所論，《易》卦辭似採用了卜頌。後漢的張衡在其著作《靈憲》中云：

> 姮娥竊藥奔月，將往，枚筮之於有黃，有黃占之，曰吉，翩翩歸妹，獨將西行，逢天晦芒，毋驚毋恐，後且大昌。（王應麟《漢志考證》引）

王應麟謂此為夏龜之占繇辭。雖然以此為夏朝之文不能無疑，但是無疑應是相當古老的卜辭；其中出現《易》卦名「歸妹」二字，也暗示出《易》與卜辭間的關係。

上文筆者推測，各卦中有五卦名之卦，其彖辭是以卜頌之辭為材料；而《易》的彖辭、象辭中，似也有以此前筮人所判斷的繇辭為材料而撰成者。大體而言，以卜頌為材料的彖辭，其卦全文或皆為散文、或皆為韻文的情況較多；但經舊繇辭改撰的卦則多混合散文與韻文。這也許是因為韻文部分是取自舊繇辭，而散文部分則是《易》的編纂者新增補的。例如觀卦：

> ䷓坤下巽上觀，盥而不薦，有孚顒若。
> 初六，童觀，小人无咎，君子吝。
> 六二，闚觀，利女貞。
> 六三，觀我生進退。
> 六四，觀國之光，利用賓于王。（光、王韻）
> 九五，觀我生，君子无咎。
> 上九，觀其生，君子无咎。

僅六四爻是韻文，其餘五爻則無韻。而六四爻辭，與《左傳·莊公二十二年》中陳國厲公占卜其子敬仲的未來之繇辭完全相同。觀的六爻中，只有此爻押韻，其他爻沒有押韻，且六三、九五、上九這三爻不過將相同之文加以並列，筆者猜想觀卦的爻辭或許是以《左傳》的繇辭為基礎撰寫而成。又，明夷卦云：

> ䷣離下坤上明夷，利艱貞。
>
> 初九，明夷于飛，垂其翼，君子于行，三日不食，有攸往，主人有言。（翼、食韻）
>
> 六二，明夷，夷于左股，用拯馬壯吉。
>
> 九三，明夷，于南狩，得其大首，不可疾貞。（狩、首韻）
>
> 六四，入于左腹，獲明夷之心，出于門庭。
>
> 六五，箕子之明夷，利貞。
>
> 上六，不明晦，初登于天，後入于地。

初九與九三為韻文，其餘為散文。初九爻為《左傳》昭公五年中記載卜楚丘的繇辭之一部分。也許此卦的九三爻也是從古繇辭取材而來，如果這一推測無誤，則明夷卦亦僅有押韻部分是古繇辭，其餘部分則由《易》的編纂者補充而成。

要之，《易》的彖辭與象辭蒐集卜經之頌及上古卜筮家的繇辭，而揭示出占卜之文例者，可謂如同繇辭輯例。

今本《易》的卦爻辭中一部分是取材自卜頌，另一部分是取材自占筮家所傳承的古繇辭，據此編寫而成；而最初作為繇辭典範而編纂的，蓋即所謂繇辭輯例，而不同占筮家的不同輯例也編纂收錄至這一繇辭輯例中，《周禮》中所謂的三《易》，指的應就是此輯例的異本。

三《易》指的是《連山》、《歸藏》、《周易》三者。關於三易，自古以來眾說紛紜，簡言之不出下列二者：其一，將《周易》視為周代的《易》，且以其他二者為更早朝代的《易》；其二，將三《易》之名視為《易》之內容的說明，三者各為不同之《易》。主張前說者認為，連山為烈山的假借，由於神農興起於烈山，所以又稱烈山氏，因而《連山》為神農之《易》；《周易》為周代之《易》，《歸藏》蓋為黃帝之《易》（孔穎達等說）。支持後說者則主張，三《易》各自的卦序相異，《連山》以艮卦為首，因艮是山上山下之卦，所以稱為《連山》；《歸藏》以坤卦為首，坤表象地，地是萬物歸藏之處，因此稱作《歸藏》；《周易》始於乾卦，乾為天之象，天道周普，無所不備，故稱《周易》（鄭玄、賈公彥之說）。今三《易》之中，僅存《周易》，其他二《易》並未流傳下來，因此無從做出正確的判斷。因筆者推想《易》的占筮始於殷周之際，所以傾向主張神農、黃帝之《易》並不存在，更何況神農與黃帝並非歷史上實際存在的人物，而後說正確與否似也難定。而《禮記》中記載孔子於宋國得《坤乾》一書，[73] 鄭注謂《坤乾》就是《歸藏》，那麼，《歸藏》以坤卦為首之說似非誣言。因此，筆者認為，鄭玄說較孔穎達等人的說法為有根據。鄭玄一方面作了前揭的解釋（《周禮·大卜》注），另一方面又謂，三《易》是夏、殷、周三代的《易》（《易贊》）。漢儒習慣將一切都說成是三代之物，鄭玄似也承襲了此癖；但是，雖稱夏、殷，也未必是周代以前。例如，比較《詩》的〈周頌〉與〈商頌〉，可知〈商頌〉的年代反而較晚。因此，宋朝的朱子認為，其應為殷的後裔宋國之頌。將此觀點延至三易，則可認為《歸藏》是宋國編纂而

---

73 譯案：〈禮運〉篇。

成的卜筮書籍。總之，三易為繇辭輯例的異本，並非是相當古老的著作。顧炎武的《日知錄》中云：

> 《左傳》僖十五年，戰於韓。卜徒父筮之，曰，吉。其卦遇〈蠱〉，曰，「千乘三去，三去之餘，獲其雄狐。」成十六年戰於鄢陵，公筮之，史曰吉，其卦遇〈復〉，曰，「南國蹙射其元王，中厥目。」此皆不用《周易》，而別有引據之辭，即所謂三《易》之法也。

上文或得其實。又，〈晉語〉中記載晉國公子重耳占卜返國一事，云：

> 公子親筮之，曰，「尚有晉國。」得貞屯悔豫，皆八也。筮史占之，皆曰，「不吉，閉而不通，爻無為也。」司空季子曰：「吉，是在《周易》，皆利建侯。」

司空季子的占卜為《周易》，但是筮史之占卜則並非根據《周易》，應是根據《連山》或《歸藏》。

那麼，三《易》經文的成書時期究竟是何時？《連山》、《歸藏》因其文本不傳，所以也無法推斷；但是《周易》儼然存世，所以，若將其與《左傳》中占筮的記載加以比較，大約可推測其成書年代。以下摘錄《左傳》中占筮的記載，以檢視與《周易》間的關係。

> （一）莊公二十二年傳，陳厲公生敬仲。其少也，周史有以《周易》見陳侯者，陳侯使筮之，遇觀䷓之否䷋，曰，是謂觀國之光，利用賓于王，此其代陳有

國乎？不在此，其在異國；非此其身，在其子孫。[74]

（二）閔公元年傳，初畢萬筮仕於晉，遇屯☳之比☷，辛廖占之，曰吉，屯固、比入，吉孰大焉？其必蕃昌。

（三）閔公二年傳，成季之將生也，桓公使卜楚丘之父卜之，又筮之，遇大有☲之乾☰，曰，同復于父，敬如君所。[75]

（四）僖公十五年傳，秦伯伐晉，卜徒父筮之，吉。涉河侯車敗。詰之，對曰，乃大吉也，三敗必獲晉君。其卦遇蠱☶，曰千乘三去，三去之餘，獲其雄狐，夫狐蠱，必其君也。[76]

（五）僖公十五年傳，初晉獻公筮嫁伯姬于秦，遇歸妹☳之睽☲，史蘇占之，曰不吉，其繇曰，士刲羊，亦無衁也，女承筐，亦無貺也，西鄰責言，不可償也，歸妹之睽，猶無相也，震之離，亦離之震，為雷為火，為嬴敗姬，車脫其輹，火焚其旗，不利行師，敗于宗丘，歸妹睽孤，寇張之弧。姪其從姑，六年其逋，逃歸其國而棄其家，明年其死于高梁之虛。[77]

（六）僖公二十五年傳，秦伯師于河上，將納王。狐偃言於（原脫於字，徑補）晉侯，曰，求諸侯莫如勤王，使卜偃卜之，曰吉，筮之，遇大有☲之睽☲，

74 光、王韻；國、國韻；身、孫韻。

75 父、所韻。

76 去、餘、狐、蠱韻，顧炎武云，此以《連山》、《歸藏》之文。

77 衁、貺韻，償、相韻，姬、旗、丘韻，丘讀若欺，孤、弧、姑、逋、家、虛韻。

曰吉，遇公用享于天子之卦。[78]

（七）宣公十二年傳，晉師救鄭，知莊子曰：此師殆哉，周易有之，在師☷☵之臨☷☱，曰，師出以律否臧凶，云云。[79]

（八）成公十六年傳，晉侯將伐鄭。筮之，史曰吉，其卦遇復☷☳，曰，南國蹙，射其元王，中厥目。[80]

（九）襄公九年傳，穆姜薨於東宮。始往而筮之，遇艮之八☶☶。史曰：是謂艮之隨☱☳。隨，其出也，君必速出。姜曰：亡，是於周易曰，隨元亨利貞无咎。[81]

（一〇）襄公二十五年傳，齊棠公死，崔武子弔焉。見棠姜而美之，娶之，筮之，遇困☱☵之大過☱☴，陳文子曰：夫從風，風隕妻，不可娶也，且其繇曰，困于石，據于蒺藜，入于其宮，不見其妻，凶。[82]

（一一）昭公五年傳，初穆子之生也，莊叔以周易筮之，遇明夷☷☲之謙☷☶，以示卜楚丘，曰，是將行，而歸為子祀，以讒人入，其名曰牛，卒以餒死。[83]明夷，日也，日之謙，當鳥，故曰明夷于飛，明而未融，故曰垂其翼。象日之動，故曰君子于行。當三在旦，故曰三日不食。離，火也，艮，山也。離為火，火焚山，山敗。於人為言，敗言為讒，故曰有攸往主人有言，言必讒也。純離為牛，世亂讒勝，勝將適

78 按「公用享于天子」六字，為大有九三爻辭。

79 按「師出以律否臧凶」七字，為師初六爻辭。

80 蹙、目韻。顧炎武以此語為《連山》、《歸藏》之文。

81 按「隨元亨利貞无咎」七字，為隨卦彖辭。

82 按此為困六三爻辭也，藜、妻韻。

83 祀、牛、死韻。

離，故曰其名曰牛，謙不足，飛不翔，垂不峻，翼不廣，故曰其為子後乎。[84]

（一二）昭公七年傳，衛襄公夫人無子，嬖人生孟縶，[85]後又生元，[86]孔成子以周易筮之，曰元尚享衛國，主其社稷，[87]遇屯☳，又曰，余尚立縶，尚克嘉之[88]遇屯☳之比☷，史朝曰，元亨，又何疑焉？且其繇曰，利建侯，嗣吉何建，建非嗣也。[89]

（一三）昭公十二年傳，南蒯之將叛也，枚筮之，遇坤☷之比☷，曰，黃裳元吉。[90]

（一四）昭公二十九年傳，周易有之，在乾☰之姤☰，曰，潛龍勿用。其同人☰，曰，見龍在田。其大有☰，曰，飛龍在天。其夬☰，曰，亢龍有悔。其坤☷，曰，見群龍無首吉。坤之剝☷，曰，龍戰于野。[91]

（一五）哀公九年傳，宋皇瑗圍鄭師，晉趙鞅卜救鄭，不吉。陽虎以周易筮之，遇泰☷之需☰曰，宋方吉，不可與也。微子啟，帝乙之元子也，祉，祿也。若帝乙之元子歸妹而有吉祿，我安得吉焉。[92]

---

84 按卜楚丘為魯掌卜大夫也，楚丘先立有韻筮辭，而後逐節解之，「明夷于飛，垂其翼，君子于行，三日不食，有攸往，主人有言」，六句為《周易・明夷・初九》爻辭，楚丘先解之而後及筮辭。

85 初生也。

86 次生也。

87 問辭也，國、稷韻。

88 亦問辭也。

89 按「元亨」二字及「利建侯」三字，並屯卦彖辭。

90 按「黃裳元吉」為坤六五爻辭。

91 按此乾坤卦之爻辭。

92 泰六五中有「帝乙歸妹，以祉元吉」。

上列十五條之中，第四與第八如從顧炎武說，並非以《周易》進行卜筮，其餘十三條大致似乎是依據《周易》之筮。十三條中，有六條，即僖公二十五年之後事，皆據今《周易》的卦爻辭判斷；但有五條，即僖公十五年之前的各條，與《周易》並非嚴密一致。第一條中「觀國之光，利用賓于王」二句雖與《周易》觀卦六四爻辭相同，但《左傳》中合下四句在內的六句皆為韻文，六句整體為繇辭，此下將此六句一一敷陳說明；而觀卦中只取首二句作為六四爻辭，又觀卦中唯六四爻為韻文，其他皆為散文。蓋觀之六四是截取《左傳》的繇辭而成。又，第五條史蘇的占辭，二十二句整體為繇辭，為整齊韻文，唯其中「士刲羊」以下四句與《周易》歸妹卦上六的「女承筐无實，士刲羊无血」一句相似，「歸妹睽孤」以下二句與《周易》睽卦上九爻辭類似，似乎是《易》改編史蘇繇辭而成。且第二與第三完全不見於今本的《周易》。因此，筆者推測，今本《周易》經文編纂於春秋僖公十五年到二十五年之間。不過，《左傳》的成書時期原本即眾說紛紜，因此或有質疑以此為根據來判斷《易經》的成書時期過於武斷；然而即使《左傳》為後世所編纂，其所採擇的也是古代資料，而上文引證的占筮記載，蓋以占卜時代的記錄或傳說為根據；因此，據此作出上述判斷應無大礙。

（三）《十翼》之類別及其成立

〈彖傳〉上下、〈象傳〉上下、〈繫辭傳〉上下、〈文言〉、〈序卦〉、〈說卦〉、〈雜卦〉等十篇總稱為《易》之《十翼》。後世學者將《史記．孔子世家》中「孔子晚而喜《易》，序彖繫象說卦文言」，解釋作「孔子晚年喜《易》，有〈序〉、〈彖〉、〈繫〉、〈象〉、〈說卦〉、〈文言〉」，認為此十篇為孔子著述；

但是宋代歐陽修著《周易童子問》一書則指出，《十翼》是《易》經師之說的雜纂，絕非孔子著述。其後質疑孔子作《十翼》說的學者漸增，如伊藤東涯著《周易經翼通解》中云：

> 《十翼》之旨，各自不同。〈彖〉、〈象〉二篇，文體古奧而專說義理；〈繫辭〉、〈說卦〉、〈文言〉，章句平易且言卜筮，且言義理。大抵《易》無定義，惟變所適。通而考之，卦言變革之革，而爻言黃牛之革，此卦、爻不同其義。卦言「元亨利貞」則大亨以正也，而〈彖〉曰「大哉乾元」則以為一元之元，〈文言〉又分為四德曰「元者善之長也」，則人道之仁也。此卦與〈彖〉〈文言〉各異其旨。〈彖〉曰「至哉坤元，萬物資生，乃順承天」，而〈象〉則曰「地勢坤，君子以厚德載物」，〈彖〉取其順，〈象〉取其厚，其旨互異。其他多類此者。此非本含多義立是一卦也，亦非後人推度，二三其說也，意翼《易》之人，各隨所見互取其義，故致如是之不同。而先儒相沿為出夫子一手，故歐陽子疑其害經而惑世亦宜。（《周易經翼通解．釋例》）

伊藤主張，《十翼》解釋各別，不能認定為孔子一人之作。再舉其他證據，如大畜卦九三爻云：「良馬逐」，六四爻云：「童牛之牿」，六五爻云：「豶豕之牙」，各爻列舉家畜之名，似乎「大畜」即為家畜之義；而〈彖傳〉則云：「大畜，（中略）日新其德，（中略）養賢也」，〈象傳〉亦謂：「君子以多識前言往行，以畜其德」。此為彖、象辭與〈彖傳〉、〈象傳〉解釋互異之一例。又，履卦的九二爻「履道坦坦」、六三爻「眇能視，跛能履」、九四爻「履虎尾」，將「履」字解釋作踩踏之意，〈象傳〉解釋亦同義，〈彖傳〉則將「履」字視為「禮」的假借字，謂：「君子以辯上下，定民志」。此為〈彖傳〉與〈象傳〉解釋互異之一例。又，坤卦六二爻：「直方大，不習，无不利」，〈象傳〉釋作：「六二之動，直以方也，不習无不利，地道光也」，將「大」字視為衍文；〈文言〉則釋作：「直其正也，方其義也，君子敬以直內，義以方外，敬義立而德不孤，直方大不習，无不利，則不疑其所行也」，以「直方大」三字並列。此則為〈象傳〉與〈文言〉解釋互異之一例。據上述例證，是以《易》經文、〈彖傳〉、〈象傳〉與〈文言〉各取不同解釋，無法認定為同一人的著作。因此，難以苟同傳統上將《十翼》整體視為孔子之作的說法。不過，《十翼》究竟於何時成立、各自之間相互關係又為何，過去的學者對此則極少給予明確解釋。大阪的町人學者山片蟠桃曾提出極為明確的見解。蟠桃之說大略如下：

> 《易》為伏羲所畫，未有《十翼》之以前乃據卦爻之象以決吉凶，雖僅有卦爻之象而實興味無窮。其後文王作彖，周公又作爻辭。
>
> 〈大象傳〉不知何人所作，其文甚奇偉，為孔子以前之書。古只稱象。而〈小象傳〉次之。
>
> 〈文言〉二字未知所據。〈繫辭傳〉雖廣設《易》論而盡言之，於乾坤二卦則未及一語，〈文言傳〉則僅乾坤二卦而已。疑乃自〈繫辭傳〉揀出乾坤二卦之說，而別名之曰〈文言傳〉，……雖然，〈文言〉之名義仍未解。《史記》云：「孔子晚而喜《易》，序彖繫象說卦文言」，熟思之此「文」蓋「爻」之誤，當讀

> 為「序彖、繫象、說卦爻之言」，則其理灼然。而〈文言〉傳則承此誤寫後之所作者。
>
> 若序卦、雜卦、說卦等，其文雖古而可疑者甚多，歐陽公嘗有論。此蓋前世善《易》之人所作傳，與聖人所作彖爻象之辭合而名之為《十翼》者。（《夢之代》卷七）

上文為蟠桃的《夢之代》中一節。蟠桃本姓長谷川，初名有躬，後改芳秀，蟠桃為其號。延享三年（1746）生於播州印南郡神爪村，幼時即至大阪升屋平右衛門山片家作學徒，天資聰穎好學，隨懷德堂的中井竹山及履軒修習儒學，同時從麻田剛立通曉天文，又喜蘭（荷蘭）書，有譽為中井門下之孔明。蟠桃亡於文政二年（1819），享年七十二歲，著有《夢之代》十二卷。相傳此書本是蟠桃犧牲白晝休息，而記錄竹山、履軒二先生教導貽厥子孫、整理而成者，原名「宰我之償」，履軒先生以為不佳而改作「夢之代」；是以，其中所記經說蓋為承襲竹山、履軒的思想。上文所引《易》說，大致可分作四段。第一段論《易》的卦爻，第二段論〈象傳〉，第三段論〈繫辭〉與〈文言〉，第四段論〈序卦〉、〈說卦〉、〈雜卦〉；《十翼》相關論述在第二段以後。《夢之代》中將〈象傳〉分作〈大象〉與〈小象〉，蓋亦承襲履軒之說。蟠桃僅示〈大象〉與〈小象〉之區別，而履軒則將〈大象〉與〈小象〉分開，謂〈大象〉為較早的文獻，而〈小象〉與〈彖傳〉大致為同時代、同系統的思想。《夢之代》也許遺漏了〈彖傳〉與〈小象〉間關聯的部分論述。〈大象〉與〈小象〉之別是孔穎達的《正義》以來的通說，而非新論；但是，履軒排除〈大象〉而將〈彖傳〉與〈小象〉視為同類的論點，無論是從思想內容，或從文體形式來看，都相當有趣，確實可說是獨具慧眼。下文試就乾坤二卦對照其經文與〈彖傳〉、〈象傳〉，以考察其用韻：

☰乾下乾上乾，元亨利貞。

初九，潛龍勿用。（龍、用韻）

九二，見龍在田，利見大人。

九三，君子終日乾乾，夕惕若，厲无咎。

九四，或躍在淵，无咎。

九五，飛龍在天，利見大人。（田、人、淵、天、人韻）

上九，亢龍有悔。

用九，見群龍无首，吉。（悔、首韻）

彖曰，大哉乾元，萬物資始，乃統天。

雲行雨施，品物流形。大明終始，六位時成，時乘六龍以御天。乾道變化，各正性命，保合大和，乃利貞。首出庶物，萬國咸寧。（天、形、成、天、命、貞、寧韻）

象曰，天行健，君子以自彊不息。

潛龍勿用，陽在下也。

見龍在田，德施普也。

終日乾乾，反復道也。

或躍在淵，進无咎也。

飛龍在天，大人造也。

亢龍有悔，盈不可久也。

用九，天德不可為首也。（下、普、道、咎、造、久、首韻）

䷁坤下坤上坤，元亨，利牝馬之貞。君子有攸往，先迷後得主，利，西南得朋東北喪朋，安貞吉。

初六，履霜，堅冰至。

六二，直方大不習，无不利。

六三，含章可貞。或從王之事，无成有終。

六四，括囊，无咎，无譽。

六五，黃裳元吉。

上六，龍戰于野，其血玄黃。（霜、方、章、囊、裳、黃韻）

用六，利永貞。

彖曰：至哉坤元！萬物資生，乃順承天，坤厚載物，德合无疆，含弘光大，品物咸亨，牝馬地類。行地无疆。柔順利貞，君子攸行，先迷失道，後順得常，西南得朋，乃與類行，東北喪朋，乃終有慶，安貞之吉，應地无疆，（生、天、疆、亨、疆、行、常、行、慶、疆韻）

象曰，地勢坤，君子厚德載物。

初六，履霜堅冰，陰始凝也，馴致其道，至堅冰也。（凝、冰韻）

六二之動，直以方也，不習无不利，地道光也。（方、光韻）

含章可貞以時發也，或從王事，知光大也。

括囊无咎，慎不害也。（發、大、害韻）

黃裳元吉，文在中也。

龍戰于野，其道窮也。

用六永貞，以大終也。（中、窮、終韻）

依據上文，經文中象辭押韻，但彖辭無韻，是以可知彖辭與象辭的匯集分別取自不同材料；而〈彖傳〉與〈小象〉同為韻文，推測應是同性質的文章。但〈大象〉（即〈象〉傳中下注斷續連線的部分）為散文，與〈彖傳〉、〈小象〉文體不同。因此，履軒謂〈彖傳〉與〈小象〉有關聯而與〈大象〉有別，誠是卓見。可否將〈大象〉視為孔子以前之古文獻？〈大象〉的內容與〈說卦傳〉等似乎一脈相通。是以，筆者將〈大象〉以外的〈象傳〉中的〈小象〉、〈彖傳〉視為同類，〈彖傳〉釋彖辭、〈小象〉釋象辭，兩者相輔以解釋《易》經文。此為《十翼》中最早的文獻。

其次，《夢之代》謂《史記》「孔子晚而喜《易》，序彖繫象說卦文言」一文中的「文」為「爻」的錯字而加以改正，重新解讀為「孔子晚年喜《易》，序〈彖〉、繫〈象〉、並說卦、爻之言」，義為作〈彖〉傳與〈小象〉並釋卦辭、爻辭。實際上，如蟠桃所說，「文言」二字意義不明，而「文」與「爻」字極有可能因相似而誤；今〈繫辭傳〉中「遂成天地之文」中的「文」字，根據陸氏《釋文》，在虞翻、陸績本中即作「爻」，因此，《史記》「說卦文言」未必不是「說卦爻言」之誤。至少依蟠桃所論加以改正之後，文意通順。然而，如此解讀，則甚至連「文言」的存在亦不能無疑。蟠桃以為，「文言」是從「繫辭傳」中抽取而獨立的乾、坤二卦解釋，以彌縫錯誤的《史記》記載而使其合理，其說明實在過於巧妙。總之「文言」的思想與「繫辭傳」的思想有一脈相通之處。是以，下文先探討「文言」的內容。

> 元者善之長也，亨者嘉之會也，利者義之和也，貞者事之幹也。君子體仁足以長人，嘉會足以合禮，

利物足以和義，貞固足以幹事。君子行此四德者，故曰乾元亨利貞。

初九曰潛龍勿用，何謂也？子曰：龍德而隱者也。不易乎世，不成乎名，遯世无悶，不見是而无悶。樂則行之，憂則違之，確乎其不可拔，潛龍也。

九二曰見龍在田利見大人，何謂也？子曰：龍德而正中者也。庸言之信，庸行之謹，閑邪存其誠，善世而不伐，德博而化。《易》曰，見龍在田，利見大人。君德也。

九三曰君子終日乾乾，夕惕若，厲无咎，何謂也？子曰：君子進德修業，忠信所以進德也，修辭立其誠，所以居業也。知至至之，可與幾也，知終終之，可與存義也。是故居上位而不驕，在下位而不憂，故乾乾因其時而惕，雖危无咎矣。

九四曰或躍在淵无咎，何謂也？子曰：上下无常，非為邪也，進退无恆，非離群也。君子進德修業，欲及時也，故无咎。

九五曰飛龍在天，利見大人，何謂也？子曰：同聲相應，同氣相求，水流濕火就燥，雲從龍風從虎，聖人作而萬物覩。本乎天者親上，本乎地者親下，則各從其類也。

上九曰亢龍有悔，何謂也？子曰：貴而无位，高而无民，賢人在下位而无輔，是以動而有悔也。

右為第一段。

潛龍勿用，下也。

見龍在田，時舍也。（下、舍韻）
終日乾乾，行事也。
或躍在淵，自試也。
飛龍在天，上治也。
亢龍有悔，窮之災也。
乾元用九，天下治也。（事、試、治、災、治韻）

右為第二段。

潛龍勿用，陽氣潛藏。
見龍在田，天下文明。
終日乾乾，與時偕行。（藏、明、行韻）
或躍在淵，乾道乃革。
飛龍在天，乃位乎天德。
亢龍有悔，與時偕極。
乾元用九，乃見天則。（革、德、極、則韻）

右為第三段。

乾元者，始而亨者也，利貞者，性情也。乾始能以美利利天下，不言所利，大矣哉！大哉乾乎，剛健中正，純粹精也。六爻發揮，旁通情也。時乘六龍，以御天也。雲行雨施，天下平也。（精、情、天、平韻）

君子以成德為行，日可見之行也。潛之為言也，隱而未見，行而未成，是以君子弗用也。

君子學以聚之，問以辯之，寬以居之，仁以行之。《易》曰，見龍在田利見大人。君德也。

九三，重剛而不中，上不在天，下不在田，故乾乾因其時而惕，雖危无咎矣。

九四，重剛而不中，上不在天，下不在田，中不在人，故或之。或之者疑之也，故无咎。

夫大人者，與天地合其德，與日月合其明，與四時合其序，與鬼神合其吉凶，先天而天弗違，後天而奉天時，天且弗違，而況於人乎！況於鬼神乎！

亢之為言也，知進而不知退，知存而不知亡，知得而不知喪。其唯聖人乎，知進退存亡而不失其正者，其唯聖人乎！

坤至柔而動也剛，至靜而德方，後得主而有常，含萬物而化光。坤道其順乎，承天而時行。（剛、方、光、行韻）

積善之家，必有餘慶，積不善之家，必有餘殃。臣弒其君，子弒其父，非一朝一夕之故，其所由來者漸矣，由辯之不早辯也。《易》曰，履霜堅冰至。蓋言順也。（慶、殃韻）

直其正也，方其義也，君子敬以直內，義以方外。敬義立而德不孤，直方大不習無不利，則不疑其所行也。

陰雖有美，含之以從王事，弗敢成也，地道也，妻道也，臣道也，地道无成而代有終也。

天地變化，草木蕃，天地閉，賢人隱。《易》曰，括囊無咎無譽。蓋言謹也。

君子黃中通理，正位居體，美在其中，而暢於四支，發於事業，美之至也。

> 陰疑於陽必戰，為其嫌於无陽也，故稱龍焉。猶未離其類也，故稱血焉。夫玄黃者天地之雜也，天玄而地黃。

右為第四段。

以上為〈文言〉全文，可分為四段。第二段與第三段為解釋乾卦象辭的韻文，與〈象傳〉相近；相對地，第一段為散文，最為忠實地合〈彖〉辭與〈象〉辭而加以解釋，思想上而言也最富意義。第四段是乾坤二卦的解釋，亦以散文體撰寫且言詞達意；二卦解釋的開頭部分有韻，不僅彖辭，甚至對於〈彖傳〉也加以敷陳說明，文中似乎也有跡象表明行文之際曾有見過〈象傳〉，因此，該部分年代應為最晚。

總之，〈文言傳〉至少匯集四種資料而非出自一人一時之筆；其第一段上九的解釋所引「子曰貴而无位」一文，亦出現在〈繫辭傳〉，暗示出〈繫辭傳〉與〈文言〉間的關係匪淺。又，〈繫辭傳〉云：「一陰一陽之謂道，繼之者善也」，主張人之道德順從陰陽消長之道；〈文言〉中亦云：「元者善之長也」，附和其說。這是〈繫辭傳〉與〈文言〉在思想上相通的證據。因此，〈繫辭傳〉與〈文言〉為同一系統之思想，可將其視為《十翼》中的第二類文獻。

自古以來《易》學者的傳統見解是，將〈繫辭〉與〈文言〉視為孔子的著述；但就如宋代歐陽修所論，無論是從其文體或從其思想內容而言，均無法認定是孔子的著作。而〈文言〉的第一段九五的解釋中所云「水流濕，火就燥」，與《荀子．勸學》篇中的「施薪若一，火就燥也，平地若一，水就溼也」、及《呂氏春秋．應同》篇中的「平地注水，水流溼，均薪施火，火就燥」文義相同，推斷應是同一時代的流行語；因此，〈繫辭傳〉與〈文言〉也許成書在《荀子》以後、《呂氏春秋》的時代。

最後，蟠桃認為，〈說卦〉、〈序卦〉、〈雜卦〉三篇與〈彖傳〉、〈象傳〉、〈繫辭〉與〈文言〉為完全不同學派的文獻。《漢書．儒林傳》云：「費直……治《易》……徒以〈彖〉、〈象〉、〈繫辭〉、〈文言〉解說上下經」，完全未及〈說卦〉等三篇；而合諸《隋書．經籍志》所云：「秦焚書，《周易》獨以卜筮得存，唯失〈說卦〉三篇。後河內女子得之」一文，回想前揭蟠桃將此三篇與〈彖傳〉、〈象傳〉、〈繫辭〉、〈文言〉等篇視為不同派別文獻之說，可知其誠然有理。又，仁齋先生《語孟字義》中亦提及《易傳》分有兩派，〈彖傳〉與〈象傳〉為儒家的《易》，而〈說卦〉等三篇為卜筮家的《易》。但是，〈說卦傳〉的開頭云：「《易》……和順於道德，窮理盡性，以至於命」，則論述人之道德乃本於天之道。〈說卦傳〉又云：「天地定位，山澤通氣，雷風相薄，水火不相射，八卦相錯」，以及「故水火相逮，雷風不相悖，山澤通氣，然後能變化既成萬物也」，皆論八卦相錯以成萬物；此處所謂錯綜八卦以成萬物，指重疊八卦以作六十四卦，六十四卦各有重疊八卦之象之名。例如「地中有水師」、「地上有水比」、「上天下澤履」、「天地交泰」、「天地不交否」等即是。這樣以象對卦加以說明的即是〈大象〉，因此〈大象〉與〈說卦〉一脈相通。如果說〈說卦〉為卦之說明的總論，那麼，〈大象〉即為其分論。〈說卦〉中概論的窮理盡性之道，在各卦的〈大象〉中得以最為簡明地說明，如下文之例：

> 天行健，君子以自彊不息。
> 地勢坤，君子以厚德載物。

> 上天下澤履，君子以辯上下，定民志。
> 火在天上大有，君子以遏惡揚善，順天休命。

蟠桃及履軒將〈大象〉視為古老的文獻，認為其成書於孔子以前，筆者則認為其與〈說卦〉脈絡相通。因此，若將《易》的《十翼》分類，可作下列的區別：

（一）〈彖傳〉上下、〈象傳〉上下的〈小象〉

此皆為韻文，為《十翼》中最古老的《易傳》，即《易》的解釋。

（二）〈繫辭〉上下、〈文言〉第一節

此為〈彖〉、〈象〉傳之後《易》的解釋，〈繫辭〉為其概論，而〈文言〉為其分論。

（三）〈說卦〉、〈大象〉、〈序卦〉、〈雜卦〉

此四篇主要說明《易》的象，往往蘊含儒家道德理論的精華。

下一章將概括討論此三類《易》的倫理思想之發展。

九、《易》之倫理思想

（一）〈彖傳〉與〈小象〉之倫理思想

如前章所述，〈彖傳〉與〈小象〉皆為韻文，形式上相似。不僅形式上相似，其思想內容亦屬於同一系統。

〈彖傳〉中云：

> 大哉乾元，萬物資始。……乾道變化，各正性命，保合大和，乃利貞。
> 至哉坤元，萬物資生。……柔順利貞，君子

攸行。

文中提到，乾坤二元為萬物生成之根本；乾元，即天之德，為剛；坤元，即地之德，為柔。前者特徵在於是萬物生成的根源，後者則是因循應乾元之德而成、就此生成。因此，咸卦的〈彖傳〉中云：「天地感而萬物化生，聖人感人心而天下和平。觀其所感，而天地萬物之情可見矣。」綜觀〈彖傳〉與〈小象〉的整體，其中云吉者均是得剛柔之中。於是，清朝學者錢大昕在《潛研堂文集》中論道：「〈彖傳〉之言中者三十三，〈象傳〉之言中者三十，凡六十三之多，故嘗謂《易》六十四卦三百八十四爻，一言以蔽之，曰中而已矣」，[93] 言「中」，雖然有「剛中」亦有「柔中」，然而尤為理想者為「中正」。大體〈彖傳〉與〈象傳〉是以《易》論述道德，據其解釋，《易》的六十四卦以表示時，六爻以表示位置。所謂時，不僅指時間，亦包含情況或狀態之意。如《周易折中》所云：「消息盈虛之謂時，否、泰、剝、復之類是也；又有指事言者，訟、師、噬嗑、頤之類是也；又有以理言者，履、謙、咸、恆之類是也；又有以象占者，井、鼎之類是也。四者皆謂之時」，[94] 如應泰之時、臨訟之時、應謙之時等，均示面臨不定、尋求決斷之際；井、鼎等以象為論，亦是以井、鼎為比喻而欲決疑解紛之際。要之，六十四卦現示出人所遭遇的種種社會上的情況或「時」。六十四卦皆由六爻所構成，各爻喻示人的地位。六爻自下往上分別為初、二、三、四、五、上爻；初爻一般謂物或人居於卑微之位；第二爻到第三爻、進至上爻，隨著爻的前進，喻示出

93　譯案：〈中庸說〉。

94　譯案：李光地《周易折中．義例》。

物或人的地位上升。若將其具體地套用至社會階級，則初爻是未仕之人，第二爻為士，第三爻為大夫，第四爻為三公、九卿、諸侯，第五爻為天子，而上爻表示無位之人、在野之賢者。此六爻之位中，第二為陰、第五為陽，性質既定；於應為陰之位出現陰爻、於應為陽之位占得陽爻，則為吉。而相關爻之性質與尋求決疑者之德相對應。例如，既濟卦表示既已成事時，䷾六爻各得其正位；其第二爻教誨居下位者應慎勿躁進而安於時，第五爻則告誡居君主之位者受福無量，應持中正而守之。六十四卦、三百八十四爻是根據人之德能否因循時與位而順適，以示吉凶；無論何時，德副於位則為正，行得剛柔之中則為中。一言以蔽之，〈彖傳〉與〈象傳〉的道德理想即為得其剛柔之中。

將剛柔相提並論的著名典籍為《老子》。《老子》第七十八章有云：

> 天下莫柔弱於水，而攻堅彊者莫之能勝，其無以易之。弱之勝彊，柔之勝剛天下莫不知，莫能行。

此即為一例。或教導知其雄守其雌，或告諭牝常以靜勝牡，或勸誡彊大處下柔弱處上，或描述上善若水、以其善下故能為百谷之王，皆是貶抑強剛、讚嘆柔弱之論。因此，《莊子．天下》篇中評論《老子》之教是以濡弱謙下為表，《漢書．藝文志》中亦謂其為清虛自守、卑弱自持。又《漢書．藝文志》更進一步地讚揚，《老子》的尊卑弱與《易》的謙卦中所說謙之四益為同一精神，其所指為謙卦的〈彖傳〉：

> 天道虧盈而益謙，地道變盈而流謙，鬼神害盈而

> 福謙，人道惡盈而好謙。謙尊而光，卑而不可踰，君子之終也。

據此謂《易》謙卦的精神與《老子》的尊柔弱之教一致。因此，後世學者中亦有人謂《老子》之教源自於《易》。然而，筆者認為，《老子》之教與《易》之教雖有相似之處，但亦有異，不得斷言兩者完全相同。關於此，中井履軒於《老子雕題》中所論，最中肯綮：

> 老聃之道雌道已，唯能守雌，未嘗說雄也。曰母，曰雌，曰牝，曰谷，曰虛，曰無為，是其雅言，所以為雌道也。（中略）學者喜言《易》與《老子》合，是不知《易》者之言矣。夫《易》與《老子》相似者，必是陰爻陰位，柔巽為用之言，或於陽爻戒其過剛者。若夫陽爻陽位，剛決為用者，老子無之也。適足以證老子為雌道矣。

即《老子》僅強調須尊崇柔弱，《易》則尊崇得剛柔之中。因此，雖然《漢書．藝文志》及其流亞之學者認為《老子》取《易》的謙卦之說，筆者反而認為，《易》的〈彖傳〉、〈象傳〉之思想較《老子》的貴柔說更進一步，以得其剛柔之中者，為真正應當尊崇之美德；因此，並非《老子》源自〈彖傳〉、〈象傳〉，而是〈彖傳〉、〈象傳〉出自《老子》，並融入儒家的中庸說，進至得其剛柔之中的教誨。因此，筆者認為〈彖傳〉、〈象傳〉是折衷《老子》之教及儒家之中庸說而成，應成書於子思的〈中庸〉出現之後。

（二）〈繫辭〉與〈文言〉之倫理思想

前一節論畢〈彖傳〉、〈象傳〉之倫理思想，本節探討〈繫辭〉與〈文言〉的倫理觀。

關於〈繫辭〉與〈文言〉，特別引人注意的是，屢次重複「易」字、以及於〈彖傳〉、〈象傳〉中以「剛柔」替換「陰陽」一詞。一般皆以上下經及〈彖傳〉、〈象傳〉為《易經》的一部分，但是，上下經及〈彖傳〉、〈象傳〉中絕無「易」字，直到〈繫辭〉與〈文言〉才首次出現，這暗示出原本作為筮法所流傳文字，後來才被施以思想性解釋而至稱為《易》。此外，〈彖傳〉、〈象傳〉中雖然有時亦使用「陰陽」一詞，但極為稀少；大體上一貫使用「剛柔」一詞。然而，在〈繫辭〉與〈文言〉中，通用「陰陽」一詞而「剛柔」說罕見。此反映出，《易》的理論從〈彖傳〉、〈象傳〉到後來的〈繫辭〉與〈文言〉所產生的變化。以「陰陽」說《易》之傾向，亦見於道家書籍之中，例如，《列子．天瑞》篇中有如下文字：

> 昔者聖人因陰陽以統天地，故曰，有太易，有太初，有太始，有太素……視之不見，聽之不聞，循之不得，故曰易也。易无形埒。

即為一例。《列子》此文也原封不動地收錄在《易緯．乾鑿度》中，被視為說明《易》根本思想，同時亦與《老子》思想有相通之處，即《老子》中下文：

> 一生二，二生三，三生萬物。萬物負陰而抱陽，沖氣以為和。（《老子》第四十二章）
>
> 視之不見，名曰夷，聽之不聞，名曰希，搏之不

> **得，名曰微。此三者不可致詰（於道），故混而為一。（《老子》第十四章）**

此二文也許就是前揭《列子》一文的依據，《老子》中的「夷」似乎即為《列子》中的「易」。本來「易」字與「夷」字即同音相通，如《尚書．堯典》的「其民夷」，其「夷」字在《史記》作「易」，而〈禹貢〉的「三百里夷」中的「夷」字，馬融注云「夷為易也」。又，《詩．節南山》的「君子如夷」，《毛傳》注云：「夷為易也」。上述皆為「易」與「夷」通用的例子。一般而言，「易」有變易、不易、易簡等三義，對比《老子》與《列子》，則「易」的原義為無形埒，意即人類知識所無法理解、不可思議之物。占筮之書取《易》為名也許亦意味著，此為超越人的知識、不可思議之道。而此不可思議之道為宇宙的根本原理，宇宙萬象之生生皆由此而起。〈繫辭傳〉中有文說明易作用記載於生生之用，云：

> **生生之謂易，成象之謂乾，效法之為坤，陰陽不測之謂神。……夫乾其靜也專，其動也直，是以大生焉。夫坤其靜也翕，其動也闢，是以廣生焉。……天地設位而易行乎其中矣。**

天地間之萬物藉此不測之生生作用而產生，因此，又云：「天地之大德曰生」，而此生生作用是藉由陰陽二氣之消長而進行，因而〈繫辭傳〉中亦云：「一陰一陽之謂道」，又云：「天地絪縕萬物化醇，男女構精萬物化生」。總之，〈繫辭傳〉的哲學認為，宇宙原理乃是藉由陰陽之消長以化生萬物之生生作用，順應此生生作用的即為人的道德，反其道而行之則為惡。於是，在〈繫辭傳〉中論云：

> 一陰一陽之謂道，繼之者善也，成之者性也。

據此文，是相信順應陰陽生生之作用為善，反其道者為惡，此生生作用又被作為天賦之性而賦予人。是以，又有云：

> 成性存存，道義之門也。

成性之法即為順應人之天性，亦即誠，除此之外別無可能。因此，〈文言〉云：

> 庸言之信，庸行之謹，閑邪存其誠。

又云：

> 君子進德修業。忠信所以進德也，修辭立其誠，所以居業也。

此處所謂忠信，就是不欺瞞自己的良心、亦不欺騙他人之意，亦即閑邪存誠。存誠為修養之第一要素；實際處理事務時，須以言語表達心中之誠，若以華麗辭藻裝飾外在是為巧言令色，不足為取。因此，修辭以立其誠為處理事務之要諦。因此，〈繫辭傳〉雖然常常尊崇辭，亦即語言，其深層內涵仍必須以立誠為根本。〈繫辭〉上篇以強調「默而成之，不言而信」而結束，下篇中則云：

> 將叛者其辭慚，中心疑者其辭枝。吉人之辭寡，躁人之辭多，誣善之人其辭游，失其守者其辭屈。

是以檢驗其誠與不誠之方法終篇。〈繫辭傳〉中雖然尚「辭」，仍謂其目的在於立誠，〈文言〉中亦勸誡所謂「修辭立其誠」。因而，〈繫辭〉與〈文言〉的倫理說，一言以蔽之，即歸於「誠」一字。所謂誠，即存在於陰陽生生作用的人之中，即直覺於人的本性而因循之的方法。

（三）〈說卦〉與〈大象〉之倫理思想

〈彖傳〉與〈象傳〉以剛柔之中為道德理想，而〈繫辭〉與〈文言〉則將宇宙之根本原理視為陰陽二氣之生生作用，因循此之方法為誠，此即前節所論述。〈說卦〉傳更綜合上說而折衷其說：

> 昔者聖人之作易也，將以順性命之理。是以立天之道曰陰與陽，立地之道曰柔與剛，立人之道曰仁與義。兼三才而兩之，故易六畫而成卦。

是以陰陽為天之道，剛柔為地之道，相對地，將仁義定為人之道。〈說卦〉傳則將八卦配置為天、地、山、澤、雷、風、水、火等八象；〈大象〉則以此八卦之象為基本，論述六十四卦之象，並據各卦之象以說處世道德。下文摘錄其中數條：

> （一）天行健，君子以自彊不息。
>
> （二）地勢坤，君子以厚德載物。
>
> （三）火在天上大有，君子以遏惡揚善，順天休命。
>
> （四）地中有山，謙。君子以裒多益寡，稱物平施。

（五）天在山中，大畜，君子以多識前言往行，以畜其德。

（六）澤滅木，大過，君子以獨立不懼，遯世无悶。

（七）山上有澤，咸，君子以虛受人。

（八）雷在天上，大壯，君子以非禮弗履。

（九）明出地上，晉，君子以自昭明德。

（一〇）山上有水，蹇，君子以反身修德。

（一一）山下有澤，損，君子以懲忿窒欲。

（一二）風雷，益，君子以見善則遷，有過則改。

（一三）兼山，艮，君子以思不出其位。

（一四）澤上有水，節，君子以制數度議德行。

（一五）山上有雷，小過，君子以行過乎恭，喪過乎哀，用過乎儉。

雖然僅抄錄六十四卦〈大象〉中十五條，但是藉此亦可理解〈大象〉作者如何根據卦象以教授道德。其中似有宛如道家思想的敘述，亦似有儒家之訓誡。例如第七的咸卦中「君子以虛受人」一文為道家的教訓，而第八的大壯卦中「君子以非禮弗履」則為儒家的訓言。第十二的益卦、第十三的艮卦、第十五的小過卦等辭，明顯取自《論語》；第六的大過卦之辭「遯世无悶」與第十四的節卦之辭「君子以制數度議德行」，令人聯想到〈中庸〉；第九的晉卦中「昭明德」，則與〈大學〉有相通之處。總之，〈大象〉的道德思想似乎是將道家與儒家的訓言分派至六十四卦而成，可見折中儒道二家的傾向。

（四）提要

今《易》的經典由經文二篇與《十翼》構成；單看經文，則《易》為卜筮之書，其中蘊含何種倫理道德並不明瞭；從《十翼》之解釋閱讀，則其中充滿《易》獨特的倫理思想。

雖一言稱之以《十翼》，但絕非一人一時之作，大致上可將其區分作三類。

第一類：〈彖傳〉與〈小象〉，為《十翼》中年代最早的部分，其道德思想為得剛柔之中。其所理解的剛柔對立，似是源自《老子》思想；然而，《老子》強調應捨剛貴柔，〈彖傳〉與〈小象〉的作者進一步採納子思學派中的中庸思想，崇尚得其剛柔之中。

第二類：〈繫辭〉與〈文言〉似是比〈象傳〉稍晚成立的文獻，此時剛柔對立一變為陰陽對立，主張藉由陰陽二氣之消長而萬物生生不息即為天地之道，而順應此天地生生之道即為人之道德。此生生作用既存於人之本性，因此，人們僅須為誠即可直覺於順應生生作用之道。因此，〈繫辭〉與〈文言〉之道德思想可以誠一字言之。

第三類：〈說卦〉、〈序卦〉、〈雜卦〉等三篇文章有幾乎相同之傾向，原本應同是作為卜筮之《易》家的注釋；但是經前二類的思想影響，主張《易》作為貫通天道亦即陰陽、地道亦即剛柔、人道亦即仁義之道，藉由此道以窮理盡性而順應性命之理。依據此論而將道德訓言分派至六十四卦之象的，正是〈大象〉。此處持強烈的折衷態度，不僅儒家，甚至是道家理想也被採納其中。

總之，〈彖傳〉、〈象傳〉之理想為中，而〈繫辭〉、〈文言〉之中心為誠；這與〈中庸〉的內容步調相一致。相傳〈中庸〉為子思之作，其前半強調無過與不及之中，後半則詳述誠之道。前半若非子思之作，亦似是與子思相近時代之文章；而其後半則是秦代文字，如本書前文所詳論。從而，《易》之〈彖傳〉、〈象傳〉與〈中庸〉前半部分為前後相繼完成的著作，〈繫辭〉、〈文言〉與〈中庸〉後半部分大約為同一時期的文章。最後，〈說卦〉、〈序卦〉、〈大象〉由其內容來判斷，應是最晚完成的部分，其成書時期或許晚至漢初。

以上將《十翼》分作三類，而比較考察其內容，可知其由第一類至第二類、第二類至第三類，如此層層進展之過程。然而，不應忘記此三類一以貫之，而具有與其他經典相異之《易傳》特質，即所有儒教經典論述人之道德之際，一般確立並規定其如此這般，恆常不變；而《易傳》則將宇宙中的現象視為生生作用，認為其經常處於變動、變化之中。因此，論述道德時，亦將其置於與時、位、德的關係中進行說明。在與時、位、德之關係中論說道德是《易傳》之特徵，而與此有相同立場的儒家之說，僅見〈中庸〉中論述三重的部分。《易傳》與〈中庸〉之間有密切關係，前幾章之中已有詳論；而時、位、德並論這一點，也再次說明兩者關係匪淺。

十、《易》學之變遷

（一）漢代之《易》學

漢興而文藝復興之勢開始萌動，率先勃興的就是《易》之學問。《漢書．儒林傳》中云：「及秦禁學，易為筮卜之書，故傳受者不絕也。及漢興，齊田何以易授王同、周王孫、丁寬、服生諸人，後王同授楊何，周王孫授丁寬，又丁寬經田王孫以易授施讎、梁丘賀、孟喜等，後施讎之門有彭宣、戴崇作易傳，景鸞出並著易說，孟氏之後有洼丹作易通論，有袁京作難記，梁丘賀之後出五鹿充宗作略說，其大致皆祖田何之說」。

嘗試據兩漢書之〈儒林傳〉整理《易》學體系，並據《漢書·藝文志》標記學者之著述於其下，可得下表：

易學派系（據兩漢書《儒林傳》）	著作（據《漢書·藝文志》等）
田何——王同	王氏《易》傳二篇
王同——楊何	楊氏《易》傳二篇
田何——服生	服氏《易》傳二篇
田何——周王孫	周氏《易》傳二篇
周王孫——蔡公	蔡公《易》傳二篇
田何、周王孫——丁寬	丁氏《易》傳八篇
丁寬——田王孫——施讎、梁丘賀、孟喜	《易》經十二篇，施孟梁丘三家章句，施孟梁丘氏各二篇
焦延壽——京房——殷嘉	孟氏京房十一篇、災異孟氏京房六十六篇、京氏段嘉十二篇（殷當作段，字之訛也）
費直——王璜 陳元 鄭眾	訖於漢宣、元，《易》有施、孟、梁丘、京氏列於學官，而民間有費、高二家之說。劉向以中古文《易》經校施孟、梁丘經，或脫去「無咎」、「悔亡」，唯費氏經與古文同。
馬融	馬融《易傳》九卷
鄭玄	鄭玄《易注》十卷
荀爽	荀爽《易注》十一卷

田何系之《易》學，王同、楊何、周王孫、丁寬等人各作《易傳》，至宣帝、元帝時，田王孫門下之三派：施、孟、梁丘之《易》說立於學官而風靡一時。但是，《漢書．藝文志》記載：

《易》經十二篇，施、孟、梁丘三家
《章句》，施、孟、梁丘氏各二篇

由此判斷，此三派將《易》上下經與《十翼》等十二篇同視為《易》的根本經典，為之作章句而傳授門下弟子，皆繼承與傳述田何體系之《易》說，為大同小異之學說。

元帝時，有京房、字君明之人，繼承梁人焦延壽的《易》說並開創一派，自此《易》學遂分作兩派。根據京房的說法，焦延壽曾從孟喜學《易》，因此延壽的《易》為孟氏之學；但孟喜的門人翟牧、白生等駁斥此說，主張延壽是學隱士之說而另闢一派，而假託孟氏，完全為不同流派。京房繼承焦延壽的《易》，強調陰陽災異之說，與田何體系為完全不同流派的《易》說。因此，成帝時，劉向典校中秘、比較研究諸《易》說，亦謂漢代的《易》學大體祖述田何、楊叔與丁將軍之說，大義相同，唯有京氏《易》別出。又，《漢書．藝文志》中載：

《孟氏京房》十一篇
《災異孟氏京房》六十六篇

《隋書．經籍志》中亦載京房《周易章句》十卷以及占候書十種七十三卷。據史傳中所見《易傳》、《積算》、《飛候》、《易占》、《易妖》、《易數》、《風雨》、《占候》等佚文，即可知所謂孟氏京房的《易》說，是以災異為主，具迷信色彩的著作。相對於田何之《易》重視《十翼》並崇尚道德解釋，京房《易》則以墮入迷信為其特徵。

作為墮入迷信的京房《易》的反動，有費氏《易》之崛起。據《漢書．藝文志》記載：

> 及秦燔書，而《易》為筮卜之事，傳者不絕。漢興，田和傳之。訖于宣、元，有施、孟、梁丘、京氏列於學官，而民間有費、高二家之說。劉向以中古文《易》經校施、孟、梁丘經，或脫去「無咎」、「悔亡」，唯費氏經與古文同。

據此，費氏《易》的文本為古文《易》，似乎與施、孟、梁丘的今文《易》有別；關於其解釋，《漢書．儒林傳》記載：

> 費直，字長翁，東萊人也，治《易》……長於卦筮，亡章句，徒以〈彖〉、〈象〉、〈繫辭〉、〈文言〉，解說上下經。

據此，費氏《易》似乎並無注釋書，而據〈彖〉、〈象〉、〈繫辭〉、〈文言〉以解釋《易》的經文，所立論乃最為純粹的《易》說。要之，費氏《易》為了補救墮落至災異迷信的京房《易》之過失，根據《十翼》對《易》作了最理論性的道德解釋。阮孝緒《七錄》中雖有《費氏章句》四卷之著作，大概是後人假借其名之作；因據《漢書．儒林傳》之記載，費氏應無章句。又，此後費氏《易》流授至前漢王璜，以及後漢陳元、鄭眾，但他們仍無著作，直到馬融的《易傳》九卷、鄭玄的《易注》

十卷、荀爽的《易注》十一卷，始有著作。馬、鄭、荀三家自成一家，未必相同，而同屬費氏《易》、並據《十翼》以解釋《易》的這一點是相同的，特別是馬融與鄭玄被認為是以人道政治來論述卦爻，這是重視理論的結果，可以說掌握了費氏《易》的精神。總之，費氏《易》是根據《十翼》以講述《易》，是為了反抗漢朝《易》說、尤其以災異為主的京房《易》。可以說因尊崇《十翼》，而由卜筮家之《易》再度回歸儒家之《易》。因此，費氏《易》的勃興，可謂《易》學發展史上劃時代的產物。

（二）魏晉時代之《易》學

這一時期代表性的《易》學為王弼《易》。王弼字輔嗣，正始十年（249），年僅二十四歲即英年早逝；但其辭才逸辯，好論儒道，著有《老子注》二卷與《周易注》六卷。相傳同時期的秀才何晏亦注《老子》，然而及見王弼注即佩服其精奇，最終捨棄自己的草稿；又太原的王濟夙好《易》、《老子》與《莊子》等，相傳其受王弼《易注》啟發甚多。據此，可想見王弼是非凡之才。

王弼的祖父王凱與後漢末的學者劉表之女結為連理，生下王業，王業育有王宏、王弼二子；因此，劉表為王弼的外曾祖父。劉表從王暢治費氏《易》，著有《周易章句》九卷，而王弼《易》亦本諸費氏《易》。是知王弼的《易》學為王暢以來的家學，淵源甚為久遠。此外，王凱的族弟王粲為王暢之孫，曾受後漢學者蔡邕所留下的書冊，歿後其書冊即歸王業；因此，不難想見王弼年少時便涉獵父親的藏書，博覽多識。天資聰穎的王弼成長於此家庭中，其博學早即獲得認可，未滿二十歲便注解《老子》與《周易》。其《老子注》是根據莊周的哲學以解釋《老子》，較以往《老子》之解釋更進一步；其《周易注》繼承費氏家法，於各經文下散入〈彖〉、〈象〉、〈文言〉，理論性地解釋《易》，同時亦融入老莊哲學以補充其理論。一清所有迷信要素，又哲學性地揚棄《易》的理論，此即王弼《易》的優點。清儒陳澧證實王弼《易注》繼承費氏家法之際，有云：「費直以〈彖〉、〈象〉、〈繫辭〉、[95]〈文言〉解說上下經，此千古治《易》之準的也。（中略）此後（中略）凡據《十翼》以解經者，皆得費氏家法者。（中略）乾卦[96]『乾元亨利貞，初九潛龍勿用』，王輔嗣注云『〈文言〉備矣』；『九二見龍在田』，注云『出潛離隱，故曰見龍，處於地上，故曰在田』。此真費氏家法也。『元亨利貞』之義、『潛龍勿用』之義，〈文言〉已備，故輔嗣不復為注；至『見龍在田』，〈象〉、〈文言〉（中略）皆未釋『見』字、『田』字，故當為之注，而又不可以意而說也。〈文言〉曰『潛之為言也，隱而未見』，（中略）則『見』為出潛矣。（中略）據〈文言〉以解經也。[97]〈繫辭傳〉曰，『兼三才而兩之，故《易》六畫而成卦』，是五與上為天，三與四為人，初與二為地，初為地下，二為地上，故輔嗣云，『處於地上，故曰在田』，此據〈繫辭〉以解經也。[98]（中略）此真以十篇解說經文者。」[99]根據陳澧舉證，可以贊同王弼《易》繼承費氏《易》的家法。又，王弼汲取老莊的哲學而俾使《易》的理論轉趨高深，因此，其《易注》中常見老莊的口吻。下文

95 譯案：此下原有「十篇」二字，陳澧自注謂當在「文言」二字下，又引《經典釋文．序錄》無此二字。此蓋作者徑據《經典釋文》刪去。

96 譯案：此二字作者以意增。

97 譯案：此句作者以義增者。

98 譯案：「故曰在田」與「此據〈繫辭〉以解經也」為作者以義增補。

99 譯案：《東塾讀書記．易》。

試舉其中一例：

> 復者，反本之謂也。天地以無為心者也。凡動息則靜，靜非對動者也；語息則默，默非對語者也。然則天地雖大，富有萬物，雷動風行，運化萬變，寂然至无，是其本矣。故動息地中，乃天地之心見也。若其以有為心，則異類未獲具存矣。

上引為復卦的〈彖傳〉「復其見天地之心乎」之解釋，其中如「天地以無為心者也」與「寂然至无，是其本矣」等文，明顯受老莊思想影響。原本，《易》的《十翼》中已有老莊思想影響，到王弼注時則變得更加濃重而得以明確。如此自由自在地運用老莊哲學而使《易》富有哲學意味，正是王弼《易注》的特徵。使《易》擺脫術數、並賦予其哲學性理論，為其優點所在。應該說，正是此使得《易》脫離卜筮而成為道德的經典。因此，唐初編纂《五經正義》時，王弼注被選作正注，奉勅編纂《正義》的孔穎達認為，漢以來諸家的注中「唯魏世王輔嗣之注獨冠古今」，給予激賞；清初學者黃宗羲亦稱讚：「尋漢以來之《易》說，[100] 有魏王輔嗣出，（中略）庶幾潦水盡而寒潭清矣，（中略）其廓清之功不可泯也。」[101] 據此可以理解王弼《易注》之歷史意義。

總之，由於漢代的《易》學者過於重視象數而導致墮落入災異迷信，而王弼的《易注》為救其弊，乃繼承費氏《易》的家法，根據《十翼》以解釋經文，並藉此使得《易》重回儒家

100 譯案：此句作者以義補入，原文所無。

101 譯案：《易學象數論．序》。

的立場，同時又融入老莊的哲學，賦予儒家的道德說以哲學基礎。於此，儒家與道家藉由《易》而得到整合並去蕪存菁，儒家的道德說因此得以鞏固其哲學基礎。

（三）宋代之《易》說

王弼《易注》的出現，及至唐初被納入作為《五經正義》的底本，顯示出當時但凡提及《易》即是指王弼《易》學，而時代變遷也要求對於王弼《易》加以改造。應這一時代的需求，所出現的代表性著作為《伊川易傳》。

伊川姓程，名頤，為程顥之胞弟。其兄程顥歿於北宋神宗元豐八年（1085），享年五十四歲，世稱明道先生；弟程頤，歿於徽宗大觀元年（1107），享壽七十五歲，亦為學者，世稱伊川先生。兄弟二人並稱二程子。

匯集二程子之言的，有《二程遺書》二十五卷、《外書》十二卷、《粹言》二卷等，其遺文匯編為《二程文集》十三卷。匯集伊川經說的有《程氏經說》七卷與《易傳》四卷，後世集刊諸書稱作《二程全書》。

通讀《二程遺書》，即可知其中尤多與《易》相關之語。這顯示出二程子學問以《易》為中心，尤其是伊川，為完成《易傳》傾注其畢生心血。現存《伊川易傳》有元符二年（1099）撰寫之自序，可知伊川六十七歲時，大致完成該著作；又《遺書》卷十七云：「某於《易傳》，今卻已自成書，但逐旋修改，期以七十其書可出」，可知元符二年時似乎是書仍密而未傳。又答門人張繹求《易傳》之傳授時，有云：「《易傳》未傳，自量精力未衰，尚冀有少進爾」（《遺書》卷二五），可知其後亦未輕易向人展示。根據年譜，可知伊川於崇寧五年（1106）疾篤之時，始將著作託付門人尹焞與張繹，翌年大觀元年

（1107）九月易簀，享壽七十五歲。由此，《易傳》四卷確實應說是伊川凝聚精力而成。年譜中又錄尹焞之言：「先生踐履盡《易》，其作傳，只是因而寫成，熟讀詳味即可見矣」，可知《易傳》四卷乃是伊川將一生體驗散諸六十四卦三百八十四爻之中者，字字句句都是實踐的指導；同時，全文藉由一貫的哲學而被賦予以理論闡釋。清初碩學顧炎武云：「所見（中略）說《易》[102] 十數家，（中略）未見有過於程傳者」，[103] 絕非溢美之言。

據《伊川文集》卷五中所見〈與金堂謝君書〉一文，伊川主張治《易》首先應從王弼注入門。《易傳》依據王弼定本加以解說，由此看來，可知其頗借助王弼之說。清儒何義門亦謂《程傳》中所取王輔嗣之義者甚多，尤其是《程傳》捨象數與卦變而徑說理，應是效法王輔嗣。[104] 然而，他不喜王弼之取老莊哲學，而自持一家之見，純然欲堅守儒家的立場。

那麼，伊川如何解《易》？《文集》卷五中有〈答張閎中書〉一文，記載門人張繹持書詢問《易》之義是否本起於數，伊川答曰：

> 謂義起於數則非也。有理而後有象，有象而後有數。《易》因象以明理，由象而知數，得其義，則象數在其中矣。必欲窮象之隱微，盡數之毫忽，乃尋流逐末，術家之所尚，非儒者之所務也。……理無形也，故因象以明理。理既見乎辭矣，則可由辭以觀象。故曰：得其義則象數在其中也。

102 譯案：「說《易》」二字為作者以義補入，原文所無。

103 譯案：《與友人論易書》。

104 譯案：何焯注《困學紀聞》卷一。

此條亦收錄在《二程遺書》卷二一中。據此，伊川認為，《易》之象乃為表現理，而其理又以彖、象之辭加以說明；因此，要徑以彖、象之辭來探討《易》之理何在，這一觀點實脫胎自王弼之說：

> 夫易者，象也；象之所生，生於義也，有斯義，然後明之以其物。（〈乾．文言〉注）

伊川將王弼的「義」改為「理」。而此「理」字應得自其兄明道。明道根據《易．繫辭》傳中「天地之大德曰生」以及「一陰一陽之謂道」等文，認為宇宙的原理乃是藉由陰陽之消長而使萬物生生不息之作用，而將此稱作「天地之理」、「天理」，或單以「理」字稱之。「天理」或「理」等用語，不為此前儒家所用，而明道認為此語意義極大，謂：「吾學雖有所受，天理二字卻是自家體貼出來」（《外書》十二），頗自負於此語之獨創。伊川謂《易》之根源為「理」，大概是受其兄明道之啟發。此據伊川之論，就是「《易》因象以明理」。所謂象，即為六十四卦三百八十四爻所表現之事物表象，換言之，《易》之象表現了現象世界中所有的事物。而《易》之彖辭與爻辭，則是說明該象的意義之文。因此，伊川藉由正確解釋「辭」以理解此象，並藉以領悟其中所蘊藏之理。要之，伊川的中心問題為《易》之象與理兩者間的關係。是以，在《易傳》的自序中，他一語道盡此問題：

> 至微者理也，至著者象也，體用一源顯微无間。

與此同義之文還有：

> 至顯者莫如事，至微者莫如理，而事理一致，微顯一源。(《遺書》二十五)

根據此二文，可知伊川認為，現象界之事象為本體之理的作用，而本體與作用出自一源，無離開理之事象，亦無離開事象之理，此為伊川哲學之根本。因此，伊川的門人尹和靖向其師云:「體用一源、顯微無間之一語，莫太洩露天機否？」伊川答道:「汝看得如此，甚善。」而給予認可(《外書》十二)，「體用一源，顯微無間」一文確實為伊川哲學之精髓、《易傳》之根本精神。

既然「事理一致」、「體用一源」，那麼，本體之理與現象界之事象必須一致；而理雖為一理，但事象卻是千差萬別。唯一的理如何顯現為萬別千差的事象？對此，伊川以「理一而分殊」來加以說明。所謂「理一而分殊」，即由於所有現象均汲取部分唯一的理而產生，所以這種差異導致了現象之差別。據此，《易》之六十四卦三百八十四爻被遴選為萬別千差之事象的代表，藉由說明這些事象的代表，進而體認到根源之一理。這就是聖人作《易》之目的。因此，伊川在《易傳》自序中云：

> 易，變易也，隨時變易以從道也。其為書也，廣大悉備，將以順性命之理，通幽明之故，盡事物之情，而示開物成務之道也。

其開頭以「易變易也」一語道破《易》之原理為生生變化；「其為書也」以下則說明，《易》之經典即教導順應此生生變化之理，以開物成務，參贊天地化育之方法。聖人作《易》之目的如此崇高，而過去的學者少有能領悟其意者，秦代以後其學竟無傳。因此，伊川於千載之後，悼斯文之湮晦而撰此《易傳》，然此畢竟僅解釋其辭而已。據其解釋以達至其精神則須學者的努力，而其精神，即藉由知曉事理一致、體用一源而盡事象之情，以通性命之理，本於此乃有伊川《易傳》之作。是以，取六十四卦之中任一卦觀之，此心情即油然而生。試抄錄家人卦中一節以窺其一斑：

> ䷤離下巽上
>
> 家人者家內之道，父子之親、夫婦之義、尊卑長幼之序，正倫理、篤恩義，家人之道也。卦，外巽內離，為風自火出。火熾則風生，風生自火，自內而出也。自內而出，由家而及於外之象。[105] 二與五正男女之位於內外，為家人之道，明於內而巽於外，處家之道也。夫人有諸身者則能施於家，行於家者則能施於國，至於天下治。治天下之道，蓋治家之道也。推而行之於外耳，故取自內而出之象。為家人之義也。
>
> 彖曰，家人，女正位乎內，男正位乎外，男女正，天地之大義也。
>
> 彖以卦才而言。陽居五，在外也，陰居二，處內也，男女各得其正位也。尊卑內外之道，正合天地陰陽之大義也。
>
> 家人有嚴君焉，父母之謂也。

105 譯案：自「為風」至「之象」據今中華書局整理本《周易程氏傳》增。

家人之道，必有所尊嚴而君長者，謂父母也，雖一家之小，无尊嚴則孝敬衰，无君長則法度廢。有嚴君而後家道正，家者國之則也。

父父，子子，兄兄，弟弟，夫夫，婦婦，而家道正，正家而天下定矣。

父子兄弟夫婦，各得其道則家道正矣，推一家之道可以及天下，故家正則天下定矣。

象曰，風自火出，家人，君子以言有物行有恆。

正家之本在正其身，正身之道一言一動不可易也。君子觀風自火出之象，知事之由內而出，故所言必有物，所行必有恆也。物謂事實，恆謂常度法則也。德業之著於外，由實行之謹於內也。言慎行修則，身正而家治矣。

此一條抄錄自家人卦之《程傳》。其謂處家之道在於父子之親、夫婦之義、尊卑長幼之序，以此修身齊家，其次則可進至施於國家而治理天下。此說使人聯想到〈大學〉的修身齊家治國平天下之四目，而《易傳》更說明正男女之位為合乎天地陰陽之大義。據此，則治家一事亦與天地陰陽之理相通，為宇宙之理顯現於治家之事象之一例，為事理一致之說的佐證。不僅是家人卦，《易》六十四卦各卦雖多少有程度差異，其顯現理之一分則是相同的。因而，研究《易》的卦爻辭、以及可稱為其解釋之〈彖傳〉與〈象傳〉並探討其義，即可藉由聖人之言而領悟宇宙之理的每一分，亦可視為〈大學〉中所謂的格物致知之一部分。

總之，《伊川易傳》之哲學以「事理一致」一語道盡。毋庸多言，此哲學是以《易傳》為中心而展開的思想，為儒家思想之發展，而其中事理對文則為往時儒家所無。大田錦城於《疑問錄》中，即云：「聖人之書不見其事理對文，有此者程子以後之事」。[106]「事理一致」確實是程子之創說。那麼，程子此語、此思想又源自何處？筆者推測也許是源自華嚴的三法界觀。所謂三法界觀，為華嚴始祖杜順首先提出。在杜順《法界觀門》中，指（一）真空觀、（二）理事無礙觀、（三）周遍含容觀三者；第四祖澄觀的《法界玄鏡》中，改作（一）理法界觀、（二）事理無礙法界觀、（三）事事無礙法界觀，澄觀弟子宗密的《注法界觀門》中亦沿用此說。其第一個理法界觀，否定差別性之事象，主張絕對之一理；第二個事理無礙法界觀論述理與事象之一致；第三個事事無礙法界觀說明每一事象彼此相互之間相即含容。伊川的事理一致說相當於第二的事理無礙法界觀。伊川門人劉元承某次詢問其師：「某嘗讀《華嚴經》，第一真空絕相觀，第二事理無礙觀，第三事事無礙觀，譬如鏡燈之類包含萬象無有窮盡。此理如何？」對此，伊川回答：「只為釋氏要周遮，一言以蔽之，不過曰萬理歸於一理也」；又問應如何破此說，伊川答道：「亦未得道他不是，（中略）只為釋氏[107]歸宿處不是，只是個自私，（中略）只燒一文香，便道我有無窮福利，（中略）怎生事神明？」（《遺書》十八）。據上述問答可知，伊川顯然早已通曉華嚴，並認可其理論之優異。因而，他為了組織儒教的哲學，借用華嚴家之言自然並不足為奇。因此，筆者認為，伊川的《易傳》汲取華嚴事理無礙之思

106 譯案：「事理」條。

107 譯案：「釋氏」二字原文作「他」，此據義改。

想以說明儒教之道德。

（四）結語

《易》原本為卜筮之書，其後加入〈彖傳〉、〈象傳〉、〈繫辭〉、〈文言〉等，遂成為儒家之經典。而漢代的《易》學者重象數，遂致不知不覺中墮入災異迷信而產生如京房《易》之著作。為救其弊，費氏《易》因而崛起。費直全以〈彖傳〉、〈象傳〉、〈文言〉等來說明《易》而斥象數，匡正拘泥於象數的漢《易》，重回儒家之《易》。之後有王弼出，援老莊哲學以飾《易》，致使儒家道德說與道家哲學相結合，賦予儒家學說以哲學基礎。如此一來，儒家之教乃成為高深哲學。時代變遷，其理論也須有所修正。基於此時代之要求而新誕生的《易》說，即為伊川的《易傳》。王弼據老莊哲學以說《易》，而伊川捨老莊哲學，重新以佛教之哲理——尤其是華嚴的理事無礙之思想——來改造《易》說，《伊川易傳》即其成果。是以，興起於印度之佛教與於興起於中國之儒教完全得以整合並去蕪存菁，而產生新的儒教，其核心仍在於《易》。

附錄一、《易》韻

《易》之卦爻辭與〈彖傳〉、〈象傳〉中，有韻的部分甚多；其押韻之探討並非僅於古韻研究之必要，亦有助於對《易》的理解。筆者於正文第八章討論《易》的正文時，屢次提及其押韻，而未能探討《易》全文的押韻。因此，於此附錄參考顧炎武的《易音》與江有誥的《群經韻讀》，並參以蠡見，嘗試整理卦爻辭及〈彖傳〉、〈象傳〉之押韻。

此表左段為《易》的卦爻辭，右段為〈彖傳〉、〈象傳〉，卦辭右方配以〈彖傳〉，爻辭右方則配以〈象傳〉，使經與傳一目了然；在韻腳的文字下方標注圓圈記號，換韻之處則交互使用白圈與黑圈，並加注「」」記號以表示換韻。

卦爻辭中，韻文與散文混雜，有揉和多種材料而成之痕跡；而〈彖傳〉與〈象傳〉大致上以韻文撰寫，似乎行文最早整合完成。但〈彖傳〉中時有疑似後人竄入部分，這些地方畫以雙底線表示存疑。

〈象傳〉分為說明卦象的部分與解釋爻辭的部分，前者稱為〈大象〉，後者稱為〈小象〉，以示區別。〈小象〉全部為韻文而與〈彖傳〉相似；而〈大象〉為散文，其解釋亦有與〈彖傳〉、〈小象〉矛盾之處。因此，此表將〈大象〉排除，僅列出〈小象〉。

古韻研究始於清初學者顧炎武，其後由江永、戴震、段玉裁、江有誥等人賡續；在日本亦有山梨稻川、大矢透、大島正健等專門學者。然而仍未得到決定性的結論。是以，此處所標記《易》韻尚有商榷之餘地。不過，這大約也可為《易》的經典批評及其解釋給予指引。

上經	上彖傳．上象傳
☰乾下 ☰乾上 乾，元亨利貞。	大哉乾元，萬物資始，乃統天，雲行雨施，品物流形，大明終始，六位時成，時乘六龍以御天，乾道變化，各正性命，保合大和，乃利貞，首出庶物，萬國咸寧。」
初九，潛龍勿用。」	潛龍勿用，陽在下也。
九二，見龍在田，利見大人。	見龍在田，德施普也。」

（續上表）

上經	上彖傳・上象傳
九三，君子終日乾乾，夕惕若厲，無咎。	終日乾乾，反復道也。
九四，或躍在淵，無咎。	或躍在淵，進无咎也。
九五，飛龍在天，利見大人。」	飛龍在天，大人造也。
上九，亢龍有悔。	亢龍有悔，盈不可久也。
用九，見群龍無首，吉。」	用九天德，不可為首也。」
䷁ 坤下坤上 坤，元亨，利牝馬之貞，君子有攸往，先迷後得，主利，西南得朋，東北喪朋，安貞吉。	至哉坤元，萬物資生，乃順承天。」坤厚載物，德合无疆，含弘光大，品物咸亨，牝馬地類，行地无疆，柔順利貞，君子攸行，先迷失道，後順得常，西南得朋，乃與類行，東北喪朋，乃終有慶，安貞之吉，應地无疆。」
初六，履霜堅冰至。	履霜堅冰，陰始凝也，馴致其道，至堅冰也。」堅冰二字衍
六二，直方大，不習无不利。	六二之動，直以方也，不習无不利，地道光也。」
六三，含章可貞，或從王事，无成有終。	含章可貞，以時發也，或從王事，知光大也。
六四，括囊，无咎无譽。	括囊无咎，慎不害也。」
六五，黃裳，元吉。	黃裳元吉，文在中也。
上六，龍戰于野，其血玄黃。	龍戰于野，其道窮也。
用六，利永貞。	用六永貞，以大終也。」
䷂ 震下坎上 屯，元亨利貞，勿用有攸往，利建侯。	屯，剛柔始交而難生，動乎險中，大亨貞，雷雨之動滿盈，天造草昧，宜建侯而不寧。

（續上表）

上經	上彖傳．上象傳
初九，磐桓，利居貞，利建侯。	雖磐桓，志行正也，以貴下賤，大得民也。」
六二，屯如邅如，乘馬班如。」匪寇婚媾。」女子貞不字，十年乃字。	六二之難，乘剛也，十年乃字，反常也。」
六三，即鹿无虞，惟入于林中，君子幾不如舍，往吝。	即鹿无虞，以從禽也，君子舍之，往吝窮也。」
六四，乘馬班如，求婚媾，往吉，无不利。	求而往明也。
九五，屯其膏，小貞吉，大貞凶。	屯其膏，施未光也。
上六，乘馬班如，泣血漣如。」	泣血漣如，何可長也。」
䷃坎下艮上 蒙，亨，匪我求童蒙，童蒙來求我，初筮告，再三瀆，瀆則不告，利貞。」	蒙，山下有險，險而止，蒙，蒙亨，以亨行時中也，匪我求童蒙，童蒙來求我，志應也，初筮告，以剛中也，再三瀆，瀆則不告，瀆蒙也，蒙以養正，聖功也。」
初六，發蒙，利用刑人，用說桎梏以往吝。	利用刑人，以正法也。
九二，包蒙，吉，納婦吉，子克家。	子克家，剛柔接也。」
六三，勿用取女，見金夫不有躬，无攸利。	勿用取女，行不順也。
六四，困蒙，吝。	困蒙之吝，獨遠實也。
六五，童蒙，吉。	童蒙之吉，順以巽也。

（續上表）

上經	上彖傳・上象傳
上九，擊蒙，不利為寇，利禦寇。」	利用禦寇，上下順也。
☵乾下坎上 需，有孚光亨，貞吉，利涉大川。	需，須也，險在前也，剛健而不陷，其義不困窮矣，需，有孚光亨，貞吉，位乎天位以正中也，利涉大川，往有功也。」
初九，需于郊，利用恆，无咎。	需于郊，不犯難行也， 利用恆无咎，未失常也。
九二，需于沙，小有言，終吉。	需于沙，衍在中也，雖小有言以吉終也。」
九三，需于泥，致寇至。	需于泥，災在外也， 自我致寇，敬慎不敗也。」
六四，需于血，出自穴。	需于血，順以聽也。
九五，需于酒食，貞吉。	需酒食貞吉，以中正也。」
上六，入于穴，有不速之客三人來，敬之終吉。	不速之客來，敬之終吉， 雖不當位，未大失也。」
☰坎下乾上 訟，有孚窒，惕中吉，終凶。」利見大人，不利涉大川。」	訟，上剛下險，險而健訟，訟，有孚窒，惕中吉，剛來而得中也，終凶，訟不可成也，利見大人，尚中正也。」不利涉大川入于淵也。」
初六，不永所事，小有言，終吉。	不永所事，訟不可長也， 雖有小言，其辯明也。」
九二，不克訟，歸而逋，其邑人三百戶，无眚。	不克訟，歸逋竄也，自下訟上，患至掇也。」
六三，食舊德，貞厲終吉，或從王事无成。	食舊德，從上吉也。

（續上表）

上經	上彖傳・上象傳
九四，不克訟，復即命，渝安貞，吉。	復即命，渝安貞，不失也。」
九五，訟，元吉。	訟，元吉，以中正也。
上九，或錫之鞶帶，終朝三褫之。	以訟受服，亦不足敬也。」
☷☵ 坎下坤上 師，貞，丈人，吉无咎。	師眾也，貞正也，能以眾正，可以王矣，剛中而應，行險而順，以此毒天下，而民從之，吉又何咎矣。」
初六，師出以律，否臧凶。	師出以律，失律凶也。
九二，在師中，吉无咎，王三錫命。	在師中吉，承天寵也，王三錫命，懷萬邦也。
六三，師或輿尸，凶。	師或輿尸，大无功也。
六四，師左次，无咎。	左次无咎，未失常也。
六五，田有禽，利執言，无咎，長子帥師，弟子輿尸，貞凶。	長子帥師，以中行也，弟子輿尸，使不當也。
上六，大君有命，開國承家，小人勿用。	大君有命，以正功也，小人勿用，必亂邦也。」
☵☷ 坤下坎上 比，吉，原筮元永貞无咎，不寧方來，後夫凶。	比，吉也，比輔也，下順從也，原筮元永貞无咎，以剛中也，不寧方來，上下應也，後夫凶，其道窮也。」 朱子云：比吉也三字衍，王引之云：比吉也也字涉下文而衍，比吉二字當在原筮之上
初六，有孚比之，无咎，有孚盈缶，終來有他吉。	比之初六，有他吉也。
六二，比之自內，貞吉。	比之自內，不自失也。」
六三，比之匪人。	比之匪人，不亦傷乎。

（續上表）

上經	上彖傳・上象傳
六四，外比之，貞吉。	外比於賢，以從上也。」
九五，顯比，王用三驅，失前禽，邑人不誡，吉。	顯比之吉，位正中也，舍逆取順，失前禽也，邑人不誡，上使中也。
上六，比之，无首，凶。	比之无首，无所終也。」
☰乾下 ☴巽上 小畜，亨，密雲不雨，自我西郊。	小畜，柔得位而上下應之曰小畜，健而巽，剛中而志行，乃亨，密雲不雨，尚往也，自我西郊，施未行也。」
初九，復自道，何其咎，吉。」	復自道，其義吉也。
九二，牽復，吉。	牽復在中，亦不自失也。
九三，輿說輹，夫妻反目。」	夫妻反目，不能正室也。」
六四，有孚血去惕出，无咎。	有孚惕出，上合志也。
九五，有孚攣如，富以其鄰。	有孚攣如，不獨富也。
上九，既雨既處，」尚德載，婦貞厲，月幾望，君子征凶。	既雨既處，德積載也，君子征凶，有所疑也。」
☱兌下 ☰乾上 履虎尾，不咥人，亨。	履，柔履剛也，說而應乎乾，是以履虎尾不咥人，亨，剛中正履帝位而不疚光明也。」
初九，素履，往无咎。	素履之往，獨行願也。
九二，履道坦坦，幽人貞吉。	幽人貞吉，中不自亂也。」
六三，眇能視，跛能履，履虎尾咥人凶，武人為于大君。	眇能視，不足以有明也，跛能履，不足以與行也，咥人之凶，位不當也，武人為于大君，志剛也。
九四，履虎尾，愬愬終吉。	愬愬終吉，志行也。
九五，夬履，貞厲。	夬履貞厲，位正當也。

（續上表）

上經	上彖傳・上象傳
上九，視履考祥，其旋元吉。	元吉在上，大有慶也。」
☷☰ 乾下坤上 泰，小往大來，吉亨。	泰，小往大來，吉亨，則是天地交而萬物通也，上下交而其志同也，」內陽而外陰，內健而外順，內君子而外小人，君子道長，小人道消也。
初九，拔茅茹以其彙，征吉。	拔茅征吉，志在外也。
九二，包荒，用馮河，不遐遺，朋亡，得尚于中行。	包荒得尚于中行，以光大也。
九三，无平不陂，无往不復，艱貞无咎，勿恤其孚，于食有福。	无往不復，天地際也。」
六四，翩翩，不富以其鄰，不戒以孚。	翩翩不富，皆失實也，不戒以孚，中心願也。
六五，帝乙歸妹，以祉，元吉。	以祉元吉，中以行願也。
上六，城復于隍，勿用師，自邑告命，貞吝。	城復于隍，其命亂也。」
☰☷ 坤下乾上 否之匪人，不利君子貞，大往小來。	否之匪人，不利君子貞，大往小來，則是天地不交而萬物不通也，上下不交而天下无邦也，」內陰而外陽，內柔而外剛，內小人而外君子。小人道長，君子道消也。
初六，拔茅茹以其彙，貞吉亨。	拔茅貞吉，志在君也。
六二，包承，小人吉，大人否亨。	大人否亨，不亂羣也。」
六三，包羞。	包羞，位不當也。
九四，有命无咎，疇離祉。	有命无咎，志行也。

（續上表）

上經	上彖傳．上象傳
九五，休否，大人吉，其亡其亡繫于苞桑。」	大人之吉，位正當也。
上九，傾否，先否，後喜。」	否終則傾，何可長也。」
☰☲ 離下乾上 同人于野，亨，利涉大川，利君子貞。	同人，柔得位，得中而應乎乾曰同人，同人曰同人于野亨，利涉大川，乾行也，文明以健，中正而應，君子正也，」唯君子為能通天下之志。
初九，同人于門，无咎。	出門同人，又誰咎也。
六二，同人于宗，吝。	同人于宗，吝道也。」
九三，伏戎于莽，升其高陵，三歲不興。」	伏戎于莽，敵剛也，三歲不興，安行也。」
九四，乘其墉，弗克攻，吉。」	乘其墉，義弗克也，其吉則困而反則也。
九五，同人先號咷而後笑，」大師克相遇。	同人之先，以中直也，大師相遇，言相克也。
上九，同人于郊，无悔。	同人于郊，志未得也。」
☲☰ 乾下離上 大有，元亨。	大有，柔得尊位大中，而上下應之，曰大有，其德剛健而文明，應乎天而時行，是以元亨。」
初九，无交害，匪咎，艱則无咎。	大有初九，无交害也。
九二，大車以載，有攸往，无咎。	大車以載，積中不敗也。
九三，公用亨于天子，小人弗克。	公用亨于天子，小人害也。

（續上表）

上經	上彖傳・上象傳
九四，匪其彭，无咎。	匪其彭无咎，明辨晳也。」
六五，厥孚交如，威如，吉。	厥孚交如，信以發志也，威如之吉，易而无備也。
上九，自天祐之，吉无不利。	大有上吉，自天佑也。」
☶☷艮下坤上 謙，亨，君子有終。	謙，亨，天道下濟而光明，地道卑而上行。」天道虧盈而益謙，地道變盈而流謙，鬼神害盈而福謙，人道惡盈而好謙。」謙尊而光，卑而不可踰，君子之終也。
初六，謙謙，君子用涉大川，吉。	謙謙君子，卑以自牧也。
六二，鳴謙，貞吉。	鳴謙貞吉，中心得也。
九三，勞謙，君子，有終吉。	勞謙君子，萬民服也。
六四，无不利，撝謙。	无不利撝謙，不違則也。
六五，不富以其鄰，利用侵伐，无不利。富服通	利用侵伐，征不服也。
上六，鳴謙，利用行師征邑國。	鳴謙，志未得也，可用行師征邑國也。」
☷☳坤下震上 豫，利建侯行師。	豫，剛應而志行，順以動豫，豫順以動，故天地如之，而況建侯行師乎，天地以順動，故日月不過，而四時不忒，聖人以順動，則刑罰清而民服，豫之時義大矣哉。」
初六，鳴豫，凶。	初六，鳴豫，志窮凶也。
六二，介于石，不終日，貞吉。	不終日貞吉，以中正也。中正當作正中
六三，盱豫悔，遲有悔。	盱豫有悔，位不當也。

（續上表）

上經	上彖傳・上象傳
九四，由豫，大有得，勿疑朋盍簪。	由豫大有得，志大行也。
六五，貞疾，恆不死。	六五貞疾，乘剛也，恆不死，中未亡也。
上六，冥豫，成有渝，无咎。	冥豫在上，何可長也。」
䷐ 震下兌上 隨，元亨，利貞，无咎。	隨，剛來而下柔，動而說隨，大亨貞无咎，而天下隨時，隨時之義大矣哉。」
初九，官有渝，貞吉，出門交有功。	官有渝，從正吉也，出門交有功，不失也。」
六二，係小子，失丈夫。	係小子，弗兼與也。
六三，係丈夫，失小子，隨有求得，利居貞。	係丈夫，志舍下也。」
九四，隨有獲，貞凶，有孚在道以明，何咎。	隨有獲，其義凶也，有孚在道，明功也。
九五，孚于嘉，吉。	孚于嘉吉，位正中也。
上六，拘係之，乃從維之，王用亨于西山。	拘係之，上窮也。」
䷑ 巽下艮上 蠱，元亨，利涉大川，先甲三日，後甲三日。	蠱，剛上而柔下，巽而止蠱，蠱，元亨，而天下治也，利涉大川，往有事也，先甲三日後甲三日，終則有始，天行也。」 江有誥云：天行二字疑衍
初六，幹父之蠱，有子考无咎，厲終吉。	幹父之蠱，意承考也。
九二，幹母之蠱，不可貞。	幹母之蠱，得中道也。
九三，幹父之蠱，小有悔，无大咎。	幹父之蠱，終无咎也。」

（續上表）

上經	上彖傳・上象傳
六四，裕父之蠱，往見吝。	裕父之蠱，往未得也。
六五，幹父之蠱，用譽。	幹父用譽，承以德也。
上九，不事王侯，高尚其事。	不事王侯，志可則也。」
䷒兌下坤上 臨，元亨，利貞，至于八月有凶。	臨，剛浸而長，說而順，剛中而應，大亨以正，天之道也，至于八月有凶，消不久也。」
初九，咸臨，貞吉。	咸臨貞吉，志行正也。
九二，咸臨，吉无不利。	咸臨吉无不利，未順命也。」
六三，甘臨，无攸利，既憂之无咎。	甘臨，位不當也，既憂之，咎不長也。
六四，至臨，无咎。	至臨无咎，位當也。」
六五，知臨，大君之宜，吉。	大君之宜，行中之謂也。
上六，敦臨，吉无咎。	敦臨之吉，志在內也。」
䷓坤下巽上 觀，盥而不薦，有孚顒若。	大觀在上，順而巽，中正以觀天下，觀盥而不薦，有孚顒若，下觀而化也。」觀天之神道，而四時不忒，聖人以神道設教，而天下服矣。」
初六，童觀，小人无咎，君子吝。	初六童觀，小人道也。
六二，闚觀，利女貞。	闚觀女貞，亦可醜也。
六三，觀我生進退。	觀我生進退，未失道也。」
六四，觀國之光，利用賓于王。	觀國之光，尚賓也。
九五，觀我生，君子无咎。	觀我生，觀民也。
上九，觀其生，君子无咎。	觀其生，志未平也。」

（續上表）

上經	上彖傳・上象傳
☲☳震下離上 噬嗑，亨，利用獄。	頤中有物曰噬嗑，噬嗑而亨，剛柔分動而明，雷電合而章，柔得中而上行，雖不當位，利用獄也。」
初九，屨校滅趾，无咎。	屨校滅趾，不行也。
六二，噬膚滅鼻，无咎。	噬膚滅鼻，乘剛也。
六三，噬腊肉遇毒，小吝无咎。」	遇毒，位不當也。
九四，噬乾胏得金矢，利艱貞，吉。」	利艱貞吉，未光也。
六五，噬乾肉得黃金，貞厲无咎。	貞厲无咎，得當也。
上九，何校滅耳，凶。	何校滅耳，聰不明也。」
☶☲離下艮上 賁亨，小利有攸往。	賁亨，柔來而文剛，故亨，分剛上而文柔，故小利有攸往。」天文也，文明以止，人文也，觀乎天文以察時變，觀乎人文以化成天下。」
初九，賁其趾，舍車而徒。	舍車而徒，義弗乘也。
六二，賁其須。	賁其須，與上興也。
九三，賁如濡如，永貞吉。	永貞之吉，終莫之陵也。」
六四，賁如皤如，白馬翰如，」匪寇婚媾。」皤一本作蹯	六四當位疑也，匪寇婚媾，終无尤也。」
六五，賁于丘園，束帛戔戔，吝終吉。」	六五之吉，有喜也。
上九，白賁，无咎。	白賁无咎，上得志也。」

（續上表）

上經	上彖傳・上象傳
☶☷ 坤下艮上 剝，不利有攸往。	剝，剝也，柔變剛也，不利有攸往，小人長也，順而止之，觀象也，君子尚消息盈虛，天行也。」
初六，剝床以足，蔑貞凶。	剝床以足，以滅下也。
六二，剝床以辨，蔑貞凶。	剝床以辨，未有與也。
六三，剝之，无咎。	剝之无咎，失上下也。」
六四，剝床以膚，凶。	剝床以膚，切近災也。
六五，貫魚以宮人寵，无不利。	以宮人寵，終无尤也。
上九，碩果不食，君子得輿，小人剝廬。	君子得輿，民所載也，小人剝廬，終不可用也。 王引之云：用當讀為以，用與以聲近義同，故用可讀為以，而以字與災尤載為韻也
☷☳ 震下坤上 復亨，出入无疾，朋來无咎，反復其道，七日來復，利有攸往。	復亨，剛反，動而以順行，是以出入无疾，朋來无咎，反復其道，七日來復，天行也，利有攸往剛長也。」復其見天地之心乎。
初九，不遠復，无祇悔，元吉。	不遠之復，以修身也。
六二，休復，吉。	休復之吉，以下仁也。」
六三，頻復，厲无咎。	頻復之厲，義无咎也。
六四，中行獨復。	中行獨復，以從道也。
六五，敦復，无悔。	敦復无悔，中以自考也。
上六，迷復，凶，有災眚，用行師終有大敗，以其國君凶，至于十年不克征。	迷復之凶，反君道也。」

（續上表）

上經	上彖傳・上象傳
☰乾上 ☳震下 无妄，元亨，利貞，其匪正有眚，不利有攸往。	无妄，剛自外來，而為主於內，動而健，剛中而應，」大亨以正，天之命也，其匪正有眚，」不利有攸往，无妄之往何之矣，天命不佑，行矣哉。」
初九，无妄，往吉。	无妄之往，得志也。
六二，不耕獲，不菑畬，則利有攸往。	不耕獲，未富也。」
六三，无妄之災，或繫之牛，行人之得，邑人之災。	行人得牛，邑人災也。
九四，可貞，无咎。	可貞无咎，固有之也。
九五，无妄之疾，勿藥有喜。	无妄之藥，不可試也。
上九，无妄，行有眚，无攸利。	无妄之行，窮之災也。」
☶艮上 ☰乾下 大畜，利貞，不家食，吉，利涉大川。	大畜，剛健篤實，輝光日新，其德剛上而尚賢，能止健，大正也，不家食吉，養賢也，利涉大川，應乎天也。」釋文鄭以日新句絕，其德連下句讀，江有誥云鄭讀于韵協
初九，有厲利已。	有厲利已，不犯災也。
九二，輿說輹。	輿說輹，中无尤也。」
九三，良馬逐，利艱貞，曰閑輿衛，利有攸往。	利有攸往，上合志也。
六四，童牛之牿，元吉。	六四元吉，有喜也。」
六五，豶豕之牙，吉。	六五之吉，有慶也。
上九，何天之衢，亨。	何天之衢，道大行也。」

（續上表）

上經	上彖傳・上象傳
☶☳ 震下艮上 頤，貞吉，觀頤，自求口實。	頤，貞吉，養正則吉也，觀頤，觀其所養也，自求口實，觀其自養也。」天地養萬物，聖人養賢以及萬民，頤之時大矣哉。
初九，舍爾靈龜，觀我朵頤，凶。	觀我朵頤，亦不足貴也。
六二，顛頤拂經，于丘頤，征凶。	六二征凶，行失類也。
六三，拂頤，貞凶，十年勿用，无攸利。	十年勿用，道大悖也。」
六四，顛頤，吉，虎視眈眈其欲逐逐，无咎。	顛頤之吉，上施光也。
六五，拂經，居貞吉，不可涉大川。	居貞之吉，順以從上也。
上九，由頤，厲吉，利涉大川。	由頤厲吉，大有慶也。」
☱☴ 巽下兌上 大過，棟橈，利有攸往，亨。	大過，大者過也，」棟橈本末弱也，」剛過而中，巽而說行，利有攸往乃亨，大過之時大矣哉。」
初六，藉用白茅，无咎。	藉用白茅，柔在下也。
九二，枯楊生稊，老夫得其女妻，无不利。」	老夫女妻，過以相與也。
九三，棟橈，凶。	棟橈之凶，不可以有輔也。
九四，棟隆，吉，有它吝。	棟隆之吉，不橈乎下也。」
九五，枯楊生華，老婦得其士夫，无咎无譽。」	枯楊生華，何可久也，老婦士夫，亦可醜也。
上六，過涉滅頂，凶，无咎。	過涉之凶，不可咎也。」

（續上表）

上經	上彖傳．上象傳
䷜ 坎下坎上 習坎，有孚維心亨，行有尚。	習坎，重險也，」水流而不盈」行險而不失其信，」維心亨，乃以剛中也，行有尚，往有功也。」天險不可升也，地險山川丘陵也，王公設險以守其國，險之時用大矣哉。」國虞翻作邦，則與升陵為韻也
初六，習坎入于坎窞，凶。	習坎入坎，失道凶也。
九二，坎有險，求小得。	求小得，未出中也。
六三，來之坎坎，險且枕，入于坎窞，勿用。」	來之坎坎，終无功也。」
六四，樽酒，簋貳，用缶，納約自牖，終无咎。」	樽酒簋貳，剛柔際也。
九五，坎不盈，祗既平，无咎。」	坎不盈，中未大也。
上六，係用徽纆，寘于叢棘，三歲不得，凶。」	上六失道，凶三歲也。」
䷝ 離下離上 離，利貞，亨，畜牝牛吉。	離，麗也，日月麗乎天，百穀草木麗乎土，重明以麗乎正，乃化成天下。」柔麗乎中正，故亨，是以畜牝牛吉也。
初九，履錯然，敬之无咎。	履錯之敬，以辟咎也。
六二，黃離，元吉。	黃離元吉，得中道也。
九三，日昃之離，不鼓缶而歌，則大耋之嗟，凶。」	日昃之離，何可久也。」
九四，突如其來如，焚如死如棄如。	突如其來如，无所容也。
六五，出涕沱若，戚嗟若，吉。」	六五之吉，離王公也。
上九，王用出征，有嘉折首，獲匪其醜，无咎。」	王用出征，以正邦也。」

下經	下彖傳．下象傳
☱☶ 艮下兌上 咸，亨，利貞，取女吉。	咸，感也，柔上而剛下，二氣感應以相與，止而說，男下女，是以亨，利貞，取女吉也。」天地感而萬物化生，聖人感人心而天下和平，觀其所感，而天地萬物之情可見矣。」
初六，咸其拇。	咸其拇，志在外也。
六二，咸其腓，凶，居吉。	雖凶居吉，順不害也。」
九三，咸其股，執其隨，往吝。	咸其股，亦不處也，志在隨人，所執下也。」
九四，貞吉悔亡，憧憧往來，朋從爾思。」	貞吉悔亡，未感害也， 憧憧往來，未光大也。」
九五，咸其脢，无悔。」	咸其脢，志末也。
上六，咸其輔頰舌。	咸其輔頰舌，滕口說也。」
☳☴ 巽下震上 恆，亨，无咎，利貞，利有攸往。	恆，久也，剛上而柔下，雷風相與，」巽而動，剛柔皆應，恆。」恆亨无咎利貞，久於其道也，天地之道，恆久而不已也，利有攸往，終則有始也。」日月得天而能久照，四時變化而能久成，聖人久於其道而天下化成，觀其所恆，而天地萬物之情可見矣。」
初六，浚恆，貞凶，无攸利。	浚恆之凶，始求深也。
九二，悔亡。	九二悔亡，能久中也。
九三，不恆其德，或承之羞，貞吝。	不恆其德，无所容也。
九四，田无禽。	久非其位，安得禽也。

（續上表）

下經	下彖傳．下象傳
六五，恆其德貞，婦人吉，夫子凶。	婦人貞吉，從一而終也，夫子制義，從婦凶也。
上六，振恆，凶。	振恆，在上大无功也。」
䷠ 艮下乾上 遯，亨，小利貞。	遯，亨，遯而亨也，剛當位而應與時行也，小利貞浸而長也，遯之時義大矣哉。」
初六，遯尾厲，勿用有攸往。	遯尾之厲，不往何災也。
六二，執之用黃牛之革，莫之勝說。	執用黃牛，固志也。
九三，係遯，有疾厲，畜臣妾吉。	係遯之厲，有疾憊也，畜臣妾吉，不可大事也。
九四，好遯，君子吉，小人否。	君子好遯，小人否也。
九五，嘉遯，貞吉。	嘉遯貞吉，以正志也。
上九，肥遯，无不利。	肥遯无不利，无所疑也。」
䷡ 乾下震上 大壯，利貞。	大壯，大者壯也，剛以動，故壯。」大壯利貞，大者正也，正大而天地之情可見矣。」
初九，壯于趾，征凶有孚。	壯于趾，其孚窮也。
九二，貞吉。	九二貞吉，以中也。」
九三，小人用壯，君子用罔，」貞厲，羝羊觸藩，羸其角。	小人用壯，君子罔也。
九四，貞吉悔亡，藩決不羸，壯于大輿之輹。	藩決不羸，尚往也。
六五，喪羊于易，无悔。	喪羊于易，位不當也。
上六，羝羊觸藩，不能退，不能遂，无攸利，艱則吉。	不能退不能遂，不詳也，艱則吉，咎不長也。」

（續上表）

下經	下彖傳・下象傳
☷坤下 ☲離上 晉，康侯用錫馬蕃庶，晝日三接。	晉，進也，明出地上，順而麗乎大明，柔進而上行。」是以康侯用錫馬蕃庶，晝日三接也。明出地上四字又見大象
初六，晉如摧如，貞吉，罔孚裕无咎。	晉如摧如，獨行正也，裕无咎，未受命也。
六二，晉如愁如，貞吉，受茲介福于其王母。	受茲介福，以中正也。」
六三，眾允，悔亡。	眾允之志，上行也。
九四，晉如鼫鼠，貞厲。	鼫鼠貞厲，位不當也。
六五，悔亡，失得勿恤，往吉，无不利。	失得勿恤，往有慶也。
上九，晉其角，維用伐邑，厲吉无咎，貞吝。	維用伐邑，道未光也。」
☲離下 ☷坤上 明夷，利艱貞。	明入地中，明夷，內文明而外柔順，以蒙大難，文王以之，利艱貞，晦其明也，內難而能正其志，箕子以之。六十四卦彖傳皆有韻，此卦獨無，可疑也
初九，明夷于飛垂其翼，君子于行，三日不食，」有攸往，主人有言。	君子于行，義不食也。
六二，明夷夷于左股，用拯，馬壯吉。	六二之吉，順以則也。
九三，明夷于南狩，得其大首，不可疾貞。」	南狩之志，乃大得也。
六四，入于左腹，獲明夷之心出于門庭。	入于左腹，獲心意也。

（續上表）

下經	下彖傳．下象傳
六五，箕子之明夷，利貞。	箕子之貞，明不可息也。
上六，不明晦，初登于天，後入于地。	初登于天，照四國也，後入于地，失則也。」
䷤離下巽上 家人，利女貞。	家人，女正位乎內，男正位乎外，男女正天地之大義也，家人有嚴君焉，父母之謂也。」父父子子，兄兄弟弟，夫夫婦婦，而家道正，正家而天下定矣。」
初九，閑有家，悔亡。	閑有家，志未變也。
六二，无攸遂，在中饋，貞吉。	六二之吉，順以巽也。」
九三，家人嗃嗃，悔厲吉，婦子嘻嘻，終吝。	家人嗃嗃，未失也，婦子嘻嘻，失家節也。
六四，富家，大吉。	富家大吉，順在位也。
九五，王假有家，勿恤，往吉。	王假有家，交相愛也。
上九，有孚威如，終吉。	威如之吉，反身之謂也。」
䷥兌下離上 睽，小事吉。	睽，火動而上，澤動而下，二女同居，其志不同行，說而麗乎明，柔進而上行，得中而應乎剛，」是以小事吉，天地睽而其事同也，男女睽而其志通也，」萬物睽而其事類也，睽之時用大矣哉。」
初九，悔亡，喪馬，勿逐自復，見惡人无咎。」	見惡人，以辟咎也。
九二，遇主于巷，无咎。	遇主于巷，未失道也。」
六三，見輿曳，其牛掣，其人天且劓，无初有終。」	見輿曳，位不當也，无初有終，遇剛也。

（續上表）

下經	下彖傳・下象傳
九四，睽孤，遇元夫，交孚厲无咎。」	交孚无咎，志行也。
六五，悔亡，厥宗噬膚，往何咎。	厥宗噬膚，往有慶也。
上九，睽孤，見豕負塗，載鬼一車，先張之弧，後說之弧，」匪寇婚媾，往遇雨則吉。	遇雨之吉，羣疑亡也。」
䷦艮下坎上 蹇，利西南，不利東北，利見大人，貞吉。	蹇，難也，險在前也。」見險而能止，知矣哉。」蹇利西南，往得中也，不利東北，其道窮也，利見大人，往有功也，當位貞吉，以正邦也，蹇之時用大矣哉。」
初六，往蹇來譽。	往蹇來譽，宜待也。
六二，王臣蹇蹇，匪躬之故。	王臣蹇蹇，終无尤也。
九三，往蹇來反。	往蹇來反，內喜之也。」
六四，往蹇來連。	往蹇來連，當位實也。
九五，大蹇，朋來。	大蹇朋來，以中節也。」
上六，往蹇來碩，吉，利見大人。	往蹇來碩，志在內也， 利見大人，以從貴也。」
䷧坎下震上 解，利西南，无所往，其來復吉，有攸往夙吉。	解，險以動，動而免乎險，解，解利西南，往得眾也，其來復吉，乃得中也，有攸往夙吉，往有功也。」天地解而雷雨作，雷雨作而百果草木皆甲坼[108]，解之時大矣哉。」

108 譯案：坼字原作折，此當從閩、監、毛本誤，參看阮元《周易注疏校勘記》。此據改。

（續上表）

下經	下彖傳・下象傳
初六，无咎。	剛柔之際，義无咎也。
九二，田獲三狐，得黃矢，貞吉。	九二貞吉，得中道也。
六三，負且乘，致寇至，貞吝。	負且乘，亦可醜也，自我致戎，又誰咎也。」
九四，解而拇，朋至斯孚。	解而拇，未當位也。
六五，君子維有解吉，有孚于小人。	君子有解，小人退也。
上六，公用射隼于高墉之上，獲之，无不利。	公用射隼，以解悖也。」
䷨ 兌下艮上 損，有孚元吉，无咎，可貞，利有攸往，曷之用，二簋可用享。」	損，損下益上，其道上行，損而有孚，元吉，无咎可貞，利有攸往，曷之用，二簋可用享，二簋應有時，損剛益柔有時，損益盈虛，與時偕行。」
初九，巳事遄往，无咎，酌損之。	已事遄往，尚合志也。
九二，利貞，征凶，弗損益之。	九二利貞，中以為志也。
六三，三人行則損一人，一人行則得其友。	一人行，三則疑也。
六四，損其疾，使遄有喜，无咎。	損其疾，亦可喜也。
六五，或益之十朋之龜，弗克違，元吉。」	六五元吉，自上佑也。
上九，弗損益之，无咎，貞吉，利有攸往，得臣无家。	弗損益之，大得志也。」

（續上表）

下經	下彖傳 · 下象傳
䷩ 震下巽上 益，利有攸往，利涉大川。	益，損上益下，民說无疆，自上下下，其道大光，利有攸往，中正有慶，利涉大川，木道乃行，益動而巽，日進无疆，天施地生，其益无方，凡益之道，與時偕行。」
初九利用為大作，元吉无咎。	元吉无咎，下不厚事也。
六二，或益之十朋之龜，弗克違，永貞吉，王用享于帝，吉。	或益之，自外來也。
六三，益之用凶事，无咎，有孚中行，告公用圭。	益用凶事，固有之也。
六四，中行告公從，利用為依遷國。	告公從，以益志也。
九五，有孚惠心，勿問元吉，有孚惠我德。	有孚惠心，勿問之矣，惠我德，大得志也。
上九，莫益之，或擊之，立心勿恆，凶。	莫益之，偏辭也，或擊之，自外來也。」
䷪ 乾下兌上 夬，揚于王庭，孚號，有厲，告自邑，不利即戎，利有攸往。	夬，決也，剛決柔也，健而說，決而和，揚于王庭，柔乘五剛也。孚號有厲，其危乃光也。」告自邑，不利即戎，所尚乃窮也。利有攸往，剛長乃終也。」
初九，壯于前趾，往不勝，為咎。	不勝而往，咎也。
九二，惕號，莫夜有戎，勿恤。	莫夜有戎，得中道也。
九三，壯于頄，有凶，君子夬夬，獨行遇雨，若濡有慍，无咎。	君子夬夬，終无咎也。」

（續上表）

下經	下彖傳・下象傳
九四，臀无膚，其行次且，牽羊悔亡，聞言不信。	其行次且，位不當也，聞言不信，聰不明也。
九五，莧陸，夬夬中行，无咎。	中行无咎，中未光也。
上六，无號，終有凶。	无號之凶，終不可長也。」
䷫巽下乾上 姤，女壯，勿用取女。	姤，遇也，柔遇剛也，勿用取女，不可與長也，天地相遇，品物咸章也，剛遇中正，天下大行也，姤之時義大矣哉。」
初六，繫于金柅，貞吉，有攸往見凶，羸豕孚蹢躅。	繫于金柅，柔道牽也。
九二，包有魚，无咎，不利賓。	包有魚，義不及賓也。
九三，臀无膚，其行次且，厲无大咎。	其行次且，行未牽也。
九四，包无魚，起凶。	无魚之凶，遠民也。」
九五，以杞包瓜，含章有隕自天。	九五含章，中正也，有隕自天，志不舍命也。
上九，姤其角，吝，无咎。	姤其角，上窮吝也。」
䷬坤下兌上 萃，亨，王假有廟，利見大人亨，利貞，用大牲吉，利有攸往。	萃，聚也，順以說，剛中而應，故聚也。」王假有廟，致孝享也，利見大人亨，聚以正也，用大牲吉，利有攸往，順天命也，觀其所聚，而天地萬物之情可見矣。」
初六，有孚不終，乃亂乃萃，若號一握為笑，勿恤，往无咎。	乃亂乃萃，其志亂也。
六二，引吉无咎，孚乃利用禴。	引吉无咎，中未變也。

（續上表）

下經	下彖傳・下象傳
六三，萃如嗟如，无攸利，往无咎，小吝。	往无咎，上巽也。」
九四，大吉无咎。	大吉无咎，位不當也。
九五，萃有位，无咎，匪孚元永貞悔亡。	萃有位，志未光也。
上六，齎咨涕洟，无咎。	齎咨涕洟，未安上也。」
☴巽下☷坤上 升，元亨，用見大人，勿恤，南征吉。	柔以時，升，巽而順，剛中而應，」是以大亨，用見大人勿恤，有慶也，南征吉，志行也。」
初六，允升，大吉。	允升大吉，上合志也。
九二，孚乃利用禴，无咎。	九二之孚，有喜也。
九三，升虛邑。	升虛邑，无所疑也。
六四，王用亨于岐山，吉无咎。	王用亨于岐山，順事也。
六五，貞吉升階。	貞吉升階，大得志也。
上六，冥升，利于不息之貞。	冥升在上，消不富也。」
☵坎下☱兌上 困，亨貞，大人，吉无咎，有言不信。」	困，剛揜也，險以說，困而不失其所亨，其唯君子乎，貞大人吉，以剛中也，有言不信，尚口乃窮也。
初六，臀困于株木，入于幽谷，三歲不覿。」	入于幽谷，幽不明也。」
九二，困于酒食，朱紱方來，利用享祀，征凶无咎。」	困于酒食，中有慶也。
六三，困于石，據于蒺蔾，入于其宮，不見其妻，凶。」	據于蒺蔾，乘剛也，入于其宮不見其妻，不祥也。」

（續上表）

下經	下彖傳・下象傳
九四，來徐徐，困于金車，吝有終。」	來徐徐，志在下也，雖不當位，有與也。」
九五，劓刖，困于赤紱，乃徐有說，利用祭祀。」	劓刖，志未得也，乃徐有說，以中直也，利用祭祀，受福也。」
上六，困于葛藟于臲卼，曰動悔，有悔征吉。」	困于葛藟，未當也，動悔有悔，吉行也。」
䷯ 巽下坎上 井，改邑不改井，无喪无得，往來井井，汔至，亦未繘井，羸其瓶，凶。	巽乎水而上水，井，井養而不窮也，改邑不改井，乃以剛中也。」汔至亦未繘井，未有功也，羸其瓶，是以凶也。」
初六，井泥不食，舊井无禽。	井泥不食，下也，舊井无禽，時舍也。
九二，井谷射鮒，甕敝漏。」	井谷射鮒，无與也。」
九三，井渫不食，為我心惻，可用汲，王明並受其福。」	井渫不食，行惻也，求王明，受福也。」
六四，井甃，无咎。	井甃无咎，修井也。
九五，井冽寒泉食。	寒泉之食，中正也。
上六，井收勿幕，有孚元吉。	元吉在上，大成也。」
䷰ 離下兌上 革，巳日乃孚，元亨利貞，悔亡。	革，水火相息，二女同居，其志不相得曰革。」巳日乃孚，革而信之，文明以說，大亨以正，」革而當，其悔乃亡。」天地革，而四時成，湯武革命，順乎天而應乎人，革之時大矣哉。」
初九，鞏用黃牛之革。	鞏用黃牛，不可以有為也。
六二，巳日乃革之，征吉无咎。	巳日革之，行有嘉也。」

（續上表）

下經	下彖傳・下象傳
九三，征凶，貞厲，革言三就有孚。	革言三就，又何之矣。
九四，悔亡，有孚改命，吉。	改命之吉，信志也。」
九五，大人虎變，未占有孚。	大人虎變，其文炳也。 說文引易炳作虨，从虎彬聲，與君為韻
上六，君子豹變，小人革面，征凶，居貞吉。	君子豹變，其文蔚也，小人革面，順以從君也。 說文斐字，下引易，君子豹變其文斐也，斐與君協韻
☲☴ 巽下離上 鼎，元吉亨。	鼎，象也，以木巽火亨飪也，聖人亨以享上帝，而大亨以養聖賢。」巽而耳目聰明，柔進而上行，得中而應乎剛，是以元亨。」象當作養
初六，鼎顛趾，利出否，得妾以其子，无咎。」	鼎顛趾，未悖也，利出否，以從貴也。」
九二，鼎有實我仇有疾，不我能即，吉。」	鼎有實，慎所之也，我仇有疾，終无尤也。」
九三，鼎耳革，其行塞，雉膏不食，方雨虧悔，終吉。	鼎耳革，失其義也。
九四，鼎折足，覆公餗，其形渥，凶。」	覆公餗，信如何也。」
六五，鼎黃耳金鉉，利貞。	鼎黃耳，中以為實也。
上九，鼎玉鉉，大吉无不利。	玉鉉在上，剛柔節也。」

（續上表）

下經	下彖傳．下象傳
☳☳ 震下震上 震，亨，震來虩虩，笑言啞啞，震驚百里，不喪匕鬯。	震亨，震來虩虩，恐致福也，笑言啞啞，後有則也。」震驚百里，驚遠而懼邇也，出可以守宗廟社稷以為祭主也。」 江有誥云：懼邇當作邇懼，懼與主韻 ○程子云：此下脫不喪匕鬯四字，朱子出即鬯字之誤
初九，震來虩虩，後笑言啞啞，吉。」	震來虩虩，恐致福也，笑言啞啞，後有則也。」
六二，震來厲，億喪貝，躋于九陵，勿逐七日得。」	震來厲，乘剛也。
六三，震蘇蘇，震行无眚。	震蘇蘇，位不當也。
九四，震遂泥。	震遂泥，未光也。
六五，震往來厲，億无喪有事。	震往來厲，危行也，其事在中，大无喪也。」
上六，震索索，視矍矍，征凶，」震不于其躬，于其鄰，无咎，婚媾有言。	震索索，中未得也，雖凶无咎，畏鄰戒也。」
☶☶ 艮下艮上 艮其背，不獲其身，行其庭，不見其人，无咎。	艮，止也，時止則止，時行則行，動靜不失其時，其道光明。」艮其止，止其所也，上下敵應，不相與也。」是以不獲其身，行其庭，不見其人，无咎也。」
初六，艮其趾，无咎，利永貞。	艮其趾，未失正也。
六二，艮其腓，不拯其隨，其心不快。	不拯其隨，未退聽也。
九三，艮其限，列其夤，厲薰心。	艮其限，危薰心也。」
六四，艮其身，无咎。	艮其身，止諸躬也。

（續上表）

下經	下彖傳．下象傳
六五，艮其輔，言有序，悔亡。	艮其輔，以中正也。江有誥云：中正當作正中
上九，敦艮，吉。	敦艮之吉，以厚終也。」
䷴艮下巽上 漸，女歸，吉，利貞。	漸之進也，女歸吉也，進得位，往有功也，進以正，可以正邦也。」其位剛得中也，止而巽，動不窮也。」
初六，鴻漸于干，小子厲，有言，无咎。	小子之厲，義无咎也。
六二，鴻漸于磐，飲食衎衎，吉。」	飲食衎衎，不素飽也。
九三，鴻漸于陸，夫征不復，婦孕不育，凶，利禦寇。」	夫征不復，離群醜也，婦孕不育，失其道也，利用御寇，順相保也。」
六四，鴻漸于木，或得其桷，无咎。」	或得其桷，順以巽也。
九五，鴻漸于陵，婦三歲不孕，終莫之勝，吉。」	終莫之勝吉，得所願也。
上九，鴻漸于陸，其羽可用為儀，吉。析中云：陸當作阿，阿與儀韻	其羽可用為儀吉，不可亂也。」
䷵兌下震上 歸妹，征凶，无攸利。	歸妹，天地之大義也，天地不交，而萬物不興，歸妹人之終始也，說以動所歸妹也，征凶，位不當也，无攸利，柔乘剛也。」
初九，歸妹以娣，跛能履，征吉。」	歸妹以娣，以恆也，跛能履吉，相承也。」
九二，眇能視，利幽人之貞。	利幽人之貞，未變常也。

（續上表）

下經	下彖傳・下象傳
六三，歸妹以須，反歸以娣。	歸妹以須，未當也。
九四，歸妹愆期，遲歸有時。」	愆期之志，有待而行也。
六五，帝乙歸妹，其君之袂，不如其娣之袂良，月幾望，吉。」	帝乙歸妹，不如其娣之袂良也，其位在中，以貴行也。
上六，女承筐无實，士刲羊无血，无攸利。」	上六无實，承虛筐也。」
☲離下 ☳震上 豐，亨，王假之，勿憂，宜日中。	豐，大也，明以動，故豐，王假之，尚大也，勿憂宜日中，宜照天下也，日中則昃，月盈則食，天地盈虛，與時消息，」而況於人乎，況於鬼神乎。」
初九，遇其配主，雖旬无咎，往有尚。	雖旬无咎，過旬災也。
六二，豐其蔀，日中見斗，往得疑疾，有孚發若，吉。」	有孚發若，信以發志也。
九三，豐其沛，日中見沬，折其右肱，无咎。」	豐其沛，不可大事也， 折其右肱，終不可用也。」 用即以字
九四，豐其蔀，日中見斗，遇其夷主，吉。」	豐其蔀，位不當也，日中見斗，幽不明也，遇其夷主，吉行也。
六五，來章，有慶譽，吉。	六五之吉，有慶也。
上六，豐其屋，蔀其家，闚其戶，闃其无人，三歲不覿，凶。	豐其屋，天際翔也， 闚其戶闃其无人，自藏也。」

（續上表）

下經	下彖傳・下象傳
☶下 ☲上 旅，小亨，旅貞吉。	旅，小亨，柔得中乎外而順乎剛，止而麗乎明，是以小亨，旅貞吉也，旅之時義大矣哉。」
初六，旅瑣瑣，斯其所取災。	旅瑣瑣，志窮災也。
六二，旅即次，懷其資，得童僕貞。」	得童僕貞，終无尤也。」
九三，旅焚其次，喪其童僕，貞厲。	旅焚其次，亦以傷矣，以旅與下，其義喪也。」
九四，旅于處，得其資斧，我心不快。」	旅于處，未得位也，得其資斧，心未快也。
六五，射雉一矢亡，終以譽命。	終以譽命，上逮也。」
上九，鳥焚其巢，旅人先笑後號咷，喪牛于易，凶。」	以旅在上，其義焚也，喪牛于易，終莫之聞也。」
☴下 ☴上 巽，小亨，利有攸往，利見大人。	重巽以申命，剛巽乎中正而志行，柔皆順乎剛，是以小亨，利有攸往，利見大人。」
初六，進退，利武人之貞。	進退，志疑也，利武人之貞，志治也。」
九二，巽在床下，用史巫紛若，吉无咎。	紛若之吉，得中也。
九三，頻巽，吝。	頻巽之吝，志窮也。
六四，悔亡，田獲三品。	田獲三品，有功也。
九五，貞吉，悔亡，无不利，无初有終，先庚三日，後庚三日，吉。	九五之吉，位正中也。
上九，巽在牀下，喪其資斧，貞凶。	巽在床下，上窮也，喪其資斧，正乎凶也。」

（續上表）

下經	下彖傳・下象傳
☱兌下兌上 兌，亨，利貞。	兌，說也，剛中而柔外，」說以利貞，是以順乎天而應乎人。」說以先民，民忘其勞，說以犯難，民忘其死，說之大，民勸矣哉。
初九，和兌，吉。	和兌之吉，行未疑也。
九二，孚兌，吉悔亡。	孚兌之吉，信志也。」
六三，來兌，凶。	來兌之凶，位不當也。
九四，商兌，未寧，介疾有喜。	九四之喜，有慶也。
九五，孚于剝，有厲。	孚于剝，位正當也。
上六，引兌。	上六引兌，未光也。」
☴坎下巽上 渙，亨，王假有廟，利涉大川，利貞。	渙，亨，剛來而不窮，柔得位乎外而上同，王假有廟，王乃在中也，利涉大川，乘木有功也。」
初六，用拯，馬壯，吉。	初六之吉，順也。
九二，渙奔其机，悔亡。	渙奔其机，得願也。」
六三，渙其躬，无悔。	渙其躬，志在外也。
六四，渙其羣，元吉，渙有丘，匪夷所思。	渙其群元吉，光大也。
九五，渙汗其大號，渙王居无咎。	王居无咎，正位也。
上九，渙其血去逖出，无咎。	渙其血，遠害也。」程子云：血下脫去字

（續上表）

下經	下彖傳．下象傳
䷻ 兌下坎上 節，亨，苦節不可貞。	節，亨，剛柔分而剛得中，苦節不可貞，其道窮也，說以行險，當位以節，中正以通，天地節而四時成，節以制度，不傷財，不害民。」
初九，不出戶庭，无咎。	不出戶庭，知通塞也。
九二，不出門庭，凶。	不出門庭，失時極也。」
六三，不節若則嗟若，无咎。	不節之嗟，又誰咎也。
六四，安節，亨。	安節之亨，承上道也。」
九五，甘節，吉，往有尚。	甘節之吉，居位中也。
上六，苦節，貞凶，悔亡。	苦節貞凶，其道窮也。」
䷼ 兌下巽上 中孚，豚魚吉，利涉大川，利貞。	中孚，柔在內，而剛得中，說而巽，孚乃化邦也。」豚魚吉，信及豚魚也，利涉大川，乘木舟虛也。」中孚以利貞，乃應乎天也。」
初九，虞吉，有它不燕。	初九虞吉，志未變也。
九二，鳴鶴在陰，其子和之，我有好爵，吾與爾靡之。」	其子和之，中心願也。」
六三，得敵，或鼓或罷，或泣或歌。」	或鼓或罷，位不當也。
六四，月幾望，馬匹亡，无咎。」	馬匹亡，絕類上也。
九五，有孚攣如，无咎。	有孚攣如，位正當也。
上九，翰音登于天，貞凶。	翰音登于天，何可長也。」

（續上表）

下經	下彖傳・下象傳
䷽ 艮下震上 小過，亨，利貞，可小事，不可大事，飛鳥遺之音，不宜上，宜下，大吉。	小過，小者過而亨也，過以利貞，與時行也。」柔得中，是以小事吉也，剛失位而不中，是以不可大事也，有飛鳥之象焉，飛鳥遺之音，不宜上宜下，大吉，上逆而下順也。
初六，飛鳥以凶。	飛鳥以凶，不可如何也。
六二，過其祖，遇其妣，不及其君，遇其臣，无咎。」	不及其君，臣不可過也。
九三，弗過防之，從或戕之，凶。」	從或戕之，凶如何也。」
九四，无咎，弗過遇之，往厲，必戒，勿用永貞。	弗過遇之，位不當也， 往厲必戒，終不可長也。
六五，密雲不雨，自我西郊，公弋取彼在穴。	密雲不雨，已上也。
上六，弗遇過之，飛鳥離之，凶，是謂災眚。	弗遇過之，已亢也。」
䷾ 離下坎上 既濟，亨小，利貞，初吉，終亂。	既濟亨，小者亨也，利貞剛柔正而位當也。」初吉，柔得中也，終止則亂，其道窮也。」
初九，曳其輪，濡其尾，无咎。	曳其輪，義无咎也。
六二，婦喪其茀，勿逐七日得。	七日得，以中道也。」
九三，高宗伐鬼方，三年克之，小人勿用。	三年克之，憊也。
六四，繻有衣袽，終日戒。	終日戒，有所疑也。
九五，東隣殺牛，不如西隣之禴祭，實受其福。	東隣殺牛，不如西隣之時也， 實受其福，吉大來也。」

（續上表）

下經	下彖傳・下象傳
上六，濡其首，厲。	濡其首，厲，何可久也。」
䷿坎下離上 未濟，亨，小狐汔濟濡其尾，无攸利。	未濟亨，柔得中也，小狐汔濟，未出中也，濡其尾，无攸利，不續終也，雖不當位，剛柔應也。」
初六，濡其尾，吝。	濡其尾，亦不知極也。極當作亟，廣韻亟敬也，亟敬聲相近，與正為韻也
九二，曳其輪，貞吉。	九二貞吉，中以行正也。」
六三，未濟征凶，利涉大川。」	未濟征凶，位不當也。
九四，貞吉悔亡，震用伐鬼方，三年有賞于大國。	貞吉悔亡，志行也。」
六五，貞吉无悔，君子之光，有孚吉。」	君子之光，其暉吉也。
上九，有孚于飲酒，无咎，濡其首，有孚失是。」	飲酒濡首，亦不知節也。」

附錄二、〈大象〉之特徵

（一）〈大象〉與〈説卦〉

藉由《易》韻的研究，可以知曉〈象傳〉中開頭部分之〈大象〉與後面部分之〈小象〉應當加以區別。〈小象〉與〈彖傳〉同樣採用韻文體，其中〈彖傳〉說明卦辭，而〈小象〉則說明爻辭，兩者相依相輔，為《易》經文之注釋。與之相對，〈大象〉完全不用韻文體，以散文形式說明《易》象，是獨立的存在。那麼，〈大象〉是否與其他文獻無關、純屬獨立之著作？筆者推測其與〈説卦傳〉關係密切。在正文的第八章及第九章中，已論及此推測，此處再稍做詳細說明。

北宋學者歐陽修著有《易童子問》三卷及《易或問》二卷，闡明〈繫辭〉、〈文言〉、〈說卦〉等篇並非孔子著作，是後世雜取《易》的經師之說編纂而成。歐陽公此二書收錄在《歐陽文忠公全集》中，現在一般學者亦可輕易閱讀到；而在日本國天保五年（1834）時，下野的石井光致將二書錄出，並加以句讀訓點付梓出版，更使得二書易得。

歐陽修云：「（〈繫辭傳〉）辭雖小異而大旨則同者，不可以勝舉也。（中略）謂其說出於一人，則是繁衍叢脞之言也。（中略）而又有害經而惑世者矣。（中略）〈繫辭〉曰『河出圖，洛出書，聖人則之』，（中略）蓋八卦者，（中略）天之所降也；又曰『包犧氏之王天下也，仰則觀象於天，俯則觀法於地，觀鳥獸之文與地之宜，近取諸身，遠取諸物，於是始作八卦』，然則八卦者，是人之所為也。以此為天之所降，則非人之所為[109]，河圖不與焉。斯二說者已不能相容矣。（中略）其肯自為二三之說以相牴牾而疑世，（中略）非人情也。」[110] 歐陽修主張的要點是，〈繫辭〉非聖人之作，而是過往《易》學者雜取眾說以資講說者。而同樣的情況，亦可見於〈文言〉與〈說卦傳〉。是以，〈說卦傳〉中亦新舊材料雜然混在，其中甚至有無法通讀的部分。下文三節作為〈說卦〉之核心，最應加以重視：

> 昔者聖人之作《易》也，幽贊於神明而生蓍，參天兩地而倚數，觀變於陰陽而立卦，發揮於剛柔而生爻，和順於道德而理於義，窮理盡性以至於命。昔者

---

109 譯案：「以此為天之所降，則非人之所為」非《童子問》文，疑作者自注混入者。

110 譯案：《童子問》卷三。

> 聖人之作《易》也，（中略）。是以立天之道曰陰與陽，立地之道曰柔與剛，立人之道曰仁與義。兼三才而兩之，故易六畫而成卦。分陰分陽，迭用柔剛，故易六位而成章。
>
> 天地定位，山澤通氣，雷風相薄，水火不相射，八卦相錯……雷以動之，風以散之，雨以潤之，日以烜之，艮以止之，兑以說之，乾以君（羣）之，坤以藏之。
>
> 乾健也，坤順也，震動也，巽入也，坎陷也，離麗也，艮止也，兑說也。

上引第一節，論述藉由計算蓍數以畫卦爻，而窮天地之理、盡人性以至於達命；而《易》之所以可達此目的，其根本在於一貫於天地人三才之道，而仁義之道與天地之道相通的緣故，這正是〈彖傳〉、〈象傳〉之思想與〈繫辭傳〉之思想結合折衷所得結果：前者崇尚得剛柔之中，後者則認為因陰陽二氣消長而使得萬物生生不息是為天道，因循此天道的人道，即仁義之道遂得以顯現，也揭示出〈說卦傳〉之思想出現在〈彖〉、〈象〉、〈繫辭〉之後。同時亦說明，藉由窮盡天地之道以順應性命之理的崇高哲學，為〈說卦傳〉之主張所本。

第二節論述《易》之八卦，即乾、坤、震、巽、坎、離、艮、兑之各卦，各表象天、地、雷、風、水、火、山、澤等自然現象。一言以蔽之，歸結為「《易》者，象也」一句。《易》者象也，語出〈繫辭傳〉；《左傳》所記錄筮占之中，早已有依據卦象加以判斷之例。〈彖傳〉中亦有下文之例：

> 屯，雷雨之動，

蒙，山下有險，
大有，文明應于天，
噬嗑，雷電合而章，
恆，雷風相與，
晉，明出地上，
明夷，明入地中，
睽，火動而上，澤動而下，
解，天地解而雷雨作，
井，巽乎水而上水，
革，水火相息，
鼎，以木巽火。

由此推測，〈彖傳〉之作者亦曾一定程度地思考象之所表，但對其最傾注心力者為〈大象〉。〈大象〉自始至終都是依據象以說明六十四卦，而六十四卦之象的基礎為八卦之象，〈說卦傳〉即為八卦之象的說明。八卦之取象有各種說法，〈說卦傳〉於結尾處總結如下所云：

乾——天、圜、君、父、玉、金、寒、冰、大赤、良馬、老馬、瘠馬、駁馬、木果

坤——地、母、布、釜、吝嗇、均、子母牛、大輿、文、眾、柄、黑

震——雷、駹、玄黃、旉、大塗、長子、決躁、蒼莨竹、萑葦、馬善鳴、馵足、作足、的顙、反生、健、蕃鮮

巽——木、風、長女、繩直、工、白、長、高、進退、不果、臭、寡髮、廣顙、多白眼、近利、市三

倍、躁

坎——水、溝瀆、隱伏、矯揉、弓輪、加憂、心病、耳痛、血卦、赤、馬美脊、亟心、下首、薄蹄、曳、輿多眚、通、月、盜、木堅多心

離——火、日、電、中女、甲冑、戈兵、大腹、乾卦、鱉、蟹、蠃、蚌、龜、木科上槁

艮——山、徑路、小石、門闕、果蓏、閽寺、指、狗、鼠、黔喙、木堅多節

兌——澤、少女、巫、口舌、毀折、附決、地剛鹵、妾、羊。

其中有幾乎難以理解其意者；而各卦前二、三項所列舉為代表性解釋，尤其是天、地、山、澤、雷、風、水、火等八者，可稱之為代表中的代表；〈大象〉六十四卦之象大致上是重疊此八者而構成。

第三節解釋八卦之名義，雖僅是於訓詁上解釋卦名，但亦可為思想上對於卦德之論述。此類敘述已出現於〈彖傳〉之中，而〈說卦傳〉則將其集結記錄成篇；若將〈彖傳〉中講述卦德之用詞與〈說卦傳〉作比較，則多少有相異之處。〈說卦傳〉說云：

乾——健　坤——順　震——動　巽——入
坎——陷　離——麗　艮——止　兌——說

〈彖傳〉中，將小畜卦解作「健而巽」、觀卦解作「順而巽」、大過卦解作「巽而說」、恆卦解作「巽而動」、益卦解作「動而巽」、升卦解作「巽而順」；其中為表示巽卦之德，皆直接使

用「巽」字，而不同於〈說卦傳〉將「巽」解釋為「入」。《說文》「顨」字下注云：「顨巽也，此易顨卦，為長女，為風者」，二文合而觀之，則古文《易》之卦名本作「顨」，而〈彖傳〉將其釋為巽。所謂巽，即為顨之意。相對於此，〈說卦傳〉將「巽」解釋為「入」，此與〈序卦傳〉中所說「巽者入也」一致，也許〈說卦〉及〈序卦〉皆為〈彖傳〉之後的解釋。〈說卦傳〉又將「坎」解釋為「陷」，〈彖傳〉則將坎卦解釋為險之義，謂：「習坎，重險也」。此「習」字為「襲」的假借字，「襲」即為「重」之義，因此坎為險之義，此亦表明〈說卦〉與〈彖傳〉有差異。但陸氏《釋文》云：「坎本亦作埳，京劉作欿，險也，陷也」，以「險」與「陷」解釋「坎」或「埳」字，其意自通。因而，〈說卦傳〉與〈彖傳〉雖略有相異之處，大致上仍為相通之著作；在〈彖傳〉中已闡釋的卦德之說，〈說卦傳〉徑取而匯總記錄至此。

總之，可知〈說卦傳〉著重於說明卦之象與義，而綜合紀錄此前眾說，更附以貫通三才之哲學，至此《易》方始成為窮卦象以順性命之理的著作。據此哲學以說明六十四卦之象，再依據其象論述人之道德者，即為〈大象〉。因此，可視〈說卦傳〉為〈大象〉之總論，而〈大象〉為〈說卦傳〉之分論。

對比〈大象〉與〈彖傳〉即可發現，比起卦象，〈彖傳〉更重以名義說明卦之性質，而〈大象〉則比起名義，更將中心置於象以說明《易》。如前文所列舉八卦之名義，散見於〈彖傳〉各處進行說明，但〈大象〉僅在乾、坤二卦中，依據卦之名義加以說明：

> 天行健，君子以自彊不息。
> 地勢坤，君子以厚德載物。

其餘六十二卦全為依據象以進行說明。因而，〈大象〉為依據象來解釋《易》之著作。〈繫辭傳〉中視《易》為象之例有：

> 聖人設卦觀象，繫辭焉而明吉凶。（〈繫辭〉上）
>
> 聖人立象以盡意，設卦以盡情偽，繫辭以盡其言。（同上）
>
> 八卦以象告，爻彖以情言。（〈繫辭〉下）
>
> 八卦成列，象在其中矣，因而重之，爻在其中矣。（同下）
>
> 易者象也，象也者像也……爻也者效天下之動者也。（同下）
>
> 爻也者效此者也，象也者像此者也，爻象動乎內，吉凶見乎外。（同下）
>
> 聖人有以見天下之賾而擬諸其形容，象其物宜，是故謂之象。聖人有以見天下之動而觀其會通以行其典禮，繫辭焉以斷其吉凶，是故謂之爻。（〈繫辭〉上）
>
> 是故君子所居而安者易之象也，所樂而玩者爻之辭也，是故君子居則觀其象而玩其辭，動則觀其變而玩其占。（同上）

據此，〈大象〉承襲繫辭之思想，將《易》理解為象，並據象以闡述道德處世之法。下文再引〈大象〉之文並作簡單說明。

（二）〈大象〉上

（三）〈大象〉下[111]

（四）特徵

以上，筆者參考二三《易》的代表性注釋試以解釋〈大象〉。竊忖之猶未饜人意，他者視之固多缺憾。儘管如此，大體足以窺知〈大象〉的內容。根據此粗略的解釋綜觀〈大象〉全文，各卦之〈大象〉皆可劃分成兩部分，即第一句用以說明卦之象，真正可之稱為象者唯此一句，其下有「君子以……」等數句，根據卦象以演繹道德訓誡。嚴格說來，難稱之為象。如乾卦中「天行健」一句說明天象，其下「君子以自彊不息」一句為根據前文之象所演繹出道德訓誡。前者說明天之象，為天道；後者講述人類道德，為人道。是以，〈大象〉皆據天道以演繹人道。而人道之所以可自天道演繹而來，是因為〈大象〉作者相信天人關係藉同一道理而一以貫之。借用〈說卦傳〉之語，即窮天地之理的窮理，與盡性至於命的道德，二者全然一致的緣故。又或可以說，因其認為天地之理與人之道的仁義相同所致。〈大象〉本於此崇高之哲學以說明人之道德。從而，所謂《易》六十四卦之象，是選自六十四項天地間代表性事物而表示其象；由此判斷，六十四卦為宇宙間事物之代表，蘊藏其中的事物之宜乃是宇宙之理的表象，而自表象此理的六十四卦之中汲取的人之道德教誨即為〈大象〉。將具有這一特徵的〈大象〉與〈彖傳〉、〈小象〉加以比較，則又知其中另有諸多相異之處。

如前所述，〈彖傳〉與〈小象〉於文體上、思想內容上皆相同，〈彖傳〉解釋卦辭而〈小象〉解釋爻辭，皆應出自一人

111 譯案：以上兩節為〈象傳〉現代日語譯文，茲略。

之手。據此解釋，六十四卦表示時，六位表示地位，爻之剛柔表示德，以時、位、德之間關係來判斷吉凶，而教以所應行者。換言之，判斷某一地位之人遭遇某時之際，其德行能否順利通過、而示以訓誡者；其判斷之標準為「中」一字，即得其剛柔之中。因此，錢大昕云：

> 〈彖傳〉之言「中」者三十三，〈象傳〉之言「中」者三十。其言「中」也，曰「正中」，曰「時中」，曰「大中」，曰「中道」，曰「中行」，曰「行中」，曰「剛中」，曰「柔中」。剛柔非中也。而得中者无咎。故嘗謂，《易》六十四卦三百八十四爻，一言以蔽之，曰「中」而已矣。（《潛研堂文集．三．中庸說》）

此說可謂真正掌握並說明了〈彖傳〉與〈小象〉之要點。總之，〈彖傳〉與〈小象〉是在時與德的關係上，說明道德，而其標準在於「中」一字。而〈大象〉視六十四卦為宇宙現象之代表，從其中導出道德訓言。〈大象〉六十四卦中，比、豫、觀、噬嗑、无妄、渙等卦之卦象下，說「先王以……」，為先王之教誨；其他諸卦則多說「君子以……」，為君子之教誨。所謂先王之教誨，著重在於應盡无妄（誠）而隨時以育成萬物，同時，觀察民情以起教化。君子之教誨亦以治歷明時（革卦）、勞民勸耕（井卦）、果行育德（蒙卦）、自昭明德（晉卦）、朋友講習（兌卦）、多識前言往行（大畜卦）、虛受人（咸卦）、懲忿窒欲（損卦）、見善則遷，有過則改（益卦）、言有物而行有恆（家人卦）等，最後歸結至盡誠而發揮自我本性之明德。〈彖傳〉與〈小象〉認為得剛柔之中為道德之標準；與之相對，〈大象〉以无妄、也就是「誠」作為道德之焦點。此為〈彖傳〉、〈小象〉與〈大象〉最大的不同點。而〈彖傳〉、〈小象〉重視「中」之說與〈中庸〉思想相近，〈大象〉講述无妄之處則與〈中庸說〉所述誠之處相似，〈大象〉所說「自昭明德」使人聯想到〈大學〉的「明明德」，也許應將其視為〈中庸說〉之後、進入漢代的著作。

漢儒的著述方式——剖析《禮記》諸篇*

津田左右吉

* 譯案：原文為〈漢儒之述作方式〉（〈漢儒の述作しかた〉）中第一、二部分涉及〈中庸〉篇相關內容，刊於《東洋思想研究》第3號（1940年）；後收錄於氏著：《津田左右吉全集》第18卷（東京：岩波書店，1965年），《儒教之研究三》（《儒教の研究三》）第三篇。

一、引言

出現於中國古籍中的諸多思想，具有何種思想價值，在中國人的現實生活中又發揮了何種作用？暫且不論以上這些問題，就這些思想確實存在的事實來看：既然這些思想是由世界各民族之一的中華民族所創造的產物，那麼在思想層面上對其進行各種角度的分析，對於理解浩瀚的人類思想將有莫大裨益。儒家經典所闡發的儒家思想，亦為上述思想的其中一員；是以，無論我們如何看待儒家思想的價值，都有必要釐清其思想。這樣的釐清工作，將使我們能更加如實、準確地判定儒家思想的真正價值。而考察這一議題的諸多角度之中有這樣一個問題：儒家思想是以何種形式所組成，又是基於何種想法而成立？針對以上問題，筆者在過去的多篇論著中雖時有論及，並曾撰〈古代中國人的想法〉（〈上古シナ人の考へかた〉）一文，然而未能引起學界更多關注。因此，在這篇文章裡，筆者稍稍改換方式以重新進行討論。

在儒家經典中，有一類著作以一種稍具條理的形式來陳述某種思想，如《禮記》之名所示，為匯纂諸篇而成叢書者。然而，這類著作是否真具有系統條理、以及其中逐一所陳述內容是否果真整合為各自統一的思想，都是值得商榷的問題。這些問題在接下來的討論裡會有觸及，不過，無論如何，姑且先作如此理解。這類著作並非像《孟子》、《老子》或《論語》那樣，將思想上沒有相互聯繫的片斷文句匯總成書；而是儘管文句看來並不連貫，但在許多文句之間似乎都存在著某種聯繫。問題就在於，這種聯繫到底具有何種性質。這一問題並非僅限於《禮記》諸篇或儒家著作，不過此處為方便討論起見，姑且先針對《禮記》之中思想意義較為豐富的幾個篇章進行考察。通過這樣的考察，可以理解漢代儒家的著述方式，進而明瞭思想的演進，以及對事物的見解；同時這也誠然能夠知悉當時一般學者的思考方式。

二、關於〈中庸〉篇

首先看〈中庸〉篇。〈中庸〉篇的開頭陳說著名的「性、道、教」，緊隨其後的小節則說「道也者，不可須臾離也。」這兩節之間的聯繫僅在一個「道」字，但後者的「道」字並非「率性」之義，「不可須臾離也」與「率性」之間看不出有任何因果關係。「道也者，不可須臾離也」之所以會於此出現，大概只是受到開篇的「道」字影響，而這段話與接下來「君子慎其獨也」的小節同樣也沒有任何聯繫。「慎其獨」是基於「莫見乎隱，莫顯乎微」的理由，與「道也者，不可須臾離也」的思路並不相同。如果將「不可須臾離也」的「不可」解釋為「不可以」，確實可以推導出「慎其獨」來。即使如此，此種解釋方式將與原本的文脈產生衝突——君子之所以慎獨，是因為在不聞不見之處實則仍可聞可見。要之，從我們的角度來看，這兩個小節在邏輯上並不存在聯繫，〈中庸〉篇的作者應該是無意間將「慎獨」一事聯想到「道是無法離開的」或「道是不可離開的」。雖然這兩個小節以「是故」一語進行連接，但並不表示前後兩節之間存在邏輯上的聯繫。「是故」或「故」等連接詞，類似於今天日文裡的「於是」或「那麼」，在多數情況下都沒有甚麼特別意義。在此附言一句，〈中庸〉篇的作者大概也沒有像我們這樣，將「不可離也」的兩種意思（「無法離開」與「不可離開」）區分得這麼清楚。

接下來的幾個小節雖然都是在說「中」，但每一個「中」意義皆不相同。首先看到被釋為「喜怒哀樂之未發」的「中」。這個「中」雖然與被解作「發而皆中節」的「和」相對，並且能與其結合成為「中和」一語，但「中節」的「中」顯然並非「未發」之義。其次看到「君子而時中」的「中」，由於在這句話的前面有出現「中」與「庸」結合而成的「中庸」一語，因此會讓人以為這裡的「中」與「中庸」的「中」是同一個意思。但是，原文並沒有說明此處的「中」和「中庸」是甚麼意思，緊接其後的小節也出現了「中庸」一語（「中庸其至矣乎！民鮮能久矣！」）。雖然本節的文字應來自《論語・雍也》篇，但「中庸」一語依舊費解。在隔了三個小節之後，「中庸」一語又連續在三個小節及與其相隔一節的小節裡出現；不過與前面提到的「中庸其至矣乎」的「中庸」一樣，都只是在說「中庸」雖為人所應循之道而其遵行不易，並未解釋其意義。和「中」字結合在一起的「庸」字未有單獨使用的用例，不過在稍後的小節裡，可以看到「庸德之行，庸言之謹」這種把「庸」字作為形容詞的用法。這句話應該是自《周易・文言傳》的「庸言之信，庸行之謹」化來，而《周易・文言傳》的這句話，又似源自《荀子・不苟》篇的「庸言必信之，庸行必慎之」。然而，就算「庸德」、「庸言」之「庸」字，如鄭玄注所說是「平常」之義，我們依舊無法確知「中庸」的「庸」是否與其同義（不過，由於《周易・文言傳》裡的「庸」字是接在「正中」後面出現，所以或許因此讓人把「中」、「庸」二字聯想在一起）。儘管「中庸」一語被當作一種無須特別說明的概念，但是對讀者而言，「中庸」一語的使用方式依舊無從理解。在開始使用「中庸」一語的小節與後續使用「中庸」的三小節中間，有兩個小節雖然未直接使用「中庸」一語，但其內容似都與「中庸」有關：其中一節指出人有過不及之弊；其中一節說到「執其兩端，用其中於民。」此後的一節也有「中立而不倚」這樣的文句。從以上三個小節的內容來看，「中庸」的「中」可能具有各種不同的意思：或指不可太過，亦不可不及的狀態，或指兩端之中間，或指不偏袒於任何一方。如果真是如此，那麼這幾個「中」的意思都完全不同於被解作「喜怒哀樂之未發」的「中」。儘管「中立而不倚」接在「和而不流」之後，看起來也像是要將「中」與「和」對舉；但是「和而不流」的「和」，與被解作「發而皆中節」的「和」，顯然不是同一個意思。此外，「無過不及」、「中間」及「不偏不倚」也都不是同一個意思。因此，「中庸」的意思或許也會依語境不同而有變化。

這樣想來，就會發現即使同樣是在說「中」，相同的卻只有「中」這個字本身而已，實際上各有不同的意思；然而這些言說「中」的文句大致都並列在同一個地方。對此可作如下理解：〈中庸〉篇的作者是從相同的詞彙聯想到各種不同意義的事物。作者的思路受到詞彙影響，因此，沒意識到相同的詞彙事實上也具有不同的意思。這或許表明，比起思想，作者更在意的是詞彙（「執其兩端，用其中於民」並非捨棄兩端、僅取中間的意思。必須特別注意「執」字的作用；「中立而不倚」的「中」，也不是指其前面所提到的南北兩方的中間。此處的「和」不僅不能被解釋為「南北之和」，更是屬於居於南方的君子之德性。可見「兩端」與「中立」都只是作為一種抽象的概念，並沒有具體所指）。

在其後說「誠」的部分裡，「中」字又再度出現。「誠者不勉而中，不思而得，從容中道」的「中」，應與「發而皆中節」的「中」是同一個意思。雖然這兩個小節之間相隔遙遠，但此處在引用《孟子》的文句之後，又增以《孟子》原文所沒有的「誠者不勉而中，不思而得，從容中道」之文；是以看似是作者想起了前面的「中」字，於是就將其置於此處。「中庸」一語在後文也有被用來與「高明」相對舉的用例，可是並未解釋其意義。另外，在〈中庸〉篇結尾讚嘆「至誠」的小節裡有一句「夫焉有所倚」，這句話被鄭玄解作「無所偏倚」，也讓人想到這一意義下的「中」。大概是因為〈中庸〉篇作者的腦海裡一直有「中」字的原因，才會在讚嘆「至誠」時還特意加上這麼一句話吧（不過，在這句話稍微前面一點的「齊莊中正，足以有敬也」的「中」字，則不是這一特殊思路下的產物）。〈中庸〉篇裡隨處可見的「中」字，雖然在思想上與第一個「中」字都有幾許聯繫，但都是用作不同的意思。

「中」字在〈中庸〉篇裡的這種用法，作為參考，同樣也可以在《禮記・仲尼燕居》篇裡看到：在短短數行裡的同一個「中」字，卻有著完全不同的使用方式。例如「敬而不中禮，謂之野；恭而不中禮，謂之給；勇而不中禮，謂之逆」的「中」，與「發而皆中節」的「中」是同一個意思；而「敢問，將何以為此中者也？子曰：禮乎禮！夫禮所以制中也」的「中」就不是這個意思，指「無過不及」之義。因為這段話似乎是由其前面的「師爾過；而商也不及」推導而來。儘管「過不及」之所指完全不同，但通過「過不及」一語，使得一連串的聯想得以成立。從「不中」的「中」字聯想到「過不及」，再由「過不及」一語聯想到說「制中」的這段文句（本段最一開始所引用《禮記．仲尼燕居》篇的文句，應是來自《論語．泰伯》篇的「恭而無禮則勞，慎而無禮則葸，勇而無禮則亂，直而無禮則絞」；而「師爾過；而商也不及」則是化用自《論語．先進》篇的「師也過，商也不及」，並將原本的第三人稱改為第二人稱）。此外，《禮記．喪服四制》篇在談及三年喪期時，亦有提及「中庸」一語：「賢者不得過，不肖者不得不及，此喪之中庸也。」儘管此處的「中庸」並不是指在事情上有無過不及之處，而是任何人只要能夠無過不及地行事就可以被稱作「中庸」，但無疑是從無過不及這點來理解「中庸」。

然而，回過頭來看，我們很難理解〈中庸〉篇為何要把「喜怒哀樂之未發」接在「慎獨」的後面，或許作者是從關於「慎獨」的「隱」、「微」這兩個字所聯想到。雖然無法確切斷定，但從我們下文逐漸談到的諸多例子來看，此一推測未必沒有道理。由於「喜怒哀樂之未發」被稱作「中」，所以，作者由此「中」字聯想到各種意義的「中」；「中庸」一語也是由此聯想而來。作為儒家思想，「喜怒哀樂之未發」並無意義，而漢代儒者大概是受到道家影響而寫下這一文句。既然「喜怒哀樂之未發」所論並非儒家之道，所以必須在其後加上「發而皆中節」這樣的文句。此處將「中節」稱作「和」的說法頗為勉強，但這可能是因為有「中和」這一慣用語，而與之正相適合之故。即使單就「中」字來說，「喜怒哀樂之未發」之所以被稱作「中」，是因為其處在未表現於外的狀態，而一般所慣用的「中和」的「中」卻不是這個意思。總之，此處同樣是把意思大相徑庭的詞彙結合在一起，作為思想則其中矛盾百出。

說完了「中」，接著看到以「君子之道，費而隱」開頭的小節，言道極其遠大亦極其近小。下文受到此節影響，接著說

「道不遠人」；而「道不遠人」又導出接續的幾個小節說凡事應反求諸己。以上幾個小節所說的內容都與「中」相隔甚遠，看起來似乎與「中」沒有思想上的聯繫；而在「君子之道，費而隱」的前一個小節裡，曾就「中庸」談到了「遯世」。因此，儘管兩者的意思完全不同，但作者可能是由「遯世」一語聯想到「隱」（出現「中庸」一語的小節以「唯聖者能之」作結，接下來則以「君子之道，費而隱」作為新小節的開頭。朱熹之注解頗為允當：「費」應為「廣大」之義，「隱」則為「隱微」之義）。「道不遠人，人之為道而遠人，不可以為道」，雖然與道極其近小的一面相符，但如果從道極其遠大的另一面來看，此一說法儘管未必會與「雖聖人亦有所不知焉，⋯⋯雖聖人亦有所不能焉」、「語大，天下莫能載焉」，又或「及其至也，察乎天地」等文句相矛盾，而在表達方式上多少有些不同。後文出現的「忠恕違道不遠」，其中的「忠恕」應該是源自《論語・里仁》篇。《論語・里仁》篇的「忠恕」是曾子針對孔子所言「吾道一以貫之」的一貫之道所作的解釋，而此處稱忠恕「違道不遠」，與《論語》的表達方式並不相一致，這可能是因為作者受到前面「道不遠人」的「不遠」一語影響所致。接下來的「施諸己而不願，亦勿施於人」，作為忠恕的具體說明亦不甚允當（這段文句出自《論語・顏淵》篇，自不待言）。在這種意義下，「反求諸己」絕不等同於「道不遠人」。在緊隨其後的「君子之道四，丘未能一焉」所說的四件事情裡，「所求乎朋友，先施之未能也」的「施」字，應是由前面的「施諸己而不願，亦勿施於人」聯想而來，但兩者在態度上有消極與積極的不同；且「君子之道四」所說的都是彼此之間具有相對地位的事情，這點也與前者不同。

總之，以上幾個小節都是在陳述為人處事應反求諸己，而與後面的「正己而不求於人」有所呼應；但如此一來，夾在其間出現的兩個小節就讓人感到有些突兀：一節是在談庸德庸言的言行關係，另一節則是在說人應依照自己的地位而行事。談言行關係的小節裡的「有所不足，不敢不勉」，似乎能與「丘未能一焉」相呼應；但「有餘不敢盡」又推翻了這種呼應的可能性。至於言行關係，更是與其毫無關聯。而在說人應依照自己地位行事的小節裡，就不追求地位這一點來說，確實可與「不求於人」相呼應；但「素其位而行」的態度與「無入而不自得」的心境都屬於道家，不同於「正己」這種儒家式的道德努力。言「上位」、「下位」，與「素其位」有字面上的聯繫，前兩者應該是由後者聯想而來；然而，「在上位不陵下，在下位不援上」與「正己」實際上完全不同。此外，「正己而不求於人」與「無怨」的結合，讓作者聯想到了《論語．憲問》篇的文句，此處顯然就是「上不怨天，下不尤人」觀念的化用；但不怨懟外界他人的心境在道德意義上並不一定等同於「正己」。君子的「俟命」與小人的「徼幸」其實是基於同一思路，比起自身的道德責任，更在乎外界的事物。其後接著以射箭來比喻君子之行，「失諸正鵠，反求諸其身」的思路看起來與「正己」頗為接近；但此處首要的問題其實在於是否射中正鵠，因此仍舊是向外的追求。不僅如此，仔細想來，既然「正己」是和「不求於人」結合在一起，就表示其應該不是在純粹的道德意義層面來說。因為此處有一種即使自己不去主動追求，外界的事物也自會到來的想法。如此一來，「正己」與「反求諸己身」歸根究柢是同一件事情。從而，其與「無怨」、「俟命」等概念之間也就不存在齟齬。但已經遠離了闡述「忠恕」與「丘未能一焉」等論道的脈絡。接下來的「辟如行遠必自邇，辟如登高必自卑」所要說的事情也和前面幾個小節不同。「遠」與

「邇」、「高」與「卑」的相對關係也不同於「己」與「他」。綜上所述，雖然以上幾個小節之間多少有些思想上的聯繫，但從我們眼中看來其實是各種不同論述的混雜並陳。

接著是論「孝」的幾個小節及與「孝」相關聯的宗廟之祭。雖然前述的幾個小節與此一部分幾乎不存在任何聯繫，但從行文的順序來看，論「孝」應該是由「父母其順矣乎」這句話延伸而來，也似乎受到前面描述妻子兄弟和合的《詩經》引文影響。這段《詩經》引文的意思，與以射為喻的「射有似乎君子，失諸正鵠，反求諸其身」及「辟如行遠必自邇，辟如登高必自卑」之間都沒有任何關係；不過如果依鄭玄注所言，將其視作「室家之道」的話，或許可以解釋為「人道之邇卑」。然而，在儒家的基本觀念裡，「齊家」對於人的立身行事具有重要意義，且以「修身」為其基礎；因此從言「反求諸其身」而聯想到「室家之道」，視其為「卑近之事」，實在有些怪異。或許此處是將天下政治作為高遠之事，遂以這段《詩經》引文與之相對。由於這段《詩經》引文前後都是在談論人道，因此雖不言君主之政，但仍然可以認為君主之政也混雜其中而言之。但又或許如下文將漸次談到的那樣，儒者闡述伴隨不同情境之下浮現於腦海的想法，並不限於儒家的思想體系；此處也有可能是這樣的情形。以上問題暫且不論，總之，可以推測為何在「父母其順矣乎」之上要引用這段《詩經》之文。雖然由「父母」一語延伸出「孝」，但在開始論述「孝」以前卻先說起了鬼神之祭，這應該是作者將祭祀視作宗廟之孝所致。作者接著談到舜的大孝，以「宗廟饗之，子孫保之」加以佐證；而藉由「大德者必受命」，將話題從舜轉移到文王、武王，武王之所以與舜一樣得到「宗廟饗之，子孫保之」的評價，就是因為此為大孝之故。

作者接著談到周人的祖先祭祀，並由此聯想到喪祭之禮會因身分而有所不同，及於父母之喪則無貴賤之別。其後再次說到武王、周公的達孝，更轉而談及宗廟之禮於政治上的功效。其中稱文王、武王「父作之，子述之」，及武王、周公「孝者善繼人之志，善述人之事者也」的文句，與宗廟之祭完全是不同的話題。至於「序爵」、「序事」等部分的說明，更是與宗廟之禮及孝無關。這可能是因為與宗廟之禮「序昭穆」相關，所以此處才會列舉出各種使用「序」字的文句。從行文上來看，「序爵，所以辨貴賤也」、「序事，所以辨賢也」等文句的說明方式，也與「宗廟之禮，所以序昭穆也」相同。絲毫無關的「郊社之禮」之所以會在這種脈絡下也被提起，應該只是從宗廟之禮聯想而來（此處稱郊社之禮「所以事上帝」，就其遺漏了「社」這點來說，顯然是錯誤的說明；這或許是因為作者只是隨手取來「郊社」一語，並沒有多加留意的緣故）。作者以「明乎郊社之禮、禘嘗之義，治國其如示諸掌乎」來闡述祭祀於政治上的功效，而在《禮記・仲尼燕居》篇裡也可看到幾乎完全相同的文句（「明乎郊社之義、嘗禘之禮，治國其如指諸掌而已乎」）；由於作者將郊社之禮與宗廟之禮並列，因此連續出現「郊社」、「禘嘗」的這段話非常符合此處的文脈；所以應該是〈中庸〉篇借用了《禮記・仲尼燕居》篇的文句。如果真是如此，那麼「治國其如示諸掌乎」就只是隨著借用附帶而來的文句（《禮記・仲尼燕居》篇的這段話，或許是源自《論語・八佾》篇裡孔子對「禘」的說明：「或問禘之說。子曰：『不知也。知其說者之於天下也，其如示諸斯乎！』指其掌。」）。總而言之，上述各節的主題雖然看起來像是在談「孝」，但卻是順著聯想將與「孝」有關的各種事情並錄至此；因此，整體給人一種甚為雜亂的感覺。特別是在說「孝」時把孝本身跟祭祀混在一起，又或者把所有人與天子混為一談，給人的雜亂感尤為強烈。

接著是論「政」的幾個小節。首先談到為政在人，其次就「取人」說君主必須修養自身，再轉到五達道與三達德，言「知道」與「行道」各有三種等級，最後論及治理天下國家的方法與可用以治理天下國家的九經。穿插於上述內容之間出現的達道、達德，及知行的三種等級，與政治並沒有直接關係；且其所談內容是針對所有人，並非僅限定於君主，所以此處的行文脈絡亦頗為混雜。不過，掌握三達德被視為理解政治之道的基礎，因此與政治有間接關係。作者之所以就達道與達德說「所以行之者一也」、就知的三種等級說「及其知之一也」、就行的三種等級說「及其成功一也」、在九經之後說「所以行之者一也」，應該也是為了揭示出這幾段文句多少有些聯繫。此外，作者將君主的修身及兩大修身之本，即作為仁義之大者的「親親」與「尊賢」——作為九經的前三項，也使得前後相互呼應。不過，出現在一開始的「人道敏政，地道敏樹」，應該是由「其人存，則其政舉；其人亡，則其政息」的「人」聯想到「人道」；而「地道」就只是用來與「人道」相對稱。此外，作者在談作為修身方法的「修道」時說「修道以仁」；由此「仁」字推導出「仁者人也，親親為大」固然沒有問題，但其後之所以會出現與前面毫無關聯的「義者宜也，尊賢為大」，應該就只是從「仁」聯想到「義」而已。將「親親」視為「仁」之大者固然沒有問題，但將「尊賢」視為「義」之大者，作為「義」的詮釋實在是甚為牽強。此處之所以故作此解，可能是受到「取人」此一主題的影響，為了引出「義」而只好勉強比附。至於其後談「禮」的部分，也與這幾個小節毫無關係；應該也是因為前面提及「仁義」，所以聯想到「禮」。因為將仁義禮智（或者再加上「信」）並列的作法在當時已相當普遍。雖然這也有可能是漢儒相信道在「禮」中、凡事以「禮」作解的癖性所致，但這種看法與親親尊賢是「禮」之本，故「禮」出自於「仁義」的思路有些許不同。由修身遞進至事親、知人、知天，並依次將後者視為前者基礎的思路，也與前面就修身方法具體談親親尊賢的思路並不一致。不過，前面談親親尊賢的小節是為君主而說，此處或許與其不同，係針對所有人立說。談修身不言齊家（作為治國平天下之本）而說事親（不是作為修身之效，而是修身之本），推測也可能是其中的一個理由。如果真是如此，那麼可能這就是兩者之間的思路之所以不一致的原因。儘管將事親作為修身之本固然沒有問題；但將知人與知天作為事親的基礎，與其說是具體的實踐之道，毋寧更像是思想層面的概念；而與這種情況下的常見表達方式不同，值得特別注意。附帶一提，此處談「知」的三種等級的部分，在《論語．季氏》篇裡有與其幾乎完全相同的文句，因此多半是自《論語．季氏》篇擷取而來，而將原文「困而學之」的「學」改成「知」，並刪去「困而不學」。〈中庸〉篇當是整理之後的文字。

接著是說「誠」的幾個小節。此處在一開始借用《孟子．離婁》篇的文句，不過作者根據《孟子》的「誠者，天之道也，思誠者，人之道也」與「誠身有道，不明乎善，不誠乎身矣」，以新的思路做出了兩種區分：一為不勉而誠，亦即自然而然就能實現天道的聖人；一為明善而固執之以達誠，亦即努力實踐人道的一般人（此處將《孟子．離婁》篇原文的「思誠」改為「誠之」並沒有特別意義，「思誠」與「誠之」講的都是同一件事情）。緊隨其後的「博學」、「審問」、「慎思」、「明辨」、「篤行」，應該都是指一般人達到「誠」的方法（本節後面有一句在文脈裡不具作用的「雖愚必明，雖柔必強」，應該只是受前面文句影響，為使句型構成對偶而附加的）。此處所說的聖人與一般人的區別，雖與前面針對知行設立三種等級的作法有思想上的聯繫，但似乎是源自不同的思路：知行三種等級裡的「生而知之」與「安而行之」，未必具有人道與天道相對、一般人與聖人相對的意思；相對於人道而說天道，似乎受到道家思想的影響；但在知行三種等級的說法裡卻很難看到道家思想的痕跡，因此只能說兩者的思路並不相同（將人道與天道相對立的思考方法，對於孟子時代的儒家思想是難以接受的。此外，作者就「誠」與「思誠」說天道與人道時，是將「明乎善」作為獲得「誠」的必要之道；但在循序漸進談治民之本的小節裡，卻是將「明乎善」作為最後的歸結，給人一種不太協調的感覺。前者只說可通過「明乎善」得到「誠」，後者卻將「明乎善」作為一切之道的根本。《孟子．離婁》篇的「誠者，天之道也；思誠者，人之道也」雖應早於〈中庸〉篇存在，但這段話應非《孟子》的原文。關於人道與天道的對稱，請參照《道家思想及其展開》(《道家の思想とその展開》第三篇第一章)。

作者接著談到「誠」與「明」的兩種關係，將「自誠明」稱作「性」，將「自明誠」稱作「教」，這似乎是為了對照出聖人與一般人的區別：說「自誠明」為「性」，係指其自然而然，就能實現天道之誠；說「自明誠」為「教」，係指其通過明善之學問篤行、亦即人道，可以達到誠之境界。雖然前者書作「自誠明」，「誠」與「明」兩者似乎是以「明」為主，但是一來前面已說過「誠」為天道，而後文整體內容以「誠」為主；二來此處使用了「性」字，因此可以這樣解釋。誠然如此，在此一解釋脈絡下，「自明誠」固然沒有問題，但「自誠明」就不是恰當的表達方式。而如果我們將承接「自誠明」而來的「誠則明矣」，看作是為了與「自明誠」的「明則誠矣」相對稱的話，那麼，整體思想蓋是試圖闡明「誠」與「明」之間相互關係；誠如此，「自誠明」這樣的表達方式就有其意義存在。而在此一解釋脈絡下，「明」會變得比「誠」更為重要，遂與以「誠」為主的前後文脈不相和諧，同時也難以解釋為何「自誠明」被稱作「性」，而「自明誠」卻被稱作「教」。雖然前後文之間出現思想上的分歧不是甚麼稀奇的事情，但此處必須將重點放在「性」字的使用上。這樣看來，本節即是在上述的意義下寫就。如果真是如此，那麼將「誠」與「明」對稱起來的修辭技巧，反而導致意義的模糊。此外，必須注意到的是，以這種意義來使用「性」與「教」，和〈中庸〉篇首節裡「性」與「教」的用法並不一致。

接下來的部分依舊是在說「誠」。作者接著闡述「至誠」之效。首先，「至誠」之用為「盡其性」，而在「盡其性」之後能夠「盡人之性」，「盡人之性」之後能夠「盡物之性」，最後由此至「贊天地之化育」。雖然此處沒有解釋一開始「盡其性」的「其性」是何者之性，但從整體上的意義是指「至誠」之用是由人到物、進而推及天地，因此「其性」同樣是在指「人之性」，為了修辭方便以至於重複說了兩次。此外，此處說「至誠」可以贊天地之化育，而在前面的文章裡也曾提到「中和」具有這樣的作用，這點應特別留意（本節或許是化用自《孟子・盡心》篇的「盡其心者，知其性也，知其性，則知天矣。」雖然一般認為〈中庸〉篇的「盡性」一語是自《周易・說卦傳》擷取而來，但兩者就只有字面相同而已）。另外，如果將這一說法與以格物致知為「誠」之本的《禮記・大學》篇思想相比，「誠」與「物」的關係似乎是顛倒了過來；但本節是為了說明誠之功效所以才會如此行文（「盡物之性」與「格物」的意義或許並不相同，不過「格物」在作為「誠」之基礎的層面上，其實並無意義，詳細請參照下一篇〈大學的格物致知〉（〈大学の致知格物〉）。「至誠」的第二個功效是「至誠能化」。此部分的文句係自《荀子・不苟》篇擷取而來，並對原本的表達方式稍作修改。作者可能是由前一節談天地化育的內容，聯想到《荀子・不苟》篇裡將「化」作為「誠」之功效的文句，以此為基礎而寫成本節。本節開頭說「其次致曲」，並由「曲」延伸出「誠」的推演，是〈中庸〉篇的刻意安排；儘管不清楚其中的理由與意義，但從「致曲」被視作「誠」之基礎這點來看，或許是指學問篤行。不過由於本節的主旨是在說「誠」之功效，並不是要談「誠」該如何實現，而其所說的「誠」之功效也幾乎與前一節完全相同，「變則化」的「化」無疑是指向外界發揮作用，所以前一節與本節的「天下至誠」大致並沒有差異。如此說來，「其次」一語似乎就只是為了承接前段另起新段而已。「至誠」之用的第三個功效是預知禍福。儘管「至誠之道，可以前知」這樣的表達方式仍有意義不清之處，但也只能如此解釋。此處之所以會提到蓍龜，是因為以至誠之心求諸蓍龜即可得知禍福；但國家興亡必有禎祥妖孽與「至誠」有何種關係，令人費解。大概是因為這件事具有占驗的性質，所以才會從蓍龜的聯想進一步衍生至此。然而，這種將預知禍福視為「至誠」之功效的說法，並不符合從道德或政治層面所論「誠」的根本精神。

緊接在後的是「誠者物之終始，不誠無物」、「誠者非自成己而已也，所以成物也」等文句，闡述藉由「誠」始能成就事物（成物）；接著將至誠之用比喻為高明博厚的天地，但這一比喻卻在不知不覺間轉為講述天地自身之道，並滔滔不絕地說了一堆天地覆載萬物、山水出寶貨之類的事情；最後談到聖人之道的廣大，並以尊德性、問學及崇禮作為這幾個小節的收尾。除了在結尾處折回來談道德的問題並提及「中庸」一語以外，這幾個小節所闡述的內容，其實與前面談「至誠」之用及「至誠能化」的部分沒有不同。不過，其間還有諸如「成己仁也，成物知也」這種與整體主旨無關的文句穿插出現。「仁」、「知」二語的對稱，與以成己為「仁」、以成物為「知」的說法都讓人感到有些怪異；成己與成物皆源自於「誠」，又加上這種區分，兩者之間的關係依舊不明。因為根本不知曉「誠」與「仁」、「知」到底是甚麼樣的關係。接在本句之後的是「性之德也，合外內之道也。」從後半句來看，前半句似乎也與成己、成物，亦即「仁」、「知」二者有關。儘管〈中庸〉篇在前面曾將知、仁、勇作為三達德，但此處的這種說法仍給人一種不協調的感覺。大概是作者為了將「仁」與「知」強行與成己與成物相對應，才導致這種勉強的出現。總之，這些文句其實都是多餘的。作者在以天地比喻「至誠」之用後，之所以會接著說「不見而章，不動而變，無為而成」，是因為「天地」一語讓作者聯想到以「無為」為天地之用的道家思想，並進而由此帶出「天地之道」一語。因此，這段話雖然是為了轉化上述的道家思想，實際上卻不必要，反倒使思想變得更加混亂。另外，在說完天地山水之用以後，作者引用《詩經》的文句；但無論是「天之命」、還是「文王」都與此處的話題無關。「維天之命，於穆不已」或許是因為句中有出現「天」字，加上「不已」能與「至誠不息」相呼應，因此被加以引用；「於乎不顯，文王之德之純」並沒有這樣的關係，而藉由附加「純亦不已」的說明，勉強讓此句與「至誠不息」產生聯繫。在說完聖人之道的廣大以後，作者忽然談到毫無關聯的「禮儀三百，威儀三千」，這點也著實讓人難以理解。在最後談道德意義的部分裡，「問學」與「高明」一語的使用，應是為了與前面的文章相對應；之所以會提及「崇禮」，則應該是受到「禮儀」與「威儀」的影響。

接著是說明哲保身之道的二個小節。一開始先說「居上不驕，為下不倍；國有道，其言足以興，國無道，其默足以容」，其後引用《詩經》的「既明且哲，以保其身」。此處雖然應該是在說君子，但與前面文章的語氣極為不同，君子勢必「至誠」、勢必體察聖人之道；然而此處這樣的說法，卻也使得甚至能參贊天地化育的「至誠」，在國無道的情況下亦不得毀道悖天，而僅能自保其身；讓人不禁感到此前極口誇大其功效之著、並予以讚揚的努力幾乎都變得白費，就連在國有道的情況下，也只有「其言」被關注而已。接下來的「愚而好自用，賤而好自專，生乎今之世，反古之道。如此者，災及其身者也」，則告誡人們勿於當今之世行古之道，否則將導致災禍及身，這等於是讓提倡古道的儒家拋棄自己的主張。此一說法雖然是順應時勢行事的一般人的態度，不過在思想層面上必須說是取自道家。「愚」、「賤」與「古道」不同，屬於常識性的想法，置諸儒家的脈絡裡也不奇怪，然而亦契合於道家思想。而避災保身之術是道家的精神自不待言。不過，從接續在本段之後的「雖有其位，苟無其德，不敢作禮樂焉；雖有其德，苟無其位，亦不敢作禮樂焉」來看，或許作者是想表達只有具備天子之德與位者方能推行古道；但是古今之異與德位之有無，在儒家思想中是兩個不同的問題。此處之所以會提及制禮作樂，一方面因為此事為天子之責任，非天子者不得行之，於是需要避免不在其位謀其事而帶來災禍；另一方面，這也無疑反映出西漢末期就制禮作樂問題爭論不休的情形。

其後的三代之禮，應該是從制禮作樂聯想而來。三代之禮不僅無關乎保身之道，在整體脈絡上也與前後文毫無關聯。本段文字結合《論語・八佾》篇說夏殷之禮，以及將周與夏商二代相對照的兩段文句的文義稍作改動而成（《論語》原文的「宋不足徵也」之所以被〈中庸〉篇改為「有宋存焉」，或許是因為在〈中庸〉篇的成書年代，孔子為宋人的說法已廣為流傳。筆者在《左傳的思想史研究》〔〈左傳の思想史的研究〉〕第二篇第五章中已討論過這一問題。此外，如下文所提到的，《禮記・禮運》篇裡也有一個小節是改編自《論語》中此段文字）。在接下來的「王天下有三重焉」裡，「三重」究竟所指為何難以理解，其後針對「上焉者」與「下焉者」而說的內容是否與「三重」存在聯繫亦不得而知。或許這段文字是自某書擷取而來，因此單憑這些文句並無法構成意義。我們甚至可以如是推想：〈中庸〉篇之所以會擷取這段文字，很可能是因為談三代之禮的部分有「杞不足徵」一語，因此由「徵」字聯想到「雖善無徵」；之後更進一步由「雖善無徵」推導出下一節的「徵諸庶民」。但此三者之所「徵」各有不同，相同者僅在「徵」字而已。

接下來的幾個小節則是以各種方式讚揚聖人、君子、仲尼，及其所行之道，〈中庸〉篇到此宣告完結。其間或說天地化育、或說至誠、或說慎獨、或說化民，讓人想起前文所述及的各種概念。但是「質諸鬼神而無疑，知天也；百世以俟聖人而不惑，知人也」中的「知天」與「知人」，和前文針對修身所說的「知天」與「知人」是否為同一個意思，值得懷疑。此外，縱使「夫焉有所倚」確如前文所言是在暗示「中」字，此處也並非將其作為道的內容，而是作為至誠的功效來說。至於其他的局部性問題，像「仲尼祖述堯舜，憲章文武：上律天時，下襲水土」中的「天時」、「水土」，即使將其視為傳說中仲尼所說過的話，實際上也依然與仲尼毫不相關（「律天時」

作為西漢末期的儒家思想，如筆者《左傳的思想史研究》第一篇第二章所述之義，也不是不能附會到孔子身上；然而，即使在此一脈絡下，「襲水土」也完全與孔子無關，是以應該只是由「律天時」聯想而來的產物）。此外，「道並行而不相悖」係相對於「萬物並育而不相害」聯想而來，而且這句話也不像是主張特殊之道的儒家言論。此處因為將孔子之德比諸天地，受此類比影響，儒家的立場遂產生動搖。

以上將〈中庸〉篇裡思想接近或有某些聯繫的各小節各別歸為一個大段，並就大段與大段之間，以及大段之中各個小節如何加以聯結的問題加以考察。通過這一考察，可知這種聯繫其實僅是通過聯想來實現，其中甚至還有純粹字面上的聯想，並且頻頻使用基於聯想的類比手法。因為是聯想，所以有些地方自然看起來頗為牽強，這在上文的討論中已時有觸及。無論是從親親尊賢連接到「禮」，還是從贊育萬物的聖人之道轉移到禮儀三百、威儀三千，或者是從明哲保身述及制禮作樂，又或者是將預知禍福作為至誠之道的效果，都是這樣的例證。它們明顯都是被勉強結合在一起的。然而，這樣的聯結對於漢代、特別是西漢後半期的思想卻是必要的：當時的儒者們在制禮作樂問題上爭論不休，且談論禍福與占驗之風盛行於世。換言之，這些概念之所以會被勉強結合在一起，就是因為其在漢儒的思想裡具有重要地位。但從另一個角度看，所謂的看來牽強或勉強是就我們的觀點而言，對漢儒來說則或許未必如此。對處於上述時代的學者來說，這些都是很自然就會被聯想到的概念。德位兼具的天子方能制禮作樂，與「今天下，車同軌，書同文，行同倫」之間雖然看起來毫無關聯，但如果制禮作樂是發想自漢代一統天下的時代背景，那麼自負於統一的漢儒將此兩者聯想在一起，毋寧是相當自然的事情。因為「車同軌，書同文，行同倫」正可以被解釋為是在指漢代天下一統的情勢（在秦始皇的〈琅邪臺刻石〉一文中，有「器械一量，同書文字」這樣的文句，《史記・秦始皇本紀》也有「二十六年，……一法度衡石丈尺，車同軌，書同文字」的記載；雖然這兩段話是用來表達秦代天下一統的情勢，但漢代同樣也可以使用此一說法，非僅限於秦代而已。《漢書・藝文志》小學條目裡亦有「古制，書必同文」的說法，可一併作為參考）。總之，因為〈中庸〉篇像這樣通過聯想而不斷地推衍思想，因此其間並沒有統一的邏輯，當中出現彼此矛盾分歧的思想也是理所當然的結果。

這種矛盾分歧也會因其他因素而導致，從而在思想層面上將儒家的正統思想與漢代新汲取的概念加以結合，就是其一例。在上文所說的漢儒思想裡，有許多都是新汲取的概念，這類思想與原本繼承正統思想的部分產生衝突並不是甚麼稀奇的事。基於道家思想的部分與文章其他部分的不相匹配，也是同樣的情形，這在上文也已述及。〈中庸〉篇除了開篇說性、道、教的小節是基於道家思想的產物之外，其他地方也如上文所述，處處可見取自道家的思想或文句。而作者在說明「誠」的脈絡裡所揭示的「性」、「教」關係，之所以會與開篇的說法不同，大概也是因為這個理由。此外，儘管同為儒家的正統思想，也有著先秦時代的儒家通論與《孟子》、《荀子》的特殊思想；如果在毫無鋪陳的情況下被並列在一起，當然也會產生思想上的齟齬。〈中庸〉篇雖然借用了《孟子》和《荀子》的某些文句，但並沒有清楚表現出兩者的特殊思想，最多就只是在重視禮樂的部分可看出其與《荀子》學說的關係。然而，重視禮樂這件事在脈絡上並不符合由性至道再到教的思路。儘管以率性為道屬於道家的思想，但其本身或與《孟了》的思想產生某種聯繫；因此以率性為道雖然並非繼承自《孟子》的概念，但可讓人注意到《荀子》與《孟子》在思想上的不同。

此外，從前面的討論也可得知，〈中庸〉篇在行文上因使用對偶句而導致了思想的混亂，其擷取古書文句的作法也造成了不少齟齬。擷取自《論語》、《孟子》及《荀子》的部分很容易就能被判明；在無法判明的部分裡，也可能有許多文句來自其他古書。順帶一提，儘管〈中庸〉篇引用了大量孔子之言，但其中既有作者的假托，亦有取自《論語》以外古書的部分。〈中庸〉篇在多數情況下都是以「子曰」來記述孔子之言，但有些以「仲尼曰」來記述的孔子之言，或許就是照搬其引用書籍之原文的結果。另外，孔子之言與作者自身的論述也時有界線模糊的情形。例如如果將「道其不行矣夫」前面的「子曰」當作衍文，那麼這段話似乎也可以被看作是前一小節的延續。如果這段話是〈中庸〉篇作者的假託，那麼其與論述部分會有界線模糊的情形就是相當自然的事情；即使這段話是擷取自他處，其原文也很有可能是假託，與論述部分的界線同樣模糊不清，再加上我們無從得知〈中庸〉篇的作者在擷取時如何改寫或如何省略，因此確實情形無從知曉。要之，無論這段話是否孔子之言，在思想層面上都沒有任何差別。

由於〈中庸〉篇整體是以上述方式所組成，因此其中並沒有一個統一的思想，並不具備系統條例的形式。所以，即使〈中庸〉篇如上文所說的那樣，在最後的幾個小節裡出現了一些讓人想起前面所說概念的文句，也不過僅此而已，並不能以此作為全篇的結論。既然〈中庸〉篇原本就是一部不具邏輯結構的作品，沒有結論也是理所當然的事情。反之，以這幾個小節置於全篇結尾，卻能讓〈中庸〉篇在形式上得到一種結論，而這樣即作為結論的做法正反映出〈中庸〉篇究竟以何種思路所組成。

再來還必須留意到的是，〈中庸〉篇裡有許多地方的思想雖然沒有出現矛盾或混亂，卻因為過度誇張的表達方式削弱了其思想力量。其中最顯著的例子就是將「誠」之功效比諸天地，以及結尾處讚揚仲尼之德的部分。這樣的表達方式不僅絲毫無助於釐清或確定「誠」或聖人之德的意義，反而如上文所述，導致各種問題：或為說明與「誠」毫無關係的天地之道而羅列大量文字，導致讀者的思路被引入歧途；或因囿於表達方式的牽制，失去儒家主張既定之道的立場。中國人的痼癖也在此顯露無遺：喜歡使用誇張的表達方式、重視詞彙甚於思想且樂於擺弄詞藻、為了修辭上的需要不惜造成思想的混亂。就「中和」與「至誠」、以及說天地化育的部分，也有同樣問題。人以其行為參與宇宙作用的觀點，在某些思路下確實有其意義；但〈中庸〉篇未就實踐層面談如何參與宇宙的作用，而僅有抽象的說明，因此純粹就只是一種誇張的表達方式而已。單從本文所述及的部分也可以看到，這種誇張在文中大多時候以類比來表達。這種論述當然多少受到時代背景的影響：當時陰陽說與時令說盛行，要求帝王調和陰陽並歸正日月星辰之運行。但是，這一學說乃是針對帝王。既然此文未必僅限於此，是以與前者有別而另有思考。由於〈中庸〉篇在整體上是把治理天下國家之道與個人修身之道混雜而談，因此如上文所一再提及的，有時會有分不清是針對所有人，還是單就君主而說的情形。其中固然有些部分是來自漢代儒家的思想，例如視修身為治國平天下之本，又或者認為作為完人之聖人具備帝王的素質；但由於「中和」及「至誠」只能認為是與政治無關之眾人的德，因此以「中和」及「至誠」之德參贊天地化育，與帝王事業自然就是兩碼事。如果一般人的行為能夠參與宇宙作用，那麼在實踐上首先應該要考慮到如何參與人類生活或社會生活；而〈中庸〉篇對這部分的內容卻隻字未提，突然就說參與天地化育，可見這裡只是在以極度誇張的方式說明「中和」及「至誠」的德性之大而已。

〈中庸〉篇在開頭的「中和」與結尾的「至誠」論述天地萬物之化育時，反覆使用的「天下」一語似乎具有中介橋樑的作用，但這多半也只是一種誇張的表達方式而已。〈中庸〉篇有一種不管談甚麼都要用到「天下」之癖，像「天下之人」，「天下之顯名」裡的「天下」為「廣大世界」之義，還算是有意義的表達方式；但是像「天下之達道」、「天下之達德」裡的「天下」，都只是為了形容「達道」、「達德」的廣大；可是「達」字作為「道」與「德」的形容已足夠，實無必要再加上「天下」一語，甚至可以說表示廣大的「天下」在這裡並不是一個恰當的形容詞。至於「天下至誠」這樣的說法幾乎沒有任何意義。「至誠」能經綸「天下之大經」、立「天下之大本」的說法，由於是針對成就天下事的聖人或帝王而說，因此這裡的「天下」有其意義存在；但將「天下」一語加在針對所有人而說的「至誠」之上，則完全是另一回事。「喜怒哀樂之未發，謂之中；發而皆中節，謂之和」同樣是針對所有人而說，而此處的「中」與「和」之所以被分別稱為「天下之大本」與「天下之達道」，也是一樣情形。要之，就只是一種誇張的表達方式而已。尤其這樣反覆使用「天下」一語的結果，就是讀者受其影響，以為「天下」一語具有重大的意義；但仔細一想就會發現「天下」僅僅是一個詞彙。〈中庸〉篇這種喜歡使用「天下」一語的傾向，應與儒家之道是治天下之術有一定關係，也因為修身之道與政治之術被混雜在一起思考；而將針對所有人的修身之道說成與政治之術有關，雖然在表達方式上是誇張了些，但並沒有甚麼大錯誤。如果從人類生活就是集體生活，個人所作所為就與集團和社會的整體產生關聯的角度來看，修身之道會關乎天下是理所當然的事情。但中國人卻並非如此：因為只有帝王之治能對天下發揮影響，所以在個人修身之道的層面上談天下，於實踐上並沒有任何意義。儘管如此，〈中庸〉篇之所以會說「天下至誠」，就只是因為喜歡這種表達方式。始於說性，言修己內省、以教至誠的〈中庸〉篇，不管談甚麼都要用到「天下」一語，「至誠」之所以會被冠上「天下」應該也是基於這個原因（「天下」之語的使用並非只有〈中庸〉篇，而意義則幾乎都相同）。

然而，如果將「天下」一語看作是相對於「內」的「外」，或相對於「己」的「他」，就會出現另一種不同的意義。如上文所述，〈中庸〉篇諸事混雜並陳，既無組織亦無體系，從一開始就不具邏輯上的統一性，但是，有四項最引人注意的特點。第一是非常在意名利的追求。這點在上文亦曾述及，例如「無怨」或「俟命」都體現了這一特點；談到舜與武王之孝時，在說其「尊為天子，富有四海之內」的同時，或說「大德必得其位，必得其祿，必得其名，必得其壽」，或說「身不失天下之顯名」；此外，在說君子之道時有「有譽於天下」這樣的文句；在讚揚仲尼時則說「聲名洋溢乎中國」。在談至誠之效時聯想到禍福，就其向外追求這點來說，也是同樣精神的體現，看起來也不像是在講道；明哲保身以避災害儘管偏向消極，歸根究柢也是出於同樣的態度，且其中也有道家思想的精神。〈中庸〉篇始於說性，時而談喜怒哀樂未發之中，又言正己求己，又說至誠、講內省，其中心思想似乎是在探討治心之道；實際上卻非常關注名利事功的追求。〈中庸〉篇之所以喜用「天下」一語，可能也有這一層意思。這也反映出漢代的時代背景：儒學成為官學，使儒者獲得了晉身仕途的資格，因此眾人為追求名利榮達，爭相投入儒學門下。

〈中庸〉篇的第二項特點是對天人關係的討論。談「性」的部分自不待言，說「誠」的部分亦是如此；「人道」與「天道」、「知人」與「知天」的並列同樣是基於此一脈絡。說天地化育的部分當然也有這一層意思，而且在討論天人關係時，還摻進了道家思想。此外，那些談論禎祥妖孽與禍福的部分，從某種角度來說也是在談天人關係。當時陰陽說、五行說與時令說為儒家所吸收，災異之說盛行而《易》學受到重視；〈中庸〉篇作為這一時代的著作，會有這些思想出現不足為奇。〈中庸〉篇的第三項特點是對「禮」的重視，第四項特點則是對政治與君主之道的宣講；而在論「禮」時也經常涉及帶有政治意義的帝王儀禮。例如在談「孝」時列舉出武王與周公；說知、仁、勇時也在最後將此三者視為治理天下國家之道；講「禮」時亦提到郊社禘嘗。從〈中庸〉篇強行將「天下」一語加在「中」或「誠」上面這點來看，縱使這是一種表達上的誇張手法，但在思想層面上，不可否認就是想把政治性意義賦予每一件事。如果非得要指出某種充斥於整部〈中庸〉篇的概念，無疑那就是這種政治性意義。作為試圖獲取地位、追逐勢利而將政治問題擺在第一位的漢儒著述，〈中庸〉篇也自然充滿了政治性意義。西漢儒學就是政治之學，禮樂之說的流行也是職此之故。〈中庸〉篇開頭的「性」與「道」，最終也是為了「教」而說；不要忘記教既是「帝王之教」，也是政治概念。筆者在《道家思想及其展開》第五篇第一章裡曾經談到，「率性之謂道」的解釋是道家思想，且《淮南子・齊俗訓》裡有幾乎相同的文句，因此是〈中庸〉篇擷取了的文句，而〈中庸〉篇據此說「教」的部分則體現了儒學的特殊立場。這一儒家的「教」就是政治意義上的概念。以上四項特點作為漢代儒家思想都非常重要，而在〈中庸〉篇裡也得到展示。

不過，以上所舉的四點只是因為較為顯眼而已，並不是說〈中庸〉篇的思想可以概括為此四點，更不是試圖以此構成一個系統。上文所說的「某種充斥於整部〈中庸〉篇的概念」，只是指〈中庸〉篇裡諸多思想的共同之處而已。如上文所言，〈中庸〉篇在整體上毫無連貫性，且內容甚為雜亂。〈中庸〉篇不僅用了幾乎可以構成一個大段的數小節篇幅，以講述各種不同意義的「中」與「中庸」，其後更不時提起此二者。從這點來看，必須承認「中」與「中庸」在〈中庸〉篇思想裡具有重要地位，但是當然並不是主要的概念，更說不上是貫穿全篇的主題。總的說來，就只是構成〈中庸〉篇的一部分而已。開篇說性、道、教的小節也與「中」或「中庸」的概念毫無關係。因此，即使〈中庸〉篇以「中庸」作為篇名，也不得不說這並沒有甚麼特別的意義。後世注釋家之所以受此篇名影響，認定整篇作品就是在說中庸之道，見到「道」字則稱其為「中庸之道」並強作解釋，實肇因於未能理解漢儒的想法與著述方式。不過，僅從上文的討論也足以窺知，〈中庸〉篇應是西漢後半期的著作；而過去的學者則深信其為子思所作，因此他們以這樣的角度來進行解釋倒也不足為奇。此外，關於篇名不一定反映篇中之內容的問題，這將在下一章進行討論。

另外，還有一種看法認為〈中庸〉篇是由兩部分所構成：一為原本就有的部分，一為後人添加的部分。這種看法大概是基於以下兩個理由：一是認為〈中庸〉篇原本是一部具有系統性思想的作品；一是相信〈中庸〉篇係子思所作的舊說。如果〈中庸〉篇原本是一部有系統性的作品，又或者是子思所作，那麼就必須為其事實上不成系統的現狀、以及出現只能認為是子思之後的思想部分的理由加以解釋，於是自然就形成上述看法。然而，如下文所言，像這種各種思想混雜於一篇出現的情形，並不僅限於〈中庸〉篇，被收錄《禮記》的各篇幾乎都有同樣的情形；因此，第一個理由自然消失殆盡。如果第一個理由不存在，那也就沒有理由要把明顯含有漢代思想的〈中庸〉篇視為子思之作。從而，〈中庸〉篇由兩部分所構成的看法並不成立。在原有的書籍上進行添補、或改寫其中部分內容，對漢儒來說本就是家常便飯；因此〈中庸〉篇或許也是如此，只是我們很難找到具體的證明。然而更準確地來說，並沒有必須如此理解的理由。因為基本可以說，如果從中去除漢代的思想，那麼整部〈中庸〉篇幾乎所剩無幾（關於〈中庸〉篇成書於漢代一事，筆者在《道家思想及其展開》第五篇第一章等諸多文章裡已有論及）。

子思學派 *

重澤俊郎

* 譯案：原文為重澤俊郎：《原始儒家思想與經學》（《原始儒家思想と経学》，東京：岩波書店，1949 年），第一部分〈原始儒家思想〉第三章「七十子後學」之「子思學派」相關內容。

子思作〈中庸〉，自《史記・孔子世家》以來即為通論。〈漢志〉收《子思》二十三篇，[1] 隋唐諸〈志〉皆載《子思子》七卷，[2]《郡齋讀書志》亦著錄有《子思子》七卷，由是可知是書至宋時猶存。然王應麟所言：「今有一卷，乃取諸《孔叢子》，非本書也」，應是指汪晫所輯一卷本，因此可見《子思子》至南宋時已成稀覯之物。《禮記》之〈中庸〉篇、〈表記〉篇、〈坊記〉篇、〈緇衣〉篇等四篇皆取自《子思子》之說，始見於梁人沈約，[3] 其後為黃以周所確認，今無必要重加考證。黃以周於《禮記》四篇之外，另加〈累德〉篇一條斷簡，謂之內篇；並輯佚文與其他疑似之文而成外篇，意在恢復《子思子》舊貌。今據此得以從綜合性角度窺知子思及其後學思想，而該書諸篇之中，最應為思想史所重視者，自以〈中庸〉一篇為首。

除司馬遷以為子思作〈中庸〉之外，《孔叢子》在述及子思於宋遭樂朔圍困一事時，也有如下文句：

> 子思既免，曰：「文王困於牖里，作《周易》，祖君屈於陳蔡，作《春秋》，吾困於宋，可無作乎？」於是撰〈中庸〉之書四十九篇。

1　譯案：原文誤作「三十三」，徑改。
2　〈舊唐志〉作「子思子八卷」。
3　《隋書・音樂志》。

然此一說法自然不能據信為事實。眾所皆知，自朱熹以其獨特之識見著《中庸章句》，又刪定石𡼖之《中庸集解》作《中庸輯略》以來，〈中庸〉已被認為以一經十傳的脈絡貫通其中。然則誠如前人所指出，〈中庸〉在成書上當別為兩部分。〈漢志・六藝略〉載有〈中庸說〉二篇，顏師古注曰：

> 今《禮記》中有〈中庸〉一篇，亦非本《禮經》，蓋此之流。

顏師古此一注解，可謂既已提出〈中庸〉在文獻學上之基本問題。宋人王柏亦著眼於此，提倡〈中庸〉二分論。其大要為將全書分成以「行」為主、說「修道」部分，與以「知」為主、說「明誠」部分。以此觀〈中庸〉，可達「分限嚴而不雜，塗轍一而不差」之效。王禕則以王柏說為依據，進一步展開，並作如下判定：

> 今宜因朱子所定，以第一章至第二十章為上篇，以第二十一章至第三十三章為下篇。上篇以「中庸」為綱領。其下諸章，推言「智仁勇」，皆以明中庸之義也。下篇以「誠明」為綱領，其後諸章詳言天道、人道，皆以著誠明之道也。

此見解將其立論基礎置於「中庸」與「誠」各自作為上下篇之中心思想而截然對置的事實，甚為合理，與今日定論大體一致。伊藤維楨於〈中庸〉一書的構成也夙抱疑義，遂贊同王柏及陳善的說法；謂第十六、第二十與第二十四諸章或為長文而不類他章、或言及鬼神禎祥，有其所以而皆屬可疑，而謂

「〈中庸〉一書，為漢儒所誤者亦居多」。伊藤之考論至今仍不失其價值。而尤能展現其卓見的，是他在一開始即對〈中庸〉第一章提出疑義。伊藤曰：

> 首章自「喜怒哀樂」至「萬物育焉」四十七字本非〈中庸〉之本文，蓋古《樂經》之脫簡誤攙入於〈中庸〉書中耳。何以言之？其說非止叛於《六經》、《語》、《孟》，推之於一書之中，又自相矛盾。（中略）今發十證而明之。

其後，伊藤先論其何以悖於《六經》、《語》、《孟》，列舉文中言「喜怒哀樂之未發」者五事為例；又舉書中五處內容自相矛盾者：一、此書以「中庸」名篇，而首章則論「中和」；二、「中」字於後章[4]皆為「已發」之義；三、「和」字不見於子思之言；四、此章與後章所述天下達道內容不合；五、此章將「大本」與「達道」並稱，後章則單言「大本」。而「喜怒哀樂」四字與「中和」連言之例僅見於〈樂記〉，據此可以推出結論謂此篇實為《樂經》之斷簡。[5] 伊藤此論至今大體仍可肯定。但是必若捨棄將〈中庸〉作者歸於子思的根本立場，則〈中庸〉包含《六經》、《語》、《孟》未有之思想內容，可視為思想自然發展而接受；而其與〈樂記〉中所見部分思想上的一致，若視為兩者所具共同的精神背景，則二文當各自獨立而並存。因此，必謂〈中庸〉首章四十七字為《樂經》之脫簡，理由稍欠薄弱。今日學界對〈中庸〉一書劃分已有定論：第二章至第

4　案：指今所謂〈中庸〉古經。

5　《中庸發揮》。

十九章（第十六章除外）以「中庸」為中心觀念，為〈中庸〉古經；其他各章、亦即第一章、第十六章，以及第二十章以下以「誠」為中心思想，為〈中庸〉新經。兩者在成書時代上有先後之分，〈中庸〉古經縱非子思之作，也應為其相近時代的作品。據〈中庸〉新經第二十八章「車同軌，書同文」等文句，〈中庸〉新經應出自秦始皇統一天下後、子思後學之手。〈中庸〉新經作者將第一章冠於〈中庸〉古經之前，並將第二十章以下部分接在〈中庸〉古經之後，以自己立場涵攝〈中庸〉古經。是書之作者試圖建立起首尾一貫的思想體系，而此書之構成即據此意圖而成者，此殆無疑義。由於這番結合甚為巧妙，致使古來眾多學者皆深信〈中庸〉為首尾一貫之著述；而實際上該書由在思想史上有相當距離的兩部分所組成。

〈中庸〉古經之思想特徵可舉二事，第一是中庸主義，第二則是對孝道的特殊解釋。首先，中庸主義為此書中心觀念，文中反覆主張，其開篇即〈中庸〉古經開篇第二章云：[6]

> 君子中庸，小人反中庸。

「中庸」一語出自《論語》:「子曰 :『中庸之為德也，其至矣乎，民鮮久矣。』」〈中庸〉古經第三章即直接引用《論語》這段文字。此處將「中」解為「不偏不倚、無過不及」，將「庸」釋為「平常之道」，故〈中庸〉古經之思想必定是由孔子的中庸論發展而來，而以之為最高道德準則，即人們作為常道居常執持而無所過差的道，可謂之不偏不倚的原則。但必須特別留意的是，無論是「中」、抑或「不偏不倚」、或是「無過不及」，

6 方便起見，本文皆依朱子《中庸章句》，以下同。

皆非算術概念的平均，而是應時應地之美的和諧狀態。〈中庸〉古經作者稱舜有大知，求諸其理由，則為：

隱惡而揚善，執其兩端，用其中於民。

證明所謂「中」是以美的和諧為內容的最高境界。若「中」僅是算術概念的平均，則這一認知就未必俟聖人然後可能，遂無從被賦予「爵祿可辭也，白刃可蹈也，中庸不可能也」如此高度的規範價值。故此，中道雖或有形式上的極端位置，內容價值上則與時、境相應而居於最高位。美的和諧正為此意。從而，「中」絕非一種固定形式，而必須隨時適應周圍條件來決定其節度，其具體內容依據情形而定。〈中庸〉古經作者說「強」、亦即「勇」有兩種，其貶抑「衽金革，死而不厭」的北方之強，而以「寬柔以教，不報無道」、採取不抵抗主義與文化主義的南方之強為君子之行，此說值得矚目。因此處正是中道的一種具體型態展示之故，而「中」既是如此之物，危險也接踵而至：若「中」失去所以維繫的主體精神，則將淪為極低級的順應主義而喪失其倫理特徵。判斷美的和諧之所在的能力絕非唾手可得。其所以警告「人皆曰予知，擇乎中庸而不能期月守也」，原因就在於此。

如同「仁」既是道德的基礎，同時也是道德的總和；「中」同樣也具有兩種特徵，即如下所言：

君子之道費而隱。夫婦之愚可以與知焉，及其至也，雖聖人亦有所不知焉。夫婦之不肖可以能行焉，及其至也，雖聖人亦有所不能焉。

所謂夫婦之愚之所能雖聖人亦有所不能，是二者絕非同一水平的「中」。此外，「中」之內容與「仁」相同，不離乎人的自然感情。此可由下文表明：

> 道不遠人。人之為道而遠人，不可以為道。故君子以人治人，改而止。

是以，具體來說，「中」由「孝」推導而來。〈中庸〉古經之所以在結尾幾章言及舜與文武之大孝，正是為揭示「中」與「孝」之間的必然關係。問題是〈中庸〉古經在此並未使用「仁」或「孝」等內容性概念，而是超越內容性具體屬性，將其抽象為「中」的原理性概念。〈中庸〉古經這一思想立場頗值得注目。即〈中庸〉古經的最大意義在於承認美的和諧性具有最高的倫理價值，而將其奉為道德極致。

下文進入關於孝道的特殊解釋。毋庸多論，「孝」自孔子以來即作為基本道德，十分重要。〈中庸〉古經自第十七章開始專文闡釋「孝」。首先論舜之大孝，稱其具有如下特徵：

> 德為聖人，尊為天子，富有四海之內。宗廟饗之，子孫保之。

武王之大孝與舜之大孝完全相同。生前享有道德名譽財富而死後亦受祀不絕，皆是構成「孝」的內容不可或缺的元素。此處〈中庸〉古經的「孝」並未囿於家庭內部的善事雙親，而是廣及社會規模層面的思考。作為德行升華之後的必然結果，擁有世俗地位名譽，自然是一種「孝」的社會性擴張；而由此確立起使其家綿延不絕的經濟與精神基礎而成為「孝」的重要條件，同樣也可謂「孝」的社會性擴張。蓋因「孝」雖始自於家庭內之倫理，但其窮極終焉則是社會上的飛黃騰達。第十八章有如下文句：

> 父為大夫，子為士；葬以大夫，祭以士。父為士，子為大夫；葬以士，祭以大夫。

祖先之葬祭在孝德實踐上所具重要意義，固已無須多言。其禮究竟應按照父親還是兒子的地位來抉擇？當此疑問之際，如上文所見，〈中庸〉作者主張：葬禮應遵從能顯示父親地位之禮，祭祀則遵從能顯示兒子地位之禮。葬禮只是一次性行施的禮儀，而祭祀則須反覆踐行；故此，祭祀應當使用與兒子地位相稱之禮，這是因為可使兒子所具社會名譽反映在祖先的待遇上，而必須要求兩者相一致。若子孫獲得道德上的榮譽，即可直接通過祭祀之禮提升祖先名譽；若子孫衰敗，其恥辱也將隨祭祀持續而波及祖先。這可以說是一種將「孝」的範圍極度擴大的思想：不僅在空間上將「孝」由家庭擴大至社會，在時間上也將「孝」的領域擴張至無限的範圍。但這種思想並非是一種虛無的出人頭地主義，因為在道德秩序支配的社會中，有德者自然能享有與之相應的地位名譽，以及隨之而來的經濟收入，因此唯有與世俗的出人頭地主義完全隔絕的德性涵養本身，才能獲得這一結果而實現孝道。反過來說，自我德性涵養、社會榮譽與彰顯祖先三者只有在一個道德性秩序世界裡，才有可能無矛盾地一體化實現；如果不建立這樣三位一體的關係，「孝」就無法成為真正意義上的道德基礎。此因由於孝道之踐行致使失去名譽及導致經濟的困苦，非但邏輯上矛盾，至多也只能是一種例外。具有如此宏大視野的「孝」的思想，在

〈中庸〉以前仍未脫潛在觀念的範疇；而當此思想一旦展露之後，不久就如在《曾子》中所看到的，朝向提升至宇宙原理的方向踏出第一步。要之，〈中庸〉對「孝」的特殊解釋在於，「孝」並非僅限於生存著的人世間，而是廣及與子孫、與祖先的關係，並與「家」的觀念相結合。

頻繁出現於〈中庸〉古經的中心觀念「中庸」，在〈中庸〉新經中卻忽然蹤影不見，而代之以「誠」的出現。使人明顯感到〈中庸〉新經的中心問題已由「中庸」轉移到「誠」。事實上，〈中庸〉新經第二十章以下的各章裡，「誠」字無處不見。首先第二十章有云：

> 誠者，天之道也。

由此可知，〈中庸〉新經的基本立場是：人心之「誠」、亦即真實無妄的道德極致乃是人的本質，由此可通達天道。而若「誠」可得天道、即宇宙原理，可謂實現了人性解釋上的一大飛躍，並為性善論提供了新的哲學根據。

由於人的本性與宇宙原理一致，因此只要人不失其本質，就能自明萬物之理。所謂聖人正是達此境地者，聖人無需有意識地思考就能明其理，而能居善遠惡。聖人與理並無二致。凡人由於後天的理由而無法正確保持天賦本質，所以必須通過學習、訴諸明理的經驗手段來恢復「誠」。學問修德、亦即廣義的教育之必須存在的原因即在於此。〈中庸〉新經作者以下所說，正為此意：

> 自誠明，謂之性；自明誠，謂之教。誠則明矣，

> **明則誠矣。誠之者，人之道也。擇善而固執之者也。**[7]

第一章開頭所說「天命之謂性，率性之謂道，修道之謂教」，所要表達的也是同樣意思。「性」由天所命，即意謂著「性」與「天理」的同一性，因此人道遂率性而行，而所有的教育皆歸結於此。若「性」即「天理」，則「理」就是宗教上所謂「神」；因此，謂〈中庸〉新經的思想在哲學上是一種泛神論亦無不可。是故，〈中庸〉新經亦云：

> **至誠如神。**

由於〈中庸〉新經以「誠」為宇宙原理，因此「誠」不但不待其他原理即可存在，更是萬物存在的根本原理：

> **誠者自成也，而道自道也。誠者物之終始，不誠無物。**

以上這段話即由此而來。「誠」是自我形成的原理，同時也是萬物形成的原理。由此認識出發，〈中庸〉以前者為「仁之德」，以後者為「知之德」，試圖從「一之誠」、亦即人性之中導出「仁知」。「誠」具有生成發展永無止息的性質，故擁有悠久的生命力。若仁知之根源存在於此，即可永遠確保道德的正當性。「誠」又遍布宇宙，故其屬性得以博厚高明。「誠」一方面不受時間與空間等任何種類限制，一方面又不離萬物亦

7　譯案：此段引文混合第二十與第二十一章文句，且將第二十一章置於第二十章文句之前，謹此說明。

不存於現象之外，作為原理而內在於所有存在之中。「誠」之所以被比喻為可覆載天地萬物而有生生不息之功的理由，即在於此。

〈中庸〉古經裡被稱作「美的和諧性」的「中」，在〈中庸〉新經裡被視為一種形而上學的概念：

> 喜怒哀樂之未發，謂之中；發而皆中節，謂之和。中也者，天下之大本也；和也者，天下之達道也。

喜怒哀樂既為「情」，作為「情」之未發的「中」顯然就是指「性」。而〈中庸〉新經中的「性」即是「天命」，是以「中」也必定是宇宙原理。「天下之大本」正是這個意思。而作為「中」之正確發動形式的「和」，所以能為天下之達道，當然也是從「中」之義推導而出。儘管〈中庸〉新經在其他章節裡皆未論及「中」，唯獨於此章談到「中和」，這應是為發展與融合〈中庸〉古經的「中」之概念，以求其整體統一性所致。

〈中庸〉新經所特有的「誠」之思想，其萌芽已見於《孟子》[8]中：

> 是故誠者，天之道也；思誠者，人之道也。至誠而不動者未之有也；不誠未有能動者也。

〈中庸〉第二十章幾乎原封不動地引用了這段話。雖然〈中庸〉的思想毫無疑問以此為基礎而展開，但《孟子》中的「誠」尚

8 〈離婁〉篇。

未具有形而上之基礎，同時也未發展出以「誠」為中心的完整思想體系。〈中庸〉新經之所以能在《孟子》之後的百年間，在儒家思想中發展出空前的形而上學，應是與曾子後學一樣受道家思想影響所致。另一方面，隨著該思想的逐漸增強，實踐性儒家思想遂不得不認識到理論之薄弱。《孟子》雖極力主張性善，但僅止於可知的經驗世界，並未闡明「性」本身，亦即「性」的本體究竟為何，僅能通過「性」所外發之「情」來間接認識。未能直接就「性」本身展開理論分析一事，當然就成為《孟子》的一大限制。隨著形而上學的倍受關注，確實成為一大弱點。若採取〈中庸〉的立場，將「性」視作「天命」、亦即喜怒哀樂之前的狀態，這一問題則在純學理上一舉得到解決。〈中庸〉首章的「中和」之說，即說明「性」與「情」的應有狀態；更指出「中」與「和」之所以分別是「天下之大本」與「天下之達道」，是因為宇宙原理及其活動形式分別與人之「性」、「情」相一致。是以，人的本質存在與宇宙無異，而作為人之極致的聖人遂獲得參贊於宇宙化育的能力，天人一致的理論即於此宣告完成。〈中庸〉以下文表達此事：

致中和，天地位焉，萬物育焉。

漢代以後的儒家之所持人體小宇宙論及倡天人相關說者，其理論根據蓋因〈中庸〉始得以具備。

〈中庸〉篇的成書 *

板野長八

* 譯案：原文刊於《廣島大學文學部紀要》第 22 卷第 2 號（1963 年）；後收錄於氏著：《儒教成立史之研究》（《儒教成立史の研究》，東京：岩波書店，1995 年）第七章。

序言

〈中庸〉篇樹立起其權威地位，與其說是因為作為《禮記》中的一個篇章，毋寧說是因為作為四書之一的〈中庸〉。這裡要討論的是，作為《禮記》中一篇的〈中庸〉篇的內容，以及其形成的過程。〈中庸〉篇是眾所周知的古典文獻，毋庸筆者再作說明。儘管從鄭注以來，有為數眾多的注解，但是總是為一些固定觀念所糾纏。筆者認為，必須將〈中庸〉篇從這些觀念中解放出來以還其舊貌，重新加以解讀。為方便討論起見，本文概觀部分從朱子《章句》的分章之說。

一、〈中庸〉篇的概觀

（一）第一章

所謂「天命之謂性」意謂：人在出生之際即由上天所命定，也就是由上天所賦予之物，稱之為「性」。此處既然沒有任何限定，那麼上天所賦予素質的全部都可謂之「性」。下文「率性之謂道」是問題所在，鄭玄、朱子等許多人都將「率」解釋為「循」。將「率」解釋成「循」，「率性」就意味著因循上天所賦予的天性；那麼，如何解釋因循之即「之謂道」？鄭玄說：「循性行之，是謂道」；而朱子則說：「人物各循其性之自然，則其日用事物之間，莫不各有當行之路，是則所謂道也」。由此看來，他們認為人道應當準於性之自然。因此，「道」循順著「性」而行；既然「道」原本是絕對的，因此「道」所應遵循的「性」無疑也必須是絕對的。且此「性」是上天所賦予素質的全體，那麼，人所具備上天賦予的如實樣態，即與生俱來的自然而然的樣態也是絕對的。這一情形僅適用於孟子所言堯舜一樣的聖人，「堯舜，性之也」（〈盡心上〉）、「堯舜，性者也」（〈盡心下〉）；因此後天修養與聖人教化也就沒有必要了。這種看法非但不同尋常，也不容於鼓吹教化的儒家觀點，特別是朱子在下文「修道之謂教」的注解中說，「修品節之也，性道雖同而氣稟或異，故不能無過不及之差。聖人因人物之所當行者而品節之，以為法於天下，則謂之教，若禮樂刑政之屬是也」，更在齊一等同的性與道之外，設定了因人而異的氣稟之物。這是對於「道」所應依循的絕對的性，以及對於具備品節與教化能力的人所做的說明。但是，氣稟論是朱子式的組織《呂氏春秋》、《韓詩外傳》等區別「情」與「性」與思考的結果，不得視為直接脫胎於〈中庸〉篇。

大體而言，相信天是絕對、天生萬物且統御萬物，從而相信天是人的根本，同時也是使人如此的原理，也就是認為天是價值的根源，同時也是價值的基準。因此，賦予「性」，即天所賦予之物以價值上的崇高地位，也就理所當然。但是這其中，在人的行為並及人之後天性所具的價值得以認可，而自覺於與天相對的、人的道德之際，雖然謂其乃天之所命者，卻不能視其為絕對而與天本身相等同。並且，在將天視為具有絕對性的這一點上，即使自覺於人的道德性，也不能忽略天所賦予之物在價值上的重要性。換言之，必須承認天所賦予之物某種意義上的價值，同時卻也不能視其為絕對。那麼，像鄭玄或朱熹那樣，認為「性」是人所應踐行之道，即對人而言是作為應當依據的絕對的「道」，勢必或如朱子在性之外另設氣稟之說；或如鄭玄等閒視之而不另作解釋，遂不能認可人為規定的、依據禮的後天修養和教化的價值，這對〈中庸〉篇等儒家而言，必然是致命的。要之，鄭玄之說矛盾而朱子之說不合道理。

反之，道家則視天所賦予者、或者「性」為絕對，特別是莊子一派主張，那也就是所謂的「保性全真」。這一主張本身排除了人為造作——以聖人之教為其終極，而主張無為；是從內部對前所述情形加以說明。舉例言之，《淮南子・齊俗訓》云：「率性而行謂之道，得其天性謂之德，性失然後貴仁，道失然後貴義，是故仁義立而道德遷矣，禮義飾則純樸散矣」，此處「率性而行謂之道」與前揭問題焦點的「率性之謂道」幾乎一模一樣。這裡的「率」就是「循」的意思，這作為莊子一派的主張誠然極為自然。對於道家而言，「道」的地位在「性」之上，「道」是萬物的根本。然而，人合於道的方式原本就是無為，也就是「因」（因循）。換句話說，「因」於萬物者就是無為，自然這就是因循萬物之「性」。那麼，「率」、「循」與「因」就是同義，更無須贅言。因此，《淮南子》「率性而行謂之道」明確表明要因循作為無為的道。

既然〈中庸〉篇「率性之謂道」與上文所言「率性而行謂之道」幾乎全然一致，那麼，僅僅單獨來看這句話，並不能說鄭玄或朱子將「率」解釋為「循」是錯誤的。但是，這樣一來，儒家的教義就被道家，尤其莊子一派道家的教義遮蔽了。不但如此，〈中庸〉篇的旨趣也必然要深陷矛盾之中。因此，〈中庸〉作者作出上述主張、即以「循」來解釋「率性之謂道」的「率」，說到底是無法令人接受的。

與上述相關的問題是，「喜怒哀樂之未發謂之中，發而皆中節謂之和」的「未發」之「中」。此文下接「中也者，天下之大本也，和也者，天下之達道也。致中和，天地位焉，萬物育焉。」朱子解釋未發之「中」，認為因其是喜怒哀樂之情尚未觸動發作，所以就是「性」；且慮及「性」無所偏倚，遂謂這就是「中」。謂喜怒哀樂，即「情」之尚未觸動發作，所以是「性」，固然有理；對朱子而言，性理應是理。即使如此，這一說法也不可接受。就其原因，是因為就「發而皆中節謂之和」而言，有所謂「發而皆中節」者，也有未必如此者。在「未發之中」，即「性」之中，有未必中節而有所偏倚之「情」。正是如此，才力求應當皆中節。因此，不能將未發之中解釋成為「理」之「性」，或無所偏倚之義。這一未發之中所指為尚未觸動而發於外、內在其中意味上的「中」。如鄭注所言，「中」之所以能為天下之大本，因其蘊含喜怒哀樂而為禮之所由生，政教也自此出之故。而「和」者，毋庸贅言，指藉由中於喜怒哀樂之節所致者，也就是中正、合於道者。是以，認為和者為天下之達道。這一「致中和」指由於人將天所賦予之素質的「性」合於道而充實之，遂使得個體正常且充實，成為聖人、達至於聖人之德，遂使得所有存在正常且充實。

既然「性」之中也蘊含未必中節的情，那麼，就必須使「性」中於節度。更因人必須致力於須臾不離於「道」，由此更可明確「率性之謂道」的「率」不能解釋為「循」。本來，「率」除「循」之義以外，還有「帥」、即「統帥、引領」之義。例如，王充《論衡・率性》篇云：「論人之性，定有善有惡。其善者，固自善矣，其惡者，故可教告率勉，使之為善。凡人君父審觀君子之性，善則養育勸率，無令近惡，近惡則輔保禁防，令漸於善，善漸於惡，惡化於善，成為性行」，又云：「夫人之質猶鄰田，道教猶漳水也，患不能化，不患人性之難率也。」這裡的「率」顯然就是「帥」的意思。因此，或許不必拘泥於鄭玄或朱子之說。如果將「率」解為「帥」，那麼，「率性之謂道」就是由「道」而非「性」來引領「性」之義，而下文「修道之謂教」毋增他釋，也不致矛盾，可以很自然地理解。「道也者，不可須臾離也云云」之義也更為顯豁，與未發之中以下文字一以貫之。這樣闡述道德的可能性、教化的必要性與修養的方法，以及三者之效果，作為論述儒家教義的〈中庸〉篇首章，著實恰如其分。

再者，筆者曾指出，像這種文字形式極其相似，而內容則是儒家與莊子一系道家相互對立的例子，還有《禮記·大學》篇和《淮南子·詮言訓》，以及《禮記·樂記》篇和《淮南子·原道訓》等。[1] 以上諸篇都顯示出儒家與莊子一系道家二者既相近同時又相互對立的關係。

如上所述，〈中庸〉篇第一章論述天所賦予之性由道統帥、而使性所蘊含喜怒哀樂之情合於節度，藉此人乃得以充分發揮其道德本性。認為情之發動合於禮，從而合其節而至於和；又將此理解為性與禮或合乎禮二者之間的關係，乃得其性——亦即作為所謂大本的中與禮或合於禮者——亦即和者；藉此天下萬物遂得安定。這一思想也見於《荀子》，即〈天論〉篇中所說：「故說豫娩澤憂戚萃惡，是吉凶憂愉之情，發於顏色者也；歌謠謸笑哭泣諦號，是吉凶憂愉之情，發於聲音者也（中略）兩情者，人生固有端焉。若夫斷之繼之，博之淺之，益之損之，類之盡之，盛之美之，使本末終始，莫不順比，足以為

1 板野長八：〈大學篇之格物致知〉（〈大学篇の格物致知〉），《史學雜誌》第 71 編第 4 號（1962 年），第三之一（本書〔《儒教成立史之研究》〕第六章）。

萬世則。則是禮也，非順孰脩為之君子，莫之能知也。故曰，性者，本始材樸也；偽者，文理隆盛也。無性則偽之無所加，無偽則性不能自美。性偽合，然後聖人之名一，天下之功，於是就也。故曰，天地合而萬物生，陰陽接而變化起，性偽合而天下治。天能生物，不能辨物也；地能載人，不能治人也；宇中萬物，生人之屬，待聖人然後分也。」此處所謂代表性的吉凶憂愉之情，相當於性之中的喜怒哀樂之情；所謂整合所發之情的本末者堪為萬世之法則，可謂之禮，與發而皆中節之和的達道相當；所謂兼有性與偽、即禮或合於禮者則天下治平而萬物各得其所，與致中和而「天下位焉，萬物育焉」相對應。又〈中庸〉篇第一章也與〈樂記〉篇論說性與禮樂刑政或王道之間關係的一節頗為相似，詳見後文闡述。如此看來，將第一章作如上述理解也極為自然。

（二）第二章至第十五章

這一節主要論說「中」、「中（合於）」、「中正」、「無過與不及」諸事，揭示出相關義項的中庸作為至德為至難之事。此外，第十一章所云：「素隱行怪，後世有述焉，吾弗為之矣」，與《荀子・不苟》篇所云：「君子行不貴苟難，說不貴苟察，名不貴苟傳，唯其當之為貴，故懷負石而赴河，是行之難為者也，而申徒狄能之，然而君子不貴者，非禮義之中也」，關係密切；又第十四章「君子素其位而行，不願乎其外，云云」蓋敷陳自《論語・憲問》篇及《論語・泰伯》篇「子曰：不在其位，不謀其政」之文。

問題在於謂中庸之德為至極之德，亦即第二章論說君子中庸、而小人反中庸；第三章所云：「子曰：中庸其至矣乎，民鮮能久矣」，與《論語・雍也》篇中文字幾乎全然相同；承此文，第四章云：「子曰：道之不行也，我知之矣。知者過之，愚者不及也。道之不明也，我知之矣。賢者過之，不肖者不及也」。此處道即中庸，是以智者與賢者皆難以踐行中庸。又第九章云：「子曰：天下國家可均也，爵祿可辭也，白刃可蹈也，中庸不可能也」。此處的「中庸」與《鹽鐵論．繇役》篇中「子曰：『白刃可冒，中庸不可入』，至德之謂也」的「中庸」幾無二致，即是至德。因此，鄭玄謂其「至美」，注謂「難為之難」；而朱子謂其「精微之極致」，乃是「至德」，皆理所當然。但是，《論語．雍也》篇中「子曰：中庸之為德也，其至矣乎，民鮮久矣」，這一「中庸」所指也是至德、為至難嗎？令人不能無疑。因此，勢必要探討從《論語》到〈中庸〉篇的發展過程之中，「中庸」一詞的意涵變化歷程。

本來，中庸的「庸」指「常」或者「平常」。〈中庸〉篇第十三章云：「庸德之行，庸言之謹。」與此類似之文也見於《易．文言傳》與《荀子．不苟》篇。《易》云：「子曰：龍德而正中者也，庸言之信，庸行之謹，閑邪存其誠，善世而不伐，德博而化」；《荀子》則云：「庸言必信之，庸行必慎之，畏法流俗而不敢以其所獨甚，若是則可謂慤士矣。」《荀子》的慤士是介於通士、公士、直士與小人之間者，《易．正義》云：「常言之信實，常行之謹慎。」因此，《易》與《荀子》的「庸言」、「庸行」顯然指的是平常、通常之義的「常」之言行。〈中庸〉篇的「庸言之謹」若是同義，與之相對應的「庸德之行」的「庸」，也當指「平常」之義。又，《荀子．王制》篇云：「請問為政，曰：『賢能不待次而舉，罷不能不待須而廢，元惡不待教而誅，中庸不待政而化』」，無疑，這裡的「中庸」指通常之人或者中等資質的人。又《荀子．禮論》篇云：「禮之中焉」、「禮之中流也」；而關於三年之喪，《禮記．喪服四制》

謂：「此喪之中庸也，王者之所常行也」，〈禮論〉篇則云：「故先王聖人安為之立中制節，一使足以成文理，則舍之矣」，是皆以「中」而非「中庸」為焦點。如果荀子知道孔子與子思等在〈中庸〉篇中使用「中庸」表達相同義項，大概就不會有上述說法了。又《韓詩外傳》卷五云：「王者之政，賢能不待次而舉，罷不能不待須臾而廢，元惡不待教而誅，中庸不待政而化」，近乎全文繼承《荀子・王制》篇文字。據上述諸例來看，《論語》「中庸之為德也，其至矣乎」，不當理解作以中庸之德為至德，而合宜的解釋當為「中庸之德庶幾可以實現、達成吧。」但是，〈中庸〉篇使用同樣的表達，卻用作「至德」之義，一如前文所述。從中可見「中庸」的意涵有所變化。

「至德」之義原本在於「中」，而以「中庸」表達「至德」，乃是尤為強調「中」的結果使然；這大致以《韓詩外傳》為最早。一般認為，〈中庸〉篇以外，著重反覆力陳「中」的乃是《易》。而《易》的「中」是爻位於位置之中間，即以神明啟示之「中」為其第一義；人既然要依據神明之啟示，遂使得「中」獲得了人之德的意義。人之所以準乎神明啟示的「中」，是因趨吉避凶之故。於是，《易》所言之中不免功利而帶有巫術的特徵。反之，重視「中」而視其為人的主體性之德、鼓吹應合於「道」或「禮」而力持中正的，孔子之後，有《孟子》、《荀子》，尤其《荀子》；此後就是《韓詩外傳》。《荀子》之「中」是「禮義」，是「道」，是「理」。舉例而言，《荀子・儒效》篇云：「先王之道，仁之隆也，比中而行之。曷謂中，曰：禮義是也。道者，非天之道，非地之道，人之所以道也，君子之所道也」；又云：「凡事行有益於理者立之，無益於理者廢之，夫是之謂中事；凡知說有益於理者為之，無益於理者舍之，夫是之謂中說。事行失中，謂之姦事；知說失中，謂之姦道。姦事姦道，治世之所棄，而亂世之所從服也。」以理為基準而斟酌於行事、論辯者，就是「中事」與「中說」；這就是中於理的事物或言說。因此，合於理或禮者也是中。又《荀子・正名》篇云：「故欲過之而動不及，心止之也。心之所可中理，則欲雖多，奚傷於治？欲不及而動過之，心使之也，心之所可失理，則欲雖寡，奚止於亂？」也是尋求合於理者。

要之，《荀子》之「中」對人而言是根本的規範、是中正本身；同時，中正者與合於規範者也都是「中」。《荀子・修身》篇云：「禮者，所以正身也，師者，所以正禮也，無禮何以正身？無師吾安知禮之為是也？禮然而然，則是情安禮也；師云而云，則是知若師也；情安禮，知若師，則是聖人也」，這與「七十而從心所欲、不踰矩」（《論語・為政》篇）所說相同，都是完全合於作為「道」或「禮」——即規範的「中」之人盡得中正者的心境。這與本節開始所指出的〈中庸〉篇第十四章之「君子素其位而行，不願乎其外」，以及《論語》之「子曰：不在其位，不謀其政」全然一致。又〈中庸〉篇第十一章之「素隱行怪，後世有述焉，吾弗為之矣」與《荀子・不苟》篇所云：「君子行不貴苟難，說不貴苟察，名不貴苟傳，唯其當之為貴，故懷負石而赴河，是行之難為者也，而申徒狄能之，然而君子不貴者，非禮義之中也云云」，也是一致的。

《韓詩外傳》卷五云：「禮者，則天地之禮，因人之情而為之節文者也，無禮何以正身，無師安知禮之是也。禮然而然，是情安於禮也；師云而云，則知若師也；情安禮，知若師，則是君子之道。言中倫，行中理，天下順矣。《詩》曰：『不識不知，順帝之則』」，《韓詩外傳》卷三云：「君子行不貴苟難，說不貴苟察，名不貴苟傳，唯其當之為貴，故懷夫負石而赴河，是行之難為者也，而申徒狄能之，然而君子不貴者，非禮義之中也（中略）故君子行不貴苟難，說不貴苟察，名不貴苟傳，維其當之為貴。《詩》曰：『不競不絿，不剛不柔』」。前者旨趣與上述《荀子・修身》篇之文完全相同，且謂君子之道是「言中倫、行中理」，「中」的主旨更為顯豁；後者旨趣與前揭《荀子・不苟》篇之文也相一致。後者省去諸多《荀子・不苟》篇原來文字，而最後所引用的詩也與《外傳》有別，作「物其有矣，唯其時矣。」

誠然，《荀子》認為人性為惡，而《韓詩外傳》認為人性是善。儘管如此，以「禮」或「道」為「中」、並尋求「中」於「禮」或「道」，二者則全然一致。《韓詩外傳》卷五有言：「聖人養一性而御夫氣，持一命而節滋味，奄治天下，不遺其小，存其精神，以補其中，謂之士。《詩》曰：『不競不絿，不剛不柔。』言得中也」，又說：「朝廷之士為祿，故入而不出，山林之士為名，故往而不返，入而亦能出，往而亦能返，通移有常，聖也。《詩》曰：『不競不絿，不剛不柔。』言得中也」，更有前揭自「君子行不貴苟難云云」至「《詩》曰：『不競不絿，不剛不柔』」一段，與《荀子・不苟》篇文字幾乎完全相同，見於《韓詩外傳》卷三；續此下文云：「伯夷叔齊目不視惡色，耳不聽惡聲，非其君不事，非其民不使（中略）至柳下惠則不然，不羞汙君，不辭小官，進不隱賢，必由其道（中略）至乎孔子去魯，遲遲乎其行也，可以去而去，可以止而止，去父母國之道也。伯夷，聖人之清者也；柳下惠，聖人之和者也；孔子，聖人之中者也。《詩》曰：『不競不絿，不剛不柔。』中庸和通之謂也。」這些皆是尋求合乎中者，由此可知《韓詩外傳》作者韓嬰是何等尋求合於中者。

上述諸文多與《詩・商頌・長發》「不競不絿，不剛不柔」相關聯。該詩也在《左傳》昭公二十年仲尼之言中被引用，藉孔子欲說明「和之至也」。又與《韓詩外傳》卷三「君子行不貴苟難云云」的相同文字，《荀子·不苟》篇引前揭《詩·小雅·魚麗》「物其有矣，維其時矣」，而《外傳》所引用的詩句則是「不競不絿，不剛不柔」。換句話說，《韓詩外傳》將《荀子》之「時」替換為「中」。此外，《韓詩外傳》卷三中「伯夷，聖人之清者也；柳下惠，聖人之和者也；孔子，聖人之中者也」一文，與《孟子·萬章下》中孟子謂孔子為「聖之時者也」之言相當，可見，《外傳》也以「中」替換《孟子》之「時」，即《韓詩外傳》參考《詩》、《左傳》、《孟子》、《荀子》等著作之後，以「中」取代其「時」或「和」。據此也可知韓嬰頗為關注「中」。作為「中」的表達形式，在上述〈卷三〉中乃提出「中庸」的概念。毋庸贅言，這一「中庸」指合於禮或道，即中正者。是以，這就是前文所述尋求禮義之「中」、尋求合於「禮」合於「理」之《荀子》思想的延伸發展；同時，也與〈中庸〉篇的「中庸」相一致。

如上所述，在《韓詩外傳》幾乎原封不動地引用《荀子》文字中，與《荀子》相同，也將「中庸」一詞用作「中人」、「通常」之義。合而觀之，可知中庸一詞，儘管《荀子》、《韓詩外傳》和〈中庸〉篇在尋求合於「禮」或「道」的「中」意義上，三者相同；但是，《荀子》中也用作與「合乎（中）禮或道」之「中」無關的「通常」之義；〈中庸〉篇既用作這一「中」之義，也用作「至德」的意思；《韓詩外傳》在幾乎原原本本地引用《荀子》文字時，以之用作「通常」之義，更為自覺使用時，則以「中庸」為「中正」之意。換句話說，儘管就尋求「中」的思想而言，《荀子》、《外傳》和〈中庸〉篇相一致，但就「中庸」一詞的意思而言，三者卻有別；《外傳》一方面採納《荀子》之義，另一方面也使用〈中庸〉篇之「中庸」。應當注意的是，《韓詩外傳》或韓嬰以「中庸」為「中正」而指「至德」，即用作〈中庸〉篇的「中庸」之義。

（三）第十六章至第十九章

第十六章分為三節。第一節「子曰：鬼神之為德，其盛矣乎，視之而弗見，聽之而弗聞，體物而不可遺」，指出鬼神不可見、不可聞，換言之是沒有形體而至微者，又是萬物之所從出者，或曰萬物之本體，其用盛矣。第二節「使天下之人齊明盛服，以承祭祀，洋洋乎如在其上，如在其左右。《詩》曰：『神之格思，不可度思，矧可射思』」，謂若是人們齋戒而盡其敬意、祭拜鬼神，鬼神便會降臨。齋戒並盡其敬意就是人貫徹誠者，神人交涉就是誠之神與人之誠之間的同類相引，下文第三節中對此有闡述。第三節「夫微之顯，誠之不可揜，如此矣」，是指微者始自鬼神的不可見不可聞，誠則始自鬼神之德的誠；分別表述鬼神。因此，這一節作為前兩節所得結論，論說鬼神如此幽微而不可見聞，其真實存在和作用卻不容置疑。是以，此處鬼神之德為「誠」，從而表明鬼神之實體為誠，並相信藉由「誠」的同類相引或感應可以實現神人合一。

第十七章藉由舜的孝揭示出孝的典型，第十八章說明武王、周公之達孝，言外之意是說最高的孝乃是天子的孝。第十九章延續前文，將子孫之繼承融合至宗廟祭祀之中，更進一步說明宗廟祭祀的實際做法與精神，云：「踐其位，行其禮，奏其樂，敬其所尊，愛其所親，事死如事生，事亡如事存，孝之至也。」此文與《禮記．祭義》篇「致齊於內，散齊於外。齊之日，思其居處，思其笑語，思其志意，思其所樂，思其所嗜。齊三日，乃見其所為齊者。祭之日，入室，僾然必有見乎其位；周還出戶，肅然必有聞乎其容聲；出戶而聽，愾然必有聞乎其嘆息之聲」合參，可知是指齋戒或祭祀中之神人交涉。又論及祭祀天地的郊社之禮以及祭祀祖先的宗廟之禮，或禘嘗之義。由於天子的父祖配祀於天，因此郊社之禮——敬天遂具有宗廟之禮或禘嘗之義，亦即敬祖的延伸意味。換句話說，郊社之禮是天子的特權，同時也是天子之孝道的延伸。要之，孝的極致是天子之孝，天子之孝集中於宗廟之禮與郊社之禮。而這就是治理天下，即政治的要諦。所以，藉《論語．八佾》所言而作如下結論：「郊社之禮，所以事上帝也；宗廟之禮，所以祀乎其先也。明乎郊社之禮，禘嘗之義，治國其如示諸掌乎。」

第十九章論述作為天子孝道實踐的祭祖與祭天，謂此即是政治的要諦所在，而第十七、十八章則是其前提。第十六章闡明鬼神以及鬼神祭祀的本質，故此為第十七章以下所云內容之前提：其後章節論最高的孝道，作為政治要諦的祖先祭祀及其延伸的天地之祭。筆者將第十六章到第十九章放在一起的原因即在於此。不唯如此，這幾章所言與《孝經》之說極為接近，只要將《孝經》的〈天子章〉、〈聖治章〉、〈孝治章〉、〈感應章〉與〈中庸〉篇這幾章對照就很清楚，即〈中庸〉篇第十六章到第十九章與《孝經》不但在思想上幾乎完全一樣，而且在周公事跡上也可見其具體關聯。前賢已經注意到這部分內容，或也基於相關事實而論現存〈中庸〉篇中的不同屬性內容。在討論相關內容是否為不同屬性文字前，筆者首先要確認的則是〈中庸〉篇與《孝經》之間密切聯繫的這一事實。

（四）第二十章

此章明確指出治理天下，換言之即政治的基礎在於修身；更就修身而言，其旨在必須誠身，乃是闡明誠之道的緒論。雖然此章與第二十一章以下為一體，但是此下諸章都是論說誠之道，因此，為了方便起見將二者區分開來。無需多言，政治的基礎尋之於修身，此說與〈大學〉篇等相同；而以誠身為修身的前提，也見於《孟子．離婁上》。不過，值得注意的是，在論述使得治理天下國家的九經成其為可能的條件時，列舉「齊明盛服，非禮不動」為修身的條件。這一「齊明盛服」與前述第十六章中所云：「使天下之人齊明盛服，以承祭祀，洋洋乎如在其上，如在其左右。《詩》曰：『神之格思，不可度思，矧可射思。』夫微之顯，誠之不可揜，如此夫」，都是指齋戒之事。換言之，齋戒並敬事神明為修身的前提條件。齋戒並敬事神明正是人的真實，即致誠之事。因而，這也是論說修身必須誠身。《孟子》將「修身」與「誠身」直接相連；〈中庸〉篇則藉由祭祀中神人交涉或誠所產生同類相引之事實為媒介。又第十六章論述神人交涉，言神之幽微，而以之為誠；由於這一神人交涉指人之誠與誠之神二者間的同類相引，那麼，第十六章及陳說作為孝道的宗廟之禮、郊社之儀，即祭祖祭天的第十七章以下諸篇，顯然與第二十章有機相連。毋庸贅言，第二十章陳說誠乃是第二十一章以下諸章的前提。是以，在證明〈中庸〉篇之誠與作為神明實體的誠相等同的同時，也證明文中與《孝經》相近似部分也絕非不同屬性文字。

眾所周知的是，此處以「誠者，天之道也，誠之者，人之道也」為小結之文，與《孟子．離婁上》中一節幾乎全然相同；由此可知〈中庸〉篇與《孟子》關係尤為密切。但是，筆者以為，此事並不表示〈中庸〉篇與《孟子》之間有何特殊關係。承接前文，此文陳說充實此誠的聖人境界為「不勉而中，不思而得，從容中道」，表現出聖人完全合於道的狀態。這與《論語．為政》篇的「七十而從心所欲，不踰矩」相同；在《荀子．

解蔽》篇中也有如下的說明:「夫微者，至人也。至人也，何彊何忍何危，故濁明外景，清明內景。聖人縱其欲兼其情，而制焉者理矣。夫何彊何忍何危，故仁者之行道也，無為也；聖人之行道也，無彊也。仁者之思也恭，聖者之思也樂，此治心之道也。」而誠之者，即處於使「誠」充實過程中的修養者，擇善而固執之，經歷重複不斷的博學、審問、慎思、明辨、篤行等努力，雖愚必明，雖柔必強；最終可以與誠且中道的聖人相同。《荀子・儒效》篇云:「性也者，吾所不能為也，然而可化也；積也者，非吾所有也，然而可為也。注錯習俗，所以化性也，並一而不二，所以成積也。習俗移志，安久移質，並一而不二，則通於神明，參於天地矣（中略）涂之人百姓，積善而全盡，謂之聖人。彼求之而後得，為之而後成，積之而後高，盡之而後聖。故聖人也者，人之所積也。」《荀子・禮論》篇亦云:「禮之中焉，能思索，謂之能慮。禮之中焉，能勿易，謂之能固。能慮能固，加好者焉，斯聖人矣」，以及《荀子・性惡》篇中:「今使塗之人，伏術為學，專心一志，思索孰察，加日縣久，積善而不息，則通於神明，參於天地矣。故聖人者，人之所積而致矣。」這些與〈中庸〉篇中前揭主旨都相一致。

不但如此，與〈中庸〉篇相同，《荀子》也強調應當合於道、合於禮，而兼及誠；且認為通過誠使得人之道與天之道相通，這也就是《荀子・不苟》篇中所云:「君子養心，莫善於誠。致誠則無它事矣，唯仁之為守，唯義之為行。誠心守仁則形，形則神，神則能化矣。誠心行義則理，理則明，明則能變矣。變化代興，謂之天德。天不言而人推高焉，地不言而人推厚焉，四時不言而百姓期焉。夫此有常以至其誠者也。君子至德，嘿然而喻，未施而親，不怒而威，夫此順命以慎其獨者也。」《荀子・不苟》篇又云：「善之為道者，不誠則不獨，不獨則不形。不形則雖作於心、見於色、出於言，民猶若未從也。雖從必疑，天地為大矣。不誠則不能化萬物。聖人為知矣，不誠則不能化萬民；父子為親矣，不誠則疏；君上為尊矣，不誠則卑。夫誠者，君子之所守也，而政事之本也」，《荀子・儒效》篇也云：「故君子無爵而貴，無祿而富，不言而信，不怒而威，窮處而榮，獨居而樂。豈不至尊至富至重至嚴之情，舉積此哉？故曰，貴名不可以比周爭也，不可以夸誕有也，不可以埶重脅也，必將誠此然後就也，爭之則失，讓之則至。遵道則積，夸誕則虛，故君子務脩其內，而讓之於外，務積德於身，處之以遵道。如是則貴名起如日月，天下應之如雷霆。故曰：君子隱而顯，微而明，辭讓而勝。《詩》曰：『鶴鳴於九皋，聲聞於天』，此之謂也。」

由此可知，第二十章中關於誠的論述與《荀子》有諸多共通之處。也就是說，二者以下闡述幾乎完全相同：誠既是人之道德的本質，也是天地之德；誠可從與神明間關聯加以理解；相信以誠為媒介的感應，以及聖人上通於神明等。不過，關於神明與誠之間關連的祭祀，〈中庸〉篇明文論述神之降臨，即神人交涉之事，神秘性傾向十分強烈。或許可說與《荀子・禮論》篇中所云：「故曰，祭者，志意思慕之情也，忠信愛敬之至矣，禮節文貌之盛矣。苟非聖人，莫之能知也。聖人明知之，士君子安行之，官人以為守，百姓以成俗。其在君子，以為人道也；其在百姓，以為鬼事也」之所言正相反。但是，〈中庸〉篇始終以誠與神明、鬼神相對應者，即《荀子》所謂「忠信愛敬之至也」，所謂「人道」。《荀子》也說到聖人上通於神明（〈儒効〉、〈禮論〉篇）。因此，〈中庸〉篇與《荀子》之間並沒有本質差異。只是，考慮到第二十四章等內容，〈中庸〉

篇總體神秘性傾向似乎較為強烈，這或許是因為〈中庸〉篇藉由《孝經》為媒介而與《荀子》相連所致。

（五）第二十一章至第二十六章「不動而變，無為而成」

第二十一章「自誠明謂之性，自明誠謂之教。誠則明矣，明則誠矣」上承第二十章而來，闡述作為天之道的誠與作為人之道的誠本質相同，即作為性的誠與經由修養而得的誠二者也相同；反之，就誠而言，有作為性的一面及後天屬性的一面。更謂誠則明，明則誠；由此，誠者、亦即人充實其本質，也就是明，亦即獲得真知。是以，這一明，即知並非認識某對象意義上的「知」，而是指充實自我本質，即自我實現；所以，此明意味著覺醒。這與《莊子》的知、《老子》的知以及〈大學〉篇格物致知之知等全然相同，筆者此前曾有文論及於此。[2]

第二十二章與第二十三章以第二十一章的見解為前提，展開誠者即充實自我之性的論述。既然第二十二章論述典型的至誠，第二十三章論述次於至誠者，即處於朝向至誠之過程中者；是以，第二十三章的主旨為第二十二章所代表。第二十二章開篇云「唯天下至誠，為能盡其性」，下文接續云：至誠者不但充實其性，更充實人之性與物之性，以至於贊天地之化育而與天地參，可謂是全能者姿態。

如相關事實得以成立，則需要：第一、自己之性與人之性以及物之性相同；或者，第二、至少上述諸性有共通之處。如第二十七章所云「故君子尊德性而道問學」，據此「德性」，

2　板野長八：〈大學篇之格物致知〉（〈大学篇の格物致知〉），《史學雜誌》第 71 編第 4 號（1962 年）第三之一（本書〔《儒教成立史之研究》〕第六章）。

可知「性」未必就是「德性」。第二十五章云：「誠者，非自成己而已也，所以成物也。成己，仁也，成物，知也。性之德也」，謂「誠」是「性之德」，是以「誠」為中介說明上文的德性。又第一章中謂性蘊含情，且應合乎禮或節，亦即認為性內部有變化，由此可知性是個性化之物。因此，既然認為性是萬物皆所固有，那麼就不存在性的首要條件。從而，朱子云：「人物之性，亦我之性，但以所賦形氣不同而有異耳」，以此為〈中庸〉篇中性的相關說明，並不妥當。而既然《荀子》云：「凡人之性者，堯舜之與桀跖，其性一也；君子之與小人，其性一也」(〈性惡〉)，那麼，就性而言，在這一點上《荀子》也與〈中庸〉篇有所不同。反之，〈中庸〉篇所論之誠，如前所述，與性之誠、誠之所得的誠或因明而得的誠，從而與作為天之道的誠及作為人之道的誠全然相同。換言之，誠是天與人，或性與人之間相通者。是認為誠一貫於所有的存在，於是一貫於所有的性；而使得第二個條件得以滿足。換言之，並非如朱子所說性一以貫之，而毋寧是性所具之誠，以及誠之所得之誠是一以貫之者。

自戰國末期到秦漢之際，有信仰認為，藉由誠能夠實現所有存在之間的同類相引或曰感應，〈中庸〉篇相關論述即以這一信仰為前提。第二十三章云：「其次致曲，曲能有誠，誠則形，形則著，著則明，明則動，動則變，變則化，唯天下至誠，為能化」，與《荀子》所云：「君子養心，莫善於誠，致誠則無它事矣。唯仁之為守，唯義之為行。誠心守仁則形，形則神，神則能化矣；誠心行義則理，理則明，明則能變矣。變化代興，謂之天德」有諸多共通之處，特別二者都認可「誠」的感應力或曰神秘力量。又第二十章中關於誠的論述，在《孟子・離婁上》中有幾乎完全相同文字；彼處後文還有云：「至誠而不動者，未之有也。不誠未有能動者也」，可與此處相參照。是以，既然誠是一種具有神秘力量的活體，那麼前揭第二十二章所言，至誠的聖人不僅得以治理天下而且能夠參贊於天地，正可謂基於「誠」的感應作用，即「誠」之神秘力量作用的展示。

第二十四章陳述藉由至誠而知顯現於蓍龜的神之意志，由此得以預知國家禍福，從而顯示至誠之力如同神一般。此處謂藉龜卜預知神的意志，而用龜占卜、齋戒而神明其德之事也見於《易・繫辭傳上》。神明其德正是貫徹自己之真實、亦即誠，而臻至誠，即通過誠而進行神人感應或交涉之事。要之，這顯示出：誠通於神者，即神之德乃是誠；以此為前提，藉由誠進行神人感應或溝通，人遂得以知曉神的意志並參與神的活動作用。因此，這與第二十二章所言天下之至誠贊天地之化育而與天地參的主張，二者基調相一致，這是因為天地也是神之故。所以，視這一章為混雜的觀點並不準確。如前所述，第十六章中論述神之降臨後，以「夫微之顯，誠之不可揜，如此夫」作結。此處既然謂微與誠皆為神，那麼，神的實體與神之德皆為誠。〈中庸〉篇中這一觀念作為理所當然，即以此為前提展開論述。前文說明第二十二章時，言及誠乃是具有神秘力量的存在；而如果誠是神的實體，也是神之德，那麼這一結論理所當然。第二十五章開始到第二十六章「不動而變、無為而成」為止，闡述作為神的實體之「誠」是全能的。

第二十一章開始至第二十六章上述部分止，上承第二十章的「誠者，天之道也，誠之者，人之道也」，是對誠的說明。此處應該注意以下諸事：誠既是天地神明的實體，也是德，從而具有神秘力量的全能屬性；從而人之性中蘊含道德屬性，人與天在價值上相連續；人因明於善而得以誠之，如此所獲之誠與性之誠、天道之誠相一致；此誠一貫於天地萬物之間，而天地萬物藉由誠而得以感應；是以，人不僅由於進臻至誠而充實自我之性，更藉由誠的感應作用，得以充實人之性與物之性，以此遂得以參於天地。

（六）第二十六章「天地之道，可一言而盡也」至第三十三章

這一部分的中心內容是論述與讚美君子的修養之法，以及聖人君子之德與效用等。又，其中散見文字顯示出〈中庸〉篇成書於秦始皇之後。就此，此前學者已有所討論。其中第二十八章的「子曰：愚而好自用，賤而好自專，生乎今之世，反古之道，如此者，裁及其身者也」，酷似李斯的上奏之文（《史記．秦始皇本紀》三十四年），也很接近《荀子》尊今王的後王思想。尤其要指出，其與《荀子．非相》篇所云：「故曰，欲觀聖王之跡，則於其粲然者矣，後王是也。彼後王者，天下之君也。舍後王而道上古，譬之，是猶舍己之君而事人之君也」也有密切關係。

（七）小結

概觀上述幾小節內容，可知〈中庸〉篇所揭示人的特徵約有以下數點。人所具有的以誠——作為神明之德或神明之實體——為基礎的德性，以及喜怒哀樂之情，都是上天所賦予之性。人們致力於使得喜怒哀樂之情完全地合於禮或道，藉由蓄積學問與修養而獲得知識或智慧，並充實中庸之德。從內在的層面來看，這就是充實自我的真實或誠，而發揮神明之德。不僅使得自我淨化與充實，更藉由感應作用而使得他人與萬物也得到淨化與充實，而得以治理天下並與天地參。

儘管第一章並未言及中庸，也未言及誠；並論述〈中庸〉全篇的主旨；下文承此，謂中庸為至德，這是對於第一章中所言合乎節度與合乎禮所獲之德，從外在層面的說明。下文論述鬼神以及祭祀的部分，論述孝道，即道德與政治之要諦的祭祀，從而論及鬼神。祭祀之際，人應與神溝通，是以當然要求人應當合乎禮而合乎節度，並充實與中庸內容之誠、及作為神之德與實體之誠相同之誠。就上述內容而論說誠，最後讚美至誠的聖人。如此看來，筆者認為今本〈中庸〉篇結構並無進行大幅變動的必要性。

〈中庸〉篇中有文字論及鬼神而與《孝經》內容相似，或有學者視其為混雜多餘者。但是，鬼神或神明是〈中庸〉篇所強調誠的實體，於天所賦予的性之中人獲取誠，並藉由俾使性之中的喜怒哀樂之情合於節度而獲得知，臻於中庸，人遂至於誠而使誠充實。敬事鬼神之道、亦即祭祀，正是人充實誠並藉由誠的中介而與神溝通之事。換句話說，鬼神以及祭祀是誠的實體，是充實誠之事，正與〈中庸〉篇的本質相關。其中與《孝經》類似的部分正是論說祭祀之典型：最高的孝是天子之孝，其極致乃是宗廟與郊祀之儀，以及其中之天子貫徹其誠而藉由誠的中介與天地、祖宗相溝通者。據此，只能認為將這一部分視為混雜多餘者乃是誤解了〈中庸〉篇的本質。本來，儒家自孔子開始不語怪力亂神，對鬼神敬而遠之；但是，這是對於諸如倚賴神明、向鬼神祈禱的巫術等事之排斥，而非徹底排斥依據道德或人道應對神明鬼神之事。更毋寧說，後者正是儒家最為重視的。易言之，相比是否言說鬼神，問題更在於如何對待鬼神。

儘管筆者也承認，〈中庸〉篇有與《論語》和《孟子》幾乎完全一致的內容，然而第一章中關於「性」論述與後者有所不同，而與《荀子・天論》篇的論法有一致之處；其論中庸的部分，就尋求中或合於禮而言，與《荀子・不苟》篇、〈修身〉篇等相一致，又可以《韓詩外傳》為中介理解從《荀子》的中庸向〈中庸〉篇的中庸之發展歷程；其論誠的部分之中，就誠的內容以及誠與神明的關係，以及為充實誠的修養法等而言，與《荀子》的〈不苟〉篇、〈儒效〉篇、〈禮論〉篇等都有一致之處。換句話說，相比《論語》、《孟子》，〈中庸〉篇與《荀子》更為接近。就中庸這一詞彙而言，《荀子》與〈中庸〉篇又有顯著區別，特別是，《荀子》力倡性惡說，認為天與人在價值上沒有連續性，即主張天人之分；與彼相反，〈中庸〉篇儘管並非如朱子等所理解，將性視為絕對；而主張性之中有喜怒哀樂之情，同時還有誠所代表的德性，這是理所當然的，亦即〈中庸〉篇中，天與人在價值上相連續。如前揭所言，〈中庸〉篇與《荀子》之間有諸多共通之處，從而可視為《荀子》系列。儘管如此，在關於如何理解人為天所賦予的性，換言之在如何理解人的結構這一根本問題上，二者分歧巨大，應該如何理解這一關係？如同前文所見，〈中庸〉篇不但與《論語》、《孟子》，以及《荀子》有共通之處，也有與成書於《荀子》之後的《孝經》、《禮記・樂記》篇、《韓詩外傳》等有共通之處。因此，筆者需要考察《孟子》、《荀子》以及此後關於人的理解之觀念變遷，特別是藉由人性，即作為天所賦予之素質的性以及聖人、君主的教化與修養方法，以及人的本質等方面討論，回答上述問題，並考察〈中庸〉篇的歷史地位。

二、〈中庸〉篇的位置

（一）截至荀子

1. 孟子

孔子不語性與天道（《論語・公冶長》），因此也有人疑「性相近也，習相遠也」（〈陽貨〉）之語。但是，孔子是仰天信命且知天命者。知天命正因信天命之故，殆無疑義。因此，所謂知天命指接受天命，而非視其為認識的對象或者欲考察其本質，更何況「不在其位，不謀其政」（〈憲問〉、〈泰伯〉），孔子謹守人的本分，並不夢想踰越本分之事。所謂「七十而從心所欲，不踰矩」（〈為政〉），正是孔子自道。這一精神延伸至人與鬼神或與死亡的關係，就具體化為「務民之義，敬鬼神而遠之，可謂知矣」（〈雍也〉）、「未能事人，焉能事鬼」（〈先進〉）、「未知生，焉知死」（〈先進〉）的態度。換言之，不踰越禮所規定的人之本分，同樣也不應踰越人與鬼神以及與天之間的分際而干犯天與鬼神之畛域。孔子即在這一意味之下，不語天予之性與天道的內容，而非謂不接受天道與性，遑論排除天道與性。因此，無由認為「性相近也，習相遠也」非孔子之語。本來這句話的主旨就不是討論性，而是勸人要重視習，也就是後天修養，亦即接受天予之性之本然，而專注於人，亦即民之義。不過，孔子亦曾言：「天生德於予，桓魋其如予何」（〈述而〉），這一「德」實際上蓋亦屬於性。故此，不待「不知命，無以為君子也」（〈堯曰〉）之語，也可知孔子與孟子等人同樣，認為天與人在價值上相連續。

如「克己復禮」（〈顏淵〉）所言，孔子追求合乎禮者而不已。禮的範圍雖廣，基本則是周代封建制度之下的生活規範，其核心為父子關係與君臣關係的相關規定內容。於其時，父子關係不僅是家族生活亦是宗族生活的核心，而要求孝悌之德。家族以及宗族以血緣的封閉性與世襲制為基本條件，不免與君臣關係有所矛盾。以孔子為首的儒家希望並存這兩種關係。然而，如孟子所斷言：「楊氏為我，是無君也；墨氏兼愛，是無父也。無父無君，是禽獸也」（《孟子・滕文公下》），楊、墨二者乃從左右兩端夾攻，批評孔子所提倡的根本義。之所以如此說，原因在於：兼愛對於宗族成員與家族成員而言，制約其無可取代的父親權威，同時又與盼望君主權一元化的尚賢、尚同論等相並行；楊朱的我則喬裝掩飾於家族或宗族之下，因此，為我乃禁錮於家族或宗族的封閉性之內。楊、墨理論遂使得孔子的矛盾顯現出來。而孟子則以斥楊、墨而宣揚孔子根本之義為其使命。又孟子也不得不擁護仁政與王道，以對抗企圖藉由力與利而強化君主權的霸政。如同道統觀念所示，孟子論述的黨派傾向十分強烈；如井田法、五倫之說等論述將政治論或教育加以組織化，也是這一原因所致。性善說也不例外。之所以如此，是因為性善說闡明了人的道德性之根據及其不完整性，並論述了先王教化的必要性及其成立的根據。

孟子之性的本質是德性，且由上天確定其分際，所謂「君子所性，雖大行不加焉，雖窮居不損焉，分定故也。君子所性，仁義禮智根於心，其生色也睟然見於面，盎於背，施於四體，四體不言而喻」（〈盡心上〉）。在孟子看來，人在價值層面上與天相連。所謂「盡其心者知其性也，知其性則知天矣。存其心，養其性，所以事天也」（〈盡心上〉）。此外，五官的欲求，與父子間的仁、君臣間的義、賓主間的禮、賢者的知、天道中的聖人相同，都以性為根本，因命而受到規定。所謂「口之於味也，目之於色也，耳之於聲也，鼻之於臭也，四肢之於安佚也，性也，有命焉；君子不謂性也。仁之於父子也，義之於君臣也，禮之於賓主也，知之於賢者也，聖人之於天道也，命也，有性焉；君子不謂命也。」（〈盡心下〉）換言之，性之中也有屬於五官的部分，只是從屬五官的部分是其小者，從屬心的部分是其大者，即本質的部分。所謂「孟子曰：從其大體為大人，從其小體為小人。曰：鈞是人也，或從其大體，或從其小體，何也？曰：耳目之官不思而蔽於物，物交物則引之而已矣。心之官則思，思則得之，不思則不得也。此天之所與我者。先立乎其大者，則其小者不能奪也。此為大人而已矣。」（〈告子上〉）而從屬心者，如後文所述，為四德之端，其自身並不完備。因此必須將之擴充。換言之，即使在天所賦予的性之中，其本質部分，除了如同堯舜等以其性之本然即為聖人的特定人物之外（〈盡心上〉、〈盡心下〉），其他皆不完整。不僅如此，也不免因五官之欲求等而受到制約，甚至扭曲。故此，寡欲（〈盡心下〉）以及恢復因慾望而扭曲的心就十分必要（〈告子上〉）。

因此，即使說「人性之善也，猶水之就下也；人無有不善，水無有不下」（〈告子上〉），也是指性的本質部分，而非性之全部為善；正如上文所述，即使其本質部分也有條件設定。無需多言，性善的內容或其性的本質部分，就是仁義禮智四德之端、即所謂四端（〈公孫丑上〉、〈告子上〉）。而端應釋為萌芽之義，方為確解。

此四德或四端代表人的德性，於孔子則可綜括之為仁。這些並非只針對特定對象而得以具現，而是具有普遍性。孝之於父、悌之於兄或年長者，皆是對於特定對象之德，而對於孔子之後的儒家而言，則與仁或仁義禮智一樣，乃是根本的德。也就是說，雖然同樣是儒家的根本德義，仁或仁義禮智與孝或孝悌，性質並不相同。在孔子那裡，二者為平行論說，二者的具體關係尚不清晰。到了孟子，二者已被融為一體，即仁義禮智四德簡約為仁義，而仁之實為事親、義之實為從兄。因此，仁就是孝而義就是悌，所謂：「孟子曰：仁之實事親是也，義之實從兄是也，智之實知斯二者弗去是也，禮之實節文斯二者是也，樂之實樂斯二者。樂則生矣，生則惡可已也，惡可已，則不知足之蹈之，手之舞之」（〈離婁上〉）。且認為孝與悌皆是性。「孟子曰：人之所不學而能者，其良能也；所不慮而知者，其良知也。孩提之童，無不知愛其親者，及其長也，無不知敬其兄也。親親仁也，敬長義也。無他，達之天下也」（〈盡心上〉），這一良知良能是「親親」亦即仁、與「敬長」亦即義，同時又是孝與悌。良知良能非人為所加而是天予之物，因此，自不待言也是性。

在孔子那裡平行論述，具有普遍性的仁義（禮智）與針對特定對象而具現的孝悌，經孟子而融為一體。這一現象不能僅僅視為偶然，這反映出在孟子這裡，孝悌的比重要甚於孔子。雖然與孔子一樣，孟子也希望君臣關係與父子關係的兩全，卻更為重視父子關係；從而，孟子更強調宗族與家族的基礎條件的世襲制與血緣的封閉性，即所謂的世與族，而並立二者。作為儒家，孟子雖持尊賢使能的觀點，同時亦重世祿與世臣，又謂「國君進賢如不得已，將使卑踰尊，疏踰戚，可不慎與」（〈梁惠王下〉），重視血緣秩序，肯定血緣的封閉性，認為貴戚之卿諫君不聽，就易君位而以宗族內的他人取而代之（〈萬章下〉）。這意味著孟子支持背後擁有宗族的諸侯、卿、大夫等封建勢力，其井田說與革命說亦表明這樣的立場。之所以如此，是因為井田法是為了穩定封建勢力的經濟基礎，革命說則認同封建勢力的政治發言權。而「勞心者治人，勞力者治於人；治於人者食人，治人者食於人。天下之通義也」（〈滕文公上〉），此話最能表明孟子的立場：他正是封建勢力的發言人。在孟子之前的秦國，已發生嘗試將封建體制轉換為郡縣體制的商鞅變法，而孟子則試圖力挽狂瀾。正因如此，孟子的復古立場也變得明確。

要之，作為周代以來封建勢力的代言人，孟子重視構成封建勢力基礎的宗族以及相應的人際關係。因此，對於宗族成員以及宗族中的家族成員而言，宗族、家族自不待言，規範宗族生活與家族生活等的道義也自然是被賦予，是注定的。故而，父子關係以及孝悌之德不僅無與倫比地更為根本，更理所當然地被概念化為先天性所賦予之物，以中國式的說法就是天予之物。孟子不只是將仁義禮智的四德之端視為天所賦予之性，更以仁義歸納四德，將仁義與孝悌融為一體，並將此視為良知良能，亦即將相關德性求諸天所賦予之性而提倡性善說；這正是闡明周代封建道德的可能根據，而天所賦予之德未臻完整者則為闡明聖人王者教化之必要性。也就是說，性善說是以孟子的觀點將孔子的教育再組織的結果。儘管孔、孟同樣支持周代封建制度下的規範與道義，但是已經由不語性與天道的孔子發展至談論性善的孟子。

2. 荀子

依據荀子之說，性是人生而有之物，也就是未附加任何後天作為的天所賦予之物的總稱。由好惡喜怒哀樂的感情或慾望，即五官的作用與心的作用組成。所謂「散名之在人者，生之所以然者，謂之性；性之和所生，精合感應，不事而自然，謂之性；性之好惡喜怒哀樂，謂之情；情然而心為之擇，謂之慮；心慮而能為之動，謂之偽；慮積焉，能習焉，而後成，謂之偽」(《荀子・正名》篇)，又云「性者天之就也，情者性之質也，欲者情之應也」(〈正名〉)。作為性的內容的情、欲、慮，都是廣義的心之作用；而慮是選擇情或欲之物，與情、欲稍稍區別。又〈正名〉篇謂有「徵知」者，即因心之故而使得說、故、喜、怒、哀、樂、愛、惡、欲產生異同。此外，因目、耳、口、鼻、形體也導致感覺有所異同；心對於上述內容的認識即徵知。前文的慮，就是與此徵知同類的心之作用。因此，徵知及慮，與說、故、喜、怒、哀、樂、愛、惡、欲，即情或欲明顯不同。目、耳、口、鼻、形體等感覺器官，由於引起伴隨感覺而的感情和欲求，而也被視為感情的器官，也就是〈性惡〉篇所說:「目好色，耳好聲，口好味，心好利，骨體膚理好愉佚」，是以五官也被視為感情的器官，與心相同。因此，在廣義上說來，心包括五官的作用與心的作用；狹義上則排除五官的作用、除去心的作用中的情與欲，而僅指慮和徵知之類的作用。因為以上這些全都是性的內容；所以，孟子認為五官的欲求為小者，心的作用應為大者，二者都是性的內容。儘管思考有精粗之別，孟荀二人在性的內容理解幾乎全然相同。

荀子並非完全不認為有心或性特別卓越的人，但是大體而言，他也認為性是萬人同一的(〈榮辱〉、〈性惡〉)，而且還認為性是不可變易的(〈哀公〉)。而化性之法則是採取由性到偽的轉化，所謂「故聖人化性而起偽，偽起而生禮義，禮義生而制法度，然則禮義法度者，是聖人之所生也」(〈性惡〉)，又「凡所貴堯禹君子者，能化性，能起偽，偽起而生禮義。然則聖人之於禮義，積偽也，亦猶陶埏而生之也」(〈性惡〉)。若將以上說法視為荀子由性到偽的實質性展開思考，就更可理解。荀子之性是人生來就擁有的天所賦予之能力，具體來說有五官以及心的作用，也就是感情、欲求以及慮、徵知等作用。從而心的作用本身也是性，據前引〈正名篇〉所言：「性之好惡喜怒哀樂，謂之情；情然而心為之擇，謂之慮；心慮而能為之動，謂之偽。慮積焉，能習焉，而後成，謂之偽」，可以明知。心的作用，如加諸慮所得的行為，或是重複此慮而成就的成果，就是「偽」。換言之，人的自覺行為或所導致結果即是偽，此處所見即由性到偽的展開。

簡而言之，化性並非要使得性本身產生變化，而是要使性轉化為偽。也就是說，性不變易，亦非因人而異；而人與人之間的差異，如聖人和一般人的差異，是因化而起的偽之差異所導致的結果。所謂「材性知能，君子小人一也；好榮惡辱，好利惡害，是君子小人之所同也。若其所以求之之道，則異矣」(〈榮辱〉)，又「故聖人之所以同於眾，其不異於眾者，性也；所以異而過眾者，偽也」(〈性惡〉)。荀子對性的這一見解，將孔子所言「性相近也、習相遠也」理解為：「性相近」即性的徹底如一，而「習相遠」即人與人之間的差異是修習，也就是偽的累積所致者，更進一步地強調後天的修養與人為的意義。

化性而轉為偽，並不斷累積偽，就是荀子所謂修養，其間所應依據的規範就是禮，知此禮、並據此以矯正性或情而化之的，就是心的作用。正因為荀子不尋求寡欲，而是希望正常地培養慾望，因此作為基準或規範的禮的意義就更為重大；與此同時，心亦發揮作用，使得這一慾望以禮為準據並將性轉化為偽，其意義也更為重大，所謂「人之所欲生甚矣，人之惡死甚矣。然而人有從生成死者，非不欲生而欲死也，不可以生而可以死也。故欲過之而動不及，心止之也。心之所可中理，則欲雖多，奚傷於治？欲不及而動過之，心使之也。心之所可失理，則欲雖寡，奚止於亂？故治亂在於心之所可，亡於情之所欲」（〈正名〉）。如此說來，治亂以至於善惡，在於心之所可合理與否，而與欲之多寡沒有關係。因此，心的作用才是關鍵。不僅如此，心是全然自主而主宰人的存在，所謂「心者形之君也，而神明之主也。出令而無所受令，自禁也，自使也，自奪也，自取也，自行也，自止也。故口可劫而使墨云：形可劫而使詘申，心不可劫而使易意，是之則受，非之則辭」（〈解蔽〉）。

若心是主宰者，心自然是知的主體，當然也能夠知「道」。上引〈正名〉篇即謂，心在使得喜怒哀樂愛惡欲等有所同異的同時，也可徵知因五官所得的感覺。而知「道」憑藉的是所謂「虛壹而靜」的大清明。所謂「何以知道？曰心。心何以知？曰虛壹而靜。（中略）虛壹而靜，謂之大清明。萬物莫形而不見，莫見而不論，莫論而失位，坐於室而見四海，處於今而論久遠，疏觀萬物而知其情，參稽治亂而通其度，經緯天地而材官萬物，制割大理而宇宙裡矣。恢恢廣廣，孰知其極？睪睪廣廣，孰知其德？涫涫紛紛，孰知其形？明參日月，大滿八極，夫是之謂大人。夫惡有蔽矣哉」（〈解蔽〉）。因之，「虛壹而靜」指心中諸般要素彼此互不侵犯亦不被侵犯，而各自能實現其作用的狀態，心遂能夠完美地發揮其機能。這自然是不被任何事物所遮蔽的狀態，故謂之為大清明。如此一來，心可知「道」，亦可獲萬能之知以盡知諸般事物並應對之。

人如果是如此之心的擁有者，那麼，在心的作用之下，亦即慮的參與之下，換言之自覺地準乎道而行動，是以也有可能得以成就其人，亦即成其為聖人。根據荀子表達，這正是化性成偽，積偽成聖，即人具有能知道的素質與準乎道而實現道的手段。下一節中將道替換為仁義法正，更能夠準確說明其間實情。「塗之人可以為禹。曷謂也？曰：凡禹之所以為禹者，以其為仁義法正也。然則仁義法正，有可知可能之理。然而塗之人也，皆有可以知仁義法正之質，皆有可以能仁義法正之具，然則其可以為禹明矣。（中略）今塗之人者，皆內可以知父子之義，外可以知君臣之正，然則其可以知之質，可以能之具，其在塗之人明矣。今使塗之人者，以其可以知之質，可以能之具，本夫仁義之可知之理，可能之具，然則其可以為禹明矣。今使塗之人，伏術為學，專心一志，思索孰察，加日縣久，積善而不息，則通於神明、參於天地矣。故聖人者，人之所積而致矣」（〈性惡〉）。

荀子並不將人性之中，即使與情欲相關者視為罪惡，對其亦不持禁欲的態度。禮即道，是為使得情欲正常滿足而存在者。性之中的心能知「道」、能得萬能之知，藉由心的作用而可使人化性起偽，積以成聖。是以，荀子十分認同人性有著道德的可能性，理應提倡性善說。然而，荀子卻徹底認為性為惡，而善則因偽而來。這是為甚麼？蓋因在荀子看來，價值、也就是善的世界，僅限定於偽的世界。那麼，處於性的世界中者，即使具有知「道」、準乎道而成仁義法正的能力及素質，也不可能是善。在心的作用參與之下，也即人自覺的行為之際，偽方成立，亦即實現由性化為偽，而偽中有善。因此，由性到偽的轉化，使得由惡至善的價值性轉化成為可能。綜合看來，可將荀子的觀點理解為，價值僅限定在偽的世界，而天所賦予之性則是價值之外的存在。本來，荀子之性就沒有變化，化性一事是由性到偽的轉化，而性本身並沒有改變。由性到偽的轉化，而導致存在向價值的轉化，這是荀子所特有的思考方式。性與偽的關係就是天所賦予之物與人為之物的關係，即天與人的關係，而荀子的性惡說基於性偽之分，更基於天人之分。

如果性是一種存在，而位於價值之外，那麼就應當認為性尚未為善，而斷言其為惡也不穩妥。荀子斷言性惡，主要原因是後世之人的誤解。使荀子更遭受誤解的一個因素，是在說明性為惡時，謂性之中的五官作用以及心的作用之中都有情與欲的層面。是以，其中並不以單純存在的性作為問題，而以作為惡者之性為問題。如〈性惡〉篇開篇云：「人之性惡。其善者，偽也。今人之性，生而有好利焉，順是，故爭奪生而辭讓亡焉；生而有疾惡焉，順是，故殘賊生而忠信亡焉；生而有耳目之欲，有好聲色焉，順是，故淫亂生而禮義文理亡焉。然則從人之性，順人之情，必出於爭奪，合於犯分，亂理而歸於暴，故必將有師法之化，禮義之道，然後出於辭讓，合於文理，而歸於治。用此觀之，人之性惡明矣。其善者，偽也。」這一態度始終如一。此處荀子之說固然有其混亂，而這一混亂與孟子在說明性善說時，全然以心的道德性，即孟子所謂大者為問題而於五官欲求置之不顧，如出一轍。然而，即使有這一混亂，也不應當誤解荀子性惡說的真實用意。

要之，在荀子看來，價值限定於偽的、人的世界；而價值的根本標準是道，道的具體化就是禮。禮是成為聖人之偽者，是偽之根本。由於聖人及作為聖人之偽的禮成為偽或人的根本；因此，在天人之分的思想中，禮與天及性正相對應。這一對應即化者與使化者的相應。如果後者，亦即性是善，那麼，前者亦即聖人與禮的存在理由也就不復存在，而聖人與禮存在的理由正在於性惡說。所謂「孟子曰：人之性善。曰：是不然。凡古今天下之所謂善者，正理平治也；所謂惡者，偏險悖亂也。是善惡之分也已。今誠以人之性固正理平治邪，則有惡用聖王，惡用禮義哉？雖有聖王禮義，將曷加於正理平治也哉？今不然，人之性惡。故古者聖人，以人之性惡，以為偏險而不正，悖亂而不治，故為之立君上之埶以臨之，明禮義以化之，起法正以治之，重刑罰以禁之，使天下皆出於治，合於善也。是聖王之治而禮義之化也」（〈性惡〉），又「故性善則去聖王，息禮義矣；性惡則與聖王，貴禮義矣。故檃栝之生，為枸木也；繩墨之起，為不直也；立君上，明禮義，為性惡也。用此觀之，然則人之性惡明矣，其善者偽也」（同上）。聖人及禮的存在理由在於性惡，並基於相關事實而主張性惡說。因此，對荀子而言，聖人以及禮的存在是理所當然之前提。因此，性惡說並不能清晰解釋性的實相，而是為說明聖人的教育權威、說明因禮施教的意義之產物。換言之，性惡說並非學說，而是為教導人們準乎禮的教學。

如上所述，荀子的性惡說立足於天人之分的思想。也就是說，孟子認為天與人有著價值的連續性，而荀子則認為二者並不存在價值的連續。儘管如此，天與人之間並非斷絕，從而也不是人獨立於天。之所以如此說，是因為荀子認為，作為性的天與人之間雖無價值的連續。另一方面，人卻是能夠臻於天者。荀子也認為，人居於天之下，人與天之分即人相對於天的獨立性不過是第二義的。因此，如〈天論〉篇所云：「大天而思之，孰與物畜而制之；從天而頌之，孰與制天命而用之」，這一主張也不當理解為人獨立於天而人控制天與自然，而是說人雖然位居天之下，但是仍有其應當努力的職分。據前揭引文的結語「故錯人而思天，則失萬物之情」，其義愈明。更何況，積偽成聖、即人為之極致的聖人，能夠參天地而通神明，其意指也甚為顯豁。所謂「性也者，吾所不能為也，然而可化也，積也者；非吾所有也，然而可為也。注錯習俗，所以化性也，並一而不二，所以成積也。習俗移志，安久移質，並一而不二，則通於神明，參於天地矣。（中略）涂之人百姓，積善而全盡，謂之聖人。彼求之而後得，為之而後成，積之而後高，盡之而後聖。故聖人也者，人之所積也」（〈儒效〉），又「今使塗之人，伏術為學，專心一志，思索孰察，加日縣久，積善而不息，則通於神明，參於天地矣。故聖人者，人之所積而致也。」（〈性惡〉）

根據以上考察可知，儘管孟子與荀子之間，有天人連續及天人之分的差異、性善說與性惡說的對立，但是二者在以下幾點內容則幾乎全然一致：認為人居於天之下；認為在人所擁有天所賦予的性之中，既有五官與心之情、欲，也有心的理性作用，即關於人性論之根本問題的觀點；又二人皆祖述孔子之道，而遵奉周代封建制度下的道義。在確認以上事實基礎之上，筆者勢必考察何以產生由天人連續到天人之分，以及由性善說到性惡說這一發展。

3. 由孟子到荀子

為了對比孔子以認識孟子，就有必要慮及二者之間楊朱與墨子等的存在；與此相類，為了對比孟子而理解荀子，也有必要考慮在二者之間，老子與莊子等的存在。老子追求排斥人為以復歸天道，這一人為的核心就是儒家仁義之道以及禮，老子則絕對予以排除之。作為超越禮的統治原則，老子這一學說此後發展成為韓非的法。老子又謂，禮是忠信之薄的產物，因而是亂之道；同時轉而追求完全實現信的太上之世。太上之世，無譽亦無畏，全為自然，因為沒有任何抵觸，所以也就沒有感情作用的餘地。莊子亦主張排除人為而追求逍遙於道的世界。莊子所謂的人為，其核心就是世間性的知；將知所代表的所有事物加以外化，而努力葆真、保全天然。潛心於自我、潛心於天所賦予之性，貫徹其獨；與老子相反，這是非政治性之物。

老子與莊子的關係即分別從左右夾擊以排除人道或禮。不僅如此，人的知、情、欲皆予以一併排除，而追求信或真於自然與天然。荀子生於這些思想家之後，遂不得不對其加以批判，而重新對孔子之教誨加以組織。這與孟子批判楊墨之左右夾擊批評孔子、試圖重新確認孔子之道正相似。正因為老莊之說徹底地排除禮及人為、人的知情欲，明確逾越於儒家之禮的範疇之外，所以再確認禮及知情欲的荀子比孟子更加自覺於此類事物的意義，是理所當然的。荀子遂主張藉由以禮為培育人之慾望與感情之物，並使感情、慾望合乎禮而行，尋求充實真實之物亦即誠者。要之，針對排除禮與情欲以求真實的老莊，荀子立足於情欲，藉由使之依禮而行以追求真實，而尋求人之完成。相對於或言復歸於天，或言蔽於天的老莊，荀子則自覺於禮或人為的意義。於是，由孟子的天人連續發展至天人之分。

然而，為更具體瞭解其間的情況，就必須考察孟荀對禮的態度，對周代封建制度之下君臣關係與父子關係的態度，進而對構成周代封建制度基礎的宗族的態度之差異。在君臣關係方面，荀子始終貫徹尊賢使能的原則，而排斥世襲制度（世）與血緣的封閉性（族）。也就是說，排斥君權為宗族封閉性所受制約。所謂：「請問為政。曰：賢能不待次而舉，罷不能不待須而廢，元惡不待教而誅，中庸雜民不待政而化。分未定也，則有昭繆。雖王公士大夫之子孫，不能屬於禮義，則歸之庶人；雖庶人之子孫也，積文學，正身行，能屬於禮義，則歸之卿相士大夫」（〈王制〉），又云：「故刑當罪則威，不當罪則侮；爵當賢則貴，不當賢則賤。古者刑不過罪，爵不踰德，故殺其父而臣其子，殺其兄而臣其弟。刑罰不怒罪，爵賞不踰德，分然各以其誠通，是以為善者勸，為不善者沮。刑罰綦省，而威行如流，政令致明，而化易如神（中略）亂世則不然，刑罰怒罪，爵賞踰德，以族論罪，以世舉賢。故一人有罪，而三族皆夷，德雖如舜，不免刑均，是以族論罪也。先祖嘗賢，後子孫必顯，行雖如桀紂，列從必尊，此以世舉賢也。以族論罪，以世舉賢，雖欲無亂，得乎哉」（〈君子〉）。前者（〈王制〉）論說應當始終貫徹尊賢使能的原則來選拔人才，而士庶之別也應當依據是否恪盡守禮，也就是學問修養之有無來加以決定。因此，其說雖然支持封建制度，卻排斥作為周代封建制度基本條件的士庶之別的世襲制。而臣僚近似於郡縣制度下的官僚，士庶之別則接近吏民之別。這是以疏通君臣關係或君權的一元化為目的的體制。後者（〈君子〉）論述君主賞罰不應以世即世襲制與族即血緣的封閉性為依據。「殺其父而臣其子，殺其兄而臣其弟」，正面否定了父讎不共戴天的家本位、宗族本位立場；自然是君權向家或宗族內部的滲透。因此，毋庸置疑，這是以君權一元化為目的之體制。

荀子試圖在君臣關係中排除世襲制與血緣的封閉性，排除其背後維繫宗族的勢力之介入，而一心貫徹賢能本位。其論雖與非血緣化的官僚制相近，卻仍以禮為人世的衡量標準。將此與孟子的觀點相比較，則二者都維持儒家理想的周代封建制度，而期盼禮的秩序世界。然而，孟子重視君臣關係中世襲制與血緣制度封閉性的作用，為此，君權也不得不受到背後有著因上述制度而確立的宗族之臣僚的制約；與之相反，荀子則在君臣關係世界中排除世襲制與血緣封閉性，相應地強化君主的權力。作為儒家，孟子雖然也尊重尊賢使能的原則，荀子卻據此原則一以貫之。當然，賢能或德的內容之中，也包含世襲制、血緣制的道德，也就是孝悌之德；荀了也在德的同等事物之間重視血緣上相近者，卻迴避了因世襲制和血緣制而制約君權的內容。

正如前文所指，對於立足於世襲制和血緣制的家或宗族這樣的成員而言，家或宗族及其所屬者都是被賦予的，而人對此無能為力，中國人視之為天所賦予之物。與此相反，荀子在君臣關係上力排世襲制與血緣的封閉性制約，一以貫之以賢能本位，更致力於使後天、人為的君主統治滲透至世與族基礎之上的宗族或家族之中，是以不難推想，荀子更加自覺於人作為後天的、有所作為者的意義。荀子之所以抱有天有天分、人有人分的天人之分思想，其主要理由正在於此。也就是說，儘管荀子和孟子同樣祖述孔子教誨，試圖維持周代封建制度下的秩序；但是與孟子持天人連續的觀點相反，荀子則持天人之分的觀點。這是因為：為批判排除人道以復歸天道的老子，以及謀求外化萬物而保全天然的莊子，荀子必須對人道加以重新確認；在維持周代封建制度的同時，也必須使得基於世襲制與血緣制的封建勢力納入君主的一元化統治之下，以尋求君權的強化與臣僚的官僚化。上述兩個條件絕非毫不相干，之所以這麼說，是因為筆者認為：老子之說越禮而更加趨向於專制統治，是與韓非相連者；非政治性的莊子，置禮於外、即方外，而禁錮於宗族或家族之中；因此，荀子立足於禮而批判老莊，正是批判君主中心與父或個人中心的兩極，以試圖使得君臣關係與父子關係相並立者。排除基於世襲制與血緣制的家族和宗族的特權，是為更進一步強化君主的權力，但是，這也完全要在禮的規範之下施行，儘管君權處於優先位置而同時仍試圖使君臣關係與父子關係二者相並立。這就是在基於儒家立場而支持周代封建制度，即準乎禮的同時，順應戰國末期君權強化要求的結果。荀子這一天人之分的思想實際上是形成性惡說的基礎。性惡說首先就將聖人或禮視為當然的前提。也就是說，說明君主及君主教權的存在理由，正可謂明確顯示出其歷史的特徵。

（二）荀子之後

1.《孝經》

《孝經》成書稍前於《呂氏春秋》。《孝經》與孟子相同，立足於周代封建制度，從而肯定宗族，並希望背後擁有宗族的封建諸勢力能夠受到君主的一元化統治，而改變父親權威及孝道。與荀子相同，這是在維持封建制度的同時，與戰國末年至秦之際的權力集中化的一種對應形態。孝對人而言是天性，孝道則是天經地義，即天道。因此，《孝經》中有與孟子幾乎相同的天與人價值的連續性論述。同時，既然孝是天性，是故即使無需著意地嚴肅對待，教化也能得到廣為推廣；這一思想頗近似於莊子之因及韓非論統治之術中因的思想。以上內容筆者曾有過相關討論。[3]

《孝經》又認為，至大之孝為天子之孝，而天子之孝中其最大者，在於天子以其祖配祀於天（〈聖治〉章），這顯示出：一則先祖祭祀、亦即宗廟之儀與天之祭祀、亦即郊祀，與天子關係密切，不可分割；再則，對於孝道實踐而言，相應的真誠祭祀具有重大意義。不僅如此，在誠摯的宗廟祭儀之中，更深信鬼神之降臨（〈感應〉章），即深信人可以藉由貫徹其真實而與神明溝通，即神人交涉之事。就以上相關內容，前文既已

3　板野長八：〈孝經之成立〉（〈孝経の成立〉），《史學雜誌》第 64 編第 3．4 號（1955 年）（本書〔《儒教成立史之研究》〕第一章）。

指出《孝經》與〈中庸〉篇之間關係極為密切。

2.《呂氏春秋》

《呂氏春秋》雖然成書於眾人之手，為行文之便茲視其為一體。在《呂氏春秋》之中，性為萬物，從而也是人之本，且規定其為天所賦予，是人所無能為力者，即所謂「性者萬物之本也，不可長，不可短，因其固然而然之。此天地之數也」(《呂氏春秋・不苟・貴當》)，又：「性者所受於天也，非人之所能也」(〈孟秋紀・蕩兵〉)；又：「石可破也，而不可奪堅；丹可磨也，而不可奪赤。堅與赤，性之有也。性也者，所受於天也，非擇取而為之也」(〈季冬紀・誠廉〉)。性也有生之意，也有作為本質或真實的情之意，也有作為涵蓋身、己或人在內的天的表達之意。簡言之，性是由天命所規定的必然之分、理與數。性既然是人所應當培養呵護、應當保全之物，因而就不僅是人之根本，也是人之本質。

性既然是天所賦予人之本質，是人所無能為力者；那麼，要將相對於天而獨立的人為加諸於性，完全是無稽之談。前例可見於《莊子》等。《呂氏春秋》云：「故凡學非能益也，達天性也，能全天之所生而勿敗之，是謂善學」(〈孟夏紀・尊師〉)，承認學作為達到天性之物的意義。乍看之下雖似矛盾，實則所謂學問，指的是藉由去除有害之物、節制慾望而保全其性者；因此，相對於性而言，學是消極的，同時也受到數或命所限定。所以，視性為絕對，與學之間並無矛盾。相較於《莊子》等視天成之物為絕對，《呂氏春秋》則云：「天生人而使有貪有欲，欲有情，情有節；聖人修節以止(一作「制」)欲，故不過行其情也」(〈仲春紀・情欲〉)，又云：「天生陰陽寒暑燥溼，四時之化，萬物之變，莫不為利，莫不為害。聖人察陰陽之宜，辨萬物之利以便生。故精神安乎形，而年壽得長焉。長也者，非短而續之也，畢其數也；畢數之務，在乎去害」（〈季春紀・盡數〉），認為天孕育性（情）的同時亦產生欲，既孕育其利亦造成其害，而並行不悖。

簡言之，《呂氏春秋》雖然視性為絕對，卻將天所賦予之物分為性與欲，而有別於以性來統攝天所賦予素質的孟子、莊子與荀子等。孟子承認在性之中心與五官的機能，卻只專注於心的機能來說明性善；莊子因視性為天成而奉其為絕對，卻無法從絕對的性與天相關聯的角度來說明應當排除人為發生的理由；荀子則為說明性惡，只致力於性之中的情欲部分。相比之下，《呂氏春秋》徹底摒棄了上述理論的混亂與不徹底。

然而，如上所言，《呂氏春秋》中的人不過是消極性地應對天之道，這一道德性修養實則甚至還被期待有生理性功效。是以，作為人之完成者，真人也意味著作為自然性存在的充實者。既然己、身與性皆為天所賦予，這就是無可避免的事情，是以不能認為其具有強烈的道德感。如上文所言，孟子、莊子與荀子雖然各有其混亂與不徹底之處，但是，那是由於彼此基於各自理應如此的要求而對性所作不同處理所導致結果。從而，儘管其中有混亂與不徹底之處，同時卻有著強烈的道德感。與此相反，《呂氏春秋》雖然得以規避混亂與不徹底，在道德性方面卻不得不說有所欠缺。也就是說，儘管《呂氏春秋》以性為人的本質，從而以性為價值判斷的依據，其關於人的論述卻缺乏道德性。這一點上，其與《易傳》有著共通之處。

全性、達性者，是為聖人，是為真人，是體得道、一與天者。所以認為這樣的聖人為全能，因為這是萬物及人也體得一之後所成就者，因為體得一的聖人能夠與萬物、萬人相對應之故。所以深信以誠、信或更普遍的德為媒介形成的同類相引或感應，也是因為上述道理所致，即所謂「德也者，萬民之宰也；月也者，群陰之本也。月望則蚌蛤實，群陰盈；月晦則蚌蛤虛，群陰虧。夫月形乎天，而群陰化乎淵。聖人形德乎己，而四方咸飭乎仁。（中略）故君子誠乎此，而諭乎彼；感乎己，而發乎人。豈必彊說乎哉」（〈季秋紀・精通〉），又：「夫可與為始，可與為終，可與尊通，可與卑窮者，其唯信乎？信而又信，重襲於身，乃通於天。以此治人，則膏雨甘露降矣，寒暑四時當矣」（〈離俗覽・貴信〉），又：「故誠有誠，乃合於情；精有精，乃通於天。乃通於天，水木石之性皆可動也，又況於有血氣者乎」（〈審應覽・具備〉），以及「夫鷙驥之氣，鴻鵠之志，有諭乎人心者，誠也。人亦然。誠有之，則神應乎人矣。言豈足以諭之哉？此謂不言之言也」（〈士容論・士容〉）。

深信這一道理，於是也要求遵循此理而致力於修養與教化。就此而言，《呂氏春秋》與荀子等幾乎完全一致，更企圖藉由此理而獲得道德性的感化以外之物。然而，所有一切卻既非天命亦非自然，而是為他者所使之然者，且各有其緣故。從而為獲得特定的結果，就必須預設能夠使其如此的原因，而藉由預設相關的原因才能得到既定的結果。所謂「類同相召，氣同則合，聲比則應（中略）故以龍致雨，以形逐影，師之所處，必生棘楚，禍福之所自來，眾人以為命，安知其所由」（〈有始覽・名類〉），又：「春氣至則草木產，秋氣至則草木落。產與落，或使之，非自然也。故使之者至，物無不為；使之者不至，物無可為。古之人審其所以使，故物莫不為用。賞罰之柄，此上之所以使也，其所以加者義，則忠信親愛之道彰，久彰而愈長，民之安之若性，此之謂教成。云云」（〈孝行覽・義賞〉）。前者全為巫術，後者則是一種政治教化之術。

祥瑞、災異的出現也因此道理而產生。在《呂氏春秋》

中，更有與五德終始說——認為王朝之德與五行之德之間具有同類相引作用——相同的理論（〈有始覽．名類〉）。這些徑直表現出藉由修德或整飭與德相匹配的服飾等而招致祥瑞的傾向，是淺近的道理，與前揭巫術完全相同。此處，其與全性而遊於道的世界之莊子所論聖人或真人有別，與期待道德感化的儒家聖人也不相同。當然，《呂氏春秋》裡也有藉由同類相引之理，說明聖人王者之道德性感化的內容。但是無論如何，《呂氏春秋》之中，人相對於天的、獨立的道德性倒退了；而相對於天道，其能動性也僅是消極地參與而已。這一能動性的實質，就是為獲得既定的結果所預設的一定原因。它基於一種因果論，同時也引導人們走向自然科學化知識。然而《呂氏春秋》最終並未能擺脫巫術。

上述的聖人，與《呂氏春秋》十二紀各紀的開篇，也就是被納入《禮記．月令》的部分之中所論與上天之間進行同類相引或感應的天子，可謂完全相同。月令的天子就是巫祝本身，將同類相引之理視為巫術原理的典型，則其思遂過半矣。是以，聖人王者就是藉由巫術而指導大眾的巫者，而非僅僅是道德的成就者。從而，相比起以禮為生活規範而始終應恪守道德的普通人，更易區分。這也是《呂氏春秋》特點之一，而與《易傳》相同。

全性的聖人君主被設定成為「因」者。因是虛靜無為的一種存在方式，是莊子中有特色者。也就是說，聖人雖然也處於萬物與萬民，即「多」之中，與之進行相互溝通，但是，由於聖人竭其所有使之外化而致虛，所以即使與「多」相對應也不陷入對立關係之中。所謂「因」即與「多」相對應而接之以此方法。與此同時，雖然與「多」相對應，卻未因「多」而受制約，反而得以無限制與無限定的存在。是以，因並非僅有因於多這一消極性的一面，也有不為多所制約而具有自主性的一面，也就是貫徹其獨的一面。愈是主張這一自主性，因以制之之義愈強。庖丁解牛的寓言就傳達出這一信息，而韓非的信賞必罰則是因以制之的極端表現。之所以如此說，是因為據韓非的說法，追求安利而去除危害本是人之本性，所以信賞必罰完全因循這一本性。同時，因為人們欲追求安利、即賞，而避免危害、即罰，就會自發競相盡其死力為君主效忠；君主只要掌握賞罰之二柄，就能將人民的全部能量集結於手中，從而得以實現完全統治人民。《呂氏春秋》中也顯示出從莊子的因至韓非的因之發展變化。簡言之，《呂氏春秋》有與韓非思想相近的一面。就此方面而言，其君主和韓非的君主一樣，藉由法術而統治人民，而其性質區別於以禮為生活規範的人。

如同《易傳》將以父家長為基礎的社會結構視為理所當然，韓非也排斥以宗族而結合的政治特權，如《韓非子・忠孝》篇以父家長為基礎。但是，《呂氏春秋》所認為理所當然的社會結構究竟如何並不明確，而在其引《孝經》內容的〈孝行覽・孝行〉中，其孝的特徵有別於《論語》與《孟子》中所見內容，而與《孝經》大體一致，且其傾向更為徹底。正如既有研究所指出，《孝經》的孝在遵行周代封建制度與宗族的同時，被改造成為得以接近戰國末期的專制權力，而因《呂氏春秋》並無與此相衝突的社會結構，故此，可以根據上文推測出《呂氏春秋》的立場。

概括上述內容言之，即《呂氏春秋》雖然就其性質而言未必全然統一，但是大致則如下所言：關於人性，認為是天所賦予之本質而人對此無能為力；人應當調節或排斥使性扭曲的欲、情，以臻全性。也就是說，《呂氏春秋》雖然與莊子同樣視性為絕對，但是藉由預設了性以外的天所賦予之欲等，得以承認以全性為目的的學問修養之意義，而全性之聖人雖然全能，卻並不只是道德的人的成就者，也具有作為巫者或法術實行者的特徵，有著區別於終始應恪守道德的人的一面。就上述內容而言，《呂氏春秋》與《易傳》或韓非十分相近。在社會結構上，則將《孝經》更進一步推向君主一元制。是以，《呂氏春秋》既施行不拘泥於儒家之禮的法術，也得以與具有巫術特徵的戰國末期秦國的專制權力相呼應。或許《呂氏春秋》作為始皇帝監護人呂不韋門下所成之書，有這些內容或許是理所當然的。

3.《易傳》

關於《易》之傳即《十翼》的成書年代有爭議，今所從者則〈繫辭傳〉、〈文言傳〉、〈說卦傳〉等成書於秦前後的時代諸篇。為方便行文，將上述諸傳一併加以討論。

《易傳》認為，天道是道德性本身，人之性是天之所成，遵循天道乃得自身成就道德。所謂：「天地設位，而易行乎其中矣。成性存存，道義之門」(〈繫辭傳上〉)，又云：「一陰一陽之謂道。繼之者善也，成之者性也。仁者見之謂之仁，知者見之謂之知」(同上)，是以人之道德與天道相連續。不僅如此，既然道德由天所賦予之性而成就，且天道就是道德性本身，那麼，人的道德在基於天道同時，理應全然從屬之。當然，《易傳》中不只有功利的見解或「與時偕行」等妥協的觀點，也有嚴肅的道德修練要求，而且將道德整體都隸屬於天。

聖人藉作《易》以窮盡人之性，所謂：「昔者聖人之作《易》也，幽贊於神明而生蓍，參天兩地而倚數，觀變於陰陽而立卦，發揮於剛柔而生爻。和順於道德，而理於義，窮理盡性，以至於命」(〈說卦傳〉)。既然《易》是天道具象化的存在，那麼，作《易》並以此教導普通人的聖人就不啻為天道的代行者。那麼，有上述作用也是當然。《易》作成之際，幽贊於神明而獲如蓍等的神物，這是指聖人藉齋戒而與神交涉，乃獲神物；又以此神物為媒介，製作《易》而知神明的意志，與「是以明於天之道，而察於民之故，是興神物，以前民用。聖人以此齋戒，以神明其德」(〈繫辭傳上〉)相同，這完全是巫祝之道，是一種巫術。因此，聖人既是巫者也是天之代行者，與道德世界中的人有著迥異的一面，這遂使得作為人之主體性的道德發生倒退，然而《易傳》卻不止一次將聖人奉為全能者。

《易傳》又云:「子曰:『書不盡言，言不盡意。然則聖人之意，其不可見乎？』子曰:『聖人立象以盡意，設卦以盡情偽，繫辭焉以盡其言，變而通之以盡利，鼓之舞之以盡神。』乾坤其易之緼邪？乾坤成列，而易立乎其中矣。乾坤毀，則無以見易。易不可見，則乾坤或幾乎息矣。是故，形而上者謂之道，形而下者謂之器。化而裁之謂之變，推而行之謂之通。舉而錯之天下之民，謂之事業。是故，夫象，聖人有以見天下之賾，而擬諸其形容，象其物宜，是故謂之象。聖人有以見天下之動，而觀其會通，以行其典禮，繫辭焉，以斷其吉凶，是故謂之爻。極天下之賾者，存乎卦；鼓天下之動者，存乎辭。化而裁之，存乎變；推而行之，存乎通；神而明之，存乎其人。默而成之，不言而信，存乎德行」(〈繫辭傳上〉)。此處設問道：如果書不能盡言、言不能盡意，那麼是否還能獲知聖人之意？這一問題直接留意到《莊子．天道》篇中輪扁之言及此前的文字。要言之，這是基於老子、莊子的不言之教或忘言得意之說而來。也就是說，這是基於道家之說的設問，而針對此自問的自答則謂，聖人藉由《易》之象、卦、辭等所謂形而下之器，得以理解形而上之道，即天下之賾或乾坤，從而揭示出天之道或聖人之意。

構成《易》之象、卦、辭的，如上文所述，乃是聖人以齋戒而達到神人合一的境地、並憑藉著神物的媒介所得到的能力，完全是巫術的內容。因此，這一說法針對道家之說而以儒家的聖人、經典為基礎，是敬鬼神而遠之的儒家假鬼神之助力而實現者。作為卜筮之書的《易》之傳此事在所難免，但也顯示出《易傳》的性質與儒家思想的變化。是以《易傳》的聖人特徵更為顯豁。這一聖人或君主的設定，大約是與老子、莊子以及韓非等相抗衡所導致。就立足於禮而言，是與老莊、韓非等的君主相對抗；但就超越作為普通人道的禮而言，反而與彼等相近。

下文就《易傳》中的社會結構略作考察。家人卦〈彖傳〉云：「家人，女正位乎內，男正位乎外。男女正，天地之大義也。家人有嚴君焉，父母之謂也。父父子子、兄兄弟弟、夫夫婦婦，而家道正。正家而天下定矣。」此處家庭結構由父子、兄弟、夫婦構成，並無新穎之處；值得注意的，是其將家庭基礎置於男女以及夫婦與父母。與此大致相同的內容也見於〈說卦傳〉以及〈序卦傳〉，即〈說卦傳〉中提及父母、長男長女、中男中女、少男少女的結構，而〈序卦傳〉則進一步陳述人倫整體的順序為天地、萬物、男女、夫婦、父子、君臣、上下與禮。這固然由於《易》基於陰陽二元的觀點，卻有別於以父子、兄弟關係或孝悌之德為問題所在的論述。相比起宗族這樣寬泛的概念，這是以縱向關係明顯的夫婦與父母為中心的家族本位表述。〈繫辭傳上〉開篇即云：「天尊地卑、乾坤定矣」，再參考「乾道成男、坤道成女」之語，可知這一家族以父、夫為中心。家道正則天下定，夫婦、父子與君臣又相連，是以《易傳》的君主立足於父家長制。

上文曾指出，韓非及其後學所理解的合理社會，一方面不破除宗族或家族而排除其特權，另一方面立足於家族。《易傳》之家與君主的特徵若如前文所述可知，儘管《易傳》遵循禮而與韓非等所期盼法的一元化相抗衡；然而就社會結構而言，二者則頗為相近。秦始皇與韓非之說相共鳴，將韓非所論付諸實踐；而從秦始皇的封禪或神僊信仰所具的巫術特徵來看，《易傳》雖然遵循儒家的禮或教義，卻也能夠與始皇帝等人這一權力相結合。不過，既然《易傳》中也有秦代之前所作內容，那麼這一傾向就並不只限於秦代。

上文概括了荀子以降，表現出儒家思想動向的《孝經》、《呂氏春秋》、《易傳》等文本內容。值得注意的是，上述諸作品都反對荀子的天人之分，而立足於與孟子相同的天人相連續觀點。荀子之後的這些論述，乃是立足封建制度的儒家在戰國末年至秦朝，針對超越封建制度而正在進行的權力集中所提出的各自相應理論：荀子使君權滲入以周代封建制度為基礎的宗族之中，試圖打破宗族的特權；《孝經》及《呂氏春秋》則立足於宗族制，試圖對其內部加以改變；而《易傳》則尋求以家族為中心而非宗族。上述眾說關於宗族與家族雖然有相異之處，但是都立基於血緣制與世襲制；而對於宗族以及家族的構成成員而言，宗族、家族以及與之相應的生活規範、道義等都被理解為被賦予的、天所賦予之物。宗族或家族的動搖越是激烈，對於天所賦予之物所具權威的信仰就越發強烈。破除基於世襲制、血緣制特權的荀子，臻至天人之分之論；反之，《孝經》以降的論著則立足於天人連續，在形式上與孟子相一致，其理由之一正在於此。荀子的天人之分之論後世湮沒無聞，因此不妨視之為由宗族中心到家族中心的過渡產物。

又《孝經》、《呂氏春秋》以及《易傳》三者皆深信同類相引之理或感應之說。這一同類相引或感應發生在人與天或神明之間，是故深信於此的人理所當然會相信，人有著與天或神明相同類之物。不過，這一同類之物當求諸性，還是如荀子欲求諸偽，由此二者之別遂導致天人連續與天人之分之別；而據前揭所示，由於根本原因所形成的相信天人連續者，越發相信同類相引或感應，天人連續的信念也越強。總之，荀子以降，天人連續的思想居於主流，而天人連續與天人之分的對立則為新興事物所取代：《孝經》始終將聖人或君主置於道德或禮的世界；而《呂氏春秋》以及《易傳》的聖人王者不僅近於或兼及道德或禮的世界，更及於巫術的世界；這一對立漸趨表面化，後者也以巫術為媒介而更可能接近掌權者。

4.〈樂論〉篇與〈樂記〉篇

〈樂論〉篇雖然原是《荀子》中的一篇，內容卻與《荀子》一般內容有所不同。筆者以為，荀子的天人之分、性偽之分與性惡說，意在針對《莊子》內篇觀點——蔽於天而不知人、又謂能合於性者是天所成者，因此以之為真、為神而視為絕對——所提出的反駁觀點。又《莊子》外篇闡明性的概念，且以性為天、真與神之物，而視為絕對；其保性全真之說與荀子性惡說正相對立；而其拒斥仁義禮樂並以禮為偽，則不僅反對荀子之說，更是反其意而用之。又雜篇與荀子、孟子相同，提出誠的概念作為與性、真、神相當者；卻將仁義與禮視為與誠、真相逆行之偽而加以排斥，是反向利用荀子之說而加以非難。〈樂論〉篇所云：「著誠去偽，禮之經也」之偽，並非荀子的人為之偽，而是虛偽的偽，與雜篇所論正同。因此，這一主張蓋繼承上述雜篇之觀點，並運用其以穩固禮的基礎，從而直面莊子系道家的攻擊，而對荀子等儒家的立場進行防禦。也就是說，在《荀子》中其他篇內容與〈樂論〉篇之間，間隔有《莊子》外篇與雜篇等對荀子的攻擊，以及〈樂論〉篇對雜篇等反擊等內容。因此，〈樂論〉篇所云「著誠去偽，禮之經也」的禮，深入人心而成其為取捨選擇，發揮出揚善（誠）者抑惡（偽）者之樂的作用。[4]

儒家原本即肯定人的感情或慾望，並主張在此基礎之上對其進行調節，揚善而抑惡，藉由陶冶人性而尋求人的真實與完成，期盼社會和平。以論述作為人們生活規範而規定人們行為之禮為顯著特徵的荀子，也認為禮者養也。也就是說，全面肯定人的感情及慾望，為使其滿足而將慾望彼此之間，以及慾望與其對象之間的調節基準求諸禮。然而，與荀子一系眾人關係密切，同時也與之相對立的莊子系道家，則將所有事物外化，排除感情或意欲，排斥作為生活規範的禮，欲以此保全真、神、性與誠。莊子系道家遠離政治的世界，而最富政治特色的韓非雖然視人的慾望為本性予以肯定，但其所言信賞必罰卻排斥人的感情與情誼，使其無存在的餘地。換言之，當時的儒家受到莊子系道家與韓非等法家二者的夾擊：二者政治上主張完全相反，卻在排斥感情上全然一致；儘管如此，儒家依然肯定人的慾望與感情，希望藉由禮以規範慾望與感情，而尋求人的真實與社會和平。是以，他們和荀子一樣，甚至較之更為關注禮；與此同時，措意於反省與陶冶應為禮所制約的感情或慾望。

荀子的禮雖調節感情或慾望，卻不加取捨選擇，也沒有比調節更甚的助長或抑制行為，只是著眼於量的處理，從而並

4　板野長八：〈荀子之樂論篇〉（〈荀子の楽論篇〉），《廣島大學文學部紀要》第 18 號（1960 年）。

未深入人的內在層面。但是，在前文所說狀況之下的荀子後學們，則從慾望或感情的量化處理轉向質的處理——對其加以取捨選擇及助長或抑制，遂轉為內向屬性。一如重視禮，荀子也同样重視樂，並使用禮樂這一詞彙。但是，荀子並未準乎禮以處理樂，並不承認樂的獨立性。雖然在詩中時常言及，卻並不以之為與樂相關者，而是以之為道德教化內容。這一狀況之下的荀子後學們，並不滿足於準乎禮以處理樂，而是試圖對取捨選擇、及助長或抑制感情或慾望的樂，即陶冶人性的樂之意義加以再確認。〈樂論〉篇以及此後的《禮記・樂記》篇的述作原委都是如此。

樂的特徵在於具有共鳴作用與移情的效用，當時的人謂此為感應，理解為同類相引之理。樂固然有鄭衛之音、淫聲與姦聲，而〈樂論〉篇之樂注重的則是雅樂、雅聲與正聲。換言之，〈樂論〉篇是藉由雅聲、正聲的感應作用，對慾望與感情進行取捨選擇及助長或抑制，以期陶冶人性，所謂：「凡姦聲感人，而逆氣應之。逆氣成象，而亂生焉。正聲感人，而順氣應之。順氣成象，而治生焉。唱和有應，善惡相象，故君子慎其所去就也」，又云：「故制雅頌之聲以道之，使其聲足以樂而不流，使其文足以辨而不諰，使其曲直繁省廉肉節奏，足以感動人之善心，使夫邪汙之氣，無由得接焉。是先王立樂之方也。」〈樂論〉篇以符合感情或慾望，即性的內容之中的善惡、正邪事物為前提，這也源於樂的性質。總之，並未規定符合性皆為善或惡，而是以善惡混合為前提。是以，人在價值上與天相連。因此，越是認可樂在教化方面的意義，越發不可撼動性的善惡相混與天人連續這一樂的性質。上述「著誠去偽，禮之經也」的誠與偽，即相當於這一性的內容的善與惡、正與邪。換言之，〈樂論〉篇在推進荀子觀點的同時，由於必須發展的事情以及職是之故必須重視樂的事情，遂從荀子性惡論轉至性為善惡相混論，從天人之分說而發展至天人連續說。〈樂論〉篇不僅對於偽的論述與《莊子》雜篇相同，對於誠也有別於荀子、而求之於相當於性者，相應地向內向化發展，顯示出其在與莊子系道家相對立的同時，也有著密切聯繫。然而，即使轉向內向化並認可性之中的善與誠，只要肯定修養尤其準乎禮的修養，也就無從像莊子系道家那樣將性視為絕對。這與《呂氏春秋》基本一致：《呂氏春秋》在視性為絕對的同時，也承認在性之外有作為天所賦予之物的欲之存在。

《禮記・樂記》相傳為西漢武帝元光五年（前 130）去世的河間獻王與學者共同採錄《周官》及諸子中所言樂事而成者。由於〈樂記〉篇收錄了《荀子・樂論》篇的主要部分，因此，其與〈樂論〉篇之間有諸多思想方面的共通性；而〈樂記〉比起〈樂論〉篇更為詳細，更尋求樂，尤其雅聲、古樂在教化上的意義。此外，與追求樂之教化的意義相並行，也深化了對於作為樂所教化對象的人之慾望、感情及道德性的反省。

例如，所謂「是故君子反情以和其志，廣樂以成其教，樂行而民鄉方，可以觀德矣。德者性之端也，樂者德之華也。金石絲竹，樂之器也。詩言其志也，歌詠其聲也，舞動其容也，三者本於心，然後樂器從之。是故情深而文明，氣盛而化神，和順積中而英華發外，唯樂不可以為偽。」上文即對於人的內在之物、本質之物進行反省，由此立足於性與德的關連以闡述樂的意義。也就是說，德是性之端緒，樂是德之光華。由此觀點出發，則樂乃是集聚和順於中而以之為英華發揚於外者，因此樂不得為偽，即是與真實相關者，從而闡明樂乃是與真實相關而發揚道德者，而這一道德立足於性。此處可見從《荀子》的一般內容到〈樂論〉篇的變化、及由天人之分到天人連續變化的結果。「是故先王之制禮樂也，非以極口腹耳目之欲也，將以教民平好惡而反人道之正也」，不必與上文為參照亦可知，此處並不認為性之中僅有德性，而是認為性是善惡相混之物。

與上文相似，從與禮相關的方面論述人性論與教化論的內容，還見於下文。「人生而靜，天之性也；感於物而動，性之欲也。物至知，知然後好惡形焉。好惡無節於內，知誘於外，不能反躬，天理滅矣。其物之感人無窮，而人之好惡無節，則是物至而人化物也。人化物也者，滅天理而窮人欲也。（中略）是故先王之制禮樂，（中略）禮節民心，樂和民聲，政以行之，刑以防之。禮樂刑政，四達而不悖，則王道備矣」。這是承認在性之中，有著人所與生俱來、處於靜止狀態的天性，以及性之欲（頌＝動）──人感於物而動之欲，從而產生知與基於知德好惡之情等。也就是說，天之性與性之欲（頌）都是性的內容，二者之間不過狀態有所不同而已。不僅如此，前者僅是假想的存在；而現實之中，性只能是後者。其中還認為，不斷感物而無節於好惡，則終致天理滅絕。是以，禮樂政刑節制並調和之，使其期於天理，由此使民眾反躬自省，此即為教化的王道。此處並未從與性相關的角度涉及德與真偽，這是因為其敘述以禮樂的節制、調和作用為中心，所以前揭內容僅被置換為善惡、真偽是否與天理相合，人能否反躬自省等命題。這裡承認人生而靜的天性，與莊子系道家相一致，尤其是，《淮南子・原道訓》之中有與上述引文幾乎完全相同的文字。但是，〈樂記〉篇立足性之欲（頌）而展示出以禮樂政刑為內容的王道思想，正是其作為儒家大顯身手之處。又前揭引文與〈中庸〉篇的第一章有諸多內容全然一致，即在與《淮南子》相近的同時，又皆在與其相對立，二文相一致；不僅如此，靜的天性與處於喜怒哀樂未發之中、性之欲（頌）及民心、民聲與喜怒哀樂已發之後者，彼此各自相應；藉由禮樂可得節制中和者，相當於中節之和；「禮樂刑政，四達而不悖，則王道備矣」相當於「致中和，天地位焉，萬物育焉。」

5.《韓詩外傳》

《韓詩外傳》，是以韓嬰，以人性為善。所謂：「繭之性為絲，弗得女工燔以沸湯、抽其統理，不成為絲。卵之性為雛，不得良雞覆伏孚育、積日累久，則不成為雛。夫人性善，非得明王聖主扶攜，內之以道，則不成為君子」（卷五），又云：「子曰：不知命無以為君子。言天之所生，皆有仁義禮智順善之心；不知天之所以命生，則無仁義禮智順善之心；無仁義禮智順善之心，謂之小人。故曰，不知命，無以為君子」（卷六）。人雖然與生俱來即為天所賦予仁義禮知順善之心，但是若不能自覺於此，也就毫無意義；即使性善，若無聖主明王的教導，依然不能成為君子。也就是說，性應當是成長發展之物，習慣、修養、學問是必要的；並謂學問或習慣雖然可以改變性，大多則是養性者；同時還注意到對情或欲加以調節或抑制，而調整性與情之間關係。所謂「原天命，治心術，理好惡，適情性，而治道畢矣。（中略）適情性則不過欲，不過欲則養性知足。四者不求於外，不假於人，反諸已而存矣」（卷二），又云：「傳曰：善為政者，循情性之宜，順陰陽之序，通本末之理，合天人之際。如是則天地奉養，而生物豐美矣。不知為政者，使情厭性，使陰乘陽，使末逆本，使人詭天，氣鞠而不信，鬱而不宜」（卷七），即將也能扭曲性的情設立於性之外。因此，其與《孟子》、《荀子》、〈樂論篇〉以及〈樂記〉不同，而與《呂氏春秋》相一致。但是並未如《呂氏春秋》認為性是人所無能為力；同時罕有論述學問、修養成為在生理上的效果。

就韓嬰而言，人的修養在於養性，而其要在於適當處理性與情的關係，以調整其情，而調整所應當依據的基準就是禮。禮因情而節文之，因此其中並沒有禁欲的觀點。所謂：「君子有辯善之度，以治氣養性，則身後彭祖；修身自強，則名配堯禹。宜於時則達，厄於窮則處。信禮者也。凡用心之術，由禮則理達，不由禮則悖亂」（卷一），又謂：「人有六情。目欲視好色，耳欲聽宮商，鼻欲嗅芬香，口欲嗜甘旨，其身體四肢，欲安而不作，衣欲被文繡而輕暖。此六者，民之六情也。失之則亂，從之則穆。故聖王之教其民也，必因其情而節之以禮，必從其欲而制之以義。義簡而備，禮易而法，去情不遠，故民之從命也速」（卷五）。

人的修養即所謂治氣養性，準以禮而成；而就其實則如上文所述，在於律情以及適當處理性與情之間關係，這就要求人中（合）於禮而行。中於禮，人之情遂安穩平適，而全然不覺於禮的約束。這與孔子「從心所欲不踰矩」的境地正相同。所謂：「君子行不貴苟難，說不貴苟察，名不貴苟傳，唯其當之為貴。故懷夫負石而赴河，行之難為者也，而申徒狄能之。然而君子不貴者，非禮義之中也。山淵平，天地比，齊、秦襲，入乎耳，出乎口，鈎有鬚，卵有毛。此說之難持者也，而鄧析、惠施能之。君子不貴者，非禮義之中也。盜跖吟口，名聲若日月，與舜、禹俱傳而不息。君子不貴者，非禮義之中也。故君子行不貴苟難，說不貴苟察，名不貴苟傳，惟其當之為貴。《詩》曰：『不競不絿，不剛不柔』」（卷三），又謂：「禮者，則天地之體，因人之情，而為之節文者也。無禮，何以正身？無師，安知禮之是也？禮然而然，是情安於禮也。師云而云，是知若師也。情安禮，知若師，則是君子之道。言中倫，行中理，天下順矣。《詩》曰：『不識不知，順帝之則』」（卷五）。

附帶指出，前引二段文字在《荀子》之中有幾乎完全相同的記載。前者見於〈不苟〉篇，後者見於〈修身〉篇，文字幾乎沒有任何改動。參照相關事實，可知孔子、荀子、韓嬰在下述問題一以貫之：即尋求人的一切言行應當合於禮，而至於無意識地合乎禮之境地，尤其可知荀子與韓嬰之間關係密切。而從實質層面而言，達此境地的人其本質為精、為神、為化，就是誠本身，例如：「凡治氣養心之術，莫徑由禮，莫優得師，莫慎一好，好一則博，博則精，精則神，神則化。是以君子務結心乎一也」（卷二），又謂「傳曰：居處齊則色姝，食飲齊則氣珍，言語齊則信，聽思齊則成，志齊則盈。五者齊，斯神居之」（卷八）。此處所謂「齊」即合乎禮的狀態，也與前文所言相同，而其實質為神。又云：「傳曰：誠惡惡，知刑之本；誠善善，知敬之本。惟誠感神，達乎民心，知刑敬之本，則不怒而威，不言而信，誠德之主也」（卷四），此處「誠惡惡」、「誠善善」正是指進行嚴格辨別而全然合乎禮者。因此，言此誠感神而通達民心，實與下文基於同樣思考：藉由準乎禮或師專心修養，而達至精或神之境，其中有神居之。又《韓詩外傳》之中亦散見有言誠為德之主，也因誠能感神，即誠與神之同類而無相違；以誠為人的本質、及誠不只能感神也能感人、感物等。這些都是以誠為媒介的感應與同類相引者，而韓嬰篤信此理。所謂：「君子潔其身，而同者合焉；善其音，而類者應焉」（卷一）、又：「此言音樂相和，物類相感，同聲相應之義也」（卷一）、「故同[5]明相見，同音相聞，同志相從，非賢者莫能

5 譯注：原誤作「司」，徑改。

用賢」（卷五）。

韓嬰基於同類相引之理，深信人之誠不僅與人或物相通，也能通與神明，且與之相感應。既然如此，遂深信或是藉由在齋戒時貫徹其誠，或是藉由合於道而施行其政以實現誠，從而得以感應上天而屏退災異或妖孽。換言之，深信藉由致力於正確的道德或政治而得以應對天譴，也是理所當然的。毋寧說，因有相關信仰的存在，可知韓嬰上述信仰之堅定。其中雖然也有或求福（卷三），或求鳳凰（卷八）等所謂期許神明的巫術內容，但大多則或勉力於道德或政治以消除妖力而使之歸於無、或廢止聖王所規定以外的祭祀、或一心消弭人妖，致力於其所能闡明的人倫之例，顯示出其道德本位的立場。特別是關於雩的內容，與《荀子・天論》篇中行文幾乎完全相同。藉由合乎禮以始終於人之真實即誠，而深信以誠為媒介的感應，以及儘管深信感應或同類相引卻罕見巫術性內容、而始終於道德。就上述內容而言，韓嬰與荀子也有眾多共通之處。韓嬰本有《易》注而今不傳。大約也與荀子相同，持道德本位的立場。就其深信感應或同類相引而言，與《呂氏春秋》、《易傳》等雖相同，韓嬰因循道德的一貫性則更強，而無《呂氏春秋》、《易傳》等兼顧巫術與道德、以及君主與貫徹道德的人之間的區分。

如前文所述，韓嬰認為音樂感應為感應的典型，如云「善其音，而類者應焉」、「同聲相應」、「同音相聞」等。不僅如此，還認為特定的人能夠理解奏樂者的心情（卷七、卷九），但是完全沒有將音樂的感應作用作為教化與修養的工具。儘管《韓詩外傳》在每一節之後皆引詩，但都是簡要歸納該節道德教化的內容。這一不基於音樂、而是以道德的規範待之的用詩立場，與荀子也相一致。此外，主要論述準乎禮的修養，而幾乎不涉及以樂的修養，也與荀子相同，而有別於《荀子．樂論》篇和《禮記．樂記》。

根據上述內容，可知韓嬰與荀子的共通性不少，特別是韓嬰主張的核心部分與荀子幾乎全然一致：即人的修養要準乎禮而行，且應完全合乎禮，並應當貫徹誠以通於神。與此同時，也有與論述誠的〈中庸〉篇思想相一致的內容。不過，荀子主張性惡說，而韓嬰則視性為善；前者主張天人之分，後者則以為天人相連。這一差異又由何而來？

荀子認為，性之中含攝心之作用與情欲；於此相對，韓嬰則將情從性中分離出來，這是二人差異之一。韓嬰之所以把性與情分開來，是為了挽救荀子陷入與孟子相同的混亂，發揮出作為學說整備的作用。不僅如此，這也是為了與荀子的天人之分抗衡而主張天人相連的條件之一。但僅據此而其他內容卻幾乎完全相同，並不能說明天人之分與天人相續二者相異的理由。之所以這樣說，是因為孟子與荀子相同也認為性之中涵攝了心之作用與五官之情欲等，卻與韓嬰一樣，提倡性善說，並立足於天人相連的觀點。

前文已指出，繼天人之分的荀子之後，《孝經》、《呂氏春秋》、《易傳》等都主張天人相連的觀點。前文也已說明，荀子與其差異根本在於前者從君臣關係中排斥血緣制、世襲制，後者則對其加以肯定。被認為是荀子學問直接延續的〈樂論〉篇及更為系統化的〈樂記〉篇二篇中的天人相連思想，也可藉由荀子以禮為中心到以樂為中心的觀點之發展加以說明。韓嬰書中不僅難以找到像《孝經》、《易傳》中的前提條件，也與由以禮到以樂為中心的〈樂論〉篇、〈樂記〉相反，以禮為中心，而與荀子相同。因此，對此必須重新進行討論。

韓嬰要求人們準乎禮以修養，完全合乎禮而臻於不覺於禮之約束的境地，貫徹此誠而通於神。不僅如此，比起外在，他更關注內在；比起他人，更轉向自我。例如，以「故養身者忘家，養志者忘身。身且不愛，孰能忝之」來評價與稱頌原憲（卷一）；稱頌《老子》第四十六章，謂「罪莫大於多欲，禍莫大於不知足，故知足之足，常足矣」（卷九）。更有如下文所云者：「故中心存善，而日新之，雖獨居而樂，德充而形」（卷一）、「傳曰：安命養性者，不待積委而富；名號傳乎世者，不待勢位而顯。德義暢乎中，而無外求也。信哉！賢者之不以天下為名利者也」（卷一）、「原天命，治心術，理好惡，適情性，而治道畢矣。原天命則不惑禍福，不惑禍福則動靜脩。治心術則不妄喜怒，不妄喜怒則賞罰不阿。理好惡則不貪無用，不貪無用則不害物性。適情性則不過欲，不過欲則養性知足。四者不求於外，不假於人，反諸己而存矣」（卷二）。上說皆相比外在而更著眼於內在，尋求人的本質於自己之根本，其中也有與老子態度相一致的部分，且前揭〈卷二〉引文與《淮南子．詮言訓》的一段完全相同。換言之，就結果而言，歸結於同與道家無為者。而與道家相異處則在於，道家否定禮而追求無為，韓嬰等則通過禮而於完全合乎禮而至於不覺於禮的約束之境中尋求無為。

《外傳》之中，關於人的修養或個人可得言之者，也得以就政治或社會整體言之。其認為政治也應合於禮，更應當依據尊賢使能的原則一以貫之，這與《荀子．王制》篇等見解相同，而與血緣制、世襲制不相容。合乎禮的政治，歸結為垂拱無為之治，亦即「顏淵曰：願得小國而相之，主以道制，臣以德化，君臣同心。外內相應，列國諸侯，莫不從義嚮風，壯者趨而進，老者扶而至。教行乎百姓，德施乎四蠻，莫不釋兵，輻輳乎四門。天下咸獲永寧，蝖飛蠕動，各樂其性，進賢使能，各任其事。於是君綏於上，臣和於下，垂拱無為，動作中道，從容得禮。言仁義者賞，言戰鬥者死」(卷七)，是假孔子之口讚賞顏回的抱負。因此，顏回的這一意見可視為韓嬰的想法，這也顯示出政治能夠藉由完全合乎禮而實現無為。這之所以成為可能，是因為完全遵守禮的秩序、實現德化之際，一切事物都自任其事、各守其分，而不犯他者之故。不僅如此，也因為君主充實其誠與自身，並以此為媒介感應乃得實現，即所謂「夫倡而不和，動而不僨，中心有不全者矣。夫不降席而匡天下者，求之己也。孔子曰：其身正，不令而行；其身不正，雖令不從。先王之所以拱揖指麾，而四海來賓者，誠德之至也。色以形于外也」(卷六)。

要言之，無論在善政或惡政皆依賴君主意旨的專制主義，或是在依賴君主德行而實施政治的人格主義之下，君主個人的修養與政治並非是不同的存在。就韓嬰而言，其理論有君主內向化傾向以及近似道家的特點。是以，云:「孔子抱聖人之心，彷徨乎道德之域，逍遙乎無形之鄉，倚天理，觀人情，明終始，知得失。故興仁義，厭勢利，以持養之。於時周室微，王道絕，諸侯力政，強劫弱，眾暴寡，百姓靡安，莫之紀綱，禮儀廢壞，人倫不理。於是孔子自東自西自南自北，匍匐救之。」(卷五)，作為努力確立禮之秩序的孔子，被描繪成彷徨於道家的道德世界、逍遙於無形之道的世界，並無任何不自然。既然認為不學則無以安國保民，是以聖人王者皆為師；孔子問學於老聃之事(卷五)，正與此基於同樣的思想。如果認為這一老聃就是老子，那麼老子就從禮的排斥者一轉成為禮的踐履者，發生一百八十度的轉向。

如果不像道家一樣排斥禮，而是藉由合於禮而臻入無為之道的世界、向內尋求人之本質，那麼，應當致力於知曉「天之所以命生」（卷六）、重視作為治道第一條件的「原天命」（卷二），就是理所當然之事。換言之，必須認識到天所賦予之物的某種價值。況且，既然認為其與道家相近，是以更是如此。因此，無論如何不會像荀子那樣在廣義上將性視為惡。是以，就必須持天人相連的觀點。但是既然尋求完全藉由禮的修養教化，那麼無論如何也不可能像道家那樣，視天所賦予之物為絕對，或是認為天所賦予之物全部有其價值。於是或像《呂氏春秋》視性為絕對，而於性之外求諸情；或像〈樂論〉篇、〈樂記〉承認道德性與情、欲同時存在於性之中。韓嬰就禮樂又不採〈樂論〉篇與〈樂記〉的樂中心之說，而持荀子的禮中心觀點。關於人的內在之物，相對於樂的取捨選擇，禮則是謀求對其進行調節；因此，對於認同性善的韓嬰來說，較為便利的做法是，尋求為禮所調節的對象於性之外的情，遂持與《呂氏春秋》相類似觀點。

《韓詩外傳》也即韓嬰在許多觀點上與荀子一致，但是卻持與荀子的天人之分相異的天人相連之說。筆者以為，其理由主要即如上文所說，在於韓嬰持論的內向性及其與道家相近之故。助長這一傾向的原因，在於對漢初的儒家而言，共同面對的對立者是依據刑法的秦之政治及其延續，所謂「傳曰：水濁則魚喁，令苛則民亂，城峭則崩，岸峭則陂。故吳起峭刑而車裂，商鞅峻法而支解。治國者，譬若乎張琴然。大絃急，則小絃絕矣，故急轡御者，非千里之御也。有聲之聲，不過百里；無聲之聲，延及四海。故祿過其功者削，名過其實者損。情行合名，禍福不虛至矣。《詩》云：『何其處也，必有與也；何其久也，必有以也。』故惟其無為，能長生久視，而無累於物矣」（卷一）。也就是說，韓嬰面對韓非之流的法家以及秦漢的當權者時，已自覺站在與道家相同立場之上。這一前提條件就是韓嬰在繼承荀子思想的同時、不可能局限於荀子天人之分觀點的原因之一。根據《荀子・修身》篇中「凡治氣養心之術，莫徑由禮，莫要得師，莫神一好，夫是之謂治氣養心之術也。志意脩，則驕富貴；道義重，則輕王公。內省而外物輕矣。傳曰：君子役物，小人役於物，此之謂矣」所云：可知荀子之中也有可能發展為與《韓詩外傳》觀點相同的內容。

此外，屬於荀子系統的〈樂論〉篇以及〈樂記〉，之所以持天人相連的觀點，是因為二者在禮樂之中，重視禮更著力於樂所致；而強調樂作為教化手段的理由之一，就是因為必須堅持在肯定感情的基礎上，以禮對此加以約束的立場，以應對韓非等人以及莊子後學從各自立場出發，排斥人之感情的觀點。因此，〈樂論〉篇、〈樂記〉的觀點與《韓詩外傳》表面雖相異，實則根本上則處於相同條件之下，而採取共通的觀點。可將其視為僅是在各自分屬的領域上有所不同而已。

6.《春秋繁露》與董仲舒

根據《春秋繁露》，性是天所賦予之素質，是未經人為、未加教化的質樸之物，所謂：「如其生之自然之資，謂之性。性者質也。」（〈深察名號〉）又云：「性待漸於教訓，而後能為善。善教訓之所然也，非質樸之所能至也，故不謂性。性者宜知名矣，無所待而起。生而所自有也，善所自有則教訓，已非性也」（〈實性〉），又云：「性者天質之樸也，善者王教之化也」（同上）。也就是說，性處於與人為、教化相對應關係之中，藉由教化而得為善，而其本身並非是善。不過，其本身非善，意指性之中雖有善質，而非全部皆善。所謂：「天所為有所至而止。止之內，謂之天；止之外，謂之王教。王教在性外，而性不得不遂。故曰：性有善資（一作質），而未能為善也。豈敢美辭，其實然也」(〈實性〉)，又云:「民之性如繭如卵。卵待覆而為雛，繭待繅而為絲。性待教而為善。此之謂真天。天生民，性有善質，而未能善，於是為之立王以善之。此天意也(中略)今萬民之性，待外教，然後能善，善當與教，不當與性。」(〈深察名號〉)，又云:「故性比於禾，善比於米。米出禾中，而禾未可全為米也;善出性中，而性未可全為善也。」(同上)然而，雖然將情與性相並立，卻又言性情而一並置於性之下，是又無性情之別。而且，既然或認為性、蓋狹義的性是天所賦予的德性本身(〈玉杯竹林〉)，或又認為性有貪性與仁性(〈深察名號〉)，那麼，也就無法斷定狹義之性是德性，而情是惡或害性之物。要言之，性與情雖然大致有所區別，但是並非於性之外另設一情，且性之中性與情之關係也不明晰。唯一可以確定的是，性是善惡相混;因此，性尚非完全的善。這應該可以說是立足於天人相連的觀點，而非天人之分的觀點。就上述問題而言，《春秋繁露》與〈樂論〉篇、〈樂記〉相通，而有別於《韓詩外傳》所認為性情分立、性為善且有教化之需要的論述。

《繁露》摒棄了孟子性善之說。孟子雖然以性為善，卻也認為在性之中，除了心的作用之外還有五官的機能;蘊含有相對性之大者的小者，即可能成為惡之物。因此，持性善論的孟子遂陷入混亂。是以，《繁露》認為性有善之質而未至於全善的觀點，雖然可以補救孟子的混亂，實質上卻並不意味著摒棄性善說。儘管如此，之所以摒棄性善說，是因為如果性善，那麼王者的教化遂無必要;而王者的教化為天之所命，不可動搖，因此也就不得謂性善。所謂:「天生民性有善質而未能善，於是為之立王以善之。此天意也。民受未能善之性於天，而退受成性之教於王。王承天意，以成民之性為任者也。今案其真質，而謂民性已善者。是失天意，而去王任也。萬民之性，苟性已善，則王者受命，尚何任矣。」（〈深察名號〉）也就是說，之所以認為性是質樸，而其中包含了德性與善質卻未能完全成其為善，是因為王者及王者之教化是由天意所確定之故。這正是王者與王者教化權力的存在條件。

認為性是善質的同時卻認為性尚未全然是善，有別於荀子所斷言性惡，其中有天人相連與天人之分的區別。荀子認為性惡的理由之一是，如果像孟子所云認為性善，即可無視聖王以及聖王之教化；而這絕對無法認同。也就是說，無論如何在價值上定義性，都首先要以王者及其教化權力的確立為前提；在這一點上，《繁露》和荀子相一致。不過，相對於《繁露》認為王者或教化權力乃由天意而來，荀子的王者或教化權力則是積偽之聖人及此聖人之作用所導致。此處也有天人相連與天人之分的差異，但是二者的差異不僅止於此。之所以這樣說，是因為《繁露》的王者及教化權力中有巫術性質內容。

《春秋繁露》亦深信同類相引或感應之說。就天與人的關連，謂人原本即是與天相類者（〈為人者天〉、〈天副人數〉）；而聖人王者與天最為密切（〈威德所生〉、〈順命〉、〈深察名號〉）。其中理所當然會有人與天之間相應的現象，而聖人王者的作用與天之機能相應、相一致（〈王道通三〉、〈威德所生〉）。不僅如此，其效果也相類似（〈王道通三〉、〈威德所生〉），而且《繁露》還認為，副天、參天、配天正是聖人王者之政治（〈四時之副〉、〈如天之數〉）。副天、參天、配天得以為政治、得以為王者之德而長民的原因在於，《繁露》認為：王者的慶賞刑罰與天之四時相類，王者的好惡、喜怒及官職與天之陰陽、寒暑與五行各自相類。因此，王者藉由與四時等相類施行慶賞刑罰，王者就能成就與天同樣的效用，亦即如同天使萬物生育，王者則使得萬民生育。

這並不只是因為類似之物就有類似的作用。之所以如此說，是因為王者的五事以及王者的敬、治、知、謀等能力，也對五行、四時等產生影響與控制（〈五行五事〉），這顯示出王者與天之間有著同類相引或感應。從而如上述所云：王者副天、參天、配天而產生與天同樣的效用，能夠成為政治，以及使得王者行使副天、參天與配天即慶賞刑罰等如同四時等之運作的論述，都是因為深信同類事物之間發生相引或感應，藉此王者乃得以對天產生影響。換言之，王者不僅僅只與天相類、關係密切，更能與天交通、參與天之作為甚至撼動上天。

這一同類相引或感應之理可認為是使道德感化成為可能的原理，也可活用為巫術的原理。所謂：「天有陰陽，人亦有陰陽。天地之陰氣起，而人之陰氣應之而起。人之陰氣起而天地之陰氣亦宜應之而起，其道一也。明於此者，欲致雨，則動陰以起陰；欲止雨，則動陽以起陽。故致雨非神也，而疑於神者，其理微妙也。非獨陰陽之氣可以類進退也，雖不祥禍福所從生，亦由是也。無非己先起之，而物以類應之而動者也」（〈同類相動〉）。這與《呂氏春秋》的記載相同，明顯是巫術。反言之，如上述所言，藉由副天、參天與配天得以有與天同樣的效用，即為人之長、踐行政治，也可說是一種巫術。《繁露》視此為當然之事，反覆論述。又如上所言，如果相信天人之間的同類相引，那麼如祥瑞和災異等的天象，其發生理由與條件也自然有可能在人的方面。是以，關於祥瑞和災異也可促成人的責任感。例如〈同類相動〉篇中有如下內容：「故聰明聖神，內視反聽，言為明聖。內視反聽，故獨明聖者知其本心，皆在此耳。故琴瑟報彈其宮，他宮自鳴而應之。此物之以類動者也。其動以聲而無形，人不見其動之形，則謂之自鳴也。又相動無形，則謂之自然，其實非自然也，有使之然者矣。物固有實使之，其使之無形。《尚書傳》言，周將興之時，有大赤烏銜穀之種，而集王屋之上者。武王喜，諸大夫皆喜。周公曰，茂哉茂哉，天之見此，以勸之也，恐恃之」。就以上諸點而言，《春秋繁露》與《呂氏春秋》幾乎完全相同，與《尚書大傳》也相一致。

要言之，《春秋繁露》的聖人王者不僅與天關係密切，而且還是一個巫者，這一聖人王者受天命以教化人民。也就是說，這一聖人王者必須存在，而其教化權力也必須保存；因為應當接受教化的人們其性雖有善質，卻尚非完全的善。換言之，《繁露》認為王者以及王者的教化權力作為天授之物，應當置於絕對優先。毋庸多言，這一王者有別於一貫於道德或禮之世界的人，而兼涉於道德與巫術的領域。

《春秋繁露》為董仲舒所作，而現存之書曾經後人之手加工。關於性以及王者的特徵，下文以《漢書》卷五六本傳所引用的董仲舒對策中相關內容，與《春秋繁露》進行比較。

首先，就言及性的部分來看，對策云：「臣聞命者天之令也，性者生之質也，情者人之欲也。或夭或壽，或仁或鄙，陶冶而成之，不能粹美，有治亂之所生，故不齊也。」又云：「天令之謂命，命非聖人不行。質樸之謂性，性非教化不成。人欲之謂情，情非度制不節。是故王者上謹於承天意，以順命也；下務明教化，民以成性也；正法度之宜，別上下之序，以防欲也。脩此三者，而大本舉矣。」是謂性為質樸或為與生俱來的素質，是經由聖人的教化與自己的陶冶而成就之物，也就是說得以為善。就此而言，此與《春秋繁露》幾乎一致。只是，此處情作為人之欲而由性分離而出，相對於作為教化對象的性而情則藉由度制加以調節，欲則藉由正法度之宜、上下之序得以防衛。這與《春秋繁露》相異。原本在對策中對情與欲的關係也曖昧不清，《繁露》中也將性與情統攝於性之下，卻又大致加以區分。不過，在區別之後，對二者的表達並未加以明確區別。情自不待言，性也是待聖人之教化才能成就而得以為善。在這一點上，二者相同。此外，天命非聖人不可行，教化也是聖人所執行者；所以，相對於人的王者以及相對於性的王者教化權力都為天所奠定基礎，於此二者亦相同。又王者與天有特別密切的關係：王者的德性及行為與天象各自相應、王者的行為或政治亦能感應於天、應王者之誠的受命之符或是其他祥瑞等降自於天。由是言之，在要求王者道德性責任的同時，王者也有巫者的一面，此點亦與《繁露》如出一轍。

特別值得注意的是，如上文所示，王者在能夠作為道德成就者的同時，還與天有著特殊關係，而具有巫術性特徵，這通過與作為道德成就者的孔子相對比可得顯示。「孔子曰：『鳳鳥不至，河不出圖，吾已矣。』夫自悲可致此物，而身卑賤，不得致也。今陛下貴為天子，富有四海，居得致之位，操可致之勢，又有能致之資，行高而恩厚，知明而意美，愛民而好士，可謂誼主矣。然而天地未應而美祥莫至者，何也？凡以教化不立，而萬民不正也。」此處所言可致鳳鳥與河圖等吉兆或事物，既然是根據作用於天之後自天所降之物，那麼，這就不僅是道德的感化。這能夠招致這些神物的，顯然就是巫術。這一巫術的能力，雖然為有德卻無天子之位的孔子所欠缺，卻是坐擁天子之位的武帝可以得到的。此處君主的二重性，也就是道德成就者及巫者，藉由與道德成就者的孔子相對比，可得以闡明。要言之，關於聖人王者以及人性的相關見解，對策與《繁露》幾乎完全一致。

即使就對策為中心所見，董仲舒的聖人王者也與《呂氏春秋》、《易傳》所云相同，都兼有道德性與巫術性的兩面。與《尚書大傳》中所見聖人王者也幾乎相同，《春秋繁露》尤其如此。這樣看來，從荀子到董仲舒之間的儒家，存在著兩股潮流：其一如《孝經》、〈樂論〉篇、〈樂記〉篇與《韓詩外傳》，在相信同類相引或感應的同時，作為聖人王者一貫以道德者；其一如《呂氏春秋》、《易傳》、《尚書大傳》以及董仲舒，相信聖人王者兼具道德性與巫術性。〈中庸〉篇與前者諸文獻所論有諸多共通性，所以當然屬於前者。又其第二十八章所云：「今天下，車同軌、書同文、行同倫。雖有其位，苟無其德，不敢作禮樂焉。雖有其德，苟無其位，亦不敢作禮樂焉」，相對於認為位與德兼備才能致祥瑞的董仲舒之見解，此則主張位德兼備才能制禮作樂。也就是說，相對於董仲舒道德性與巫術性兼備的王者，〈中庸〉篇則以在道德、禮樂上一以貫之的王者與之相對峙。

（三）〈中庸〉篇的位置

如同第一節所言，〈中庸〉篇就以下幾點與《荀子》有諸多共通之處：人準乎禮以規範天所賦予的素質，而篤志尋求合於禮意義上的和或中，這一過程中的修習態度與方法，以及最終藉由誠認識至獲得充實的人之真實，並以此誠為媒介實現人與神的溝通。因此，可謂〈中庸〉篇經由《荀子》發展而來。然而，〈中庸〉篇與《荀子》之間仍有重大區別：前者以性為媒介，價值上立足於天人相連，而後者主張天人之分及性惡；二者在「中庸」一詞的意義上也不相同。

如同在第二節（二）中所述，〈中庸〉篇第一章論述為人準乎道或禮以陶冶天所賦予之性，作為人充實之後，乃終至於參天地之效用，而闡明〈中庸〉篇整體的觀點。此類似於〈樂記〉篇中關於性與禮樂政刑之間關係的說明；而所言合乎禮的「中」或「中庸」，以及作為合乎禮的人之德的誠相關部分，則與《韓詩外傳》幾乎完全相同；關於人的真實與神明或祭祀之間的關係，則更與《孝經》的見解相類似。《孝經》稍早於《呂氏春秋》成書，〈樂記〉篇與《韓詩外傳》則同為漢武帝時代的產物。不僅如此，〈樂記〉篇、《韓詩外傳》以及〈中庸〉篇三者，與同為武帝時代產物的《淮南子》，觀點相近的同時也相對立。由此想來，〈中庸〉篇蓋與武帝時代產物的《淮南子》、〈樂記〉篇、《韓詩外傳》幾乎同時、或稍晚成書。又，筆者曾指出，與〈中庸〉篇內容有極為密切關係的〈大學〉篇，就上述情況而言，大致應該成書於同一時期。[6] 換句話說，筆者以為，〈中庸〉篇無疑是經由《荀子》、《孝經》等而發展，更在與《淮南子》、〈樂記〉篇、《韓詩外傳》等相近之際成書而問世。是以，究竟應當如何理解《荀子》與〈中庸〉篇之間在諸多共通性的反面卻又有重大相異之處，即應當如何理解二者之間天人之分與天人相連的差異，以及對於「中庸」一詞的不同解釋？而《荀子》到〈中庸〉篇的過程究竟又是如何？

首先，就「中庸」一詞的意義而言，《荀子》用作「通常」的意思，而〈中庸〉篇用作「至德」之義；差別顯著。不僅如此，由於〈中庸〉篇以「中庸」命名，因而這一差異極其重要。然而，也必須顧及到，儘管同樣是說「中庸」一詞，兩者使用的語境也完全不同。如〈中庸〉篇以「中庸」為「至德」，其實質則為「中」。即合乎禮或道者，且中的內容為「誠」。而尋求其合於禮或道者，並藉由誠而理解其得以合於禮或道之德，人遂通過「誠」的中介而通於神；就此而言，《荀子》與

6 板野長八：〈大學篇之格物致知〉（〈大学篇の格物致知〉）。

〈中庸〉篇基本一致。不僅如此，二者在上述內容上，與《韓詩外傳》也相一致，而《韓詩外傳》在上述內容上與《荀子》直接相連。換句話說，在三者之間，儘管「中庸」一詞的用法有所不同，內容上則毋寧說一以貫之。尤其是《韓詩外傳》之中，「中庸」一詞或原封不動套用《荀子》，也有用如〈中庸〉篇之相同意義者；無論就內容還是文字的使用而言，《韓詩外傳》都以《荀子》與〈中庸〉篇為媒介。因此，就上述內容言，其與《荀子》與〈中庸〉篇在內容上的一貫性無可置疑，而《荀子》向〈中庸〉篇的過渡也大致可以推知。

下文考察《荀子》的天人之分與〈中庸〉篇的天人相連之間的關係究竟如何。《荀子》雖然以人性為惡，但是關於構成人體結構核心的「性」的結構本身，儘管與人性本善的孟子之說雖有洪細之別，實質上卻並無相異之處。《荀子》也認為，性之中有人之道德的可能性，這與孟子幾乎一樣。儘管如此，之所以與孟子相反而言人性為惡，是因為《荀子》將價值的世界界定為「偽」，在「偽」之外的「性」僅是存在而已。換言之，這是由於立足於天人之分的觀點使然。不過，因為人或偽的根本乃在於聖人或聖人的教化；所以，天人之分遂將聖人或聖人的教化作用與天的作用加以區分。相較於天人相連，這更加強化了聖人或聖人之教化的意義。換句話說，相較於孟子，荀子更立足於君主以及強化其教化權力的觀點；藉此反省應受教化之「性」之際，性惡論乃得以成立。荀子所認為理所當然的君主，一方面立足於周代封建制度或禮之上，一方面就君臣關係而言則與孟子所重視的血緣制與世襲制相反，排斥其特權、而使君權滲透其中，君主更為強硬。換句話說，荀子排斥宗族所具有的血緣制與世襲制，針對不斷突破周代封建制度的戰國末期權力集中的要求，依據周代封建制度或禮而加以調適。又荀子天人之分的思想，雖然與批判復歸於天的《老子》及蔽於天的《莊子》而對禮加以再確認相關，但是這也只是在立足於禮的同時，順應戰國末期君權強化的要求而已。

《荀子》之後，持天人之分的觀點而有影響的儒家殆不復見。《孝經》立足於周代封建制度及宗族的同時，為使君主一元統治成為可能而修改了孝道的內容；《呂氏春秋》於此更進一步；《易傳》則相較於宗族，藉由將家族置於中心以順應強化君權的要求。這些文本在立足於周代封建制度以及血緣制與世襲制的同時，也與郡縣制、官僚制以及使老子學說發展的韓非之觀點相順應。與此同時，由於立足於血緣制、世襲制而接受其中的規範與道義為天所賦予，因此，遂承認天所賦予之性中有踐行此的素質，而持與孟子相同的天人相連觀點。此外，儘管這些文獻同樣都相信同類相引或感應之說，《孝經》則藉由道德一以貫之，相比之下，《呂氏春秋》和《易傳》則設定了兼備道德與巫術的聖人王者。後者更近於具有巫術特徵的，當時的專制權力，與之相比，前者則具有批判的可能性。

雖然〈樂論〉篇、〈樂記〉篇與《韓詩外傳》也相信同類相引或感應之說，但是與《孝經》相同也一貫於道德。〈樂論〉篇與〈樂記〉篇，相對於《荀子》在禮樂中以禮為本位的觀點，而持以樂為中心的觀點。對於人們心中之物以樂加以取捨選擇與助長或壓抑而陶冶人性，即使以此視之，也認為人性善惡相混，而持天人相連的觀點。《韓詩外傳》從道德的立場來批判自秦以來依據刑法的政治，並將目光從外轉向內，有其趨近於道家一面；是以，由性以尋求道德的可能依據，而持天人相連的觀點。換句話說，儘管在〈樂論〉篇、〈樂記〉篇與《韓詩外傳》之間，彼此側重點有相異之處，但是面對那些踰越禮且權力集中、又具有巫術性的當權者，其在維持禮樂並以道德一以貫之的觀點上全然一致。此外，諸篇在與排斥人的感情和禮教的莊子一派道家相接近的同時，另一方面則加以抵抗，這一點也完全相同。《春秋繁露》或董仲舒作為儒家，就堅持禮、道德並相信天人相連而言，與〈樂記〉篇、《韓詩外傳》相同。然而，卻視君主及君主的教化權力為天授，持此觀點並藉此省思應當受教化之「性」；不唯如此，也認可君主的巫術能力。就此言之，《春秋繁露》或董仲舒，與《呂氏春秋》和《易傳》之間有諸多共通之處，而得以接近擁有巫術的權力。

如此言之，《荀子》之後，天人相連觀點乃是主流。只是，其中有據道德與禮而一以貫之者與有兼顧道德與巫術者的區別，後者更近於踰越禮而具有巫術性的權力，相比之下，前者則對權力加以批判。〈中庸〉篇與屬於前者的〈樂記〉篇、《韓詩外傳》以及《孝經》具有諸多共通之處，從而也與後者相對立。而〈樂記〉篇藉由〈樂論〉篇而與荀子相連，《韓詩外傳》中也有很多內容與《荀子》直接相連，特別是在藉由合乎禮來陶冶人性、充實人之真實即「誠」並藉由此「誠」為媒介上通於神的基礎線上，《荀子》、《韓詩外傳》與〈中庸〉篇一以貫之。是以，〈中庸〉篇不僅經由荀子，更可謂是荀子思想的繼承與發展者。天人之分與天人相連的相異之處，就孟子與荀子的關係，以及孟子與荀子後學間關係而言，可以認為是在立足於周代封建制度並希冀藉由作為生活規範的禮來陶冶人性的儒家內部，面對從周代封建制度過渡向秦漢郡縣制度，以及從基於宗族的卿大夫中心體制過渡至家族中心體制的變化，基於立場與態度差異而所產生區別。換句話說，孟子立足於宗族與荀子後學以家族為中心，二者同樣都以血緣制與世襲制為立論基礎；從而也都得以立足於天人相連的觀點。與此相反，僅有專注於有意突破宗族限制的《荀子》持天人相分的觀點。因此即使是同樣天人相連，孟子之說與荀子後學之說也有相異之處；而《荀子》的天人相分說，如上所述，也是儒家在順應客觀情勢變化過程中的其中一環。是以，孟子的天人相連與《荀子》的天人之分，《荀子》的天人之分與《荀子》後學的天人相連，其間都有著非連續性的繼承關係，而並非僅僅《荀子》之說是非連續的。參考相關性的內容變化，也可對此有所認識。即同樣是說「性」，孟子、莊子與荀子等都認為天所賦予的素質整體包含在「性」之中，然而卻或視性為善，或視其為絕對，或視其為惡。《呂氏春秋》將「性」與「情」分開，而視「性」為絕對；〈樂記〉篇以「性」為善惡混合體；《韓詩外傳》視「性」為善的而與情相區分；《春秋繁露》或董仲舒在區分「性」與「情」的同時，而以「性」統合之；〈中庸〉篇則在「性」之中見「情」。是以，就性的內容與意義之間，彼此亦存在著微妙差異。而在對「性」的見解差異之外，還有一貫於道德或禮者，以及兼顧道德與巫術者之間的差異。然而，就肯定人的情意、而以禮陶冶之，並以此追求人的真實與完善而言，儒家則全然一致。因此，儘管有天人之分與天人相連之區別，《荀子》到荀子後學，再到〈中庸〉篇的繼承發展，無可置疑。

〈中庸〉篇與《孝經》、《荀子．樂論》篇、《禮記．樂記》篇和《韓詩外傳》持論更近，而與《呂氏春秋》、《易傳》、《（尚書）大傳》、《春秋繁露》或董仲舒等說相對立。這一對立與前漢後期祭祀制度、宗廟制度的改革與非改革之間對立相連。而〈大學〉篇則為改革論的理論依據之一，〈中庸〉篇所持立場則與〈大學〉篇幾乎完全相同。

結語

本章要旨已盡於第二節（三）「〈中庸〉篇的位置」之中。所論或難免有獨斷之譏評，雖然並未依從鄭注以下注釋或研究之說，但是筆者藉由相對忠實地考察〈中庸〉篇及其相關古文獻，而加以比較檢討，得到上述結論。如果〈中庸〉篇作為儒家古典，內容充實且描繪出儒家理想的人間像，那麼，這絕非源於這一文本與孔子及其聖孫間的因緣，而是源自孔子以後至漢武帝之際約四世紀之間，即在作為儒家理想的周代封建制度崩壞與郡縣制度之確立的這一大變革時期，仍然準乎作為周代封建制度之下規範的禮而尋求人的真實與完善、抵禦他者的非難與排斥、不斷進行自我反省與修正，順應變化以求得不變的一個成果。

〈中庸〉解說 *

赤塚忠

* 譯案：原文係赤塚忠著《大學．中庸》（《新釋漢文大系》2，東京：明治書院，1967 年）〈中庸〉部分之說明；後收錄於氏著：《儒家思想研究》（《赤塚忠著作集》第 3 卷，東京：研文社，1986 年）。

一、〈中庸〉的傳承

〈中庸〉作為《禮記》中的一篇傳承至今。關於其作者，《史記》記載：「孔子生鯉，字伯魚。伯魚年五十，先孔子死。伯魚生伋，字子思，年六十二。[1] 嘗困于宋。子思作〈中庸〉。[2]」（〈孔子世家〉）。或即據此，後漢經學的集大成者鄭玄云：「名曰〈中庸〉者，以其記中和之為用也。庸，用也。孔子之孫子思伋作之，以昭明聖祖之德。此于《別錄》屬通論。」此後以訖於近世，《禮記》的〈中庸〉篇為子思所述作，殆為定論。

不過，漢代也有他說，若做深究則有問題隱現，頗使人懷疑〈中庸〉之成書究竟是否子思之作。其一即《漢書・藝文志》中，儒家文獻類中著錄有「子思（子）」二十三篇。《荀子・非十二子》篇中，將子思、孟子歸入一派，評論說：「略法先王而不知其統，然而猶材劇（才能粗疏）志大，聞見雜博（＝駁）。案往舊造說，謂之五行。甚僻違（邪惡）而無類（法則性），幽隱而無說（理由），閉約而無解。案飾其辭，而祗

1 或讀「年六十二」下屬，合於「嘗困於宋」。據〈孔子世家〉行文通例似不妥。

2 「子思作中庸」這一表達與〈孔子世家〉行文通例稍異，或疑非《史記》原文，乃後世補筆。

敬之，曰：此真先君子之言也。子思唱之，孟軻和之。世俗之溝猶（糊塗的）瞀儒（不明道理之學者），嚾嚾然（喧囂）不知其所非也，遂受而傳之，以為意謂仲尼子游為茲厚於後世。是則子思、孟軻之罪也。」此說缺乏具體的詳細內容，而且全出自荀況申明自己學說的意圖，因此，究竟傳達子思・孟子學說之幾何，並不明瞭。何況荀況所直接接觸者蓋子思、孟子後學，是以究竟其對於子思、孟子有多少理解也頗可質疑。《韓非子・顯學》篇中則記載子思、孟子之後學各自形成獨立的學派。[3] 據此，子思或子思・孟子學派蓋確實有之。而《子思子》當是子思學派、或子思・孟子學派的著作。

《子思子》[4] 一書大部分早已散佚，其全貌已無從知曉。梁沈約就曾說道：「漢初典章滅絕，諸儒捃拾（採集）溝渠墻壁之間，得片簡遺文，與禮事相關者，即編次以為禮（指《禮記》）。……〈中庸〉、〈表記〉、〈坊記〉、〈緇衣〉皆取《子思子》。」[5] 現存《禮記》篇次正作〈坊記〉第三十、〈中庸〉第三十一、〈表記〉第三十二、〈緇衣〉第三十三。關於《禮記》的編輯，如果以《大戴禮記》中曾子十篇乃是根據原書選取數篇歸納而成類推之，那麼沈約之說未必無據。若以此為據，則〈中庸〉也與〈坊記〉、〈表記〉等相同，恐未必為子思所作，其究竟出於其後學之潤飾、或為後學之著作皆未可知。這是問

3 〈顯學〉篇云：「自孔子之死也，有子張之儒，有子思之儒，有顏氏之儒，有孟氏之儒，有漆雕氏之儒，有仲良氏之儒，有孫氏之儒，有樂正氏之儒。」

4 關於《子思子》，參看武內義雄〈關於子思子〉（〈子思子について〉）（《老子原始》收錄）。

5 見《隋書・音樂志》引（譯案，「音樂志」原誤作「禮樂志」，今徑改）。又，關於〈緇衣〉篇亦有不同說法，參看《〈大學〉解說》注。

題之一。

相傳陳勝揭起反秦大旗之際，趨馳參見任其博士的孔鮒，相傳曾編輯《孔叢子》一書，其中有云：「子思年十六，適宋。宋大夫樂朔與之言學焉。（中略）樂朔不悅而退，曰：『孺子辱吾。』其徒曰：『此雖以宋為舊，然世有讎焉，請攻之。』遂圍子思。宋君聞之，駕而救子思。子思既免，曰：『文王厄於牖里，作《周易》；祖君屈於陳蔡，作《春秋》。吾困於宋，可無作乎？』於是撰〈中庸〉之書四十九篇。[6]」（〈居衛〉篇）這一說法明為偽傳，[7]不足為據。

其二，〈藝文志〉中，禮類文獻著錄有〈中庸說〉二篇。是書作者未明，且早亡佚，〈藝文志〉以後的文獻目錄中皆無記載。如果就〈中庸〉成書進行嚴格考察，那麼此書究竟是否〈中庸〉的解說與詳述並再發揮敷衍，抑或今本〈中庸〉反實為〈中庸說〉，不得不存疑。

一般而言，就中國古代文獻之成立，任何文獻都有若干難題糾纏其中，〈中庸〉自然也不例外。不過，上文所揭出諸多雜說，主要發生在近代以來；而此前討論的主要問題多集中在如何理解〈中庸〉的教義與如何體會之等問題。

二、〈中庸〉的闡明

〈中庸〉所論，如後文所述，至漢代已經顯著影響及諸多方面。納入《禮記》之後也受到尊崇。是以，此後遂將〈中庸〉從《禮記》中單篇取出，為其注釋。

6　李翱〈復性書〉、鄭樵《六經奧論》雖作「中庸四十七篇」，實則並非目睹〈中庸〉或《子思子》之說。

7　參照《四庫全書總目提要》卷九一，「孔叢子」條提要。

最初闡述〈中庸〉的是南朝宋戴顒（378–441），著有《禮記中庸傳》二卷。此書後失傳。戴顒終身未仕，以古琴與山水之美為友，取《莊子》之教而著〈逍遙論〉，兼具佛教素養。就此推想，他持儒、佛、道三教折中的思想，而興味大抵在於說〈中庸〉與佛、道相通。

其後則有梁武帝（464–549），著有《中庸講疏》一卷。又命張綰、朱異、賀琛等編集《私記制旨中庸義》五卷。諸書也皆亡佚。武帝博學，另著有《孝經義疏》、《周易大義》、《尚書大義》、《毛詩大義》等經書注釋，宣揚儒家學說。不過，他同時篤信佛教。大概也是以儒、佛折衷見解來解釋〈中庸〉。宋代以後，以佛教解釋〈中庸〉者往往有之。據此書如此廣為解釋推知，〈中庸〉兼備了儒家、佛家、道家共通的普遍道理。

六朝之際，佛教、道教盛行，深入人心。所以，戴顒、武帝據〈中庸〉而將儒家學說與之相折中。衝破這一藩籬而據〈中庸〉宣明儒家本義的，則是唐代的李翺（約 846 前後歿）。李翺著〈復性書〉，解說〈中庸〉意義。文中高呼：「於戲！性命之書（指〈中庸〉）雖存，學者莫能明，是故皆入於莊、列、老（道家之說、道教）、釋（佛教）。不知者謂夫子之徒不足以窮性命之道，信之者皆是也。有問於我，我以吾之所知而傳焉，遂書於書，以開誠明之源，而缺絕廢棄不揚之道，幾可以傳於時，命曰〈復性書〉，以理其心，以傳乎其人。於戲！夫子復生，不廢吾言矣。」（《李文公集》卷二）。

〈復性書〉中的佛教影響也十分明顯。李翺補入〈中庸〉中並不顯見的情（意欲、感情）這一概念，將人所固有精神作用析分為性——即誠，乃成就聖人之原因——與惑性的情；二者一體而不離，「情不自情，因性而情，性不自性，由情以明」，以此為基礎展開論述。這一性與情的關係，與佛教的淨明圓覺和無明煩惱正相當。李翺主張，溺於情而昏其性之人須復其本性；拯救方法在於須無慮無思，使一切動靜遠離念頭，而寂然不動，乃至於光照天地的境地；這一境地即〈中庸〉的「至誠」、〈大學〉的「格物致知」、《周易・繫辭傳》的「易無思也，無為也，寂然不動，感而遂通天下之故」。此處無慮無思的徹底境地，正與道家的「虛靜」、佛家的「止觀」相當。李翺雖然以「性命」為基礎解釋〈中庸〉，實則並不遠邁佛、道教之範疇。

某一學說欲從當代思潮中脫穎而出並成長發展，勢必要入乎其中，破除藩籬而出乎其外。因此，相比起受到佛、道的影響，李翺將此影響納諸儒家經典的〈中庸〉之中，這一行為本身即具有重要意義。雖然有消極與積極之別，宋代儒學也在接受佛、道影響同時，對其加以揚棄與發展。李翺的〈復性書〉即其先驅，率先高揚起〈中庸〉這一新儒學的旗幟。

〈復性書〉的性與情之分析成為宋代儒學「本然之性」與「氣質之性」的原型，復性說則為後來兩性之關係的基礎理論；此外，還會通〈中庸〉的理論與《周易》、〈大學〉的理論，並確定了子思到孟子的道統。其中諸多主張也預示出宋代儒學可能發展的方向。不過，其理論並未詳盡，尤其缺乏凌駕佛教的特質與規模。

至北宋之際，〈中庸〉已然成為有志於儒學之士不可或缺的文獻，學者的相關論述也日益精微。關於〈中庸〉的專著，自胡瑗（世稱安定先生，993–1059）《中庸義》以來至程顥（明道）《中庸解》，已有九家。訖至朱熹《中庸章句》更多至十九家。[8]

8　朱彝尊：《經義考》卷一五一。

宋代學者關於〈中庸〉的見解可謂各有特色，其中值得矚目者，其一為司馬光（溫公）所著〈潛虛〉。其說尤其強調〈中庸〉的「中和」，謂藉此天地萬物得以維繫和諧而永恆發展。這不僅是司馬光，也普遍成為宋代學者世界觀的基調。其二為周敦頤（字茂叔，世稱濂溪先生，1017–1073）縱觀萬物生滅的規則，省察世界的形而上學結構，以《周易》理論為基礎而撰著的《太極圖說》一書。他認為，世間林林總總的萬事萬物都始自「無極而太極」這一唯一絕對的根本，而在陰陽這一相反、相乘與相循環的作用之下，產生並發展出各自五行屬性的本質差異；萬物之中以人類為最為靈長，而具備中正仁義的法則。又著《通書》，謂「誠者，聖人之本也。（中略）『大哉乾元，萬物資始』，誠之源也。（中略）誠斯立焉。（誠）純粹至善者也」，將〈中庸〉的誠與形而上學的基礎相聯繫。《周易》不僅是宋代，更是漢代以後的學者用以闡釋事物變化根本法則而一直尊崇的經典。周敦頤在解釋其最為典型的理論結構時，將其與〈中庸〉密切聯繫。其三，程顥（明道）、尤其其弟程頤（伊川）認為，萬物成立與發展的根本原理乃是唯一的「理」，而這一「理」本為每個物體所具備（《二程遺書》卷十八，語錄）。這一觀點拒斥佛教的「止觀」，提出通過日常事物的經驗、而非經由冥想或坐禪，以闡明根本原理。其四為張載（字子厚，世稱橫渠先生，1020–1077），其說謂：「形而後有氣質之性，善反之則天地之性存焉。故氣質之性，君子有弗性者焉」（《正蒙・誠明》篇），將人之秉性區別為天地之性與氣質之性。程伊川也說：「性即是理，理則自堯舜至於途人（同）一也；才稟於氣，氣有清濁，秉其清者為賢，秉其濁者為愚」（《二程遺書》卷十八），以此區別形而上的性（相當於天地之性、本然之性）與才（相當於氣質之性）。他認為對於生於世間形而下的人而言，改正其易於陷入過錯的氣質之性，復歸其本然之性，乃是必須之道。

以上諸見解俾使宋代儒學得以發展，也使得對於〈中庸〉的理解更為嚴密、豐富，價值也得以提升。其集大成者、並最終確立〈中庸〉為宋代新儒學、即性理之學中樞的，乃是朱熹（下文稱朱子）。

朱子嘗述懷說：「某年十五、六時，讀〈中庸〉『人一己百，人十己千』一章，因見呂與叔（大臨）解得此段痛快，讀之未嘗不悚然（心中恐慌緊張狀）警厲奮發（戒慎奮勉而奮發）！」（《朱子語錄》卷四）。朱子究竟自何時開始著手注釋〈中庸〉雖然不詳，而乾道九年（1173）為友人石𡼖（字子重）匯集周敦頤、二程子以下北宋諸學者之說所作的《中庸集解》作序；其後不久，他更自行撮集《中庸集解》大要，輯成《中庸輯略》一書；又撰《中庸或問》一書解說〈中庸〉大義，並附對於諸學者解釋的批判。淳熙元年（1174）朱子寄書呂祖謙，略陳其先呈《中庸章句》、後送詳說（指《或問》）並乞教正之旨（《朱子文集》卷二三〈答呂伯恭〉）。根據上述內容，朱子蓋於序《中庸集解》前後，就自行開始執筆解讀〈中庸〉。不過，此後又斟酌己見並廣徵益友意見，屢經修改，歷時二十餘載苦心經營，至淳熙十六年（1189）始冠序而成稿。這就是今所傳《中庸章句》。黃震曾說：「晦菴（朱子之號）以命世特出之才，任萬世道統之託，平生用力盡在四書，四書歸宿萃於〈中庸〉。」（《黃氏日抄》卷二五）

朱子解釋〈中庸〉的主要特點在於：第一，考量全篇敘述的聯繫與段落，分為三十三章，並闡明其全篇論述有一以貫之的主張。[9]

〈中庸〉敘述極盡修辭，而行文不乏跳躍，確定其段落未為易事。因此，朱子之後也屢有學者嘗試，甚至不乏質疑其是否有完整論述者。朱子分章亦非全無未妥之處。因此，本書依託朱子分章並參考眾學者之說進行分段，而朱子所主張〈中庸〉為完整之論的洞察誠為不渝之論。

第二，朱子綜合漢代鄭玄以來眾學者之說、尤其宋代先儒諸說，並附己說而匯為一統，一言一文不以為廢，而加以縝密、精煉的注釋。其中詳情非據其原文玩味不可，若定要摘出其中兩、三要點，則：其一，本諸周敦頤以來形而上學的結構，將〈中庸〉的「性」解釋為：「天以陰陽五行化生萬物，氣以成形，而理亦賦焉。（中略）於是人物之生，因各得其所賦之理，以為健順五常之德，所謂性也」，將人的本質規定為形而上的理，而這一理是萬物唯一且普遍完成的根源。這一理論如果就經書學問而言，是將《周易》理論與〈中庸〉之說相結合；若就思辨本質而言，則一語道破人應當立足於萬物形成與變化的世界宏觀之上，自覺於因人之為人而存在的唯一根本所形成之合「理」人格，而致力於其實現。若無此性，是無所謂人；若無此性，則人類的一切問題都無從考量。

其二，其反面謂「性道雖同，而氣稟或異，故不能無過不及之差」，直面人的現實狀態，指出氣稟、即所謂氣質之性，

9 〈書中庸後〉（《朱文公文集》卷八一）中，概言之云：「右〈中庸〉一篇三十三章。其首章子思推本先聖所傳之意以立言，蓋一篇之體要。而其下十章則引先聖之所嘗言者以明之也。至十二章又子思之言，而其下八章復以先聖之言明之也。二十一章以下至於卒章，則又皆子思之言，反復推說，互相發明，以盡所傳之意者也。熹（譯案：原作『某』，今據四部叢刊本改）嘗伏讀其書而妄以己意分其章句如此。」

在每個個體都有所差別。朱子認為，萬物因「理」而成立並發展，「理」固然蘊藏其中，而現實之中卻是差別各異的眾多個體，又因其相互之間的關係與作用，導致其「理」之昏蔽。這一物的差別或相互影響，於人類則表現為賢與愚或者過與不及。因此，朱子嚴格區分形而上和形而下。這一區別對於現實中藉由不同氣稟而生之人而言，闡明了復歸其性（本然之性）的要求、即復性的結構，同時彰明了其中學問教育的必要性。

其三，因此，將〈中庸〉「誠者，天之道也，誠之者，人之道也」，解釋為「誠者，真實無妄之謂，天理之本然也；誠之者，未能真實無妄，而欲其真實無妄之謂，人事之當然也」，明確指出對於形而下的人而言，復性確立了人們實現自我的方法，即其真實生存方式；從而，以此為目的的學問教育，就成為將天理的本然（必然）化歸為人為「當然」的自律之問題。因此，朱子對於這一極為明確規定道德人格的實現原則給予極高評價，這就是〈中庸〉「故君子尊德性而道問學，致廣大而盡精微，極高明而道中庸，溫故而知新，敦厚以崇禮」這一命題。並謂這一命題與〈大學〉、《孟子》的根本主張相一貫，即：

> 德性者，吾所受之于天之正理。（中略）尊德性，所以存心而極乎道體之大也。道問學，所以致知而盡乎道體之細也。二者修德凝道之大端也。不以一毫私意自蔽，不以一毫私欲自累，涵泳乎其所已知，敦篤乎其所已能，此皆存心之屬也。析理則不使有毫釐之差，處事則不使有過不及之謬，理義則日知其所未知，節文則日謹其所未謹，此皆致知之屬也。蓋非存心無以致知，而存心者又不可以不致知。故此五句，

大小相資，首尾相應，聖賢所示入德之方，莫詳于此，學者宜盡心焉。

此處，所謂「存心」是孟子的主張，謂反省自我、俾使道德心覺醒而發揚之；「致知」是〈大學〉的主張，謂人們去除思慮與知識中的謬誤；尤其是朱子解釋之中，藉由窮究萬物之理而闡明我心之全體大用。

第三，如上文所述，既已明了朱子會通《周易》、〈大學〉、《孟子》等解釋〈中庸〉之事，今無需再論；再若指出的，則是朱子確定了諸經書、尤其是《四書》之中，〈中庸〉的理論位置（參照《〈大學〉解說》，本書〔《大學・中庸》〕頁409）。朱熹認為，〈中庸〉於《四書》之中，揭示出學問的「本原、極致之處」。

朱子所處時代，諸學說必須基於傳統經書、以表明其為經書學問之完成。就此而言，朱子以〈中庸〉為極致而完成的《四書》經學，即宣告了朱子學說之終結。

第四，指出〈中庸〉的主張基於古典之中相傳承的、歷史最為久遠的歷代聖人教誨，而完成了這一「道統之傳」（關於道統傳承，參看《〈大學〉解說》）。朱子以為，《論語・堯曰》篇所見帝堯所云「允執其中」，是〈中庸〉「中」之所本；《尚書・大禹謨》篇中帝舜教導禹所說「人心惟危，道心惟微，惟精惟一，允執其中」，其中「道心」是〈中庸〉中的「天命、率性」所本、「精一」是「擇善固執」所本、「執中」是「君子時中」所本；是以〈中庸〉闡明了歷代聖人教誨的綱目與當中的深刻道理（參照《中庸章句・序》）。

朱子〈中庸〉解釋及補充了原書中並無明文的陰陽、五行、理等概念。是以，不再是樸實的訓詁與解說，毋寧是朱子自身的哲學表達。這就導致出現某些偏離原書主張的內容，朱子認為〈大禹謨〉之文為真，究其實則是偽書；而朱子認為〈中庸〉為子思之述作不言而喻，實則仍有疑問。對於朱子哲學的批判或容另文再述；然而，除分段之外，其語句、行文解釋中，也有不妥之處。

朱子解釋中的不備與謬誤誠須加以訂正。然而，〈中庸〉具備了可發展至朱子哲學的內容，此事絕無可疑，尤其是關於闡釋道德實踐根本問題的〈中庸〉，總是要求有如朱子之闡述般，具備獨創見解而發揮其嶄新意義者。《中庸章句》與朱子哲學同時廣為流布，而給予人們以深刻而豐富的思想資糧，蓋即因此。

在朱子同時代，已有異議問世，而後批判聲漸高，此容後文敘述。然而及至近代，在朱子學流行的同時，朱子的〈中庸〉解釋依然是〈中庸〉研究的核心所在。這不僅在中國，即使日本也同樣如此。這一情形我已在《大學章句》相關部分有所述及，可類推知之。

〈中庸〉如何深入我國人心？作為例證，茲僅舉本居宣長《玉匣》開篇一文即可知：「真正之道橫亙天地之間，諸國所同」。毋庸置疑，宣長竭力排斥「漢意」而鼓吹「大和心」。儘管如此，此處仍可有與〈中庸〉「誠者，天之道也」相通之處。其從「天地一貫之道」而溯源神話與歷史，以究明「皇國之道」的思考，也與朱子「道統之傳」說相類似。

三、〈中庸〉研究的諸問題

宋代亦不乏質疑〈中庸〉的學者。北宋歷史學家歐陽修（字永叔，號六一居士，1007–1072）指出，〈中庸〉「自誠明謂之性」之論述生而知之、安而行之，與孔子下學力行的教導相反，蓋非孔子教導之真傳。[10] 文人蘇軾（字子瞻，號東坡居士，1036–1101）也以為〈中庸〉並非全本。[11]

與朱子同時代而稍早的歷史學家鄭樵（字漁仲，1104–1162）認為，〈中庸〉之說散見於《孟子》之中，蓋「先儒」從《孟子》中檢出而編成一篇者（《六經奧論》）。與朱子學派相抗的永嘉學派驍將葉適（字正則，世稱水心先生，1150–1223）曾攻擊朱子的「道統之傳」，其流派後學陳善（《捫虱新話》）則謂〈中庸〉「春秋修其祖廟」以下一段為漢儒雜記、「明乎郊社之禮云云」為漢儒誤解《論語．問禘》章（〈八佾〉篇）之意，而疑〈中庸〉非是全本。又朱子學派之中也有質疑〈中庸〉非全本者，王柏（字會之，號魯齋，1197–1274）即其人。王柏注意到〈藝文志〉有「〈中庸說〉二篇」記載，指出〈中庸〉分為論中庸之道的部分（由十一章構成）與論誠的部分（同為十一章構成）；兩部分之中，雖然都有性、教相關文字而其意義各別，而現存〈中庸〉就是由上述兩部分所構成的〈中庸說〉。[12]

王柏之說並非未曾引起學者們注意。又如清代崔述[13]（1740–1816）等也繼承鄭樵之說。但是，對於〈中庸〉的質疑，中國實未能有更多發皇，直至我國伊藤仁齋方得以顯著推進。

標榜自己深味孔孟三昧的伊藤仁齋認為〈大學〉非孔門遺書，而將其拒之於外（參照《〈大學〉解說》）；對〈中

10 《歐陽文忠公文集》卷四八，〈策問〉。

11 《經進東坡文集事略》卷四，〈中庸論〉。

12 《魯齋集》卷二，〈中庸論〉；以及卷五，〈古中庸跋〉。

13 《崔東壁遺書》卷三，〈洙泗考信餘錄〉。

庸〉也採陳善、王柏之說而加以批判，以為「哀公問政」以下七百八十字（章句本第二十章）見於《孔子家語．哀公問政》篇，與「子曰：鬼神之為德」章（第十六章）與「至誠之道可以前知」章（第二十四章）皆非孔子之語，質疑〈中庸〉有漢代儒生誤增部分，認為〈中庸〉由「中庸本書」與增成部分構成。

其說詳言之，即：認為〈中庸〉為「論語」之衍義，（應）是子思敷陳《論語．雍也》篇「中庸之德」的產物。因此，專論中庸意義的部分，即章句本首章至第十五章，為「中庸本書」；又首章之中，自「喜怒哀樂之未發」至「萬物育焉」四十七字為「古樂經」脫簡誤混入，與孔孟之意相反，違背中庸之意，各舉五證論之；又「子曰鬼神之為德」（第十六章）以下亦非〈中庸〉原文，其中章句本第十六章非孔子之言，與上下不協，為他書脫簡；第十九章「春秋修其祖廟」以下從陳善說，乃是《禮記》脫簡；「自誠明謂之性」（第二十一章）以下，從王柏說，謂此非〈中庸〉本文而與《禮記．大傳》、〈樂記〉篇等相類；又謂《論語》中雖不言誠，《孟子》、〈中庸〉則因於時勢言之；儘管如此，與《孟子》的「盡心養性」不同，〈中庸〉所論則「盡性」。如上所述，其評論〈中庸〉經文甚多。然而，概括言之，他認為〈中庸〉與《論語》、《孟子》互為表裡，大有益於世間教化。

仁齋持上述見地，著《中庸發揮》（正德四年，1714 年刊），痛斥朱子之說、尤其是朱子關於中、未發、性等解釋以及道統之傳等內容，並申述自己的解釋。仁齋說的顯著功績在於引起學界注意到〈中庸〉與《論語》、《孟子》所論有別；但是，或因墨守子思著〈中庸〉的傳統舊說而急於劃定所謂「中庸本書」，對於〈中庸〉一篇可否如其所說而加以割裂，至少自《論語》以至〈中庸〉之間、是否不得有異於其所論者之發展等等問題都缺乏充分說明；且在其論證之中，一面痛斥朱子道統之傳說法，指出朱子所據〈大禹謨〉篇為偽書，一面在論證「哀公問政」以下為混入文字之際，反而依據《孔子家語》這一多有可疑為偽書者，殊為勉強。職是之故，其說並未能獲我國先儒贊同，如大田錦城就曾說：「夫〈中庸〉一篇文理貫通，前後照應。或以編簡之長，分為二篇，理或有之。其為別書者，愚惑之甚」（《九經談》卷四）。唯三宅石庵、中井竹山、中井履軒（1732–1817，著述《中庸逢原》）等受到仁齋影響，將章句本第十六章移至第二十四章之後，以疏通前後文脈。

仁齋之說雖然給予當時學界以衝擊，實際上，前揭諸學者之外，影響未及深遠。及至近代，其研究法先驅的意義方始獲得高度評價。武內義雄基於仁齋說而考察〈中庸〉的原型，從與《子思子》關係來定位〈中庸〉，進而展開〈中庸〉、《子思子》與《易傳》的研究。摘其〈中庸〉相關部分要點如下：第一，他將仁齋之說加以修正，認為自《章句》本第二章至第二十章「親親之殺，尊賢之等，禮所生也」的大部分內容為〈中庸〉本書，是子思自著或「與子思最為接近的述作」，而其他部分與首章則是解說敷陳前者之〈中庸說〉。第二，所謂「中庸說」中的「今天下車同軌，書同文，行同倫」（二十八章）、「是以聲名洋溢乎中國云云」，與秦始皇二十八年琅邪臺碑所云：「器械一量，同書文字，日月所照，舟輿所載，皆終其命，莫不得意。應時動事，是維皇帝。匡飭異俗，陵水經地，憂恤黔首，朝夕不懈云云」（《史記・秦始皇本紀》）相似，「生乎今之世，反古之道云云」與始皇三十四年李斯上奏「今諸生不師今而學古」相類似，以此為證推定〈中庸說〉成於秦時。第三，將其與一般認為是《子思子》三篇的、《禮記》中的〈表記〉、〈坊記〉、〈緇衣〉篇對比，認為〈中庸〉成立在先，稍後子思語錄體的其他三篇成立，最後才有所謂〈中庸說〉成書。[14]

對此，持傳統子思述作說的學者嘗有反駁。與這些反論不同，津田左右吉則否定〈中庸〉為體系性著作，遂也不認可「中庸本書」與「增成中庸」之別，而指出〈中庸〉是漢代述作形式的典型，其成立則晚至《禮記》編輯之際、西漢後半期。[15]

在中國，及至近代，也有如俞樾（《湖樓筆談》卷二）等認為〈中庸〉當屬晚出的觀點。其後，馮友蘭與武內氏大體相同，認為〈中庸〉由子思原作與後儒所增成部分而成書，其增成部分出自秦漢之際子思、孟子學派之手。[16]

郭沫若則根據前揭《荀子・非十二子》篇、《韓非子・顯學》篇等，認為子思學派、孟子學派，與樂正氏學派屬於同一系譜，〈中庸〉經後世潤色，為子思首創而傳至樂正氏學派者，〈大學〉也是其說之發展。[17] 侯外廬、杜國庠等大體據此，認為〈中庸〉、《孟子》、〈大學〉是曾子、子思、孟子學派唯心主義儒學思想的代表著作。[18]

---

14 〈關於子思子〉（〈子思子について〉）（《老子原始》收錄）及〈易與中庸之研究〉（〈易と中庸の研究〉）。

15 《道家思想及其展開》（《道家の思想とその展開》）第五篇第一章。又〈漢儒述作之方式——禮記諸篇解剖〉（〈漢儒の述作のしかた——礼記諸篇の解剖〉）（《津田左右吉全集》卷十八收錄）與板野長八〈《中庸》篇之成書〉（〈中庸篇の成り立ち〉論證與津田氏有別，結論認為〈中庸〉篇為漢武帝之際成立。

16 《中國哲學史》第一編第十四章「秦漢之際之儒家」（八）〈中庸〉。最新《中國哲學史新編》第 11 冊中，關於這一部分之論述不詳。

17 《十批判書》之〈儒家八派的批判〉。

18 《中國思想通史》第一卷下篇第十一章「思孟學派及其唯心主義的儒學思想」。

四、〈中庸〉的學説

(一)「中」概念的系譜

當代學者們對於〈中庸〉的見解分歧明顯，如上文所述。想來將〈中庸〉分為「原中庸」與增成部分的觀點，源自認為〈中庸〉並非體系性統一體之著述，而視其為漢代之雜纂者，也立足於同樣理解之上。然而，〈中庸〉作為具備一貫主張與組織結構、首尾完整的一篇文字，將其割裂並不合適。關於其全篇構成容後文再述，至於各章節(章節區分為避免與朱子章節相混亂，下文使用段、小段、節等稱呼)之間脈絡，在注解中再作涉及。然而，即使在〈中庸〉為子思所作之說中，雖然指出其傳承、以及從《論語》至〈中庸〉理應發展的事實，卻始終未能說明其限定於子思的充分理由。儘管《史記》也有〈中庸〉為子思所作的記載，但是考慮到古代將某學派學說上溯至其祖師的習慣，恐怕也不能盡信之。

一般而言，像〈中庸〉這樣具有特定主張的文獻必有其先行之說，並與其同時代的思想對峙並超越之，寄望有助於解決當時的時代問題。那麼，〈中庸〉與之相對峙的思想究竟是甚麼？現在由於〈中庸〉的成書年代受到質疑，也就無法從時代對此加以確認。因此，只能反其道、即藉由考察〈中庸〉的主張，進而對此加以推定。這一推定也有助於確定其著作年代與時代意義。

首先，開始考察〈中庸〉的「中」這一概念如何成立、具有怎樣的時代意義。

追溯「中」這一概念的系譜，一般認為，其源頭在於《論語・堯曰》篇「堯曰：咨爾舜！天之曆數在爾躬。允執其中。四海困窮，天祿永終。舜亦以命禹」之文。雖然此文出現在

《論語》之中，然而何時、為誰所記錄卻並不明確。在深信聖王堯實有其人的時代，是無可奈何的；不過，現代則多認為堯是神話傳說中的人物，那麼，將〈中庸〉的「中」概念追溯至此、尤其以此作為〈中庸〉是子思之作說的證據，大概並不合宜。

又或源於《論語・雍也》篇：「子曰：中庸之為德也，其至矣乎！民鮮久矣。」乍看之下，與此旨趣相同的文字也見於〈中庸〉（第三章）。因此，〈中庸〉基於此說蓋明確無疑了。但是，如果比較《論語》與〈中庸〉所見「中庸」，就必須注意二者之間有重要區別。《論語》將「中庸」理解為人的德行；與此相對，〈中庸〉「中庸其至矣乎」一文下接「道之不行也，我知之矣」，「君子遵道而行」下接「君子依乎中庸」，都以道與中庸互文。而自首章「率性之謂道」、「天下之達道」開始，至「君子之道」（第十二、十三、十五章）、「天下之達道」、「天之道」、「人之道」（第二十章）等，〈中庸〉的立論多以道為主題。儘管不能說道即中庸，但是，文中所揭示的道卻以中庸為重要特徵。

既然有上述區別，是以，勢必不能簡單認為子思直接祖述了《論語》中的中庸概念。即使有所祖述，相傳從子思門人受業的孟子卻絲毫未見繼承中庸的概念、與所謂「原中庸」之說的痕跡，這是極不自然的事。不僅如此，《孟子・盡心上》篇有云：「子莫執中，執中為近之。執中無權，猶執一也。所惡執一者，為其賊道也，舉一而廢百也。」據此可知，當時提出「中」的主張的人，除子思之外另有子莫其人；而對此說加以批判之際，既未揭出其師說，也未列舉出師說與此相異的特徵。此事說明在孟子其時，〈中庸〉為子思所作之說蓋尚未成立。

毋庸置言，孔子的人格極盡中庸之德。《論語》裡就有「過猶不及」（〈先進〉篇）等與中庸相關的教誨，也可謂此後儒家以中庸為目標而勉力向學。不過，與中庸相關的教誨存在和將其理論化如〈中庸〉者，二者畢竟不可同日而語。

人的中庸行為，無論何時、何地，都是眾人所願者。亞里士多德也以中庸為德之根本。所謂中庸指不至極端、「恰到好處」，眾人都易於如此理解。〈中庸〉中也有比喻，云「執其兩端，而用其中於民」（第六章）。然而，中庸並非擇其過與不及的中間即可的一揮而就者。僅取其中間，大致即成為完全喪失自主的折中主義、逢迎的機會主義。因此，〈中庸〉云：「中庸其至矣乎」（第三章），又云：「中庸不可能也」（第九章）。〈中庸〉以中庸為目標，深入其根本而尋求其道，探索人的本質。將《論語》與〈中庸〉的中庸相簡單結合的嘗試，視中庸理解為簡單易懂之事，這一思考並不徹底。

此外，既然主張中與中庸，是以顯然可以預見有與之相反的兩個極端、過與不及、奇僻等存在，而所預見事物強度愈大，對中的要求也就自然越高。若無這些對立事物，論中也就變得毫無意義。這當中值得注意的是，《論語．子路》篇云：「子曰：不得中行而與之，必也狂狷乎！狂者進取，狷者有所不為也。」根據孟子解說，所謂狂者，指志向遠大欲踐行古聖人之道、卻無相應實際行動者；所謂狷者，指汲汲於堅守一身清廉、卻未及對他人循循善誘者。由此看來，所謂中行者，乃是行其中道而兼備志向與實踐、修身與教化的道德之人。孔子所最希望的，就是與這樣的道德同仁共同踐行其道。孟子更在此之上，強烈斥責那些試圖表面與眾和協而博取讚譽的「鄉原」，謂其德之賊，提出「君子反經而已矣。經正則庶民興，庶民興斯無邪慝矣」（《孟子．盡心下》篇）。孟子所謂「經」

指最為普遍合宜的「人倫之至」(〈離婁上〉篇)。據此，中行者勢必成為眾人的模範與準則。換言之，中行的中雖然與狂、狷相對而取其中間，其自身卻並非由此兩端確定；乃是最為中正；與之相反，狂、狷則是由此基準而決定；中更是對於無論何處、無論何人都普遍合宜之物。中這一字兼備中樞、中正、適中三義。〈中庸〉之中，如「發而皆中節」(第一章)、「中也者，天下之大本也」(第一章)云云，就是此義，尤其如「君子之道，造端乎夫婦，及其至也，察乎天地」(第十二章)所云：對於道的普遍合宜，不斷加以強調。因此，〈中庸〉的中之概念探源，應當立足於中行之上。不過，孔子、孟子的中行(中道)，同是以求道者之德行為主，而缺乏〈中庸〉的理論化整備。

針對道家、墨家、名家、法家等當時橫行一時的異端學說，主張唯有儒家之道才是唯一中正之道且普遍合宜的，乃是荀況。他主張：「百王之無變，足以為道貫(統一原理)。一廢一起，應之以貫。理貫不亂。不知貫，不知應變。貫之大體未嘗亡也。(中略)故道之所善，中則可從，畸則不可為，匿則大惑。」(〈天論〉篇)

不過，荀子又說：「先王之道，仁之隆也，比中而行之。曷謂中？曰禮義是也。道者，非天之道，非地之道，人之所以道也，君子之所道也」(〈儒效〉篇)，認為確立中的必要條件是禮義。荀況認為，墨家的平等、功利，道家的無為、自然，法家的統御萬民之術，名家的名實之論等等都諳於人類法則；唯有禮義才是「百王不變」、最為完備的王國法則，規定了所有人適宜的行為準則；只要人們的行為合於禮義，各自欲求就無所偏頗，其事業也正當而無犯於他人利益；眾人都能獲得相應公平待遇，實現和睦的集體生活。

〈中庸〉的中也強調，針對異端主張，「君子之道」（儒家之道）最為中正。由此，云：「子曰：素隱行怪，後世有述焉，吾弗為之矣。君子遵道而行，半途而廢，吾弗能已矣。君子依乎中庸，遯世不見知而不悔，唯聖者能之。」（十一章）又云：「君子之道費而隱。夫婦之愚可以與知焉，及其至也，雖聖人亦有所不知焉。夫婦之不肖，可以能行焉，及其至也，雖聖人亦有所不能焉」（第十二章），認為君子之道宜於卑近，宜於高遠，廣為合宜。將此簡明道破的，正是「中也者，天下之大本也；和也者，天下之達道也」（第一章）這一命題，如從伊藤仁齋所云：將這一命題從「原中庸」中刪除，那麼對於〈中庸〉這一意義的理解遂全然欠缺。

相比之下，〈中庸〉與《荀子》的中都主張排斥異端；此外，〈中庸〉也提出聖人之道「禮儀三百，威儀三千」（第二十七章），與涉及制禮作樂（第二十八章）等，展現出與強調禮的《荀子》相通之處。尤其「發而皆中節謂之和」，更以世界有禮義這一秩序的節度為前提。但是，相比起《荀子》據禮義而立中，〈中庸〉更致力說明確信已成就中庸的君子之道。雖然與《荀子》同樣都提出和、君子之道，其和卻不限於人類社會生活，更擴充至全宇宙，如「致中和，天地位焉，萬物育焉」所云；其道也不止「人之道」而已，更深化至與「天地之道」結為一元。上述種種都顯示〈中庸〉比《荀子》的中的概念更為精練，而這一精煉背後所反映的正是時代因素。

（二）〈中庸〉之道與道家之道

儒家所言道，如《論語》的「吾道一以貫之」（〈里仁〉篇），《孟子》的「道二，仁與不仁而已矣」（〈離婁上〉篇），主要是仁、義、禮、智等德行，藉以人格表現出來而成為大眾的普遍準則。直至《荀子》乃作出最為明確規定，謂「道者，非天之道，非地之道，人之所以道也，君子之所道也」（〈儒效〉篇）。〈中庸〉之道一方面如後文所述，與此並無二致，更明晰化其意義；另一方面則具有與此不同的特徵，如〈中庸〉「天地之道，可一言而盡也。其為物不貳，則其生物不測」（第二十六章）所云：道是使萬物生成與變化的一元之道。又據「誠者，天之道也，誠之者，人之道也」（第二十章）所論，又有以此一元之道為依據的人之道。其君子之道據「察乎天地」所云：兼具這兩面而為一體。〈中庸〉為甚麼提出這樣的道？大致是因為受到道家的影響，並且試圖破斥其觀點而形成。

孔子與孟子所論是人的正確生存之道。因此，罕有論及依賴天命等超越性力量之事。即使不得不仰賴之際，也一定須成為人類自身的自覺。然而，人生總是充滿各種過失，總是醜惡地爭鬥於正確與否而重複盛衰興亡。鼓吹正、不正、仁義等難道不是虛妄？人類果真異於樹木、石頭、飛鳥、走獸而具有尊嚴嗎？人生在世究竟又是甚麼？從這一思考出發，發展出道家理論。

雖然同樣以人真正的生存方式為主要問題，道家認為人的尊嚴若非自明，人也就與樹木、石頭、飛鳥、走獸齊等無異；作為在時空之中生滅之「物」，此物又何以存在？必須立足這一依據而加以解釋。此處，道家指出，使得宇宙萬物成立和變化的、最普遍的根本是天道，如「天道運而無所積，故萬物成」（《莊子・天道》篇）所示，更進一步追究，物並非作為物自身而存在，萬物作為此物而存在乃因唯一而絕對的道之作用所致；萬物、萬事都必須以此道為根據，如「夫道（中略）自本自根，未有天地，自古以固存，神鬼神帝，生天生地」（《莊子・大宗師》篇）所云。既然已經出現這一徹底的思辨，是以，努力彰顯儒家之道的〈中庸〉勢必深入至同樣的根本而展開論述。〈中庸〉受到道家這一思考的影響，可藉由以物的存在為問題，如「不誠無物」（第二十五章），得到印證。不僅如此，〈中庸〉之中還有若干與道家觀點相對應的主張，其中頗具〈中庸〉的特色。

〈中庸〉雖然與道家相同，以道為萬物存在的根源，而將之轉化為儒家理論，並據此發揮儒家理論的特色。第一，道家難以認可人與萬物其自身的存在意義，認為其根源之道普遍而永恆地促使萬物的生滅變化而廣泛流行，尤其既然人生是虛妄，那麼，以人的理性就無法直接把握、難以名狀其道，如「無名，天地之始」（《老子》）、「夫道，有情有信，無為無形，可傳而不可受，可得而不可見」（《莊子・大宗師》篇）所云。〈中庸〉則將道規定為博厚高明悠久、完美無缺之物，是至誠的根本與究竟。如後文所述，這就廣為振奮起在此世生存的人們的理想。

第二，道家強調道與人之間的懸絕，如「天道之與人道也，相去遠矣」（《莊子・在宥》篇）、「物不勝天久矣」（〈大宗師〉篇）所云，強調應當否定人們虛妄的意欲與作為，如「虛靜」、「無為」等，並從這一立場出發，抨擊儒家仁義之教，如「大道廢，有仁義」（《老子》）所云，而主張「絕聖棄智」（《老子》）。與此相對，〈中庸〉則強調「天之道」與「人之道」的相即一致，這一思考蓋將道是促使萬物成立與展開的根源這一道家觀點加以轉換，認為萬物既然實際已經存在，就表明已經因道而賦予存在的根本原因，已經具備與道相一致的發展的必然性。明確對此進行表述的，正是開篇「天命之謂性，率性之謂道」這一命題。據此，人已然被道之本源的天賦予本「性」，遂不像道家般否定人的意欲與作為，能夠尊重自我而確信自我能夠合於天道。「道」即「君子之道」，由其本「性」而必然發展，因此即使偽善也非應抨擊的對象，而是作為人的生存不可或缺之物。換言之，人的存在既然為天道所規定而與樹木、石頭、飛鳥、走獸等相異，那麼，作為人，唯有遵循人道才最為自然。如「道不遠人，人之為道而遠人，不可以為道」（第十三章）所云的儒家人道主義遂成為理論性的、極為自負的宣言。

自然，〈中庸〉這一命題並非謂現實中人的意欲和思慮都是「性」，其行動並非徑直與道相合，而是認為此為天命，唯有當人自覺於合於天道之際，才能如此（與道相合）。就此意義而言，〈中庸〉與道家相同，一方面承認形而上的天與形而下的人相懸絕，對於居於現實（形而下）的人而言，需要內省以抑制自我的意欲、行動。通過嚴格內省所自覺的正是「性」。如後文所述，「性」的本質在於誠。另一方面，〈中庸〉因強調天道與人道相一致之故，摒棄墨守道家否定性思辨，而主張人的意欲和行動是否合於天命與天道的理性活動、即闡揚至善天道的博學、審問、慎思、明辨、篤行等的必要性。一語道破學問教育成立之依據的，就是「修道之謂教」（第一章）這一命題。

毋庸多言，〈中庸〉的「天命之謂性」，正與《孟子》的「盡其心者，知其性也，知其性則知天矣」（〈盡心上〉篇）互為表裡，〈中庸〉的「率性之謂道」就是「仁義禮智，非由外鑠我也，我固有之也」（〈告子上〉篇）的發展。不過，仔細比較二者，可知《孟子》所說要旨在實踐中的個人自覺，〈中庸〉則率先在理論上提出天命，將「性」立足於人類存在的普遍根源，簡明直截地提出道的必然性，是更為精煉的思辨。此外，《孟子》主內省，學問教育的意義遂趨於淡化；而〈中庸〉更進一步提出「修道之謂教」的命題，整合為體系性內容。

道家否定性思辨的結果，最終成為無犯於任何事物、也不為外界所犯的自我絕對獨立之境，如「吾猶守而告之，參日而後能外天下，已外天下矣，吾又守之，七日而後能外物，已外物矣，吾又守之，九日而後能外生，已外生矣，而後能朝徹，朝徹，而後能見獨，見獨，而後能無古今，無古今，而後能入于不死不生」(《莊子・大宗師》篇)所云。道家又認為正是這一獨立才是絕對自由，才是人類最可寶貴之物，如「出入六合，游乎九州，獨往獨來，是謂獨有。獨有之人，是為至貴」(〈在宥〉篇)所云。〈中庸〉的慎獨正與此相應，〈大學〉的慎獨也大致相同。

〈中庸〉的慎獨，有「莫見乎隱，莫顯乎微」(第一章)的說明，而〈大學〉的慎獨則有「小人閒居為不善，無所不至」的附文。因此，往往易將慎獨消極地理解為，別於眾目睽睽之下而幽閒獨居的相關行為。所謂獨指自我、指個人自主的真正價值；慎獨則指自我地實現自我尊嚴的行為。因此，〈大學〉中慎獨的功夫在於「自謙」，即自然地表現自我情感，並對自我思慮擔起責任。在〈中庸〉裡，「故君子慎其獨」乃是「道也者，不可須臾離也，可離非道也。是故君子戒慎乎其所不睹」(第一章)所云敘述的結論，必須對此加以留意。

道家將人的獨立置於絕對自由之境，並最為嚮往於此。然而，這建立在否定天下與萬物的基礎之上，是超越者的獨立，完全是個人精神的自由。與此相比，〈中庸〉則認為人受天賦之性，只要具備了性，人就自主獨立，並且是由性而始的道的發展。因此，這一獨立乃是道的具備和實踐。即所謂「慎其獨」不僅是實現自我的自主獨立，更與踐行道而達成天下和平相關。嚴格地慎其自我，就是實現人道尊嚴的理由。因此，「慎獨」之後，即論述始於內心而至於中和的達道。

道家也認為，對於體得道的人而安存於世來說，必須與外界保持和協。然而，由於重視個人的獨立自由，他們是以不受外界困擾而滿足於與生俱來的自然的精神安樂為主，如「不知耳目之所宜，而遊心乎德之和」(《莊子・德充符》篇）所云。和的概念並非道家首創，〈中庸〉則云「喜怒哀樂之未發謂之中，發而皆中節謂之和」(第一章)，將和作為始自內心的問題，蓋因與這一道家的主張相頏頡之義。

〈中庸〉主張應當積極與外界相和協。從和的內部來分析中的概念。「喜怒哀樂之未發」謂發作以前的狀態，「喜怒哀樂」謂與物相接時而表現出的感情、意欲。「謂之中」主張，即使與物接觸而作用於外界，應與之相和協平和的中正狀態也已然存諸心中。相比上文荀子據禮的秩序所致的整體和協的思考，這種思考更為追求其根本。

〈中庸〉為何要提出「未發之中」？因為在宏觀之下，天地萬物即為永久不變的大和諧體，尤其是人類世界和合的範本與理想；儘管具體理解有所差異，然而這卻是深藏於包括儒家在內的、古代思想家們內心深處的觀念，尤其〈中庸〉試圖以天地為至誠的模範，明確理解這一事實而試圖說明人類世界和合的實現。所以必然就認為，如同天地一般，萬物、尤其人類社會如果能夠經營和合的世界，那麼這一和合的根本原因必然既已為每一事物、每一個人所具備。人們各自的自主獨立既然與道之運行相連，那麼在其運行伊始之際，其喜怒哀樂的心之發動中，勢必已經具備了與外界事物相協調的中正狀態。因此，只要人的活動主要是心的作用，就可以恆常地獲得中正的節度，即自「獨」而始、終至「育萬物」的大和諧統一地得到闡釋。毋庸置言，這一「中」與〈中庸〉的「中」具有相同屬性。

換言之，前文曾指出，「中庸」一文的使用是針對異端、而體現出「君子之道」最為普遍合宜的特點，這也因為其所具備的理論表明此處從根本上中正且普遍合宜。

(三)「誠」的概念系譜

構成〈中庸〉學說、且比「中」更為重要的概念，是「誠」。那麼，這一概念如何形成，又具有怎樣的意義？

從早期文獻之中列舉關於「誠」的闡釋，必然首先舉出下列《孟子．離婁上》篇的文字。

> 孟子曰：居下位而不獲于上，民不可得而治也。獲于上有道，不信于友，弗獲于上矣。信于友有道，事親弗悅，弗信于友矣。悅親有道，反身不誠，不悅于親矣。誠身有道，不明乎善，不誠其身矣。是故誠者，天之道也，思誠者，人之道也。至誠而不動者，未之有也；不誠，未有能動者也。

上文自「居下位」以下至「不誠其身矣」，除去用語稍有區別，與〈中庸〉自「在下位」至「不誠乎身」(第二十章)旨趣大同。對於堅信〈中庸〉為子思著述者而言，上文即為孟軻祖述之的確證。

然而，《孟子》之中論及誠的內容，除上述文字之外，僅見「萬物皆備于我。反身而誠，樂莫大焉。強恕而行，求仁莫近焉」(〈盡心上〉篇)一處。如果孟子真的祖述子思之誠，那麼關於誠的論說應當有更多。

此外，比較《孟子》與〈中庸〉「居下位」以下文字可知，修辭上〈中庸〉行文更為嚴整，而《孟子》文中「是故誠者天之道也，思誠者人之道也」與前文敘述接續並不自然，不及〈中庸〉將「誠者，天之道也云云」作另文處理自然。《孟子》「思誠者人之道也」下接「至誠」，也過於跳躍突兀，且「至誠而不動者云云」儘管比〈中庸〉表達更為質樸，卻感覺是〈中庸〉關於至誠之效用的概括。

孟軻主張性善，鼓吹良心、良知、良能，尤其認為「人人有貴於己者，弗思耳」(〈告子上〉篇)，[19] 是作為道德批判的主體之自我，已然具備了某些道德價值的標準；據此推論，可理解孟子必然主張：萬物所應當實現的價值已然在主體之我的內部完全具備，如「萬物皆備于我」(〈盡心上〉篇)所云。然而，這一主張顯得過於極端，相比〈中庸〉更進一步，反有凝聚為〈中庸〉的整體結論之感。

根據上述檢討，頗令人懷疑《孟子》中論述誠的兩章並非孟軻之說，而是其後學的發展或者他處文字竄入、附會至孟軻說者。總之，很難作為孟軻祖述子思之說的證據，尤其無法由此發現「誠」成立的獨創性。

另一則可能列舉的是《荀子・不苟》篇文字，因此段文字與〈中庸〉誠之說極為類似，儘管文字稍長，今仍列其全文如下：[20]

> 君子養心，莫善於誠。致誠則無它事矣。唯仁之為守，唯義之為行。誠心守仁則形，形則神，神則能化矣。誠心行義則理，理則明，明則能變矣。變化代

19 譯案：原文誤作〈告子下〉，今徑改。

20 譯案：原文有標注現代日文解釋，今皆略去。

> 與，謂之天德。
>
> 天不言而人推高焉，地不言而人推厚焉，四時不言而百姓期焉。夫此有常，以至其誠者也。君子至德，嘿然而喻，未施而親，不怒而威。夫此順命，以慎其獨者也。
>
> 善之為道者，不誠則不獨，不獨則不形，不形則雖作於心、見於色、出於言，民猶若未從也。雖從必疑。
>
> 天地為大矣，不誠則不能化萬物。聖人為知矣。不誠則不能化萬民。父子為親矣，不誠則疏。君上為尊，不誠則卑。
>
> 夫誠者，君子之所守也，而政事之本也。唯所居以其類至。操之則得之，舍之則失之。操而得之則輕，輕則獨行，獨行而不舍則濟矣。濟而材盡，長遷而不反其初則化矣。

上文所論以誠為至善之德，始於慎獨、終於感化萬民，為修身治民的根本，勸勉諸人應當以誠養心。文中忽然提出「慎獨」，且此段文中並未解釋心與獨之間關係；「唯所居，以其類至」則過於簡約，行文之中並無與之相當的敘述。上述種種頗令人懷疑，他處另有原文，而此處加以歸納而已。不過，段落論旨大體已經完成。

將上文與〈中庸〉所說加以比較可知：第一，兩者都將誠視為心的至善之德，而〈中庸〉提出性的概念而加以論述，如「自誠明謂之性」（第二十一章）所云，此文則無。第二，〈中庸〉中所論「誠者，天之道也，誠之者，人之道也」（第二十章），此文無與其相當文字，而論及以天地四時為誠之典型、且應當將其與人之德行相對應，二者大同。不過，此文也無〈中庸〉中「天地之道，博也，厚也，高也，明也，悠也，久也云云」（第二十六章）等推崇至極的文字，也無論述至誠之效的「可以贊天地之化育，則可以與天地參矣」（第二十二章）的表達，僅止於萬民教化。第三，雖然上文自「天地為大矣」至「唯所居，以其類至」與〈中庸〉自「凡為天下國家有九經，所以行之者一也」以下至「反諸身不誠，不順乎親」（第二十章）、「唯天下至誠，為能經綸天下之大經云云」（第三十二章），二者論旨大體相同，但是〈中庸〉宏細條理俱備，而此文簡略，又匯總於君子之政道。第四，此文「至誠則無它事矣，唯仁之為守云云」，與〈中庸〉「其次致曲，曲能有誠，誠則形云云」（第二十三章）大略相當，而〈中庸〉表達頗為抽象，相比之下，此文云「唯仁之為守」、「唯義之為行」，則展示出更為具體的實踐方法。此文「善之為道者，不誠則不獨」與〈中庸〉中「誠身有道，不明乎善，不誠乎身矣」及「誠之者，擇善而固執之者也」（第二十章）大致相當，而〈中庸〉的表達更為具體；又〈不苟〉篇前文所論為依據仁義之事，此處則言善之道，稍覺唐突，前後照應也不自然。第五，二文雖然同論「慎獨」，此文論「慎獨」不可或缺的效用，〈中庸〉則兼備其理由與方法。第六，此文自「操之則得之」以下應當與〈中庸〉「博學、審問」（第二十章）以下文字相當，其中「濟而材盡，長遷而不反其初」與「堯禹者，非生而具者也，夫起於變故，成乎修為，待盡而後備者也」（〈榮辱〉篇），可理解為主張化改天性而獲誠之習性，頗具荀況學說特徵；〈中庸〉則謂「誠則明矣，明則誠矣」，提出返本復初的主張，是二者不同，且此文也無〈中庸〉學問思辨等懇切細微的具體性內容。此外，「操之則得之，舍之則失之」蓋依據《孟子・告子上》篇中「孔子曰：操則存，舍則亡。出入無時，莫知其鄉」的古語而來。

要言之，上文與〈中庸〉表達不同，尤其文字論述組織遠不及〈中庸〉詳備；其主張事項不僅涉及到〈中庸〉的主要內容，而且部分主張更具實質內容，大致就是〈中庸〉誠之說的原型。

荀況關於誠的論述也不多見，然而此文卻不能認為是荀況之後的學者之說而誤入者。荀況的論述主要在於以禮實行教化之事，也有將禮、誠並舉者，如〈成相〉篇「治之經，禮與刑，君子以修百姓寧。明德慎罰，國家既治四海平。治之志，後埶富，君子誠之好以待。處之敦固，有深藏之，能遠思。思乃精，志之榮，好而壹之神以成。精神相反，一而不貳，為聖人」所云。

儘管如此，誠之說也難說是荀況首創。荀況綜合儒家與此前的道、墨、法家等諸家思想，而自成一家之言，其中轉化墨子、孟子等學說之跡也可窺見。荀況雖為趙人，亦學齊學，涉獵齊魯學風。據此推測，只能認為在荀況之前，誠之說就已然存在。《荀子》云：「仲尼無置錐之地，誠義乎志意，加義乎身行，箸之言語」(〈王霸〉篇)，於孔子特為揭出誠字，大致也受到齊魯學說之影響。荀況又云：「凡以知人之性也，可以知物之理也」(〈解蔽〉篇)，這一命題酷似〈中庸〉中「能盡人之性，則能盡物之性」(第二十二章)所云。但是，其說以性為「天就」(〈正名〉篇)，「不可學，不可事」(〈性惡〉篇)，認為至多乃是待教化之後天行為的「本始材樸」(〈禮論〉篇)；由此看來，性乃是依此類推而得知曉物之理，而非其自體已然具有了理。〈解蔽〉篇這一命題大致仍是利用齊魯學者所論者。

根據上述分析，可知至荀況其時，如〈不苟〉篇的誠之說所云，已經有相當成熟的誠之說論述存在，此事確實無疑。根據這一情況來看，也可知將〈中庸〉分為論述中庸的部分——所謂原本、與論說誠的部分——後世增成，這一論說蓋與事實不符。誠之說也是古說。不過，〈不苟〉篇中誠之說或為荀況歸納某處原文所作，而原文或可想見篇幅更長。然而，其不見於今本〈不苟〉篇的文字究竟還有多少內容，尤其是否有關於論說中庸的部分，今皆不詳，是為憾事。如前文所論，荀況也有論述中的文字，但是，是否也來自此類原文則難以論證。總之，關於〈中庸〉誠之說，其原型或確有其實，同時也要認識到存在有別於此的其他形成原因。

（四）〈中庸〉中「誠」的意義

《孟子》與《荀子》皆傳承了既已成立的「誠」的概念，然而，卻無從知曉其中經歷了怎樣的過程。那麼，〈中庸〉文中就此是否有論述？

暫置〈中庸〉不論，先考察誠為何物。一般而言，所謂誠蓋可理解為，無偽地竭盡自己之最善而給予他者的精神。人們在構想這一概念之際，並非如此輕易。何況真正使得這一觀念成為自我的部分，說起來並非如此容易。就其發生而論，誠最初大致並非對人關係的精神，而是以對神的精神理念出現。儘管甚少有關於古代信仰精神流傳至今者，然而，現代用作對人關係的用語都出自祭神之際所用。例如盟，春秋時代用法如盟祀（邾公華鐘銘）、盟嘗（蔡侯盤銘）等。與誠基本同義的信，也同樣語出信神，而後才過渡到於他人無欺、真實於己之義。誠大致也是同樣。《禮記・祭統》篇云：「是故，賢者之祭也，致其誠信與其忠敬」，所用蓋仍是誠的古義。人類苦於世間不正、無信與自我迷茫，遂拜謁於神前，深刻反省，摒除一切妄想與邪念，徹悟至純真自我；一旦有與神靈相冥合者，就能感受到無所顧忌地去踐行其所堅信的至善的勇氣。這一反省、真實、公明、至善，離開神靈而成為人類的自覺之際，「誠」的概念就隨之誕生。實際上，有古說表明，雖非誠卻與誠同為人類神秘的精神，自信仰發軔至思辨的軌跡，這也影響到〈中庸〉。

道家認為，如果摒除權勢、財富、名譽、才能等一切世俗慾望，而徹底其內省式的否定思辨如同臻至天地一般的虛靜之境，那麼，就能夠獲得超越人的智慧而感應神靈般卓越的智慧，如「天曰虛，地曰靜，乃不忒，潔其宮，開其門，去私毋言，神明若存」(《管子．心術上》篇）所云。道家又認為這並非因為神的靈感、而是俾使人生存的精氣作用所致，如「故曰，思之，思之不得，鬼神教之。非鬼神之力也，其精氣之極也。」(《管子．心術下》篇）所云，這是道家的一般性傾向。即使如此，這也展示出人們關於最神秘精神的思考，由神及其信仰體驗而產生和發展的歷程。

以此主張為發端，神（鬼神）與人之間的關係，即卓越的智慧與人的智慧之間的關係就成為學者們所應當思考的問題。如前文所引，荀況所云「好而壹之神以成云云」(〈成相〉篇），即受到這樣主張的影響。又〈勸學〉篇有云：「積善成德，而神明自得，聖心備焉」。〈不苟〉篇關於誠之說有「形則神」的論述，也是這一反映。〈中庸〉云：「建諸天地而不悖，質諸鬼神而無疑」(第二十九章），揭示的也是其間的思考。更有甚者，這一思考實際上也成為提倡誠的端緒。論及這一內容的，則是「子曰：鬼神之為德，其盛矣乎」(第十六章）一章。

關於此鬼神章，如前文所述，或說以為是錯簡。此章上承前一章「父母其順矣乎」、論一家和合與孝養父母之後，下接後一章敘述舜、武王、周公達孝與祭祀宗廟之事，既闡明祭祀本義，兼引入誠的概念；前後敘述緊密關聯，段落位置調整或省略皆不可能。宗廟祭祀的對象是父母與祖先的靈魂，而靈魂賦予人生命、並經營人的精神活動，因而與鬼神同質。前文主張精氣的道家一派有云：「凡物之精（氣），化則為生。下生五穀，上為列星。流於天地之間，謂之鬼神，藏於胸中，謂之聖人」（《管子．內業》篇）。即萬物因各自精氣所宿而獲其生命與活動之力量；精氣之中最為神秘的、不宿諸萬物而存於天地之間者則是鬼神。〈中庸〉的鬼神也包括祖先靈魂，而主要指廣義的鬼神。之所以如此判斷，藉由其中關於鬼神之德所云「體物而不可遺」可知。〈中庸〉論述這一意義的鬼神，或許只是間接；蓋受到前揭道家一派思想的影響，而論述誠自信仰產生、進而發展成為人的神秘精神這一誠的問題。下文云「自誠明，謂之性」，認為「誠」與卓越的智慧二者不可分離，正如精氣與卓越的智慧一般，恰好印證了這一推定。

不過，〈中庸〉此章並未涉及人感應鬼神而為誠之說。所謂「夫微之顯，誠之不可揜如此夫」（第十六章），是形容鬼神之盛德，尤其「體物而不可遺」的功用。這一功用與下文「其為物不貳，則其生物不測」（第二十六章），論天地之道為至誠之極一文正相呼應，即如果上天使得鬼神發生作用，那麼，此處所表現的事實就是上天運行之道為誠的例證，成為「誠者天之道也」這一宏觀思考的前導。

在類比為鬼神之德的同時，這一誠自然地成為下文論說人之誠的伏筆。箇中原因，其一在於〈中庸〉敘述的妙趣，其二則是如果鬼神附於物之上，自然也令人反省：其德當然也內在於人。〈中庸〉所說的誠，並非是超越性的神通能量，而是內在於人的精神能量。要之，〈中庸〉基於鬼神祭祀而論說誠，雖顯示出受到道家一派的影響，而其思辨遠甚於彼，發展至新的高度。

道家主張，相比直接與鬼神相通靈、窮盡其精氣而言，更強調這其中內省的否定式思辨。道家一般將重點置於窮盡這一思辨以至於無的終極，如「氣也者，虛而待物者也，唯道集虛」(《莊子・人間世》篇)、「古之人，其知有所至矣。惡乎至？有以為未始有物者，至矣盡矣，不可以加矣」(〈齊物論〉篇)所云。因此，也謂「夫虛靜恬淡，寂漠無為者，天地之平而道德之至」(〈天道〉篇)。〈中庸〉的誠同樣也是徹底內省而得者。或毋寧是更嚴苛地反省的產物。不過，〈中庸〉的反省與道家貫徹於內省、徹底的否定式思辨不同，認為誠與在世間生存的實踐相伴隨而共同深化，乃是其中根本的內容。這一反省過程的清晰闡述，即「智仁勇三者，天下之達德也，所以行之者一也」與「凡為天下國家有九經，所以行之者一也」(第二十章)。換言之，誠是修習己身的德行、治理天下國家以及與父母雙親、朋友、長者、上司交往之際，唯一的根本性道德精神。天下國家既然有賴於人們善行而得以維繫，因此，人就必然內在地擁有實現這一善的本質。是以，又云「誠之者，擇善而固執之者也」(第二十章)。〈中庸〉的誠雖然得立於反省而與道家共通，但是並無虛靜等思辨內容，而是其自體，即以善為本質的實踐性精神。此外，誠的意義還不止於此。

〈中庸〉認為「思知人，不可以不知天」(第二十章)。如前文所述，為破斥道家理論之故，也必須從天道的根本以闡明人事。於是首先要知曉天道，而「誠者，天之道也」所云，就是〈中庸〉論天道的宏觀思考。

俾使萬物生成與變化的天地、四時、寒暑等既定循環法則，從現代觀點來看，不過是物之理而已，不應假誠這樣的實踐性精神予以說明。因此，如前文所示，宋代的學者思索其間物體生生變化的根本法則，又補充形而上學的結構與理的概念等加以解釋。〈中庸〉雖然沒有這些詳細表達，然而卻有著可以成為這些表達之根源的、質樸而更為切實的理解。如「天地之道，可一言而盡也；其為物不貳，則其生物不測」（第二十六章）所云，天地恆久長存，永久不變的四時、寒暑等遵循既定的循環而運行其間。萬物遵奉這一無可置疑的根本公理，蒙上天恩澤，安居於大地之上，因四時、寒暑巡迴而變化、更替興起。如果這一公理消亡，對於人類而言，萬物生存也就無法想像了。如果能夠相信人的存在，那麼這就是無可置疑的終極問題。是否能夠稱這一法則性為真實或真理？朱子曾解釋說：「誠者，真實無妄之謂」，誠然，〈中庸〉誠之義延伸而以真實為根本意義。

〈中庸〉的天道，既是上文所述使得萬物生生不息、變化不居的法則，同時也是達成天地萬物和諧的法象（理想態），如「天地之道博也，厚也，高也，明也，悠也，久也」所云，是善美的極致。世間萬物、尤其人類，都以此為理想而生長發展，和諧於其間。換言之，天道揭示出這一目的而俾使萬物生長。就此而言，「誠者，天之道也」的誠及「至誠」，不僅真實，同時也必須是萬物至善與至美的活動力。要之，「誠者天之道也」這一宏觀思想可以理解為：萬物以真實為根本、具備旨在至善的和諧之美而生生不息，這是宇宙發展的根本規律。即〈中庸〉認為，天地之間充滿誠，全宇宙、尤其人類社會應當藉由至誠而發展。

立足這一宏觀思想，如「誠之者人之道也」所云，真誠地生活，自然就是人類唯一與最善之道。思考人的生存之際，人生存的根本原因——性既已確定，如果人的生存方式以誠為最善，那麼，誠也就成為性的本質。因此，〈中庸〉云「自誠明謂之性」，即人的生存本應以誠為根本而發揮卓越的智慧。

不過，誠是性的本質，並非僅限於人類普遍性理論領域。性雖是所有人生存的根本原因，卻並非如同生命般從外部一窺之下即可明了。人的生存一定伴隨著應當如何生存的思索。所謂性，是知曉應當如何生存而生活的主體，是每個人通過自我省察而自覺的自我本體。〈中庸〉「天命之謂性」這一命題闡明了萬物生長的根源，知悉了自我生存的唯一理由。誠同樣也是在深刻反省之後有所得者。如果一定要區分起見，前者是由生存而被自覺的本體，而誠則是在實踐中被反省的精神。誠為性的本質，也是人們各自的體驗與內省的問題，必須時常自我反省：自己是否心懷其誠、誠是否自我生存的理由。就此，如「自明誠謂之教」所云，學問教育毋庸置疑是必要的。此與「修道之謂教」相輔相成，闡明學問教育成立的理由與意義。要之，人們在通過學問而理解善的同時，內省自我，並將善作為自我本性的誠加以闡揚。所以說「誠則明矣，明則誠矣」（第二十一章）、「尊德性而道問學」（第二十七章）。

這一內省之中最重要的，如同認識到性是自覺的自我本體之後而明晰一樣，是將誠貫徹至極限、而自覺於誠乃是自我本身唯一最善的生存方式。就誠以真實為根本意義而言，前文所云作為修身、治理天下國家的最根本精神而反省獲得的誠，至此遂凝成一種信念，一種捨此之外無法獲得、唯一真實的自我生存方式的信念。唯有生存於這一信念之中，才是真正的自我獨立。這種生存是自我的完成；聖人也是這一生存的發展。因此，有所謂「誠者自成也」。

〈中庸〉論誠之根本大致如上文所述，主張以人為主，在深刻反省自我行為的同時，宏觀體察天道而以此作為自我生存方式，弘揚這一信以為真實、最善的精神。這一思考，由發生而言立足信仰的精神而仍有遺存，卻以人為主。此外，內省的徹底與神秘的精神等問題，雖然受到道家影響，相比其依賴超越性的概念而言，卻將其作為人們實踐性自覺的問題嘗試解決，這是其特徵所在。

由此誠之說，更產生具有卓越特點的主張。其一，誠即道的實質。由前文所述宏觀天地之道而言，萬物與人相同而皆有其性，應當真誠地生活，故曰「誠者物之終始，不誠無物」（第二十五章），從而誠就兼有普遍共通的屬性。因此，如果在自我弘揚誠的同時，也使得他者弘揚此誠，誠就普遍合宜地可以無損於己而無犯他者，使得彼此獲得獨立發展。此即「誠者，非自成己而已也，所以成物也」（第二十五章）所主張。無疑，這正是弘揚誠而與中正之道相合之謂。因此，作為與「君子之中庸也，君子而時中」（第二章）相對應之事，而主張「故時措之宜也」（第二十五章）。換言之，所謂道主要指約束萬物，尤其是物己的規律性；中和中庸乃是上述關係維繫在一定恆久的狀態；與之相對，誠則是滿足上述關係狀態與規律性的本質。「君子之道」、「中庸」與「誠」三者關係由此明確。道德實踐問題藉上述規律之滿足、即實踐性精神的確立而完成。

另一方面，誠的弘揚使道興盛而貢獻於世界發展。誠既然是性的本質，也就比較容易從「率性之謂道」的命題導出「誠者自成也，而道自道也」（第二十五章）的主張。不過，這一主張雖然以誠為自律之道，卻並未親承篤信此誠即為道。更必須解釋將誠擢升至道（眾人普遍的規律）的高度的用意何在。竭盡此誠，不僅能維繫道，更可以制定道，甚至可以贊天地之化育，這就是最為〈中庸〉著力強調之事。誠在自我完成的同時，也成就他物而自行其道，是以至誠的聖人和王者自然要廣為弘博這一臻至完善的道。萬物，尤其人類日益發展，要求道也為之日新；天地作為至誠的法象，並展示其完成的理想之境；但是，唯有至誠之人才能臻至此境。贊天地之化育，正是這一理想實現的終極表達。因此，〈中庸〉主張「唯天下至誠，為能經綸天下之大經，立天下之大本，知天地之化育。夫焉有所倚？」（第三十二章）。毋庸多言，這一主張正與篇首的「喜怒哀樂之未發——萬物育焉」這一命題相呼應，即由一己之誠而進至實現天下治平的方法與理由，於此得以闡明。即使〈中庸〉所描繪這一理想的完全實現時日久遠，此處也道破了一己之誠與世界發展相聯繫的意義所在。

以上概述了〈中庸〉誠之說。要之，即使〈中庸〉有先行理論而據以立論之說，其自身仍然是統一、竭盡條理而完整之論述，尤其論中、中庸的部分與誠的部分緊密關聯，融貫一體。更可以說，中與中庸的主張，待誠之說始得完成。

上文又謂，〈中庸〉與道家相對，無論中的理論抑或誠之說，道家影響的痕跡歷歷可尋，這也使得〈中庸〉的思考更為深刻精密。雖然道家論獨也罷，和也罷，僅僅論述一己之自由與安樂，〈中庸〉則從一己之根本擴充至理想世界的實現，規模宏大，理論整備，足以破除道家之說。這是因為，道家學說的根柢面臨對人失去信心的想法，而〈中庸〉則如誠字徑直所示，由對人的信任、對自我的信任開始而發展而來。〈中庸〉誠之說也可謂是對人的信任的一首凱歌。

（五）〈中庸〉的組織

以上考察了「中」與「誠」經過怎樣的思考過程而最終得以成立。除此之外，還有不少應考察的問題。〈中庸〉一文正是伴隨前揭思考的累積，而最終形成古今無與倫比、罕見的體系性論述。

這一表現在於：巧妙利用對句、對文而形成整然一體、承載豐富內容的連鎖式敘述；藉此直接簡明地展開論述（如第二十二章），而輔以多用助詞來表現感情曲折細微等，極盡修辭，揭櫫師言（子曰），以解釋師說的體裁自然賦予前後文脈絡，援引詩句以為聖證等，充滿恭敬與殷切期望之情，文章格調高雅，文體超然獨特，但也有因抽象表達而難以直接理解的地方，尤其全篇脈絡或嫌隱微，其段落也未必自明。

孔穎達《正義》將全篇分為三十三節，未必基於對全篇統一明確的理解之上。程伊川慮及全文之統一，分為三十七節，卻未能明示各節之間的聯繫。直到朱子《中庸章句》分為三十三章，明確各章節之間密切聯繫，要言之，闡明了由三大段、五小節構成，而展開論述完整的主張。然而，這也未能獲得學者的全面贊同。墨守朱子學說者之外，或說以為其中至少三大節、多則十五大章，此外還有其他劃分段落說者。日本國先儒伊藤仁齋、中井履軒之外，荻生徂徠（《中庸解》）分為三十一章、大田錦城（《中庸原解》）與朱子雖同分三十三章而章節有別，葛西因是（《中庸辨錦》）分為七大章（二十五節），龜井昭陽（《中庸考》）則分為五大章，各人所見有異。即使如此，視〈中庸〉為體系完備論述的見解則大體相同。以上諸說各富啟發而互有短長，尤其難以遽定究竟應以孰家為主。因此，今仍以朱子分章為本，並採諸家之說而略附私見，新設段、節，並摘記論旨，如下所示：

第一段：（朱子《中庸章句》第一章）總論〈中庸〉學說的基本結構，分為兩節。

第一節：（天命之謂性至慎其獨也）闡明性、道、教的關係，尤其論說道的實踐以慎獨為根本。

第二節：（喜怒哀樂至萬物育焉）論說道的實踐始於心中中正，得乎萬物節度，所謂道即是中庸，最終應當達成天地人中和的至高理想。

這不僅揭示出〈中庸〉的基本結構與終極目的，也揭示出儒家奧義、一般的道德實踐的根本結構。

第二段：（第二章至第十二章）論說前揭道（君子之道）為中庸，人皆應踐行，且應行至高遠。分為三節。

第一節：（第二章至第五章）慨歎君子之道為中庸，但是人卻不能終竟之。

第二節：（第六章至第十一章）舉例舜、顏淵、子路與孔子述懷諸事，論說應當兼備智、勇、仁，致力於獲取聖賢之中庸，並效法聖賢而貫徹中庸。

第三節：（第十二章）主張君子之道始自凡人日用而極至聖賢之高遠，無所不徧行。

第三段：（第十三章至第二十章「不可以不知天」）論道之實踐歸於一誠。分為三小段。

第一小段：（第十三章至第十四章）論道之實踐雖始於接人處世，其要則以修己以待天命為本。分為三節。

第一節：（第十三章首至「故君子以人治人，改而止」）論述既然道為人道，因此治人之際，當待人以人，而以為原則。

第二節：（「忠恕違道」至「君子胡不慥慥爾」）論說由此應當懷其忠恕而謹慎平時言行。

第三節：（第十四章）論因時間、處所、位置而行中正之道，要之反省修己是其根本。

第二小段：（第十五章至第二十章「不可以不知天」）論道之施行應始於一家和合，尤其始於敬慎父母、祖先之祭祀，而竭盡孝道；因其德而獲其位，遂及於政治，又論政治也以修己為本，須知其天命，分為三節。

第一節：（第十五章至第十六章）論道之施行應當始於一家之和合，尤慎於父母祖先之祭祀，並辨明鬼神之德。此為說誠之伏筆。

第二節：（第十七章至第十九章）以舜為例，論積德、尤其孝德高尚者乃獲其位，並以文、武、周公為達孝之例，並論祭禮教化之功效。

第三節：（第二十章首至「不可以不知天」）論為政之際，既然政治由人運作，因此必須要任用賢人、踐行仁義禮；其要在於修己以至於知人、知天。

第三小段：（第二十章「天下之達道」至「不誠乎身矣」）將前述實踐之道概括為五倫、九經，將實踐之德約為三達德，闡明其始終唯一的根本在於誠。分為三節。

第一節：（「天下之達道」至「則知所以治天下國家矣」）將道概括為人倫之五達道，實踐之德約為智、仁、勇三達德，並論達德之根本與成功皆始於一而終於一，又明示其修習方法。

第二節：（「凡為天下國家有九經」至「所以行之者一也」）指出治理天下國家在於九經，而九經與三達德同以一為根本。

第三節：（「凡事預則立」至「不誠乎身矣」）論作

為三達德、九經根本的一，是明於善之身所具備的誠。至此，揭示出所謂中庸之道的實質在於誠。

第四段：（第二十章「誠者天之道也」至第二十六章）論誠為天之道、性之本質，人應當弘揚此誠，並以至誠配天地。分為三小段。

第一小段：（「誠者天之道也」至「雖柔必強」）論既然誠為三達德、九經的根本，遂與「天命」、「知天」相應；將此與天之道合而觀之，由學問思辨而掌握誠是人之道。

第二小段：（第二十一章至第二十四章）誠作為賦有洞察力的性本來所具備的作用，應當依據此誠與明來弘揚誠，並論弘揚此誠能盡人之性、物之性而至於贊助天地之化育，使事物的存在得以充分發展，是先見之明。此處論誠之機能。

第三小段：（第二十五章至第二十六章）將前小段的論述進一步推進，闡明誠是自我實現、道之實現，並使得他事物得以實現；確證篇首的大論點命題，並讚歎誠達到與天道全然一致的境地。分為兩節。

第一節：（第二十五章至第二十六章「無為而成」）論述盡誠則不僅實現自我完成，還使得道得以廣為傳布、他物也得以實現；因此，此至誠與天地之道相匹配。

第二節：（「天地之道，可一言而盡也」至「純亦不已」）反之，天地之道由一元不斷發展而成其偉大；並舉文王之例，讚歎至誠自其根本至其終了都與天地之道相合。

第五段：(第二十七章至第三十二章）轉入討論至誠之人、聖人，與立志於此的君子之道的實現，論述聖人作為王者，能夠經綸天下之大經（道）、立天下之大本（中）而實現天地之化育（大和）。分為三節。

第一節：(第二十七章）至誠、至德的聖人弘揚禮儀而充分實現此道。因此，君子必須以聖人為志向、尊德性而道問學，據於中庸，而首要在於貫徹此道。

第二節：(第二十八章至第二十九章）論弘揚禮儀而兼備德、位，必合於時，這其中有三個重要條件，君子必須竭盡這三條件而成為天下之法則。

第三節：(第三十章至第三十二章）推崇孔子為具備上述三要件的聖人，讚美其德與天地相配，其德至聖、至誠，完璧無缺，因此受到萬靈尊信，遂恢弘其道、立中而至於大和，成就中庸而實現完全的世界。

第六段：(第三十三章）：以上〈中庸〉主要論述結束，轉入多引詩文，論述應當致力於人的德行，而修習根本在於內省慎獨而貫之以誠，與首章相應而總結全篇，分為三節。

第一節：(「《詩》曰衣錦」至「所不見乎」）論君子之修德始於慎獨而以內省為主。

第二節：(「《詩》云相在」至「天下平」）論在內省深化的同時，德與俱進，而眾人尊信，至於治平天下。

第三節：(「《詩》曰予懷」至「至矣」）論述至

德復歸於根本，自覺於與天命一體的自我之誠，而得以發展。

如上所見，〈中庸〉始於論述儒教基本結構與目的，闡明道即中庸的特徵；復說其實踐，轉而涉入其根本，論述應當由己身實證天道之誠而至於至誠，與天地相配；再論完成人格者的至誠、至聖之德，勸勉要由其根本以修德之事；首尾相應，詳盡論述所應涉及的主要內容，各段之間緊密相連，形成統一完備體系。性、道、教之外，包攝五倫、禮、德、君子、聖人等主要概念，並置之於儒學中的相應位置。尤為需要注意的是，學界歷來受到「中庸」篇名的影響，認為〈中庸〉主要論述中庸；而根據上述文章構成，可知其中心內容實則在於誠。〈中庸〉乃是「誠」的聖典。

五、〈中庸〉的成書年代

這一體系化、論點統一的〈中庸〉究竟是何時、何人所作？果為子思的著作？

〈中庸〉是否為子思所著，唯有根據相傳曾從其門人遊的孟軻（約前 372– 前 286）是否繼承其說而加以判定。筆者曾指出，雖然《孟子》中有似乎採自〈中庸〉的關於誠的論述，但是其內容較孟軻學說更為深入，毋寧疑為後世摻入的文字。又《孟子》中似並無痕跡顯示繼承〈中庸〉「中」的概念；相反，〈中庸〉發展了孟子的「中道」；即使同是論「性」，相比之下，〈中庸〉的思考領域、理論規模都更為宏大，更為縝密。以上是前文大致所論。《孟子》相比之下雖然更為簡單，卻有其獨創性。由此看來，認為在孟軻之後，而有更為高度思辨的

〈中庸〉成立，才是思想史自然合理的發展。

如前文所述，根據《荀子》所論，子思、孟子乃是同系統的學派。郭沫若認為，〈中庸〉「天命之謂性」下鄭玄注：「天命謂天所命生人者也，是謂性命。木神則仁，金神則義，火神則禮，水神則信，土神則知」，是子思遺說，即此思孟學派之「按往舊造說，謂之五行」，並以此為一證，支持〈中庸〉為子思所作的舊說。

然而鄭玄的解釋，如下文所示，實是陰陽五行說成為流行觀念的漢代說法，不得徑據此認為是子思之說。〈中庸〉提出「五倫」，論「天之生物」（第十七章），尤其說「上律天時、下襲水土」（第三十章），令人聯想到五行之說，上文蓋即基於此說的發展之上。又，〈中庸〉說三達德、九經，並沒有以數字五為基準的內容，尤其強調「性」與「誠」的共通普遍，並未如同五行說或宋代學者將其加以發展、深入考察關於人的質的差異問題。荀況所云思孟學派倡言五行之說，或是思孟後學在當時如此，或是因訛傳所致。無論如何，嘗試以五行說為依據來證明〈中庸〉為子思所作，十分困難。

另有一說，認為子思後學與孟子學派別為一派（《韓非子・顯學》篇）。由此說溯源而上，或者子思與孟子學說本不相同也未可知。得以窺見子思學派學說的《子思子》，大部分已經散軼，僅有《禮記》中的〈坊記〉、〈表記〉、〈緇衣〉三篇與〈中庸〉篇被視為其殘存。此外，清人黃以周又從唐代馬驄的《意林》中輯得《子思子》佚文十一條；包括與此有重複者在內，武內義雄又從《淮南子・繆稱訓》中輯得佚文十三條。不過，就可比較的資料而言，依舊是〈坊記〉以下三篇文字。

〈坊記〉以下三篇之間雖然間或有些出入，但是，大體都冠以「子曰」之文開端，而以《詩》、《書》等文字結束敘述。與〈中庸〉相類。又，「君子之道」（〈坊記〉篇）等語與〈中庸〉相一致，並有「君子隱而顯」等類似表達，其所論者旨在以內省性傾向為主，以及履禮而行仁義，與〈中庸〉之說相去不遠，尤其如「子曰：情欲信，辭欲巧」（〈表記〉）、「大臣不親，百姓不寧，則忠敬不足而富貴已過也」（〈緇衣〉）等，多處涉及信及忠敬之論。信與忠敬為誠之根本，雖然《曾子》——相傳乃是將孔子的一貫之道理解為忠恕精神的曾子學派著述——成書年代尚未確定，其中有「忠者，其孝之本與」（〈本孝〉篇）一文，而〈中庸〉則將忠恕視為誠的中間過程。是以，《曾子》之忠所述蓋為向〈中庸〉的誠發展的過渡階段。由此類推，或有人認為〈表記〉、〈緇衣〉篇中的信、忠敬都是〈中庸〉之誠的先行之說。

但是，如「禮以節之，信以結之」（〈表記〉篇）、「子曰：下之事上也，身不正，言不信，則義不壹，行無類也」（〈緇衣〉篇）所云，〈表記〉、〈緇衣〉篇中的信都是指言語或與他人誓約，而非《曾子》中以信及忠為道德的基本精神。因此，認為這些是誠的先行的觀點值得懷疑，尤其是比較之際，相比起個別概念、更需就其整體來考察。由此看來，〈坊記〉篇以禮的教化為主題，列舉遭遇貧賤富貴、面對人之善、奉養雙親、祭祀祖先以及男女交際等不同場合類別的教誨；〈表記〉篇以君子行為的教導為主題，分別就仁、義、言、行、進退等進行論述；〈緇衣〉篇記錄君主統御臣民、臣下事上等的教導，其主題及所言與〈中庸〉並無緊密關係。儘管其中甚多中肯的教誨，但是論調不甚高明。正如對比「君子貴人賤己」（〈坊記〉篇）類的文字與〈中庸〉之慎獨所示，前者不僅表達上有語病，也缺乏力度。相比起〈中庸〉對「生乎今之世，反古之道」(第二十八章)的否定,〈表記〉篇則云「殷周之道,不勝其弊」,「後世雖有作者,虞帝弗可及也已」,顯示出與〈中庸〉相反的尚古主義。記述體裁雖然相似,其細微之處則並無關於「子曰」的解釋,相互之間連接詞語也付闕如;此外,數次引用《荀子》中僅見數則的《易》,引《詩》則區別〈國風〉、〈小雅〉(參考〈表記〉篇)、〈大雅〉,〈坊記〉篇甚至援引先秦文獻中所無的《論語》書名。上述種種都顯示這已然是經學形成之後的文字。

〈坊記〉篇「禮者,因人之情而為之節文,以為民坊者也」,蓋即出自《荀子・禮論》篇「禮義文理之所以養情也」。〈表記〉篇「至道以王,義道以霸,考道以為無失」,蓋源自《荀子・彊國》篇「隆禮尊賢而王,重法愛民而霸,好利多詐而危,權謀傾覆幽險而亡」。要之,通觀〈坊記〉、〈表記〉、〈緇衣〉三篇,即使沒有必要斷然否定〈中庸〉乃《子思子》中之內容,也可以窺知《子思子》與〈中庸〉之間關係不甚緊密;況且,《子思子》既未表明〈中庸〉是子思所作,也未發展出先行於後者之學說。反之,頗令人覺得那是〈中庸〉問世之後的作品。

如果〈中庸〉不是子思手定,那麼又是何人、何時所作?前文曾論及《荀子・不苟》篇中引文為〈中庸〉誠之說的原型,而荀況所見誠之說蓋不僅於此。據此可知,至少〈中庸〉的原型在荀況(約前 298– 前 238)時已然成型。換言之,乃是孟軻歿後不久之作。據孟子與〈中庸〉的性說而言,這是必然發展。雖然其作者究竟為何人難以確定,但是根據孟子與〈中庸〉論說的緊密關係推測,蓋為繼承子思、孟子學派學術的傳人。不過,在荀子之時,今本〈中庸〉或許並未完成。應當承認,〈中庸〉受到了荀況的影響。

強烈主張禮是聖人所制定，唯有聖人統御此道（〈儒效〉篇）的，正是荀況。〈解蔽〉篇云：「曷謂至足？曰聖也。聖也者，盡倫者也；王也者，盡制者也。兩盡者，足以為天下極矣。」〈中庸〉云：「故曰，苟不至德，至道不凝焉」（第二十七章）、「雖有其位，苟無其德，不敢作禮樂焉。雖有其德，苟無其位，亦不敢作禮樂焉」（第二十八章），都是較荀況說有所推進。又，荀況否定以上古為理想之說，而提倡後王主義，云：「欲觀千歲，則數今日；欲知億萬，則審一二；欲知上世，則審周道；欲審周道，則審其人所貴君子」（〈非相〉篇）。儘管〈中庸〉否定提倡「反古之道」（第二十八章），又據下文所引孔子「吾從周」之言，仍以周代禮制為理想，蓋基於荀況之說。〈中庸〉又倡言「以人治人」（第十三章）的人道主義，既是儒家傳統，大約也是根據荀況所鼓吹「道者，非天之道，非地之道，人之所以道也，君子之所道也」（〈儒效〉篇）、「聖人者，以己度者也。故以人度人，以情度情，以類度類，以說度功（中略），古今一也」（〈非相〉篇）之說強化而來。

依據上述考察，可知〈中庸〉在荀況其時或未必有今本體裁完整的內容，而其完備毋寧當在荀況之後某時期得以完成。

如前揭所示，武內義雄曾論證認為，主要論述誠的部分為「中庸說」，所記述內容反映秦始皇時期歷史事實，當成書於秦。筆者雖然並不接受「中庸本書」與「中庸說」二分的說法；但若據上述武內義雄之說，則〈中庸〉全篇必成書於秦。郭沫若則認為此事不足為據。誠然，「不法古，不修今」為商鞅（前 352 年為秦大良造，改革秦政，成就秦帝業的基礎。前 338 年歿）等法家之口號。荀況所倡言後王主義蓋即源自與此針鋒相對的主張。「車同軌」等度量衡統一，則是商鞅以來的政策。春秋之際，東、西方分裂而各自發展的文字書體，至戰國之際而漸趨統一。至於「行同倫」等風俗統一，則是儒家傳統的教化政策，尤其荀況所云：「天之所覆，地之所載，莫不盡其美，致其用」（〈王制〉篇），以建立統一王朝為理想；而作為儒者仕此王朝之際，則當致力於美其政而美其俗，尤其居高位之際，更須「志意定乎內，禮節脩乎朝，法則度量正乎官，忠信愛利形乎下」（〈儒效〉篇）。由此推知，〈中庸〉是以荀子之說等先行文獻為基礎而成。蓋〈中庸〉成書於始皇之前，始皇諸事毋寧是其歸結，亦即成書時代之下限。而如果僅就歷史事實在〈中庸〉的反映而言，結論也有可能相反，即始皇諸事為上限而〈中庸〉則成書其後。

對於理解〈中庸〉作為一個完整的文本而言，必須要理解思想史上以此為必要的原委。前文曾述及，〈中庸〉的中與誠與道家說法相對峙而形成。道家確立思想界難以撼動的勢力，為出現莊周、質疑儒家仁義之教、並肆無忌憚加以攻擊之後，是孟子之後的事。因此，荀況在批判老子、莊子之說同時（參考〈解蔽〉篇），致力於宣揚儒家學說；而在荀況之先，則有所謂〈中庸〉原型的創作。然而，荀況也不免受到道家的影響，荀況以降則其影響更甚；從對人類活動的懷疑開始，以致有學說認為惡源於對人類善的不信任，而無為之說成為時代風潮，這一風潮至漢代初期塵囂日上。這一反面則是，眾多學派學說的爛熟，與秦不斷確定的統一態勢之社會形勢相配合，促進了學說的綜合化與組織化。

秦始皇初期，執掌國政的呂不韋於始皇八年（前 239）命門下食客中的學者們所編輯的《呂氏春秋》，就是這一綜合化與組織化的典型。呂不韋作為具有鮮明戰國時代風氣的政治權謀家，又因其時秦帝國思想尚未成熟之緣故，廣採眾多學派的學說，兼容並包諸矛盾思想，對於儒家學說也頗有採用。此書以「上揆之天，下驗之地，中審之人，若此則是非可不可無所遁矣。天曰順，順維生；地曰固，固維寧；人曰信，信維聽。三者咸當，無為而行」(〈序意〉篇）為編輯方針，又以天之運行的十二律、八風、六氣為基礎，將全篇分為十二紀、八覽、六論三大類別，論述由人的本生至人事種種的教訓，或許本來想成為思想統一的書籍，至少從中可以窺知帝國統治之下新思想的傾向。

其中人性論，如「始生之者，天也；養成之者，人也。能養天之所生而勿攖之謂天子」(〈本生〉篇)、「人之性壽，物者抇之，故不得壽」等所云，以道家性命自足、全生之說為基本。是以關於君主，也認為「得道者必靜。靜者無知，知乃無知，可以言君道也」(〈君守〉篇）。儘管秦帝國仍在發展之中，卻一反儒家所主張自主發展的理想主義人性論，而將其人性論的根本立於將人的意欲限制在滿足基本生命的範圍之內，這或因其難免受到時代風潮之故。然而，這一人性論對於以權謀為主的帝國統治而言，則是恰逢其時。

又，《呂氏春秋》以「天曰順」為基本方針，實與道家思想相同，以超越人的必然規律的實在為前提，遂勢必要論述對此喪失自主性的服從。這一重視必然規律的結果，正如「失之乎數，求之乎信，疑；失之乎勢，求之乎國，危」(〈慎勢〉篇）所言，無視人的善意，而以人為工具，採用藉由權謀權勢的強制性統治策略。對於相信人自發向善的儒家而言，這無疑顛倒人的價值，極其不堪容忍。秦的統治政策實際即本於這一主義。始皇十年，呂不韋被放逐；始皇三十四年（前214）罷諸子私學，焚天下詩書，嚴禁私藏詩書百家之書，一以秦之法令為尊，諸多危險實際上早在《呂氏春秋》編輯之際已見其徵兆。

這一情勢迫使儒家發動起來，不僅子思學派和孟子學派，荀子學派也在其中，竭盡其全部知識，更加推崇孔子，闡明孔子之道才最為普遍，並回溯所謂〈中庸〉之原型，在破除時代思潮之基石的道家學說同時，創造出更勝於《呂氏春秋》的、具有統一性和完備組織的〈中庸〉。《呂氏春秋》雖然沒有中或中庸之說，卻論有與之相當的公平（〈貴公〉篇），而混入道家學說；又提出「誠」（〈精通〉篇、〈具備〉篇），尤其如「凡人主必信。信而又信，誰人不親」（〈貴信〉篇）所云，大聲疾呼信；又提出天行地行之信，云：「天地之大，四時之化，而猶不能以不信成物，又況乎人事？君臣不信，則百姓誹謗，社稷不寧；處官不信，則少不畏長，貴賤相輕；賞罰不信，則民易犯法，不可使令；交友不信，則離散鬱怨，不能相親；百工不信，則器械苦偽，丹漆染色不貞。夫可與為始，可與為終，可與尊通，可與卑窮者，其唯信乎！信而又信，重襲於身，乃通於天」（〈貴信〉篇）。信與誠用語雖別，而為編輯之便，以誠替換為信亦未可知。果是如此，那麼，〈中庸〉以天地為誠的象徵、「政之九經」、以誠為物之終始等內容也大體呈現於此。此處也可以視為關於〈中庸〉誠之說的淺近解釋之一。不過，此處並未展現〈中庸〉整體體系。是以退一步言之，至少這段文字揭示出，排斥對人的懷疑與不信、主張人是誠信的儒家在食客之間的激烈鬥爭，由此可推定正是《呂氏春秋》編輯之際，適逢〈中庸〉之成書。據此，筆者認為，〈中庸〉成書於秦始皇時期。

〈中庸〉之成書並不能定於《呂氏春秋》成書的始皇八年，比較推定當在八年前後。據此，〈中庸〉「今天下車同軌云云」（第二十八章）所反映的當是始皇統一天下的意圖最為高漲之際（據《史記》，在始皇二十七年）。「非天子，不議禮，不制度，不考文」（第二十八章）所云，希望當政者能夠採用統一制度的儒家禮制。不過，〈中庸〉並不寄望有助於秦帝國的統治方法與思想鉗制，其中「雖有其位，苟無其德，不敢作禮樂焉」（第二十八章），有對始皇政策的批評，尤其「考諸三王而不繆，建諸天地而不悖」（第二十九章）的傳統主義與秦的改制顯然異轍。

至於其年代下限，至多在始皇完成天下統一的二十七年，而不及禁止私學的三十四年。〈中庸〉「預見」了始皇政策終將墮入思想鉗制之境，俾人感到相比顯榮於當世，不若致力於一身之修德的精神之中，云「遯世不見知而不悔」（第十一章）、「君子之道，闇然而日章」（第三十三章）。過去的社會價值觀顛倒之際，人們的思想或沉淪於虛無的深淵，或於深思中發覺真實的生命之道。〈中庸〉適逢戰國時代自由思考的人們淪落至帝國統治下的始皇時期，於是在深刻思考之後，求索人的道義地生存之本。對於有志於道義的人而言，文中到處蘊含了不渝之理。

雖然鮮有文獻詳細展示漢代初期的思想狀況，不過，如果《周易．文言傳》成書於秦漢之際，那麼，所謂「庸言之信，庸行之謹，閑邪存其誠，善世而不伐，德博而化」，明顯是從〈中庸〉而來。又，筆者已有論述，成書於漢文帝之際的〈大學〉採用了〈中庸〉誠之說（參照《〈大學〉解說》）。

漢武帝之際成書的《淮南子．主術訓》中，認為國家命運在於仁義，人生意義在於行善，其下又云：「士處卑隱，欲上達，必先反諸己。上達有道」；而上達之道則有朋友之信、親之悅、身之誠等諸階段，且「誠身有道，心不專一，不能專誠」，顯然是據〈中庸〉而成者。又〈齊俗訓〉云：「率性而行謂之道（中略）性失然後貴仁」，雖以道家說為主，前半命題同樣是據〈中庸〉而成。〈泰族訓〉「執中含和」云云，雖然混入道家學說，也是依〈中庸〉而成者。至於「上無煩亂之治，下無怨望之心，則百殘除而中和作矣」，則與〈中庸〉同為儒家之說。《春秋繁露．循天之道》篇「夫德莫大於和，[21] 而道莫正於中，中者，天地之美達理也，聖人之所保守也」，則混入陰陽觀念；若此確為董仲舒之說，顯然其中已然浸潤〈中庸〉的中和之說。是以，至遲在漢初之際〈中庸〉嘗深刻浸染至有心之人。

六、〈中庸〉作為古典的價值

《史記》中雖然明確記載〈中庸〉為子思的著作，但是，上文結論已否定此說，認為此書須至秦始皇時期才得以完成。中國古代文獻之成立是否如傳世所云，往往需要嚴密加以討覈。當然，傳世說法未必全然沒有依據；但是古代罕有直接記錄某人之說或某主義，至後代始將這些內容集錄成文，於是有意無意間遂或將後學發展之說也置於祖師之說中，或整治拾掇編輯之體裁，是以造成混亂。例如，《管子》、《曾子》內容都本於各自祖師管仲、曾參，但是也顯然將管仲、曾參之後記述也一併收錄其中，傳世之說未必全無根據。就此而言，〈中庸〉大約也是基於子思所首倡思想之上。至少，荀況時所存〈中庸〉之原型或即由子思學派所傳承者。荀況活躍時期至始皇帝時代，其間相隔不遠；而子思學派在始皇時期或許對既已完備的〈中庸〉原型有作加工潤飾。這一系譜或即〈中庸〉作為子思

21 譯案：「夫」字原文誤作「大」，徑改。

著作的傳承者，而〈藝文志〉所著錄〈中庸說〉其說不詳究竟；如果其原型就是〈中庸〉，那麼或許也可將今存〈中庸〉視為秦時成書的〈中庸說〉。

即使如此，明確〈中庸〉作者究竟是何人固然十分重要，但是更重要的則是明確其究竟為何時、為何而作。〈中庸〉並非僅因是子思著作而寶貴。其究竟於怎樣的時代、有助於解決何種思想與人生問題以及如何解決，才是其意義所在，也可成為現代的教益。因此，上文以諸前賢之說為先導，略加己見，就〈中庸〉成書經緯及其年代而加以考察。

筆者結論認為，其一，〈中庸〉可溯源於孔子，而主要思想傾向蹈襲自曾子、子思、孟子。不僅於此，也頗採荀子之說。易言之，竭儒家之合力而成此書。其間，不能忽略的是道家學說也是其思辨發展的必要條件。若非如此，〈中庸〉或許也不能發展出如此徹底的思辨。儒家與道家，作為中國民族思想之中所具有的對待人生的兩種極端思想，即肯定的理想主義思考與否定的虛無主義思考，在戰國時代得到了極度充分的發展，此後二者相互排斥卻又相互交錯，成為中國思想史發展的原動力。〈中庸〉成書之際，距離二者初創時期未遠，因此，得以新穎地相互影響而純粹地求索事物的本質。是以，〈中庸〉就是世間秉持道義的人對於最純粹、最根本精神的探究，並對其永恆不變之真實的感悟。當然，儘管〈中庸〉是徹底的儒家思想，然而就其與道家之間關係視之，也可視為是自由地尋求人生真義的戰國時代思想的一次決算。

其二，〈中庸〉的原型雖然在荀況其時已然出現，但其完成則要到秦始皇之際。苦於戰國時代之紛亂的思想家們，莫不翹首期盼統一王國的出現。〈中庸〉雖然具有關於建設新王國禮制的理想，然而更多則是對於始皇政策的批評。這是因為思想家所追求的真實、理想，與時代中既已出現的帝國現實之間，未必相一致之故。因此，相比當政者的實施政策，〈中庸〉則深思熟慮，主要論說普遍地自我成就與真實世界的實現。

〈中庸〉之說不僅在秦代無法實現，即使在後世，對於現實的多面性，也難以全部實現，這是因為〈中庸〉未必期待適用於某一時期或某一時代，而是尋求跨越全時間、全空間的人類唯一不變的法則。〈中庸〉是基於天命的形而上學思辨，然而其所追求的是，無論何人、無論何時何地皆可信賴的真實，是探尋真實的方法，此真實應當從根本支撐起世界與歷史的發展。因此，〈中庸〉無論在漢代抑或其後以單篇文字收錄在《禮記》之中，皆是後代學者思考的資源，終於在宋代臻至朱子性理之學的王座寶位。與程朱之學一起，也在日本國廣為流傳，培養出人們道義的信念。

朱子的〈中庸〉解釋對於〈中庸〉原本主張有更大發展，關於其意義當與〈中庸〉加以區別評價。然而，〈中庸〉顯然已經蘊含這一發展的根本；而且，對於朱子而言，要從根本上思考人生，就必須要從歷史上、理論上追溯至〈中庸〉。

雖然現在與朱子所處的時代情況、思想發展程度都不相同，然而，時至今日依舊需要熟讀〈中庸〉，細加玩味。我們所在的世界，並非〈中庸〉所描繪的家族、國家、天下的單純組織，實際上更為複雜，而且充滿殘酷現實。但是，我們是否以某信念為根本、相信世界的未來會如何發展，而自覺地生活於其中？如果世界應當由人類相互協同而運作，那麼人與人之間相互聯繫的就是道義，而維繫這一道義的就是每個人的誠實，我們的生存方法，最終捨誠實之外別無他物，這就是至善。複雜的現實卻紛亂迷惑，總是使人失去此真實，〈中庸〉即是對此樸素而純粹的反省。

閱讀〈中庸〉之際，尤其需要注意的是，古代儒家文獻普遍是實踐性經驗的記錄，或者是以此為預想的記錄，未必期待其理論性整合與記述之詳備。雖然〈中庸〉理論化十分明顯，仍是以讀者實踐為預想的記述，同時也是作者自身的經驗記述。因此，在評價其中表達的過於抽象、理解事物的過於概念性之際，需要參照我們自身體驗加以吟味，以嘗試理解其本旨，這是十分重要的。

參考書籍

以下所舉以注釋書為主：

一、中國

漢　鄭玄注、唐　孔穎達等疏　《禮記正義》之〈中庸〉篇
宋　朱熹編　《中庸輯略》
　　同著　《中庸章句》、《中庸或問》
宋　黎立武著　《中庸指歸》、《中庸圖》、《中庸分章》
宋　趙順孫著　《中庸纂疏》
宋　衛湜編　《禮記集說》之〈中庸〉
宋　胡炳文著　《中庸通》
明　胡廣等編　《中庸章句大全》
清　毛奇齡著　《中庸說》
清　康熙欽定　《四書解義》之〈中庸〉
清　莊存與著　《四書說》
清　王步青著　《中庸朱子章句本義匯參》
清　陸隴其著　《松陽講義》之〈中庸〉
清　宋翔鳳著　《四書纂言》

清　凌曙著　　《四書典故覈》之〈中庸〉
清　杭世駿編　　《續禮記集說》之〈中庸〉

二、日本

熊澤蕃山著　　《中庸小解》
伊藤仁齋著　　《中庸發揮》
荻生徂徠著　　《中庸解》
古賀精里著　　《中庸諸說辨誤》
龜井昭陽著　　《中庸考》
皆川淇園著　　《中庸繹解》
大田錦城著　　《中庸原解》
增島蘭園著　　《中庸章句參辨》
海保漁村著　　《中庸鄭氏義》
佐藤一齋著　　《中庸欄外書》
葛西因是著　　《中庸辨錦》
市川鶴鳴著　　《中庸精義》
東條一堂著　　《中庸知言》
帆足萬里著　　《中庸標注》（《萬里全集》所收）
安井息軒著　　《中庸說》（《漢文大系》所收）
中村惕齋著　　《中庸示蒙句解》（《漢籍國字解》所收）
小牧昌業著　　〈中庸〉（《國譯漢文大成》所收）

近人著作

久保天隨著　　《四書新釋》之〈中庸〉
宇野哲人著　　《四書講義中庸》、《中庸新釋》
簡野道明著　　《中庸解義》
安井小太郎著　　《中庸講義》
服部宇之吉著　　《中庸講義》
武內義雄著　　《易與中庸之研究》

關於〈中庸〉「誠明」章 *

赤塚忠

* 譯案：原文刊登於《斯文》第 32 號（1961 年）；後收錄於氏著：《儒家思想研究》（《赤塚忠著作集》第 3 卷，東京：研文社，1986 年）。

筆者時或翻閱〈中庸〉篇（下文將文獻的「中庸」稱為〈中庸〉篇，以示與道之中庸相區別），沉吟輾轉，間或有所心得，聊以記之，呈乞博雅有以教正。

一、〈中庸〉篇之構成

毋需多言，〈中庸〉篇相傳為孔子之孫子思著作。及至近世，學者們始疑其究竟是否為子思之作，進而質疑其文本或至漢代乃增訂而成；而文中主要論述中庸與誠的兩部分本或各自成書，後者增附合成遂呈今本樣貌。雖然現在仍有不少學者認為〈中庸〉篇為全本，而持新說即原本〈中庸〉與新本〈中庸〉合成論者則佔上風。

不乏有人難以首肯以〈中庸〉篇為全本的學者解釋。然而，對於持錯簡或合成說的文本批判理論，也並非有決定性、客觀性依據，而更多則是依賴於概念與結構解釋。

〈中庸〉篇行文敘述頗有跳躍，十分含蓄，其表達工於修辭，抽象文字甚夥。因此，段落脈絡不易把握。孔穎達等所撰述《正義》、尤其朱子《中庸章句》以來，諸多著作曾嘗試闡明其行文組織；然而各有短長，終未愜人意。筆者認為，〈中庸〉篇作為儒家哲學著作，其敘述前後緊密聯繫，邏輯一貫，持論統一；雖然不過是四千二百餘字的短篇作品，仍然堪稱古代罕有的系統性組織作品。

下文假朱子章別之說，摘錄〈中庸〉篇梗概如下所陳：

首章，舉出性、道、教、獨、中、和等主要概念，揭示並總論關於道德實踐哲學的基本結構。

第二章至第十二章，主要就形式層面之中庸，論述道德準則與道乃是人所唯一、普遍且最高的實踐目的。

第十三章至第二十章「思知人，不可以不知天」，論述修道踐行所歷經忠恕、反求、順孝、大孝、達孝、為政諸發展階段。

第二十章「天下之達道五」至「不明乎善不誠乎身矣」，概括以道為形式規範的五達道、實踐規範之三達德、九經，並論述此實踐為一元（誠）屬性，以此為下文道德實踐根本理論準備。

第二十章「誠者天之道也，誠之者人之道也」至第二十六章，乃是〈中庸〉篇作為道德實踐根本理論的中心部分。至此方闡明性與道之本質與教之機能，尤其論述道（誠）之實踐性認識，我、物、世界（宇宙）之道德完成由此得以實現。

第二十七章至第三十二章，讚歎完成道德人格之聖人、至誠人的德行與功業，並論此為人類永恆之目標。

篇末第三十三章，與首章緊密呼應，行文格調幽深，循循然勸人以道德實踐。

上述分章之說或多或少有未能盡數概括的內容。然而，正如物徂徠（荻生徂徠）、大田錦城、龜井昭陽等多次指出，〈中庸〉篇修辭之中，前後呼應之伏筆在在多有。就此意義，也應當更為慎重處理上文之概述，闡明其絕非草率為之。因篇幅所限，本文不能詳述；下文則就其要點有所論及，故今暫置如此。

二、文本批判的論據

現代學者論證〈中庸〉篇之錯簡、改竄與增成，論據多端；尤其因與其他哲學、思想問題相關聯，以本文之篇幅，難以詳盡加以介紹與批評。是以，僅就〈中庸〉篇文本批判先驅者的論據略作一瞥。先驅者論據或稍後有所修正，然而其基本意義依舊存在。

我國首倡〈中庸〉篇為漢代學者所改竄者，為伊藤仁齋。其文本批判認為，去除「未發之中」一段之首章至第十五章為〈中庸〉本書，而第十六章以下並非本書而是增成者，即持原本〈中庸〉與新本〈中庸〉之說。仁齋論證廣及多面，其立論之主要動機在於：「若孟子發明孔子之旨意也，〈中庸〉又演繹孔子之言。其書雖未的知子思之所作與否，然以其言合於《論語》故取之」，「〈中庸〉之書，《論語》之衍義也」（《中庸發揮》），遂認為第十六章論鬼神、第二十四章述禎祥妖孽，皆非孔子之言，並以此為其論據。既然是否子思所作不可確知，然而又規定其必為《論語》之衍義，其說實牴牾。縱然置此不論，這一動機實已經預見其結論。不過，若正面解釋仁齋之意圖，可知其說乃針對〈中庸〉篇為子思自著之定說而發，而指出從其舊說則孔子至孟子間思想發展頗為突兀。事實上，現代學者秉承仁齋此旨，認為〈中庸〉篇成書年代遠在子思之後、甚至孟子與荀子之後。就此，必須佩服仁齋之洞見與學問精神。

然而，成書年代下移也增生出新問題。即：〈中庸〉篇之前即有文獻涉及中庸之說，同此，《孟子》、《荀子》等文獻之中也有發達成熟的誠之論述，這些顯然皆屬事實；然則，應當如何說明上述事實與〈中庸〉篇之間關係？仁齋其時，從〈中庸〉篇中選出原本，再分原本〈中庸〉與新本〈中庸〉，所持依舊為守經之立場；除此之外，是否必須從哲學史角度，而囿於中庸之名進行方便操作？無論如何，即使是偏晚的時代，〈中庸〉篇是否為全本、其意義又為何，這些仍是必須解決的、〈中庸〉篇自身的根本問題。

〈中庸〉篇中最難解者，為首章命題、誠之說與中庸之說等相互之間的關係。這一難點也是〈中庸〉篇文本批判論據之一。最早質疑今本〈中庸〉非最初原型的王柏亦據此持論。實際上，結合首章、中庸與誠三者內容者，有所謂誠明章。所謂誠明章，為方便起見所命名，以朱子分章說則為第二十一章，即：

> 自誠明謂之性，自明誠謂之教。誠則明矣，明則誠矣。

王柏也留意到此文重要性，並謂此與首章之「天命之謂性，率性之謂道，修道之謂教」相呼應。然而，王柏認為，上揭性、道、教其旨各異，首章「以行為主故曰修道」，而誠明章「以知為主故曰誠明」，二者截然分別（《魯齋集》卷五）。首章言行而誠明章言知，果真如此畛域分明？就修道言，獲得天道之誠難道不是修道？此外，更有明文言誠，云：「成己，仁也；成物，知也。性之德也，合外內之道也。」是以，這一武斷解釋難為論據。此姑且不論，即使望文也可生義：在不同層次的命題中，語義間的各自分別本是自然。由此，此處強調彼此差異實並無深意，更難據以為論據。此處應當說明的是，如此嚴格之對應所為何故。誠明章中並無論道命題，而第二十五章則云：「誠者自成也，而道者自道也。」尋求這一呼應之緣由、並能確認其相互矛盾，始可作為論據。而王柏則並未致力於此。頗疑王柏無意徹底理解〈中庸〉篇。更有甚者，據《漢書・藝文志》中偶見之〈中庸說〉的記載，在此書實際尚未明確的情況下，即遽將此思想理解的問題偷換為文獻學問題，認為論中庸部分與誠明章以下部分二者原本即各自別行。

筆者固然贊同哲學性著述也應當建立在歷史性與文獻學確證之上，然後加以理解與評價。然而，在不牽強附會範圍下，無疑對於著作本身的理解才是根本；而因古代著作未必輕易可解，遂將理解不足托諸其他藉口，此則筆者以為當慎之又慎者。

三、〈中庸〉篇理解的一個關鍵

早有學者指出〈中庸〉與道家之主張相對立，而二者之相互比較卻難言充分。任何著作皆有其前提條件或相對峙之論述，而客觀性記述則努力將這一前提或對峙論述減至最少。然而中國古代著作則頗少措意於此，且自來學界開放，相互間影響之顯著頗出人意外。因此，研究中國古代哲學之際，復原背景之事實為不可或缺工作，如孟子之性論、浩然之氣說，荀子之性論等。若有闕於此則招致謬誤。〈中庸〉篇涉及概念乃是中國哲學自古以來問題的基礎所在，由此亦可推知其先行條件甚多。毋寧可謂〈中庸〉篇的意圖在於駕馭之以臻完備而形成體系。

〈中庸〉之「庸」一語，與《莊子・齊物論》篇中「庸也者，用（作用）也；用也者，通（流通）也；通也者，得（得所適宜）也」所論具備普遍、恆久的一定作用的概念，難言無涉。

又有不為人所知者，如第二十九章「王天下有三重焉」。

所謂三重，或率意以為「三王之禮」、「時、位、德」，或回溯文本順序謂「議禮、制度、考文」，諸說紛紜。然而比較《墨子》之三法（即論證之本、原、用三準則。〈非命上〉篇以聖王之事為本、百姓耳目之實為原、刑政之利為用；中篇以天鬼之志與聖王之事為本、以先王之書為原、以刑政為用；下篇則以先聖大王之事為本、眾耳目之情為原、刑政為用）可知，此三重是指文中「本諸身徵諸庶民」、「考諸三王、建諸天地」與「質諸鬼神、百世以俟聖人」。

首章命題「慎獨」中有「不睹不聞」之語，似乎僅是對他性的自我戒慎之意，微妙而未為徹底。實際上，文中之獨不限於此消極意義。例如《莊子・大宗師》篇有「守之（道）……而後能朝徹，朝徹，而後能見獨；見獨，而後能無古今；無古今，而後能入於不死不生」，《管子・心術上》篇有「世人之所職者精也，去欲則宣，宣則靜矣，靜則精，精則獨立矣。獨則明，明則神矣」，《荀子・不苟》篇亦有「善之為道者，不誠則不獨，不獨則不形」。獨作為人們獲得確信而轉向積極行動的獨立自主，乃是先秦哲學中重要問題之一。〈中庸〉篇之獨亦屬於此類，自不待言。慎獨者非消極之修養，乃是自我尊嚴與可堪誇耀的道德行為。慎獨之語，在前揭《荀子》之文則謂「夫此順命，以慎（王念孫訓為誠，實無必要）其獨者也。」

孔子修己的自主性、孟子的自我價值等觀點，發展至〈中庸〉篇之慎獨，蓋事所必然。〈中庸〉篇就此展開深刻思辨而加以明確詮釋。

要之，〈中庸〉篇必須置於其創作時代之新學術環境中加以理解。這是正確理解的關鍵之一。

四、何謂中庸

前文筆者曾使用「道的形式層面的中庸」一語，此因筆者認為〈中庸〉篇以道為主，而中庸為道之形式。這一解釋一則來自與道家哲學之比較，再則來自〈中庸〉篇哲學體系的理解，係二者歸納所得。

或有難者認為，筆者引入不同性質的用語。筆者則認為，〈中庸〉篇將道析為形式上的規範性與本質上的規範性（實相），這是其特徵所在，而這一分析之先聲，在於道家哲學之道與無的概念之間關係。道與無之關係極其微妙，道家文獻中有眾多說法，一般則認為，道作為一元屬性的、普遍的萬物之因，以存在與作用層面言之。換言之，這一道總體言之乃是形式性。與此相對，無作為歸於道而融合者，是從實踐者的主觀性認識層面言之。就此而言二者有別。然而，在古代中國，道家、陰陽家等所持道論以客觀自然原理為主，儒家則以人倫原理為主立其道論，所建道論各異而皆深入個體實踐內部，而為其準則。職是之故，實踐中於自身內部體認道時，道與無不過是一體之兩面。道家屢稱道為無名、無為，實則就普遍性、共通之統一面言稱之為道；就個人實踐層面而以實踐精神內容言則稱之為無（無名、無為）。人的認識又將對象實體化。即使在徹底否定思辨的〈齊物論〉篇中，雖然附加條件謂不會就有無任何一方加以限定，卻以「俄而有無矣」的行文表達將無進行實體化。不僅如此，今本《老子》論道，謂其實質為「無名之樸」（第三十七章）。作為道的體認，精氣說亦同此傾向，尤其以無（無欲）為本質的性命之情說，更將此傾向加以世俗化，無應為道之本質。

道家所論道與無之間的關係，使人預見到其析分形式與本質的事實。然而，就哲學中無的本來屬性而言，分析尚未充分。與道家認為世界變化無目的性、機械化相區別，儒家則認為有禮或〈中庸〉篇的五達道等人倫秩序、有和諧性目的、有其自身秩序性（〈中庸〉篇謂之節）存焉。因此，首先論道之普遍合宜性更為容易。由此，〈中庸〉篇將道作為合於自身秩序性的、合於眾人相互之間普遍性的合宜之物，並把握其特徵，而就中及其恆久性展開的中庸加以闡釋。

〈中庸〉篇認為，中乃是人之喜怒哀樂等精神作用開始之前的內在之物（翻閱《管子．白心》篇可知，〈樂記〉篇之外，已有相關先行文獻。因其所涉過於繁雜，今暫置不論）。這一主張為宋代學者增入其哲學思想而加以解釋，反至難解。要之，但凡人與他人相互和睦，其對外活動肇始之前，其契機就已然存在。〈中庸〉篇云「率性之謂道」，認為道是由人所固有之性肇始的必然展開，而道又作為普遍性合宜之物，這一論點自然理所當然。據此也可逆知，中之表述為道之側面。

如據上文解釋，則諸多學者所質疑首章中言道與中、第二章以下言中庸，其間關聯不明確之問題，或可得消釋，而以論述中庸部分為主的〈中庸〉原文之說，之所以不為允當，大率可得理解。首章之道與中庸、誠均相關，中庸不過是道的部分特徵而已。

〈中庸〉篇雖然視中庸等同於道，又視其為修道之對象，然而須留意「君子遵道而行……君子依乎中庸」（第十一章）所云二者互文的表達。互文所涉為同一事實，然而絕非同一事實之重複，尤其第十二章以下徑稱之為道，絕無再言中庸。這也顯示，即使中庸即道，中庸亦絕非道之全部。正因道之普遍運行，是以有君子之中庸、有聖人賢人之中庸，各自踐行其合宜之道，得其中庸。所謂中庸，自然是〈中庸〉篇所具特徵之概念；然而亦不可為「中庸」之書名所惑，須知全篇並非以此為根本之所在。

僅就中庸相關部分而言，能夠汲取怎樣實踐教益？所謂汲取實踐之教益，未必指以此教益為自我規範。對於任何著作蓋皆是如此，尤其對於〈中庸〉等實踐哲學著作而言，這更關涉到要在實踐中解決何種問題，以及如何理解與評價相關問題的解決等。就此而言，此處僅揭示出中庸乃是歷來聖賢黽勉之所在，世人應矢志之所向，但卻基本不涉及相關實踐內容（徑就中庸相關之論述）。

理解中庸之語，或令人聯想到：其一《論語》之「中庸之德」。然而此既以中庸為德，則與〈中庸〉篇所述未必為同物。其二或聯想至《論語》之「過猶不及」。〈中庸〉篇中也有「知者過之，愚者不及也」之文。諸多學者遂據此將中庸釋為無過與不及，以及無過與不及之道等。無過與不及，誠然可謂反省自己行為是否有偏頗之教訓。然而此語所示為某一狀態，其自身並不成為實踐動機或者法則。所謂無過與不及，預見至某終極形態而就其外延加以形式上規定者。《論語》云過與不及，乃「師也過之，商也不及」（〈先進〉篇）之文，既已預設某一標準而後對商與師二人進行客觀品評。〈中庸〉篇大致相同。所謂無過與不及，是因為有預見至一終極形態而說明某程度之中庸。由此逆推，可知中庸所示並非實踐內容，而是道之形式。此正與朱子無所偏倚為中之論相同。其三，訓中為中央之義，而解中庸為折中之教益。〈中庸〉篇固然有「執其兩端，用其中於民」之語。然而，這一字面義是否即道或德、抑或〈中庸〉篇之中庸的正解？凡有兩極端者則取其中，這一行為實為方便之妥協，或是機會主義之苟且。〈中庸〉篇之中庸既然云「君子之中庸也，君子而時中」，是以絕非臨時、不定之事。所謂執其兩端而用其中，並非將兩端折半而取其中，而是以兩端作為尋求事態真實的條件；而中不過是於其中所求得真實的比喻表達。《論語》中即謂：「我叩其兩端而竭焉」（〈子罕〉篇）。

〈中庸〉之中，如「發而皆中節」明文所示，其基本義當解為節度適中，即所謂中庸指常得事物之宜，如第二十五章所云「故時措之宜也」。抽象言之，乃指具備普遍合宜的屬性。我們所云「中庸之人」蓋並非指遇事妥協或保守、苟且為計之人，而是指知曉合宜節度之人，這與中庸一語的基本義無異。所謂得事物之宜、有節度者，自然有其準則蘊諸。這一準則於〈中庸〉篇即為道。就此，筆者也將中庸理解為道之形式；同時，中庸相關的部分絕非獨立而藉此示以教益者。

所謂中庸並非直接予以教益者，須知提倡中庸之際，有更為重要的觀點。前文曾云〈中庸〉篇於道的形式分析實甚於道家。與此相關，這一觀點則有意識強調「道」即儒家之道最為普遍合宜。易言之，今筆者認為中庸可理解為有所節度、道之合宜；而日常經驗之中，即使有客觀準則，卻因人而異，或過於猛烈、或流於肆意，淪為人的過失而被視為失其中庸。然而，這是因為以準則為既定所致，其過失蓋多因人際關係或物事關係複雜、即準則之不備所導致。須知在孔、孟至〈中庸〉篇的時代，上述準則或道尚粗略未備，更有所謂異端邪說橫行於世。因此，必須揭櫫何者為唯一普遍而合宜之道。《論語》中「不得中行而與之，必也狂狷乎」（〈子路〉篇）云云，即不斷探索這一唯一普遍之道者。中行之名，或謂居於進取之狂者與無為之狷者的中間，而狂者與狷者雖然等級略次卻皆行道之謂，是以中行要旨實不在於此。如孟子所云，賊中行（中道）者：「生斯世也，為斯世也，善斯可矣。閹然媚於世也」，看似得道實則違之，乃鄉原者（〈盡心下〉篇）。據此，中行（中道）要在當道而行。換言之，其似狂者、狷者，雖有過與不及而但凡志在於道者，則應視為普遍適宜而得以名之中行。〈中庸〉篇亦云：「子曰：素隱行怪，後世有述焉，吾弗為之矣。君子遵道而行，半途而廢，吾弗能已矣。君子依乎中庸，遁世不見知而不悔，唯聖者能之」。這一中庸恐難以視為與素隱行怪相頡頏之穩和庸常，其自負地認為唯有中庸才是唯一之道。換言之，提倡中庸乃是於眾道之中探索唯一普遍之道。如惑於中庸之語內所糾纏折中之義，勢必會忽略此義。

五、鬼神章的定位

下文考察道與誠之間關係。〈中庸〉篇就此於修辭與邏輯皆設有詳細伏筆。其一為鬼神章（第十五章），再者則關於三達德、九經論述中「所以行之者一也」之文。

如前文所述，仁齋以為鬼神章非孔子之言，此章與前後章承接不協，且此章以下之文也非〈中庸〉之原本。當代學者亦有從此說者。

若就仁齋等所論此章是否孔子之言論，誠然孔子不語怪力亂神（〈述而〉篇），而退諸鬼神於其次，如「未能事人，焉能事鬼」（〈先進〉篇）所云；然而孔子也有「禹……致孝乎鬼神」（〈泰伯〉篇）之讚歎，是故不可謂其全然未言及鬼神之事。此外，鬼神未必惡靈之謂，鬼神章中所云即取神之一般義。又「如在其上，如在其左右」云云，正與《論語》中「祭神如神在」（〈八佾〉篇）說相表裡。如「慎終追遠，民德歸厚矣」（〈學而〉篇）所述，祭祀本是儒家政教所據事實，鬼神章所論亦基於此。仁齋之說頗失於此。

鬼神章前承第十四章中引詩句論一家和合之文下。勿論，正因一家之和合乃有孝於父母之靈。因此，詩讚曰「子曰：父母其順矣乎」，順即〈大雅・下武〉篇「應侯順德」中之順德，指謹守父祖遺訓，即順孝。「君子以人治人」至「大德者必受命」，以修道者為主格立言。因此，父母之語不得如朱子所云乃主語。孝其父母，慎行祭祀為最重要義務，即使時至今日也是極為顯著之中國民俗的事實。職是之故，一家之和合下接鬼神章，論其祭祀之事。祭祀中至為要者，在於降神靈於祭室，彷彿其在場而與之交通、獲其靈感。此即「交於神明」。因此，〈中庸〉篇乃不拘於父母之靈，將其擴展至一般義，論述鬼神之德。鬼神章即依上述事實的合理順序展開論述。

鬼神章之後各章同樣以祭祀為中心。第十七章述舜受命之大孝，第十八章、十九章述武王、周公之達孝，繼文王之業而致太平，此即第十五章中順孝至大孝、達孝的發展順序。而一家和合，即齊家而後漸至治國、平天下之展開。這一展開的中樞就是鬼神章。仁齋以鬼神章「上無所承、下無所起」云云，失察於此。是以，終不可謂鬼神章非〈中庸〉篇之原文。

此外，置鬼神章於此實有重要意義。這是誠相關論述的伏筆，也是天命、上帝、天道，即與天相關論述的伏筆所在。此之所以重要，須由〈中庸〉篇天的概念加以闡釋。

六、天命　天道

天、天命、天道等意義廣泛，因古代哲學家所賦之義各別而思想迥異，難以一朝一夕述其究竟。為理解〈中庸〉篇之故，僅就其必要的最少限度，概述其要如下。

人的生存、人世將來之恆常纘續，如沒有堅實可靠而絕對唯一的根據，勢必不能安身立命；中國古代哲學家遂由永恆之集體與個人生活的歷史之中，將其根據之根據抽象為天（上帝），即將天（上帝）視為無論人乃至萬物、世界與宇宙何以存在、及其各自運行的唯一堅實之根據，同時亦視其為各自所應當實現的固有之存在與活動的終極性完成目標。天既然為萬物之依據，因此萬物存在與活動——正如植物因天之日光與雨露而發芽生長，必然被賦予其存在作用的實質原因。由此視之，鬼神或者精靈或者氣，分得天之屬性（是以為普遍而共通之存在），遂成為個體事物之原因。既是個體事物之原因，自然為其個體所固有，成為各自存在活動之根據。這一天與之根據，儒家更視之為道德實踐之根據，而謂之為「性」。〈中庸〉篇「天命之謂性」亦即此事。儒家、墨家學說之中，天之地位顯著（尤其以之為上帝這一最高絕對權威），不但為萬物的根據與原因，更以某些方式而強制萬物實現終極性完成目的。這一強制力即為天命。天命一語或謂命運。不過，此恰與使命、宿命相表裡：二者區別在於積極抑或消極地把握相同命運；其與立論者的態度以及解釋者的理解方法相連。因此，不可將天命籠統釋為命運。進言之，如日夜、四時、生死等循環交替有其恆久固定的順序，天自體亦為完整之秩序體，而此秩序中有其唯一的原理蘊諸。此原理即為天道。天道之觀念於道家、陰陽家等為顯著。這一天道以天為萬物的根據與目的，宇宙運作亦依於天道；因此自然也是人世間的秩序即人道的根據、以及完成目的。〈中庸〉篇中「天道」與「人道」對言，其理由就在於此。

天既然為萬事萬有的根源，則追尋物事愈深者勢必終臻至天。固然，以今日實證科學視之，這並非指應當直上而升至於天，而是精細分化、分析現象，並由其中歸納出規律。古代在宇宙之中思考事物，人生問題則為主要根本內容。又人生問題最終在於獲得安心立命的達觀，是以乃將所有形而下現象投影為形而上的天。所謂達觀，非謂一直上達至天，而是伴隨人生問題之日益複雜，投影於分析條件，並將天從人世間之根本擴大至宇宙之根本，且使此結構更為精密。這是中國形而上學方向所在，而朱子之《太極圖說解》即為其頂點。〈中庸〉篇當然不及《太極圖說解》之精密，然而仍不失為儒家系譜中最早形而上學方向之探索。

孔子與孟子雖然以天為內在動機與終極目的，如「下學而上達，知我者其天乎」(〈衛靈公〉篇)、「予，天民之先覺者也」(〈萬章下〉篇)所云，然而均未將天作一般化加以考察，而是十分具有實踐屬性之物，是以殆未言及天道。相比之下，〈中庸〉篇則深察天命、探討天道，並以此為理論之根據。其說雖未逾孔、孟思辨之域，卻更為理論化。這一天道觀念受到道家影響，事實昭然。此天道與下文「誠者天之道也」相輔相成，闡述與整備儒家理論。天道既然始自宇宙結構，因之據天而論「天命之謂性」，遂揭示出人類在宇宙中（道德性）存在位置；而天既然為終極目的，這一論述遂亦謂人類自身為有目的性展開的存在。換言之，人乃是有意義之存在。此與道家認為人與木石之類同處於一層次之說迥然有別，其特徵遂得彰顯。再者，其雖取道家天道之觀念，卻一改其本質，彰彰明曰「天之道者誠也」。這一觀點認為宇宙（主要為人類世界）以道德性基本精神而展現；但凡人誠，則宇宙必然為其自我實現之場域。道家論道之自然必然之發展，雖依歸於道卻自適自存，宇宙運轉遂恆無目的而機械。相比之下，〈中庸〉篇所言宇宙乃是由人類道德性展現自我而完成。這當然也是儒家思想之發展，自不待言。

七、「誠者，天之道也」的意義

或以為，既認為天道遵循日夜交替、四時循環等物理性運行的必然，是以將其以道德性精神的誠而論者，並非允當。若是主張道家等思辨，誠然如此。然而，不可因此則忽略〈中庸〉篇思辨之重要意義。欲理解此說，必須就中國固有表達深層之天道所指事實加以理解。每一民族皆有其固有表達，而往往未必止於其表面文字義之意蘊，此則因言語承載其民族悠久歷史與生活之故。中國最為顯著者，即為天之概念。欲正確理解天之意義，必須究明此一語成立之原委。

前文基於個人安身立命分析了天之概念，此因通常皆取此解釋立場之故。實際上，天的概念除此之外，還有常遭忽略，而更為重要的背景。即天之概念與集體之觀念密不可分。就此，拙稿〈中國倫理思想之淵源〉（本著作集〔《赤塚忠著作集》〕第二卷所收）中有實證性闡釋，茲就其特徵性要素略述一二如下。如前揭所述，天為人生活安定之絕對依據，而實際人類生活則需社會協同加以維繫。是故，天無非即社會協同之實際存在。殷商、西周王朝之際，中國民族相信天上有上帝這一全能者的存在，依其神威運營國家這一大共同體。此為不刊之史實，絕非僅憑藉武力掩飾下的宗教之力所能形成者。堅信上天而維繫國家乃是其成員共通合作之認識，國家協同義務之履行亦假天之名得以強制實施。所謂天，乃指人們協同合作藉其自身威力而實際存在；上述事實即昭示此旨之標誌。

至先秦哲學之際，這一協同合作的宗教形態日益崩潰；而在以天為象徵的範疇內，思考人世協同性問題的習慣依舊存在，且愈加精煉。前揭天為存在活動之根據、終極性目標，尤其秩序之根本等問題，若無此人類集體性作為其密不可分之背景，勢必難以理解。殷商之際，上帝作為人世協同生活最高之統一者，亦為當時人們生活依存範圍內的自然現象統一者；進入哲學時代，天則分化為作為人類協同之根據，以及作為自然秩序之根本二者。前者即儒家、墨家系統，於一元模式下思考人類協同問題；後者則道家、陰陽家系統。二者卻又不可劃然區別：即使後者亦為自然規律與人倫準則。後者質疑人類協同並由此出發，擴大並深化其準則，而求諸自然（宇宙），最終歸結為具有反社會傾向的自我充足。就此而言，〈中庸〉篇步武前者之系統而包攝後者之思維方式，是以，更加擴大與深化人類世界。就此意義而言，將天道定義為誠不僅絕非不妥，更可謂欲於最為根本的普遍性之上對人類協同性加以把握。

誠然，孔子並未使用協同性或合作性等詞彙。雖然，亦有與其相當者。「老者安之，朋友信之，少者懷之」（〈公冶長〉篇）所云孔子之理想，也是應有的人倫社會之協同和諧。此所以得以維繫的合作精神乃是信，是人與人之間的信賴。人與人相互之間堅信彼此能夠發展至正善，且值得信賴，如「人而無信，不知其可也」（〈為政〉篇）所云。無信則政治不成。孔子之修德基於此，所謂「德不孤必有鄰」（〈里仁〉篇），由此乃步向和諧社會之實現。孟子則將孔子之思想加以理論推進，認為值得信賴的精神價值、善乃是人所共有之固有本性。若擴充此性之善，則可實現所謂王道，即和諧社會。正是未能體認這一善性、怠惰於道德性實踐，才是自暴自棄的根本之惡。如「存其心，養其性，所以事天也」（〈盡心上〉篇）所云，孟子明確將和諧社會之終極目的歸之於天。

〈中庸〉篇之誠，將基於這一協同合作意識的精神加以深化。是以，若不能正確追溯信之系譜而誠於身，則親不順、朋友不信、不獲於上。順、信、獲其語雖別，要皆與信賴相關。

回溯善之系譜，則「誠之者，擇善而固執之者也。」擇善者指集中精神作用，而固執之者內化其善並使之成為本質的精神。若據「不誠無物」所云，則此為具備自身本質而發展的精神。不僅如此，誠不僅成己，又成物；是以，誠不僅具有普遍的一般性，更具有普遍合宜屬性。上述諸事乃將信、善等推究至最深層精神作用。職是之故，遂無信、善等語之用，而代之以人與人之關聯最為根本精神的誠。要之，作為真實之物而專心一志發生作用之精神，即〈中庸〉篇誠之義。

〈中庸〉篇於深化合作意識之精神同時，就協同合作基礎的天道，規定其為一元，即所謂「誠者，天之道也」。如前所述，孔子、孟子罕有天道之論，〈中庸〉篇則取道家之思維方法，認為天道是人存在與活動的依據所在。孔子與孟子持論立足於信、善等合作意識，因各人實踐而達成合作和諧。〈中庸〉篇則將其中預想、預設之協同合作加以明確闡釋。毋寧乃是從根本準則出發以闡明儒家之（人倫）社會觀。換言之，天（天道蓋相同）既然為協同合作之實在，則所謂天道為誠乃指人類共同體因誠而得以成立；無誠則所謂「無物」，人的合作也就無從存在。

〈中庸〉篇認為人的合作因誠而立，即今日視之亦為事實。即使現實之中威嚇、虛偽、奸詐等橫行，如不信其根本有真實運作的存在，則道德性生活也無從存在。此亦為〈中庸〉篇言「誠者天之道也」之原因。

上文由天、天道相關觀念賦予道德實踐以根據與目的，尤其因「誠者天之道也」之論述，闡明道之本質（因此，筆者乃以誠為道之形式。勿論，〈中庸〉篇前半之道為「人之道」）。雖然如此，賦予其根據並不意味由此徑可實現其終極性目的。根據與目的為形而上之事實，而實踐中固有形而下之領域。此形而下與形而上之結合為哲學中更為棘手之難題。揭示出這一難題的，正是「天之道」與「人之道」之對峙，其解決之道容下文論之。

八、鬼神章之意義

上以長篇幅論述天、天道相關內容。回歸前揭問題，仍必須揭示為何於鬼神章為誠與天張本之理由。這一問題與上述現實之實踐化問題相關聯，且形而上學的思辨愈深入，愈使形而上原理轉化至實踐成為深刻問題，而形成實踐認識論或謂體認論者。《呂氏春秋》論天地結構變化的〈有始〉篇之後，續以論類感之〈應同〉篇（亦作〈召類〉）；《淮南子》中主要論形而上結構與變化之〈原道〉、〈俶真〉、〈天文〉、〈地形〉、〈時則〉諸篇與主要論人世間之〈精神〉篇以下，中置〈覽冥〉篇述感應之理，所示者皆前揭認識論之存在。

以極其樸素的形式揭示這一認識論者，見於《管子・心術上》篇：「虛其欲，神將入舍；掃除不潔，神乃留處。」若清潔神殿至誠祀神，則神靈將降臨而永居於此，賜予福祉。與此相同，人們需要去除現實中慾望，獲神明附體乃得真正知識。是其將所謂與神明交流之宗教體驗加以思辨化。至〈心術下〉篇則假比喻，謂「故曰，思之，思之不得，鬼神教之。非鬼神之力也，其精氣之極也。」思辨更趨深化。這一思辨更深入者，有虛靜說（《老子》第十章）、心齋說（《莊子・人世間》篇）、虛一而靜說（《荀子・解蔽》篇）等。要之，主要皆為道家之思辨。雖然道家並不主張與神明交流之宗教體驗，然而為將此體驗作為事實基礎，勢必要以否定人欲為必要前提，需要相應之飛躍性頓悟，其思辨即以此二者為基礎。且這一飛躍之際勢必有神秘性介入。

〈中庸〉篇鬼神章之所以為誠與天張本，正因為這一認識論所導致，而明示出藉此乃得認知者。此處需留意，〈中庸〉篇並未藉鬼神章涉及與鬼神相感應之認識。如「夫微之顯，誠之不可掩如此夫」所云，就誠論，鬼神不過為譬喻性表達而已，此蓋應〈中庸〉篇中另有誠明章論述誠之認識論之故。此處所揭示鬼神（天）與誠，為其字面義之伏筆；而實則既有前事在先，此遂闡明彼此相違。

或以第二十四章論禎祥禍福，而謂〈中庸〉篇有鼓吹神秘主義者，此實拘於字面之論，未得其實。第二十四章論至誠的先見之明，禎祥禍福非其直面問題所在。〈中庸〉篇雖有抽象說明文字，然以一般言，並無神秘主義之積極主張。

九、「明」的問題

最後解釋誠明章。誠明章之原文前文已述，此處首先必須明確誠明之明乃是古代哲學主要問題之一。

所謂明乃認識真、善之際所提出的概念，指認識真、善之能力以及得此認識之狀態，如〈大學〉篇所云明德，明者亦德也。中國古代用語方法中，如「人之所以為人」所云，同一用語因用法有別遂有真假二義，此例不在少數。析言之，上一「人」指通常一般之人，下一「人」則指其中特殊限定的真實之人。二者同涉人之材與質，而緊密相連。或謂這一現象乃因冠詞、其他修飾語不足所致文法之不備，實則未必，其原因在於：一般人乃是真實人亦含藏其中之材，而真實人乃是一般人抽象之本質，後者為前者所應拓展之對象；前文正是直截了當對此二者關係之把握。〈中庸〉篇中，明一語亦有此微妙之關係。「自明誠，謂之教」，此明蓋指認識真、善而至誠的理性能力；「自誠明，謂之性」，「明則動」（第二十三章）等所見之明，則指既已具備誠之真正知識。「誠則明矣，明則誠矣」之明，則取任一解釋皆可。所謂任一解釋皆可，乃因二者關聯性極為顯著之故。要之，因各自用法遂使得各自主要所指有別。然而明之理性能力與真正知識密切關聯，前者精微而包含後者之本質，遂為真正知識之原因。以今日分析性思考論之，所謂理性能力純粹指其能力而言，實則所謂知或多或少包含對其內容之認識。〈中庸〉篇之明，即將其內容蘊諸其中而立言者。

古代哲學之問題在於，作為理性能力的明與作為真正知識的明之間，如何發展成為結果之真正知識。就此，前揭所引《管子・心術上》篇認為，明乃到達虛靜結果的超越性神秘智慧。《老子》第十六章中亦云：「致虛極，守靜篤，萬物並作，吾以觀復。夫物芸芸，各復歸其根。歸根曰靜，靜曰復命，復命曰常，知常曰明」，認為明乃是與對於虛靜至極之道的直觀。如前揭所述，道家思想以為，既然以與神明交流之宗教體驗為基礎，則需面對神靈，俾使存邪惡與低等級的人類自我虛其意欲，息止妄為，並加以否定，此為通向真正知識之重要條件。隨之，真正知識乃得飛躍性獲取。荀子之理解與此雖有本質區別，然而亦承道家之影響，云「虛一而靜，謂之大清明」（〈解蔽〉篇），亦論否定性虛靜之契機。

同是道家，《莊子・齊物論》篇則稍異與此，云：「欲是其所非而非其所是，則莫若以明」，又云：「是以聖人不由，而照之于天」，論人已然具備直觀之能力（實則若非唯理主義，道家哲學不得成立）。〈齊物論〉所論，相比強調否定現實人世的道家思想，縱使能夠實現否定之結果，卻又因認可人的能力之故，而導致矛盾。與此問題與矛盾針鋒相對，〈中庸〉篇則提出「自誠明，謂之性。」

道德性實踐以否定為重要之契機者，乃是真理。因此，勢必要否定自我之主觀意欲，尋求普遍客觀準則（嘗試解決這一問題者，有《荀子．性惡》、〈解蔽〉諸篇）。此處之難題在於，道德實踐者遂以尋求否定性客觀準則為藉口，動輒推卸責任。而自我否定若缺乏自我追求之嚴謹，反致喪失自主性。道家中人，流於放縱者不在少數。儒家則始終以道德問題為自我問題、自主性問題。如前文所述，雖然荀子曾論及此否定性契機，而作為儒家系譜相連者，依舊認為人具備知、情、意等天賦能力，尤其如「心者，形之君而神明之主也」所云，認為否定作用也始終是心之自主性統一之結果。〈中庸〉篇未涉及荀子所論否定作用，而尋求更為根本之統一性自主，認為其蓋為真正知識之原因。「自誠明，謂之性」之論點即如此。誠與明雖應以誠為主，而據下文所述，誠與明實為唇齒輔車之關係。要之，性以誠與明為本質。雖然極其精微，然而眾人理當全然具備。由此，首章「天命謂之性」之論點乃得其本質，而一般眾人之實踐應是始自各人自身之根源的、充滿確信的統一行為。

十、誠則明矣，明則誠矣

第二，朱子嘗為《孔子家語》誤導，加之其分析之癖，而棄程子誠明一體之論，以誠明為二元論，尤其與鄭玄相類，以「自誠明謂之性」為聖人之德，述天道；「自明誠謂之教」乃賢人之學，述人道，此處須將此說加以糾正。朱子之說，原有陳三山、仁齋、徂徠等學者加以是正，然而仍有從其說者，而且此於理解〈中庸〉甚為重要，是以，遂不得不略作申述。

朱子之論所以為誤者，其理由之一，在於此章的陳述方法。本章以「誠則明矣、明則誠矣」為其總結，至為明白。此類所謂循環陳述，如「始則終，終則始」所云，終始相巡，交互為因果。要之為一循環之總體。因此，此循環之說應理解為，賢人與聖人於此二條件絕無差別、而皆以二者為不可或缺之條件；前文乃論誠明一體或曰性之發展。此總結的依據在於「自誠明謂之性」，而這一依據與前揭總結相連者，為「自明誠謂之教」。具備誠明之終極形態者為聖人，此雖然極為精微，亦為一般人道德實踐之根據所在。此乃因教——雖言教然實非他律性之物——之發揮所致。因此，誠明相待而盡其性。〈中庸〉篇並非邏輯性分析，主要就賢人以下等進行勸誡。既然要盡其性之誠，是以下文第二十二章論其作用之際，遂將誠替換為其他詞彙，云「唯天下至誠為能盡其性」。

理由之二在於，如前文所涉及，作為論誠之伏筆，慎重地論述達德、安行相關結果之普遍性；與此同時，更嚴肅論述踐行達德、九經之原因在於一元，此所謂一元即發諸吾身一體之誠。所謂誠，與性相同，乃實踐者踐行之根本。論及如何體得誠這一問題，勢必規定性為人存在與活動的依據之性，並以誠為性之本質。就此意味，誠明章可謂〈中庸〉篇之實踐原論，亦為最重要部分。

作為旁證，可舉與〈中庸〉篇此論相近之思想者，如《孟子》之「人之所以異於禽獸者幾希。庶民去之，君子存之。舜明於庶物，察於人倫，由仁義行，非行仁義也」(〈離婁下〉篇）。既然「堯舜，性者也」(〈盡心下〉篇），又據舜不行（戒律性之）仁義而是「由（自由必然地）仁義行」推知，則所謂「人之所以異」者必謂「性善」。又舜於此性善之中，兼備明察與仁義（以〈中庸〉論，即明與誠）。持文字義視之，此固是說聖人舜之事；然既是論性，且為人與禽獸相異之所以，是以一般人亦必已備之。孟子既云人固有仁義禮智四端，此勢必亦同之。

十一、首章與誠明章

首章與誠明章之相對應，前文屢有述及，於此行文之末再加以論述，必有不少重複之處。此因二者為〈中庸〉篇結構及原論之構成者，是以於總括前文所論同時，再就其根本之主張與意義加以闡明。

〈中庸〉篇極盡每一步思考之精微，邏輯組織縝密、前後連貫，文中任一部分皆不可或缺，其中固有根本主張貫穿其中。勿論，此即〈中庸〉篇自本性之誠始，進而論述行道、致天下之中和的概括。觀點內之觀點與其他任何觀點皆基於此，其他論理亦集中於這一根本主張。作為獨創性哲學著作，實應如此。〈中庸〉篇之根本觀點，於首章「率性之謂道」既已明示，即彰明道德準則因人本性之自由必然而廣為遍布、遵奉踐行。首章第一節中列舉「天命之謂性」與以下「率性之謂道」、「修道之謂教」等三命題。如前揭所述，此處確定〈中庸〉篇主要結構，然絕非常套之羅列，或等價之並列。就三命題陳述順序而言，第三命題為其總結；而給予與道相關的邏輯關聯者，則為第二命題。第一命題確定第二命題性之根據，為形而上之論；所以成為形而下之道德實踐問題乃因其為實踐性命題之故。因此，首章第二節云「道也者，不可須臾離也」，再度揭出其道，而論道為人之所必須；又以之為慎獨、即人之自主獨立問題；第三節承此，以此為人未發之心乃至宇宙和諧間的問題，論述其中普遍、合宜（和）者乃為達道。

原本如《論語》中「人能弘道，非道弘人」(〈衛靈公〉篇）所云，道德準則乃是人自身之問題，是以也是基於此的自由必然，此乃是儒家共通之基本教義（荀子除外）。又如「不憤不啟」(〈述而〉篇）所云，教育乃是自發教育，也與此同。就此論之，〈中庸〉之觀點並非新論；然而〈中庸〉篇則嘗試更為根本與系統闡釋。遂視此為應當闡明之問題，而以此方向為既定之基本主張。

對於致力於道德實踐問題之人而言，此是人所固有問題；基於此之準則（道），對於眾人而言，為可踐行者，亦是應當踐行者，大眾或皆思如是。儒家以此為明確認識而深化之。結局雖歸為一，思考路徑則歧為二。其一，由於其所應當確立之準則並非獨斷或強制，因此，必須明確其究竟是基於人世間的一般現象，抑或具有普遍性道德意義。以今日倫理學方法視之，準則應當通過分析人類社會過去與未來之各種個人、集體現象而加以歸納。就此內容，儒家有禮學理論，而荀子思之甚深。這一方向相關道德實踐學說，是為客觀道德思想。遺憾的是，客觀道德思想並未取得預期性充分發展。

〈中庸〉篇於此亦有考察。按照既已預定順序，第十三章至第二十章的一段，就道德行為之論述，可理解為思考何者為其準則。不過，這一相關內容愈是能與〈中庸〉篇成書年代相應，愈發不可視其為首創性方法。

就此所論或未必充分，然而〈中庸〉篇於此有其重要考察。無論是如何客觀規定之準則，皆不可成為臨時性的，或僅適用於特殊個人或少數集體者，而必須具備普遍共通性。尤其實踐之際，若不能認識準則所具備之普遍合宜性，則無法將之內化而以之為實踐準則。此處，〈中庸〉篇論及正確的道實踐之必然性的次第，而任以裁斷，揭櫫儒家之道，提倡中庸，其要旨在於中庸之普遍合宜的展開，前文已有詳述。

另一重要內容在於，即使判斷其普遍合宜，這一準則亦不可有時可得遵循，有時則不得。換言之，就實踐者而言，何時、何地皆可遵循，這一準則作為實踐者的統一人格，必須具備可遵循的統一性。〈中庸〉篇中就五達道、三達德、九經云「所以行之者一也」，前文曾謂此為論誠張本，實則其中必然包含道的統一性主張。〈中庸〉篇之道，始於人心之未發而臻至天下之中和。正因道是此統一性之普遍合宜者，方成為圓融的實踐之問題。

關於道德準則的其他思考路徑，則為以經驗為主反省所得者。即使有準則，也需知道這一準則是否真為自己本來之欲求，能否確定其為唯一公理，能否使之成為自我日常準則？《論語》中曾子以「忠恕」為孔子一貫之道，《大戴禮記》之〈曾子立事〉篇遂承此學派之傾向；曾子以降，尋求以實踐性精神作用為準則成為儒家之傳統思考。孟子亦求道於自我省察。荀子雖稍稍異質，然不逾此系統之外。勿論，〈中庸〉篇乃將此發展至極致。這一傾向闡述了道德實踐之精神結構，因此，與前揭客觀性道德思想相對，可謂之主觀性道德思想。

雖然客觀性規定準則勢必也預見至實踐之統一性（必然性）；而就主觀性道德思想言，其準則之普遍合宜亦必定可以預見，〈中庸〉篇之提倡中庸即如此。既然其預知者為唯一之決意，勢必更具決定性、根本性。此於孔子所云「下學而上達，知我者其天乎」（〈憲問〉篇[1]）這一自我經驗之信念中、孟子所云「聖人先得我心之所同然耳」（《告子上》篇）的自我

1　譯案：憲問原誤作衛靈公，徑改。

省察中，十分普遍。雖然在思想建設與傳播之際，這一信心很充足；然而伴隨對世界知見的不斷擴展，尤其為與道家理論爭辯取勝之故，必須由當時可能思考範圍內之根本加以闡明。此即〈中庸〉篇「天命之謂性」這一大命題，即尋求人（道德性）的存在與活動之極限所在，並叩問人性本身。此處所以言天，因道德實踐之際、人世之具體現象無法事無巨細皆納於心中，而必須加以總括而成為遠見卓識之故；前文已論及此已步入形而上學之途，而天終究也是指人們協同合作之實在。

以上所述僅闡明其根據與理論之結構，如云「人莫不飲食也，鮮能知味也」之譬喻，又云「君子之道造端乎夫婦」、又「道不遠人」等，雖然無一句不言道的實踐之必然性，卻並無任何實質性主張。反之，闡明形而上之根據，亦使之與形而下之人的存在相尖銳對立。第十八章所云：「思知人，不可以不知天」，蓋即這一對立思考。由此可知，「誠者，天之道也，誠之者，人之道也」這一觀點即為此對立之上的產物。解決這一對立者乃是誠明章。至此，其根據之本質得以闡明，人由其本質而自學自教，踐行其道。

總之，若能徹底自我省察，詰問其存在與活動之原因，則自我絕非觀念上所假定之點或力量，而必定是自我維繫並作用於他者之實質性力量，必以極限的精神把握自我。同時，也必須徹底究明對於準則（道）之預見。所謂協同合作，當然指形式之規定。世界，尤其倫理世界乃是實有世界。因此，此亦必異於道家無形態、無實質之理解，而須加以實質性把握。此即為協同合作之實在本身，即把握作為諸準則唯一根據的人性。若據〈中庸〉篇之洞察，此即為誠。進而，既然準則乃是唯一自我之原因，勢必要就其一體化加以闡釋，即使將準則定為客觀，但凡涉及實踐問題之際，此亦並無二致。前文曾述及，思考道德準則其進路有二而其結局則歸一，主要即指此。先秦哲學之中，道家以道為客觀準則而闡釋明這一直觀，荀子亦以客觀準則為主而論一體化，云「不以夫一（心）害此一（道）」。就此，道德實踐作為徹底之自主自律問題，其一體乃基於自我原因，此即為誠明章。〈中庸〉篇中，道德準則因人本性之自由必然而流布、踐行這一根本主張的緣由，於此得以闡明，並與此相應最終得以完成，如「誠者自成也，而道自道也」所云。誠明章於〈中庸〉篇言，乃極為重要之實踐原論，為極富特徵之觀點。職是之故，王柏等將首章與誠明章加以區分之解釋，頗疑並未完全理解〈中庸〉篇。

此處稍稍需思考者，之所以認為嚴肅深刻之自我省察為必要，乃因如《荀子》性惡論所示，道德實踐之際，自我內部亦有矛盾之故。這一矛盾最終因自我與他人、自我與準則、乃至社會生活之複雜性所致，而〈中庸〉篇對此則有失考察。因此，這一思考雖然絕非欠缺嚴肅，卻過於理想主義反至樂觀。

儘管有此不完備之處，也不能忽略〈中庸〉篇有價值之意義。中國古代哲學，相比邏輯完備，更重揭示其至高點。雖然這一面之闕如乃是主觀道德思想之通病，然而彼亦有彼之意義。〈中庸〉篇將此意義加以充分發揮。既然人之本質為誠，即所謂與天同質；換言之，如前文所述，人必須立足於相互協同合作之上方得以存在；因此，若以之為實踐主觀，則需自覺於自我之普通人格；又彼既然為人類普通所共有，則亦必視他人與自我為同質。即以人待人。第十三章有云：「君子以人治人」，而「能盡其性則能盡人之性」一文蓋正是其解說，所論正及於此。又性之誠非是被動受制於道德準則，而以自我為動力發展，自然他人也同於此；是故，道德準則在自我責任之下、作為自我之準則而踐行。此處道德世界之實現乃是人類共通之責任。這一自我實現乃是共通道德世界之實現，〈中庸〉篇以「博厚、高明」等詞彙極盡表達，並非無理。作為人類自身問題之道德世界實現乃是儒家傳統理想。承繼於此，並以一貫的邏輯明確闡釋者，正是〈中庸〉之意義所在。

十二、朱子與〈中庸〉篇

根據上述理解，筆者以為〈中庸〉篇乃是完書；儒家所謂主觀道德思想之結構、理論及其意義因得以闡釋，誠是可讚歎之著述。朱子絕讚其云：「歷選前聖之書，所以提挈綱維，開示蘊奧，未有若是之明且盡者也」，良有以也。

及至近世，彰顯〈中庸〉篇、並以之為學界討論中心議題，仍是朱子之功績。然而其一，或非難其所假託所謂道統之傳者。這一解釋方法，自有其時代之效用，是招此非難亦屬無奈；而此既是由該篇內容之理解而生發者，是以論其永恆意義，固有其意義。其二，或指責其解釋〈中庸〉篇時，混入大量自己的哲學，尤其引入〈中庸〉篇所未見、異質之五行觀念。〈中庸〉篇之哲學與自己的哲學相混雜者，著實棘手。關於這一問題，通常慮及直至中國近世之哲學家皆由經典解釋中形成自己的哲學這一特殊思維方法，而將〈中庸〉篇哲學以及相關注解與朱子哲學加以分別處理。這一方法固然不誤，不過，朱子之方法對於今日研究法而言，是否仍有教育意義？

當然，此絕非護衛經典之至上主義、或是似是而非之托古；而必須是批判對待。然而，理解哲學著作之際，務須留心那些能理解、進而能批判之哲學體系。至於用語，古代與近世雖然同形，語義實則已顯著變化，其背景事實亦繁簡懸絕，後世人更難以古代語彙進行思維。因此，務必使得古代思維不失其本性而流傳後世。非但如此，〈中庸〉篇抑或其他哲學著作，之所成其為古典，乃因對於哲學問題之解決有其意義所致，這其中，對於今日複雜生活而言，有其易為忽略之基礎事實；於此同時，立足於單純的古代生活也反而俾使人類生活典型化，是以也存在著解決今日問題之暗示、啟發與發展之原因。就上述方面言，朱子方法之中仍然有其研究領域。

筆者前揭論述實未及於此，然多少略有言辭轉換而及其理者，相關發現研究容且俟他日。

〈中庸〉篇的構成與其思想
——尋求個體的方式[*]

島森哲男

* 譯案：原文刊登於《集刊東洋學》第 32 號（1974 年）。

一、〈中庸〉篇的構成

（一）構成

圍繞今本〈中庸〉篇的成立，有兩種對立的觀點：一說持新、舊兩部分構成論，[1] 另一說則反之，強調其邏輯整合及一貫。[2] 實際上，認為〈中庸〉篇乃前後相承、首尾一貫，這多少有些勉強；然而要斷然區分出新、舊兩部分，亦即截至何處為舊的部分、何處是新部分的開始，其劃分也至為困難。筆者認為，〈中庸〉篇由舊的部分、新的部分及有意識地連接二者的過渡部分（與新的部分同時編集而成）三部分構成。[3]

筆者所理解〈中庸〉篇的構成概略如下。第一部分（第二章至第十九章，稱之為 A）分為三個小節。第一節論述中庸之

---

1 如武內義雄〈關於子思子〉（〈子思子について〉，《老子原始》所收）、《易與中庸之研究》（《易と中庸の研究》）、馮友蘭《中國哲學史》、重澤俊郎《原始儒家思想與經學》（《原始儒家思想と経学》）、金谷治《秦漢思想史研究》等。

2 如板野長八〈《中庸》篇的成書〉（〈中庸篇の成り立ち〉，《廣島大學文學部紀要》第 22 卷第 2 號）、赤塚忠〈中庸解說〉（新釋漢文大系《大學・中庸》）等。津田左右吉則據〈中庸〉篇的駁雜性而否定二分說，參看氏著〈漢儒的著述方式〉（〈漢儒の述作のしかた〉，《儒教之研究三》所收）。

3 前揭金谷氏書《秦漢思想史研究》，頁 354，謂十七、十八、十九章「或是為與後半部分的新本相接合而後附亦未可知」。

德（尤其中庸之難）（第二章至第十一章[4]）；第二節論述君子之道始於切近的事物（日常淺近的事物，以及面對他人的自我等），而最終廣及遠大階段（第十二章至第十五章），這兩部分最早成立。兩節之後，附以第三節，讚美舜、文、武、周公之孝，並論述宗廟之禮（第十六章至第十九章）。三節大致連貫統一。A 以下、自第二十章「誠者天之道也，誠之者人之道也」始至第三十三章為止的部分（稱之為 B），以誠之德為中心展開論述，而以 A 的成立為前提。餘下則為連接過渡：為連接 A 與 B，自第二十章「哀公問政」始至「不明乎善，不誠乎身」為止的部分，被編集而置於 B 之前；首章自「天命之謂性」開始到「君子慎其獨也」為止（稱之為 C），則總結 A 和 B 的內容並賦予其理論基礎，位於 A 和 B 整體之前；又「喜怒哀樂之未發……天地位焉，萬物育焉」一節為連接之故而介於 C 和 A、B 之間。詳細說明略如下文所示。

第二章到第十九章的 A，根據其內容加以區分，則從第二章到第十一章（下文稱之甲[5]）以中庸之德之難，以及遠大之事為主展開論述；而從第十二章始至第十五章（下文稱作乙）則論君子之道，主張應當始於日常淺近之處，以及面對他人之際的自我，切實穩固之後再廣及高遠事物。中庸的庸字釋為「庸，常也」，這一訓釋含有常規、恆常與日常、通常淺近二義；甲強調前者，而乙則強調後者義項。甲乙之後的第十六章論述鬼神，後接第十七章到第十九章（下文稱作丙）；丙讚美舜、文、武、周公等古聖人之孝，並述宗廟之禮。第十六章論因祭祀而獲鬼神感應，以「夫微之顯，誠之不可揜，如此夫」

4 方便起見，茲據朱子《章句》分章。

5 譯案：原文以日文假名イロハ順（伊呂波序），因與漢字易混淆，改作甲乙丙丁順序。

為結論，其作用有二：闡明乙所論徹底的淺近與甲所論高遠之间相通的原委，從而連接甲、乙；進而以鬼神祭祀的內容，引出丙所論述宗廟之禮的內容。[6] 第十六章前後的乙和丙之間，通過淺近之處——家——孝的聯想而加以連接。

甲、乙、丙即以上述意涵聯繫而加以連結。即使如此，也必須承認在甲、乙一組與丙之間，其過渡仍有斷層。無論如何，中庸與孝的連結並不合宜。想來，〈中庸〉篇最為原始的部分應是甲、乙兩部分，而丙的部分蓋為後來所附加。丙的三章全部圍繞舜、文、武、周公等古聖人進行論述。這種將古聖人事跡連綴為世系的敘述，其例還有如《論語・泰伯》篇末的四章、《論語・堯曰》篇、《荀子・堯問》篇等。《論語・泰伯》篇末的四章被編次至篇末，〈堯曰〉篇、〈堯問〉篇則附屬全書之後。而如果據此特徵加以類推，[7] 可以想見：丙為後來所附加；而〈中庸〉原本至丙之前已經完結，丙的作用在於強化原本整體內容。

下文第二十章，朱子嘗參考《（孔子）家語・哀公問政》篇而劃分為章。事實上，此章是在〈中庸〉新的部分附至〈中庸〉原書之際，為妥善連接二者，而有意識地與〈中庸〉新的部分同時編集而成者。第二十章具體分節如下。[8]

---

6 因此，武內氏在前揭書《易與中庸之研究》，頁 55，將第十六章置於第二十四章之下，謂今本錯簡之說並非的論。筆者以為，第十六章的位置依原文即可。不過，由於此章出現誠一文，遂有學者謂此章與 B、C 同時成立，而後附於今本位置；但是更妥當的看法則是，因為 A 在此處有誠一文，遂成為將 B、C 附於 A 的一個契機。

7 參看木村英一〈孔子與論語〉（〈孔子と論語〉）。又劉向本《荀子・堯問》篇雖然位於倒數第三篇，實則據其內容，具有《荀子》全書後序的特徵。

8 〈中庸〉篇二分說大抵在此前後將全篇二分，具體而言有以下諸

ⓐ哀公問政……不可以不知天。

ⓑ天下之達道五……知所以治天下國家矣。

ⓒ凡為天下國家有九經……所以行之者一也。

ⓓ凡事預則立……道前定則不窮。

ⓔ在下位不獲乎上……不明乎善，不誠乎身矣。

ⓕ誠者天之道也……雖柔必強。

ⓐ至ⓒ都是論述治理天下國家的政治之若干必要條件與契機，而構成一組內容。ⓐ上承〈中庸〉原書中論述舜、文、武、周公之事的丙部分，始以「子曰：文武之政，布在方策」，文中對禮也稍事涉略，並以修身→事親→知人→知天的進展次第結束；ⓑ逐條列舉「天下之達道五，所以行之者三」的內容，以修身→治人→治天下國家的行文順序結束；ⓒ的部分逐條列出作為「凡為天下國家有九經」的修身、尊賢、親親等九經具體內容，而止於「所以行之者一也」。仔細分析上述內容，則ⓐ所重為親親，與ⓑ置君臣於父子之前、ⓒ先尊賢後親親都不一致；而ⓑ和ⓒ逐條列舉政治若干契機，行文形式十分相近，但內容則互有重複與出入。然而，總言之，三者都匯集至政治若干契機的根本與出發點，從而自然導向ⓔ、ⓕ以下誠的內容；同時，慮及〈中庸〉原本中的乙部分論述鞏固淺近事物而進至高遠的內容，適與此遙相呼應。因此，作為上承〈中庸〉原本中乙、丙兩部分、下引〈中庸〉新本中心部分的過渡，ⓐ、ⓑ、ⓒ（與其徑謂乃為〈中庸〉新本所撰）蓋從哀公向孔

說。武內氏前揭書《易與中庸之研究》中認為原本止於ⓐ，馮友蘭前揭書《中國哲學史》謂止於ⓓ（《禮記正義》分法相同），重澤氏前揭書《原始儒家思想與經學》以為止於第十九章，金谷氏前揭書《秦漢思想史研究》認為止於ⓐ。

子咨詢的系列政治問答內容之中，選取、匯集而編集於此。之所以作如此設想，原因在於：其一，哀公與孔子之間問答形式的話語不在少數，又見於《荀子‧哀公》篇、《禮記‧哀公問》篇、《大戴禮記‧哀公問五儀》篇（與《荀子》同）及〈哀公問於孔子〉篇（與《禮記》同）等，作為一種話語形式久已存在；再者，縱觀〈中庸〉全篇，其他部分大多以「子曰」為起始，只有此處作「哀公問政」，且如前文所述，ⓐ、ⓑ、ⓒ各自在內容上有所重複與出入。

下文ⓓ「凡事豫則立，不豫則廢，言前定則不跲，事前定則不困，行前定則不疚，道前定則不窮」，強調需要重視事物的「預先」、「之前」，換言之，即事物的出發點與根本；捨此則事物無從順利發展。與ⓐ、ⓑ、ⓒ一樣，這是後文論誠的伏筆。

最後ⓔ至ⓕ的部分，在《孟子‧離婁上》篇中文字與之大致相同；這樣看來，ⓔ和ⓕ的劃分或有欠允當。但是，《孟子》在「居下位而不獲於上，……不明乎善，不誠其身矣」行文結束後，下接「是故誠者天之道也，思誠者人之道也」，十分突兀；其後再接以「至誠而不動者，未之有也。不誠，未有能動者也」，頗似新本〈中庸〉誠的哲學之總結。[9] 蓋《孟子》原本僅止於「……不明乎善，不誠其身矣」；[10] 為引入〈中庸〉新本中心部分開頭的命題「誠者天之道也，誠之者人之道也」，而將上文從《孟子》抽出而插入此處，後反在《孟子》之文中增

9　此說見赤塚氏前揭書《大學‧中庸》，頁 170。

10　赤塚氏認為，ⓔ同樣非本於《孟子》，也是先見於〈中庸〉。此外，《淮南子‧主術》篇中也有大致相同文字，作「說親有道，修身不誠，不能事親矣，誠身有道，心不專一，不能誠身（舊作專誠，據王念孫說改），道在易而求之難，驗在近而求之遠，故弗得也。」

以「是故」，置於「誠者天之道也，思誠者人之道也」前，如同ⓐ、ⓑ、ⓒ從既有的哀公與孔子問答之文中抽出，再置於此文中。

ⓓ所論述為一般性理論，而其前後文ⓐ、ⓑ、ⓒ一組的都從君主的角度加以論述，ⓔ謂「在下位不獲乎上」，則是立足於士的立場，又與前者性質有別；此外，ⓐ、ⓑ、ⓒ、ⓓ、ⓔ相互之間，內容多少有些齟齬之處，且有跡象表明有其他不同成書情況的文字植入此處，由此可見ⓐ至ⓔ部分拼湊性特徵。然而，上述文字也有其共通之處，其所論匯集指向同一內容。具體言之，ⓐ至ⓔ並列於此處，上承〈中庸〉原本後半的乙、丙部分，下接〈中庸〉新本的中心部分、亦即集中論述誠的部分，而起到了過渡的作用。

下文來看首章。首章自「天命之謂性，率性之謂道，修道之謂教」的命題開始，直至「故君子慎其獨也」為第一節；與第二十章「誠者天之道也，誠之者人之道也」以下論誠的哲學內容相應，起到導入〈中庸〉篇整體、並賦予其立論基礎的作用。後續的第二節，「喜怒哀樂之未發，謂之中，發而皆中節，謂之和，中也者天下之大本也，和也者天下之達道也，致中和，天地位焉，萬物育焉」，藉此處出現的「中」字，與第二章以下論述中庸之德的部分相接續，而「天下之達道」與第二十章ⓑ的「天下之達道五……」、「天下之大本」與第三十二章的「唯天下之至誠，為能經綸天下之大經，立天下之大本，知天地之化育」分別遙相呼應。要言之，第二節的作用有二，一是上承首章第一節並與第二章以下的〈中庸〉原本相連接；同時，又是導向第二十章以下的原本與新本的接續部分，以及新本的伏筆。不過，這種呼應僅是形式上詞彙的同一性所致，內容則並非全然對應（例如此處的「中」與外相對，有別於中庸之中），這顯示出將第二節置於此處實是有意為之（為原本與新本相連接）。

（二）中庸與誠

那麼，為甚麼要將 B 與 C 附加至 A 而構成〈中庸〉篇？依據〈中庸〉新本「極高明而道中庸」（第二十七章）、「齊莊中正，足以有敬也」（第三十一章）等文字，可知〈中庸〉新本是以〈中庸〉原本為前提、編集而成；前文曾論及，〈中庸〉新本的編述者為使二者妥善結合，曾有意進行系列工作。據此可知，編述者也意識到自己著作與原本應當相綴合的某種必然性，[11] 而此究竟為何？換言之，〈中庸〉原本的中庸之德與新本的誠在何種意義上相結合？此則勢必需要探討其間內在聯繫。

因此，為必要起見，首先考察中庸之德的特徵。[12] 仁、忠恕或孝等儒家德目，以限定範圍內部的和諧人際關係為直接基礎；與此有別，中庸作為實踐道德原理，屬於更為一般與抽象層次的德目。換言之，相比其他各種德目作為立足於具體場景之下、人們的心情與感情，中庸則一以貫之於各種場景之中，作為實踐德目而將理性所形成的反省蘊含於內部。原本所謂「中」（正中）的概念，其本身並沒有任何價值或實踐的意義。這一「中」之所以得以承載價值的意義，乃是各種場景之下，

---

11 具體而言，腳注 6 中所述事宜也在考慮之中。

12 參看金谷治〈中與和〉（〈中と和〉，《文化》第 15 卷第 3 號）、〈關於中庸——其作為倫理的特徵〉（《中庸について——その倫理としての性格》，《東北大學文學部研究年報》第 4 號）及山內得立〈中的概念〉（〈中の概念〉，《ロゴスとレンマ》所收）等文。

「中」作為善而被人選擇的結果，[13] 甚至在選擇「中」之前，必要先有非「中」、亦即過與不及的理解及其否定認識。[14] 這是因為在上述諸多場景之下被選擇的「中」，唯有藉由實踐主體的行為而實現「中」時，才獲得其實踐倫理的特徵。那麼，在識其兩端而擇其中，以及行為達成中之際，主體行為所依據的標準究竟又是甚麼？所以有此問，是因為並無客觀標準存在。而此則委任於個人主觀，亦即「射有似乎君子，失諸正鵠，反求諸其身」（第十四章）之際的「反求」。是以這一「反求」之際的自我，具備怎樣的特徵與道德能力？這是一個問題，在〈中庸〉原本的乙部分，僅給予「反求」這一趨向性提示即戛然而止，並未給予答復。另一個問題是，「反求」之際，基於個別主體之主觀的個別具體道德行為，需具備作為倫理的普遍適宜性，而能夠賦予自我行為以這一普遍適宜性的能力，又是如何形式？

〈中庸〉新本的哲學，與〈中庸〉原本中所遺留上述問題的解答相符合。從而，〈中庸〉新本的編集在揭示獨自的思想體系同時，上承〈中庸〉原本中所遺留諸問題，而給予解答。[15]

下文即嘗試檢討〈中庸〉新本的思想體系。

二、〈中庸〉新本的思想

（一）孟子、荀子的性說

藉由「性」這一概念，考察人性或者人所具有成為道德性

13 「擇乎中庸」（第七章、八章）。

14 「執其兩端，用其中於民」（第六章）。

15 關於〈中庸〉新本成書時期，爭議尚存；下文從武內、赤塚說，以為其成書於秦始皇時期，據以展開論述。

存在的能力，大約始於孟子之際。孔子時，尚未對這一問題進行深刻的反省。其理由來自以下兩方面：一則來自於「人之生也直」等所謂對人性的樂觀信任。再則，根本上來說，孔子所主張仁的倫理，其基礎在於傳統秩序組織所形成的都邑社會，其內部（特別是包括士大夫階層在內的統治階級內部）以「相人偶」中「己」和「人」相互依存的存在關係為基礎，[16] 因此，其視角主要限於「己」和「人」之間實踐性的關係，尚未及考察構成這一關係的個人內部、或者這一關係成其為可能的人性一般。但是，至孟子時代，上述問題討論已經甚囂塵上：一是由於邏輯發展的需要；一是由於社會形勢的變化，即都邑向縣制的轉變引起氏族秩序組織的崩壞，隨之「個人」從中「析出」，倫理的基礎因而變質，而這一問題與以下問題密切相關，應當一併加以討論：即人們生活在怎樣的世界、應當是怎樣的世界。後者的解答，對於定義探討人作為道德存在如何成其為可能這一問題的方法，可謂根本性問題。

眾所周知，孟子主張人性本善，列舉惻隱之心、羞惡之心、辭讓（恭敬）之心、是非之心，作為性原本具有的內涵，並將其與仁、義、禮、智相連結。嚴格說來，此處顯示出孟子兩種思考方法，即首先在〈公孫丑上〉篇提出惻隱、羞惡、辭讓、是非之心乃是仁、義、禮、智之「端」，若將其「擴而充之」，可使仁、義、禮、智得以完成。然而，在〈告子上〉篇之中並無「端」字，主張惻隱、羞惡、恭敬、是非之心即為仁、義、禮、智，如「仁義禮智非由外鑠我也，我固有之也，弗思耳矣。故曰求則得之，捨則失之」所示，然後引述著名的牛山之木比喻，導出「求其放心而已矣」的結論。朱子等曾以

16「相人偶」見於〈中庸〉篇「仁者人也」鄭玄注，意謂並列、比肩。

體用關係對後者進行解釋，認為其中沒有「端」字僅是省略而已，而顯示於仁義等德之外部的即為「端」。筆者解釋則異於此。〈公孫丑上〉篇假定惻隱、羞惡、辭讓、是非之心是原初性質的意志，並確認其存在，而其未完成部分即是需要「擴充」的「盡心」。〈告子上〉篇則基於現實認識，即以這一原初性意志方式而存在（孟子所認為）的仁義禮智的可能未得以「擴充」即被忽視而捨棄，而主張「求放心」，強調既然人具備了仁義禮智之德，遂強烈要求人們認識於此，從而恢復所喪失的人所固有之德。前者主張將原本的自我如是加以延展，後者則主張由非原本的自我而回歸原本的自我；二者的趨向性有別。若從時間觀点加以比較，則前者預計到「擴充」所持續的時間，而後者的完成則在醒悟於已喪失之物的那一瞬間。對於孟子自身而言，當然並無上述的截然區別，但是卻不得不留意於理論與現實之間的斷層。因此，可以想見，孟子乃在無意之間將不同性質的要素（後者思考蓋有道家思想影響）吸收至其思想之中。論點的著眼點差異導致所強調者隨之不同，本是常有的事情，但是，將二者未經區別地混同並粗暴糅合，可謂正是孟子思想的特徵與弱點所在。其中所出現的兩種傾向，則以某種形式相互糾纏於此後的儒家思想之中。上述問題暫置不論。孟子主張「人即是仁」以及「人應該是仁」兩者並存，且將二者粗暴糅合，誤將實然預置於應然（sollen）之中，遂陷入一種循環論之中。上述兩者分則各自大致邏輯完整，但是由於上述粗暴糅合，遂使《孟子》忽略了固有道德能力如何能夠充分發揮這一重要過程，教育與修養的可能性定位也變得模糊不清。

對這一弱點展開攻擊的是荀子。孟子與荀子性說的相違之處，是各自對於每個人作為存在的個別完整性的理解差異。

孟子認為，個人的人是仍然需要道德性擴充的存在，或喪失本性的存在，而這一擴充乃至恢復的實踐，可以由自我完成而無需假設他人存在。伴隨都邑秩序的崩壞而從其中「析出」的個體，得以主張自我完成的獨立存在，乃是孟子及莊子所生存的戰國時期混亂的夾縫之中、由混亂所導致的自立。因此，到荀子的時代，戰國時期的混亂不斷趨於強大權力出現所帶來的統一；迅速使得個人逐漸依附於這一權力基礎之上，為其強力所包攝，而被賦予地位，但是其中卻並不允許個人自我完成的存在方式，個人被設定為存在僅在於聖人與君主之下的「群居和一」的形式之中。因此，無法從自我內部發現自我存在的依據。於是，荀子一方面主張「性者，本始材樸也」（〈禮論〉篇11[17]），而「塗之人也，皆有可以知仁義法正之質，皆有可以能仁義法正之具」，因此理論上「塗之人可以為禹」；另一方面則明確指出其界限，謂其「可以（為）而不可使也」（〈性惡〉篇6），繼而連這一理論上的可能性也加以否定，強行將「不可使」的現實解釋為不「可以」之事，而主張性惡說。比較〈禮論〉篇1、〈性惡〉篇1中所見關於禮的起源論，可知二者之間有明顯的邏輯轉換。荀子主張性惡，是以設定個體無法僅依靠自身而完成其存在，而其必須有賴於聖人與君主的偽、即禮的管理方能存在，因而確立起聖人與君主對個人的絕對權威。

誠然，由於天人相分，強調人之於天的獨立主體性，而學習和修養的重要性也在其中得以確立；但是，不可忽視，此處所謂相對於天的、人的主體性，絕非是作為個體的人的主體性，終究是在聖人和君主的偽、即禮的基礎之上的、以「群居和一」形式而存在的人。天人相分使得天的權威下至於人，然

17 茲從岩波文庫本《荀子》分節序號。

而最終，其權威則歸屬於聖人和君主。

前揭引言部分篇幅稍長。下文轉而討論〈中庸〉篇如何繼承上述性說與關於個人的理解，並構建起自己的思想。

（二）性、誠、慎獨與個體的方式

首章開頭的命題「天命之謂性，率性之謂道，修道之謂教」，概括出〈中庸〉篇整體內容。下文先結合諸先行思想，從思想史的脈絡對此進行檢討。

按照天生蒸民之說，作為人的本性與特性的性，必然是天所賦予。然而，如果脫離這一發生學理論視角，而將視線轉移至現在眼前存在的每個個體，就會發現罕有清晰地認識到此賦予每個人以性的、有意志性的天的存在。例如，孟子引《詩》「天生蒸民，有物有則，民之秉夷，好是懿德」，說明作為性之內涵的仁、義、禮、智乃是人所「固有」；相比被賦予，更強調「固有」的事實。「天性」（〈盡心上〉篇）一詞也用於所謂先天本性這一意義：其中雖然包含了天所賦予之性的意義，但卻退居其次。當主張天人相分的荀子言「凡性者，天之就也」之際（〈正名〉篇6、〈性惡〉篇1），這一事實更彰顯無遺。此外，道家思想之中，如《莊子》外・雜篇所見「性命之情」，《呂氏春秋》中「性者，所受於天也，非人所能為也」（〈蕩兵〉篇）等所言性，也用作與生俱來、自然之性的意義。

〈中庸〉篇言說「天命之謂性」之際，性已明確設定為由天所授。[18] 此處有意志的天復活了；而且不僅是賦予者，更發出命令。因此，這一與人相對的天的特徵就變得非常強勢。荀

18 從「天命」內容的變遷考察〈中庸〉篇這一主題定位的論文，可參看金谷治〈關於孔孟的「命」〉（〈孔孟の命について〉），《日本中國學會報》第8集）。

子的天人之分所導致天的權威的喪失，於此處則死而復甦；也成為道家自然之天的反命題。同時，這也是對於孟子與荀子性說的揚棄。孟子強調性作為激情（pathos）的原初意志、或作為「固有」之物，其道德能力的可能性；與此同時，卻並未明確指出由此何以導向應然（sollen），而徑加以粗暴糅合，謂性即是應然。與之相反，荀子則有些強詞奪理，謂「凡人之欲為善者，為性惡也」（〈性惡〉篇3）；藉此將應當遵循聖人與君主的應然強加於性，無從說明遵循聖人與君主所獲能力何以存在於性惡之人的內部，而陷入困境（aporia）。荀子試圖通過尋求另一體系的思想而擺脫這一困境：這一思想主張「心」決定「原本資質樸素」的性、認識、價值判斷以及意志決定等。但是，在以性惡說為基礎的邏輯構成內部，這一試圖並不能得到說明：只要以性的概念為中心進行思考，這一困境就不能得到本質地解決。而〈中庸〉篇「天命之謂性」這一命題，無疑就是對於孟子、荀子性說的內部矛盾而加以揚棄的產物。即有意志的天所授予人之性（當然是性善的性），就存在於人自身。不過，既然是被授予之物，其中也就必然蘊含應然的意義。這表明：能夠作為道德能力的性與原初即蘊含應然的性，在天命的基礎上，二者並行不悖。因此，此處成其為作為道德能力的性，並非是孟子所謂最初既已完成的固有之德，而只能是將應然蘊含於其中的可能之性。[19]

因此，人們應當實現這一可能之性；與此同時，踐行這一應然的狀態。對此加以說明的，正是「率性之謂道，修道之謂

19 首章「喜怒哀樂之未發，謂之中，發而皆中節，謂之和」之中所見性的可能形態和現實形態，相當於自在（an sich）與自為（für sich）。

教」。「率性」這一概念又見於道家思想，今本《淮南子・齊俗》篇中云：「率性而行謂之道，得其天性謂之德」，然而此與前文所提及性的理解全然不同：同樣的「率性」，《淮南子》是指完全因循天性自然而尋求道，而〈中庸〉篇則認為，應當遵循性之可能及實現其可能態，並不斷踐行，道乃得以成立。顯然二者有別。附言之，《論衡・本性》篇引陸賈所言「天地生人也，以禮義之性，人能察己所以受命，則順，順謂之道」，[20] 也可視為〈中庸〉篇「率性之謂道」的說明，或將〈中庸〉篇「率性」理解為「率（帥）性」，而區別於道家「率性」之說，實無必要。「天命之謂性，率性之謂道」，對於天以及因循其命之性的人，大致完成敘述；何以其後要再附「修道之謂教」一文？這是因為，既然道是「道也者，不可須臾離也」的「天下之達道」，[21] 那麼「率性」就必須藉由某些特定過程而實現，就需要闡明道並使人們修習此道的、這一荀子意義上作為教育擔當者的聖人與君主存在的必要性，即一方面從與天之間的關係角度，闡明個人的「率性」內在於個人，而將其委於主體實踐。另一方面，認識到「率性」不可能所有人都如出一轍，更確言之，認識到現實並非千篇一律，而是存在等差性差異，遂基於這一認識，強調聖人與君主的「教導」不可或缺，而藉由此「教」而統帥種種「率性」，最終使得率此「天命」之性，趨向天而得以實現。是以肩負「教」之主體即荀子意義之中聖人與君主在天、人之間的位置得以確保，並構建起天、聖人和

20 今本《新語》十二篇中無此文。

21 第二十章「天下之達道五……曰，君臣也，父子也，夫婦也，昆弟也，朋友之交也」，屬於原本與新本之間相連接的接續部分。首章「和也者，天下之達道也」留意到第二十章中此處文字，因此，應將之與新本相提並論。

人的三極世界結構。[22] 此可視為，藉由天人相分與性惡說的主張，荀子通過否定天與性惡，明顯提升聖人與君主位置，在承襲使其正當化的同時，又試圖復活天的權威與性善論。

下文討論「誠」的哲學結構。

首先揭示的是「誠者天之道也，誠之者，人之道也」（第二十章）這一命題，與首章開始的命題相呼應。相同內容也見於「誠者，物之終始，不誠無物，是故君子誠之為貴」（第二十五章）。誠若是天之道，天命之性的內涵就只能是誠（的可能態）。因此，「率性」在此處即指將誠由可能轉化為現實，亦即「誠之者」。同樣，「自誠明，謂之性；自明誠，謂之教」（第二十一章），指天所賦予的性之誠，藉由教而闡明其自在（an sich），實現自為（für sich），並充分將誠轉化為現實。「誠者，自成也；而道，自道也」（第二十五章）所云也是如此。

那麼，「誠之者」如何能夠成其為可能？曰：「誠之者，擇善而固執之者也。博學之，審問之，慎思之，明辨之，篤行之。有弗學，學之弗能，弗措也。⋯⋯人一能之，己百之；人十能之，己千之。」人初始即已具備了以天之道的誠為性之內涵。只不過，這是一種可能的存在。因此，藉由學習其「教」而「盡性」（第二十二章），乃得以「誠之」，這就是「尊德性，道問學」（第二十七章）。此處，孟子性論中所見二種傾向毫無矛盾地融為一爐，而「道問學」所言「人一能之」則源自《荀

22 下列《春秋繁露．深察名號》篇中一節文字，即就此展開更為具體的論述（該文顯係〈中庸〉篇命題之敷陳文字），茲揭之如下：「天生民，性有善質而未能善，於是為之立王，以善之，此天意也。民受未能善之性於天，而退受成性之教於王，王承天意，以成民之性為任者也。今案，其真質而謂民性已善者，是失天意而去王任也。萬民之性，苟已善，則王者受命，尚何任也。」

子・勸學》篇、〈修身〉篇中駑馬十駕的訓誡，顯示出其對荀子重視教育思想的繼承。

那麼，「盡性」、「誠之」的實踐，是否所有人都能夠充分達成？答案是否定的，只有「天下之至誠」、「天下之至聖」者能夠而已。因此，其他人必須善始克終地「盡性」、「誠之」，持之以恆地踐行。如「唯天下至誠，為能盡其性；能盡其性，則能盡人之性；能盡人之性，則能盡物之性；能盡物之性，則可以贊天地之化育；可以贊天地之化育，則可以與天地參矣」（第二十二章）與「誠者，非自誠已而已也，所以成物也」（第二十五章）所云，唯有「天下之至誠」才能夠充分「盡性」，並遵循其「教」而臻於自身之外的「盡人之性」，這才是徹底「盡性」之人的楷模，而終至於「贊天地之化育」。充分地「盡性」且已至於「達天德」（第三十二章）、「配天」（第三十一章）的天下之至誠，就其達成狀態而言，事實上可謂之天。言說「誠者，不勉而中，不思而得，從容中道，聖人也」（第二十章）之際，聖人就是天之道的誠本身，而與天相一致者。如「大哉聖人之道，洋洋乎，發育萬物，峻極于天」（第二十七章）所云：當聖人實際上已經臻於天之位並佔據其位之際，前揭命題所見天——聖人——人的三極世界結構，實則已轉化為天即聖人——人的二極結構，而這一結論之意義何在？想來，這與秦始皇自任宇宙主宰者的「皇帝」不無關係。[23] 如果這一假想成立，那麼首章的「天命」，換言之就是指皇帝的命令（統治）；而此處的個人就並非位於天而君臨「天子」，而是悉心趨向天之本身的「皇帝」。既然這一命令被賦予而內在

23 參看西嶋定生：〈皇帝統治的成立〉（〈皇帝支配の成立〉，岩波講座《世界歷史》第 4 號）。

於每個個體，那麼每個人各自的「率性」、「盡性」，就在因循其「教」的同時而自然發生於其內部，而這一命令遂成為極致徹底之物。

〈中庸〉篇中所論個人，一方面，悉心趨向於天、亦即皇帝，致力於將其受命之性從可能轉化為現實；另一方面則反之，不斷向自我的內部進行反思。後者就是「君子慎其獨」（首章）。那麼，乍看之下個體這兩種相互矛盾的狀態，究竟是甚麼關係？

前文已經述及，孔子以「相人偶」的「己」和「人」之間相依的存在關係為基礎，構築起倫理思想。其中的反省，如曾子的三省（《論語・學而》篇），常以面向自我的、他者與自我的相互存在為前提；藉由將自我置於他者與自我之中，而對於作為他者與自我之中的自我加以反省。然而，〈中庸〉新本的個體則從這一相互依存的存在關係中擺脫出來，而趨向天；這一存在無關乎他者與自我是否存在而自我獨立，云：「是故君子戒慎乎其所不覩，恐懼乎其所不聞。莫見乎隱，莫顯乎微，故君子慎其獨也」（首章），又云：「《詩》云：潛雖伏矣，亦孔之昭。故君子內省不疚，無惡於志。君子之所不可及者，其唯人之所不見乎。《詩》云：相在爾室，尚不愧於屋漏」（第三十三章）。考察上述二文對孤立個體的反省，可知在其「慎獨」、「內省」的個體內部，當其反省自我之際，這一非個別的自我就形成自為（für sich）之物。同時，這也是個別的自我趨向非個別自我的自我形成。如果問及此處由個別的自我到自為之物的、非個別自我，究竟為何物，毫無疑問，那只能是作為天命之性內涵的誠。[24] 前文已提到，藉由「率性」、「盡性」導

24 王念孫據《爾雅・釋詁》篇，訓「慎」為「誠」（《讀書雜志》卷八）。

致誠從可能轉變為現實。將之與此比較，即可發現「率性」要求藉由遵循「教」而持續性地努力；相比之下，「慎獨」的作用則是個體內部的自我完成，亦即瞬間而直觀地自覺於作為非個別自我的誠。二者的趨向正好相反：前者將誠秉持於自身內部，與此同時，不斷趨向聖人完成的誠；後者則是藉由審視自我內部的作用，使誠得以彰顯。然而，藉由「慎獨」而使得個體反思其內部、並自覺於誠的自我之際，既已打破作為個別的自我內部的完成，而個體遂將自我設定於天之前；結果使得「率性」和「慎獨」二者的趨向相互重疊。孟子所見兩種趨向的分歧在此處蕩然無存。

從道德世界中、個人的個別性主體行為與普遍適宜性之間關連的視角，重新審視上述問題，可以發現其中極為整合的理論體系。天之道的誠作為性的內涵，賦予個體以存在（sein）與應為（sollen）。與個體相對，天具有普遍性特徵；自然，天命之性中就已秉受普遍性特徵。因此，遵循其性的個體的個別道德行為，從其最初開始就得以內在地具備普遍適宜屬性。例如，孔子或荀子藉由禮的實踐、孟子依據自我內在所具備的義，分別賦予個別行為以普遍適宜性。然而，孔子或荀子之論求諸普遍適宜性於自身以外之物；反之，孟子的義則不出主觀的畛域，其客觀性無從得到保證。因此，二者均有不完備之處。相比之下，〈中庸〉的論述則謂，普遍性內在於個體而基於天，遂「出色地」解決了前揭問題。文中「禮儀三百、威儀三千」與個體之性相同，也來自於天；是以理論上，個體的個別行為自然而然地就合於禮。至於個體和個體之間道德的行為聯繫，由於雙方都是因循天命之性的行為，又以天為媒介，因此也得以成為普遍。這一基於天與性、誠之間的聯繫而展開的論述，頗令人感覺極為「整合」。但是，也因此而不得不謂其流於空疏。如前所述，如果天即皇帝，那麼，每個個體的行為只要遵循皇帝之命，即可確保其普遍性；既然命被賦予謂內在的性，那麼就排除了其他行為的可能。個體的存在獲得肯定，僅限於趨向天亦即皇帝的、踐行其所應當的「率性」「誠之」行為之際。任何個體的行為無論處於怎樣的階段，都在各自保持自我的同時而匯聚至天之下。是以，得以實現「萬物並育而不相害，道並行而不相悖，小德川流，大德敦化，此天地之所以為大也」（三十章）。同樣，儘管「慎獨」也趨向內部，實則卻是趨向天。因此，在認為個體自我完成的同時，又認為這一自我完成僅在下述場合才有實現可能：即遵循天命之性、銘記天之道的誠為自我之物，且這一自我趨向於天，個體和個體之間的聯繫，也僅因天的媒介而成為可能。

從〈中庸〉新本中對於個體的這一理解之中，我們可以窺見秦帝國統治體制之下應有的個體表象。

中與和 *

金谷治

* 譯案：原文刊登於《文化》第15卷第4號（1951年），1992年又作修訂，後收錄於氏著：《金谷治中國思想論集》（東京：平河出版社，1997年）中卷之《儒家思想與道家思想》（《儒家思想と道家思想》）。

引言

關於中庸的思考，筆者嘗欲辨明其本質；本文則以「中」與「和」之關係為問題。勿論，中庸可謂構成中國式思考方式的基礎。相同意義下，和諧也十分重要。兩者的關係究竟如何？畢竟只有在完全理解中庸的本質與中國式的和諧之後，才能獲得這一問題的最終答案。作為這一進程，也是事所必須，這樣的問題勢必不斷被提出。

筆者認為，「中」與「和」的關係根本上結合為同一概念，亦即兩者不過是同一事物的不同表達。這一想法看似大膽跳躍，特別是在不熟悉中國式表達的人看來，一定覺得奇怪。但是，「中者，和也」這一解釋在中國相當普遍。[1] 先秦古籍中常常並舉「中」、「和」而表述同義，如《荀子·樂論》篇所云「樂者，天下之大齊也，中和之紀也」中的「中和」，其「中」與「和」正是語重複而形成一個概念。[2] 又有「樂中平則民和而不流」，謂由「中」而生「和」，表明二者之間有相通之處，至少二者是相類似的概念。上述「中」與「和」是否本來就意味著中庸與和諧，是個問題，但可以確認的是，至少已經有些許

1　《說文》小徐本釋「中」為「和也」，《易·蒙·釋文》同。

2　以「中和」一詞表示和諧的概念，十分普遍。《論語》皇疏則解作「中，和也。」

這樣的意味。將「中」與「和」理解為共通之物、至少是相類似之物，在怎樣的精神基礎之上才能成立？亦即其背後蘊含著怎樣的精神發展進程？隨著這一問題的解決，我們將會更進一步認識到這二者根本上指向完全相同的概念。

在問題的性質上，本文以先秦時代為斷限，分別追溯最早的「中」與「和」而加以考察。

一、中的邏輯

圍繞「中」而試圖確立自家哲學的，是以子思為中心的學派。今所傳《禮記》中的〈中庸〉篇，就是考察這一思想的主要資料。其中大聲呼籲應當「擇乎中庸」、「依乎中庸」而「守（中庸）」，而假孔子之言詠歎中庸之德之難：「天下國家可均也，爵祿可辭也，白刃可蹈也，中庸不可能也」（朱子《章句》第九章，下同）。是中庸不可以不擇、不依或不守，是至難而嚴格之道。儘管如此，文中就其「中」之意味卻極少有明確的提示。作為提及中庸思想就會迅速聯想到的〈中庸〉一書，這一情況令人甚為意外。下文從中選取其中意義較明確的五條，加以考察：

1. 道之不行也，我知之矣，知者過之，愚者不及也。（第四章）

2. 舜好問而好察邇言，隱惡而揚善，執其兩端，用其中於民。（第六章）

3. 君子和而不流，強哉矯！中立而不倚，強哉矯。（第十章）

4. 素隱行怪，……君子依乎中庸，遯世不見知而

不悔，唯聖者能之。（第十一章）

5. 庸德之行，庸言之謹，有所不足，不敢不勉，有餘不敢盡。（第十三章）

第一條來自《論語·先進》中孔子的名言「過猶不及」，謂無過與不及是真正的道；第三條「中立而不倚」亦同樣可視為不偏不倚、中立的觀點。然而，這種所謂無過不及、不偏不倚的狀態，正意味著有見於有所偏倚的狀態、過與不及狀態的極端，即所謂兩端，而取其中間的意思。同樣，第四條言說中行之人的君子，居於欲以奇言奇行聞達於世之人與自足於作為隱者的聖人之間；第五條也是針對尋根究底和毫不努力的兩個極端而言，其中所示之「中」是「相對之物的中間」之義。

作為「中」的解釋，謂言及相對之物而無出其左右者，這是最典型的說明。中庸一詞首見於《論語》，為說明理想的中行之人，揭出激進之狂者和隱遁之狷者（〈子路〉）；為展示真正之道的所在，分別列出過與不及者，再謂道之所存非在二者，而是二者之中間者（〈先進〉）。作為中庸的本質，即在相對之物的中間這一概念，的確最為淺顯易懂。但是，這實際在「中」一詞本身已有所暗示。中庸意義的「中」這一概念，正是意識到兩端或邊緣，即使是消極地，才得以形成。即使是專注於思考「中」的子思學派，對於中的闡述，也僅以其最後的狀態、即非左非右的否定式表達，揭示其為「相對之物的中間」。為甚麼會這樣？這是因為「中」的邏輯表達，在其思維之中尚未臻於發達之故，而這恰亦顯示出古代中國邏輯的貧乏。

然則其欲言又止的中庸本質為何？給予這一問題解答的線索，在上述的第二條所述關於舜之政治的記載。舜好聽取世俗之言，接納此處的意見、彼處的主張，無論善惡皆予接納，而以不流於極端的中道施政於民，這一思考反映出試圖將諸多極端匯聚為一的心之作用。由此可知，對於已經預想到兩端而無過不及的「中」而言，實際已經具備了這一包容性。而「執其兩端」的執，確為以手執持之義，而絕非全部否定而加以去除；「隱惡而揚善」也十分重要。這一兼備兩端的狀態毋寧是並包二者的立場，具有一定結構性而不僅是直線上兩個極端的中間之義。《論語》云：「質勝文則野，文勝質則史。文質彬彬，然後君子」（〈雍也〉），以文和質為兩端，而所謂君子則是不偏於任何一端而二者兼備之人，即「中立不倚」之人，其立場正是「執其兩端而用其中」，而「中」確有這一包容與綜合的意思。

這樣包容性的「中」，自然原非是固定的、數學的中——如二和十的中間是六——這種絕對之物，因而其作為具有融通性的相對概念，是理所當然的。《孟子》中有明文闡述此義。孟子批評子莫的學問，謂其立場約相當於當時顯學的楊朱、墨翟之間，但是因其無「權」而流於一極，是以亦有害於真正之道，是舉一事而廢百事（〈盡心上〉）。「權」是秤之錘，依據物之重量而決定，因此用來顯示其融通性。即使選擇了兩極端之「中」，如果毫不融通而拘泥於某一點的「中」，那麼也無從實現集中統一之意，從而不能持正確立場。孟子自己的思想當然是包含「權」在內的「中」的立場。[3]「權」這一特別的詞語表達雖首見於《孟子》，但這種融通性，即全局觀這一思考方法，與遵循因時之宜的順從合而為一，則屢見於《詩經》和

3　拙作〈孟子研究——其思想的發展〉（〈孟子の研究——その思想の生い立ち〉，《東北大學文學部研究年報》第 1 號〔1951 年〕）有論及孟子思想之立場產生自楊朱為我和墨翟兼愛間之「中道」。陳澧《東塾讀書記》卷三曾指出孟子行為舉止旨在中道。

《論語》，自古以來即廣為流傳。[4]

意識到「中」所具的這一本質，即蘊含融通性的包容性意涵，就可以理解前文所見「中」的邏輯表達——不右不左這一否定性表達，其本身實則也意味著是既右亦左的肯定性表達。《論語》謂孔子的人格「溫而厲，威而不猛，恭而安」（〈述而〉），意味著孔子的人格不偏於與之相反之物中的任何一種，而處於包容兩者的「中」的立場，融通無礙。同樣的人格表達也見於《書經》：「直而溫，寬而栗，剛而無虐，簡而無傲」（〈堯典〉）、「柔而立，愿而恭」（〈臯陶謨〉），都意味著不偏不倚於某一極之「中」，包容二者而統一和諧的狀態。所謂「直而溫」可以是直且溫，但也不是單純的直或單純的溫，亦即意識到「不直不溫」的一個境界。可以說這即是「中」的境界，同時也是「和」的境界。《詩・商頌・長發》云：「不剛不柔，敷政優優，百祿是遒」，[5] 認為要避免過激之行，而得剛柔適中的「優優」之和諧政治；正是不剛不柔的「中」的立場，顯示出「和」之義。

---

4 《論語・微子》：「我則異於是，無可無不可。」〈子罕〉：「子絕四：毋意，毋必，毋固，毋我。」〈泰伯〉：「天下有道則見，無道則隱。」特別最後一句亦見於〈公冶長〉、〈憲問〉、〈衛靈公〉等篇及《詩經・邶風》中〈匏有苦葉〉、〈谷風〉等篇。可將前揭諸例分為兩類：前兩例示其融通性，〈泰伯〉以下諸文示其順從性；古代中國人思維之中，兩者大致合二為一。《論語・子路》：「言必信，行必果，硜硜然小人哉」（《孟子・告子下》同）和〈中庸〉「時中」一詞亦如是。津田左右吉博士認為此融通性來自道家而非儒家（《道家思想及其展開》〔《道家の思想とその展開》〕），但是筆者認為，這恐怕是兩家出現之前中國人的思考方式，方向歧出而分別匯入兩家思想之中。

5 「不剛不柔，敷政優優，百祿是遒」。《毛傳》釋「優優」為「和也」，蓋承《爾雅・釋訓》篇之古訓。

雖然思想家們對於「中」的邏輯十分貧乏，但其目標實則是「和」的境界。儘管認識到這一和諧所具有的結構性，至多卻只能表達為不走極端的中道。這大致反映出古代中國邏輯的極限，而在邏輯以外的世界，「中」又如何表達？

二、中與禮儀

與邏輯相對的實踐世界，在古代中國是作為倫理形式的禮的世界。作為學問的禮，在以周代末期的荀子為中心的學派活躍後一度盛行。在其看來，禮是聖人為防止一般人之惡而設立的，其準則是不走極端的中道。如遭親喪時，君子雖永不忘親恩，但由於愚者會朝喪親而夕忘之，故先王斟酌二者之中道而為之節度，定立了三年之喪的制度（《荀子・禮論》、《禮記・三年問》）。故三年之喪，賢君不過而不肖者無不及，此正是喪之中庸（〈喪服四制〉），而禮應是「過之者，俯而就之；不至焉者，跂而及之」者（〈檀弓上〉）。

這原本是對禮的學問性反省，即禮哲學的邏輯；但是，由此也可想見作為實踐之禮的「中」的重要性。《禮記》云：「夫禮所以制中也」（〈仲尼燕居〉），《荀子》云：「先王之道，仁之隆也，比中而行之。曷謂中？曰：禮義是也」（〈儒效〉），抑或「曲禮三千」、「威儀三千」等所云禮容禮儀，都反映出以「中」為目標的思考。

所謂曲禮，如《禮記》的〈曲禮〉、〈少儀〉等篇可見，是「侍食於長者」、「侍長者之禮」等有關日常行為的詳細準則。這些禮起源於何時？即本來作為祭祀儀式的禮，何時開始將這些曲禮一併包含在內？要明確判斷這個時間非常困難。不過，翻檢《左傳》，其中記載昭公五年昭公善於舉措進退之禮、又二十五年趙簡子問揖讓周旋之禮，分別招徠當時有識之士的批評，可以想見其時已然之盛況。[6] 言「執禮」而非「讀禮」的、孔門所實踐之禮，必然也是以這樣的禮儀禮容之學習為主。《論語・鄉黨》所描述孔子自己起居日常，就充分表現出這一情形。

「中」一語明確用如上文所示之義，首見於《論語》。在孔子以前的《詩》、《書》之中，誠然並無「相對之物之中間」之義的「中」，更罕有意識到「相對之物」的意識。[7]《書・酒誥》雖有「中德」一詞，是否如古訓所釋為中庸之德，其意義未必明確。如果將中庸的「中」、非右非左之謂一詞的產生定位於大約相當孔子的時代，那麼就可以想像禮容在當中所發揮的作用，「中」蓋藉由作為實踐的禮容之形式而產生。主張禮儀應當表達「中」的禮學者們，其說法也暗示「中」得到禮容的助長。

在未知「中」之前，一以貫之的禮的理想是甚麼？換言之，「中」所指向的真實理想是甚麼？進一步揭示出禮之「中」的意義的，是稱之為「分」的這一禮的差異性。《荀子》云：「制禮義以分之」(〈禮論〉、〈王制〉)、「分莫大於禮」(〈非相〉)，〈中庸〉篇亦云：「親親之殺，尊賢之等，禮所生也」(二十章)，將禮的「分」與「中」相並重。相對於作為規定禮的理想化形式標準的「中」，「分」則被理解作為形式的禮之功用。

二者相比之下，前者「中」關注由外向內，後者「分」則向外擴散，二者方向本異。十分奇妙的是，以「中」為標準、以實現「中」為目的，實則卻實現了「分」的作用。不過，考

6　參考岡崎文夫《古代支那史要》第十一章，頁 212。

7　即使《書經》的今文二十九篇，近賢碩學亦認為雜有孔子之後作品。此置不論。關於「相對立之二者」的認識，詳見下文。

慮到「中」一語，本來正是蘊含著相對立的兩端、亦即是經由區分的思維才得以產生，那麼，就不難理解「中」由「分」所實現的二者關係了。如在《荀子》中，階級制確是作為「分」的禮之形態，而由此所導致社會秩序的安定就是實現合乎禮的「中」的理想。不過，需要注意的是，這種「中」已經非單純線性的「中」，而是具有某一結構性的「中」。禮學家們對於「中」和「分」的兩面性解釋，可理解為彰顯「中」一詞所具有的綜合統一性，並揭示出「中」與「和」二者的緊密關係。禮之「中」也與其邏輯表達相同，實則以「和」為目標。《詩・長發》所見和諧的「和」屢見於《詩》、《書》，由此可以輕易想見古代中國人如何熱衷和諧，而禮也絕非超出這一思考之外者。

禮字初文象敬神的供物，在甲骨文中已有，可知其由來之久及其原初之義，[8]其中所蘊含的理想則是全面順從應當敬畏的事物，是「神人以和」（〈堯典〉）之境。[9]祭祀之禮伴隨音樂，供奉香氣上騰的各種供品，期盼神的降臨，這正可理解為其以神與人相互融和為理想。這一精神在曲禮或威儀的世界，作為與他者的和諧、又或是君子人格形成的和諧而傳承延續。《論語》所云「禮之用，和為貴」（〈學而〉）即傳達出這種精神。入門、升降堂的方法等瑣碎儀式的用意，就是試圖避免與他者之間的摩擦，而維繫井然有序的和諧精神。這一和諧經由維繫不走極端的中道而獲得，認識於此之際方始孕育出「中」一詞，禮容的形式正是喚起這一認識的最合宜者。禮容的理想化

8　王國維：〈釋禮〉（《觀堂集林》卷六）。

9　加藤常賢博士《禮的起源及其發展》（《禮の起原と其發達》）曾考察禮以及其成其為禮之前的原始意義，茲不論。以〈堯典〉此文來理解在祭祀儀禮被視為禮之後的神人關係，絕非無理。

必為「中」，實際上這是尊崇和諧之心所導致的結果。邏輯世界欲言又止的「中」的本質，在實踐世界中圓融地得以實現。而為更確切瞭解這一「中」的本質，亦即中和的理想，則必須進入至「和」的問題。

三、和與音樂、與玉

據《說文》，「和」字為唱和的和，而和諧的「和」本應書作「龢」。但是在現存典籍裡，除《國語》之外並無這一區分。誠如此，那麼，也可以想像和諧原本與音樂相關，即龢字「从龠禾聲」，而龠字為「樂之竹管，三孔，以和眾聲也」。事實上，樂與「和」的關係，勝於禮與「中」的關係，更為密切。最為明顯的，是原本各有所本的《禮記・樂記》篇和《荀子・樂論》篇一類的音樂理論，其中心思想是強調樂的和同性，相對於禮的差別性，藉此可見其效用在於能使民和睦。

> 故樂在宗廟之中，君臣上下同聽之，則莫不和敬；閨門之內，父子兄弟同聽之，則莫不和親；鄉里族長之中，長少同聽之，則莫不和順。故樂者審一以定和者也，比物以飾節者也，合奏以成文者也；足以率一道，足以治萬變。是先王立樂之術也。(《禮記・樂記》、《荀子・樂論》)[10]

這段文字亦為《白虎通》所引，[11] 以闡述音樂的主旨。更有如

10 譯案：原文〈樂記〉誤作〈學記〉，徑改。

11 譯案：卷二。

下文所示：

> 樂也者，和之不可變者也；禮也者，理之不可易者也。樂合同，禮別異，禮樂之統，管乎人心矣。（《荀子·樂論》）
>
> 樂者為同，禮者為異。同則相親，異則相敬。（《禮記·樂記》）

以上兩段都強調樂與禮相並，作為政治工具的特點。《書·堯典》篇（今〈舜典〉）也有記載，舜命夔司樂，以期和諧人格的養成以及「神人以和」的境界，可知其已經認識到音樂的和諧作用，因此加以利用，如同理想的禮須持「中」一樣，樂也須得其「和」。《周禮·大宗伯》中，作為使得陰陽之德和諧之物而以「中禮」與「和樂」對文，正是此意。下文擱置音樂理論，回遡並考察「和」的實態。

《書經》五誥諸篇一以貫之以周初的政治理念，其終極目的在於「奉答天命，和恆四方民」（〈洛誥〉），「四方民大和會」（〈康誥〉）以及「其丕能諴于小民」（〈召誥〉）是重中之重。勿論，期盼至為和諧的世界。然而，相比上述類型化與理念化的《書經》，必須求諸吟詠率真的情感、內容也更為廣闊的《詩經》，才能看到和諧的本來面貌，雖然其中並未多見「和」字，但是《毛傳》訓作「和也」的則有十九種之多，重複出現而遍及全篇，茲引其中用作和諧之義的主要文字如下。「我有嘉賓，和樂且湛」（〈小雅·鹿鳴〉），「妻子好合，如鼓瑟琴。兄弟既翕，和樂且湛」（〈小雅·常棣〉），「神之聽之[12]，終和且平」(〈小雅・伐木〉)。上述文字都是普通人倫關係中尊崇和諧之義，不過，作為一種氛圍的和諧，也在此處強調其音樂屬性。「嘒嘒管聲，既和且平」(〈商頌・那〉)、「於樂辟廱，鼉鼓逢逢」(〈大雅・靈臺〉)、「簫管備舉，喤喤厥聲，肅雍和鳴，先祖是聽」(〈周頌・有聲〉)、「和鸞雝雝，萬福攸同」(〈小雅・蓼蕭〉)，上述諸例描述音樂的感覺。又「黃鳥于飛，集于灌木，其鳴喈喈」(〈周南・葛覃〉,《毛傳》:「喈喈，和聲之遠聞也」)，此例則是在鳥鳴之聲中也發現和諧，在閒適氛圍之中，一片歡快聲響，而將鳥兒和諧的鳴叫之聲移用至形容理想化的人。以「關關睢鳩」(〈周南・關睢〉)引至「淑女」、「鳳皇鳴矣，⋯⋯雍雍喈喈」(〈小雅・卷阿〉)引至「吉人」，藉由強調聲音的氣氛和諧，得以聯繫到君子和淑女的美好。

音樂理論中所見樂與「和」的結合，此處也已十分密切，更可與樂的起源一併上溯至更早。禮最初為追求神與人之和，樂也可以徑作如是觀，只是相比神或人，樂演奏出的聲響和諧，令人感覺更為切實。如《說文》訓釋所示，和諧的概念或許首先得自於音樂。考慮到古希臘哲學中的和諧的理論也產生自音樂，可知這一思考是極為自然的想法。[13]

提及和諧就會聯繫至多種不同性質的統一，那麼，和諧

12 此從馬瑞辰《毛詩傳箋通釋》之說。鄭箋以來的傳統解釋則為「若神明之所聽祐之，則朋友終久，必志意和且功業平」，皆謂此句為歌詠朋友間之和諧。

13 希臘的和諧概念源自音樂理論，有亞里士多塞諾斯(Aristoxenus)等之說。有關和諧內部結構的詳細說明，見亞里士多德《論宇宙》(De mundo)(參看山內得立《希臘哲學》〔ギリシアの哲學〕上第四章「意大利學派」)，又關於希臘人如何以和諧為中心的思考，在此不論。

當然也包含相反的兩端概念，可以認為其中有相對立事物的緊張。高音與低音、長音與短音等各種音程在音樂中混合且相激蕩，從而產生出一種緊張之際，其中正在形成一種統一的和諧。與之相同的還有繪畫、雕刻，乃至烹飪等。

作為春秋末期著名的知識人，齊國的晏子這樣說明「和」與「同」之別：「和如羹焉，水、火、醯、醢、鹽、梅，以烹魚肉，燀之以薪，宰夫和之，齊之以味，濟其不及，以洩其過。……聲亦如味，一氣，二體，三類，四物，五聲，六律，七音，八風，九歌，以相成也；清濁、小大，短長、……以相濟也。」（《左傳》昭公二十年）這裡明確顯示出，晏子對於構成和諧的內部不同屬性的認識，確實值得注意。[14] 相同論述也見於《國語．鄭語》的「鄭伯之音」：「夫和實生物，同則不繼。以他平他謂之和，故能豐長而物歸之；若以同裨同，盡乃棄矣。」這與《論語．子路》中的「君子和而不同，小人同而不和」也相合。不過，晏子以前所理解貫穿於《詩經》內容的音樂，相比起從內部結構、諧音自身所具數的關係之中發現秩序和諧，更像是在賦予周遭環境以紓緩而統一的氣氛之中發現和諧，如同在《書經》和《禮記》中既已見到的，音樂的政治效用在於使得人民合同，這恰如在《詩經》之中由鳥鳴之聲聯想起吉人、淑女一樣，顯示出音樂和諧的概念是藉由一種作為氛圍的整體性理解而產生。深入翻閱《詩經》，可知如同吉人和淑女之德與和諧聲音相通一樣，理想的人格也必定是和諧的，如「溫溫恭人，維德之基」（〈大雅．抑〉，〈小宛〉的《毛傳》謂「溫溫，和柔貌」），「君子陽陽，……君子陶陶」（〈王

14《左傳》記事是否為當時事實是個問題。在此不做深究，暫從一般理解。

風・君子陽陽〉，《毛傳》謂「溫溫，和樂貌」）等，這些和諧的表達更勝於「赫赫」、「明明」等各種其他君子的刻劃，表現出普遍地推崇和諧之意。但是，必須注意的是上述人格和諧，相比一般的和諧主要強調音樂，具有藉著玉來表達的特殊性。「言念君子，溫其如玉」（〈秦風・小戎〉）、「有匪君子，……如圭如璧」（〈衛風・淇奧〉）、「彼其之子，美如玉」（〈魏風・汾沮洳〉）、「其人如玉」（〈小雅・白駒〉）。上述諸句是其代表。首句「溫其如玉」尤其可見其意識到玉的和諧性，鄭箋謂「溫然如玉，玉有五德」，「溫溫」《毛傳》訓為「和柔貌」，合觀則有助於理解。

人格和諧不止用音樂，更特別用玉來表達，是因為玉的形象作為表達更為貼切。不過，兩者所追求的本是同一回事。整個《詩經》創作時代中理想化的和諧性，一方面與音樂結合，另一方面也與玉相關，這是應該注意的。一是聲音的世界，一是形象的世界。與禮樂一樣，對玉的尊崇古已有之，[15] 這種由玉所表達的和諧又是甚麼？

《禮記・聘義》記載孔子貴玉的理由：

15 據《說文》，和諧之和字須用龢字，則「和」與音樂之關係或原本也即如此。然而，此字為形聲字而較後起，其作為聲符的禾字當有其義。禾字《說文》謂「嘉穀」之義，而其下所云「得時之中，故謂之禾」，似更勝於其字，而揭示出禾這一音符的原意。和字為唱和之和，如在「倡予和女」（〈鄭風・蘀兮〉）句中則自有和諧之義；盉字亦為味道的和諧之字。因此，可想見本來和諧之義毋寧是以禾或禾之音來表達。今日僅見多用龢字的《國語》，在宋公序校定之前的宋版（《士禮居叢書》中的覆刻天聖明道本）中，卻一樣用和字，可見在先秦典籍中和、龢無別，二者並無嚴格區分，也非與和諧概念之產生相同時者。而玉與和的關係久遠之說，絕無可疑。

> 夫昔者君子比德於玉焉：溫潤而澤，仁也；縝密以栗，知也；廉而不劌，義也；垂之如隊，禮也；叩之，其聲清越以長，其終詘然，樂也；瑕不掩瑜，瑜不掩瑕，忠也；孚尹旁達，信也；氣如白虹，天也；精神見於山川，地也；圭璋特達，德也；天下莫不貴者，道也。《詩》云：「言念君子，溫其如玉。」故君子貴之也。

這些對於玉所具備德性的描述，屢見於周末至秦漢的典籍之中。鄭玄所謂「玉有五德」，也是這一思想的傳承。人格和諧的觀念使得人們認識到構成這一和諧的各種德性，這是由於試圖使人格和諧與玉之和諧相對應的合理性思維之作用所導致，而上文孔子之言最後所引《詩經》文字也明確顯示出，這毫無疑問繼承了詩歌創作時代對於玉之和諧的認知傳統，玉之和諧的思想源遠流長。

知曉此處玉在古代中國何其受到推崇，絕非無益之事。其歷史可上溯至殷代，甲骨文所示內容以祭祀為主，由是可知其時代精神之所在。甲骨文記載先王捧玉、又或沈玉於河，玉發揮了重要作用。[16] 禮字初文以玉為供神之物，[17]《書．金縢》篇中也以玉為供神之物，呈上璧和珪。[18] 玉被認為是一種神秘之物，有著可以溝通與協調神與人的作用。[19] 隨後在祭祀之外的

16 陳夢家：〈古文字中之商周祭祀〉（譯案：《燕京學報》第 19 期）。

17 王國維：〈釋禮〉（《觀堂集林》卷六）、〈說玨朋〉（《觀堂集林》卷三）。

18 譯案：〈金縢〉：「爾之許我，我其以璧與珪，歸俟爾命。」

19 勞費爾氏認為中國人視玉為宇宙神之像（Images of Cosmic Deities）而崇拜之（Berthold Laufer, *Jade: A Study in Chinese Archaeology and Religion*, Chicago: Field Museum of Natural History, 1912），其

人世間諸多場合之中，玉也受到廣泛使用。「佩玉將將」（〈鄭風・有女同車〉、〈秦風・終南〉），連玉之清音也受到人們喜愛。此外，以玉為耳飾的填珥、為刀飾的琫瑟，常用作服飾或是日常用具的裝飾，又以圭和笏等各種形狀在諸多禮儀中所使用。祭祀固不待言，還廣及婚禮、葬禮，以及與人相接的宴饗之中。還有如「釐爾圭瓚」（〈大雅・江漢〉）等君主以玉賜功臣之事頻見於金文的表達，以玉相互贈答之事亦多見於諸文獻，由此可想見其盛。[20] 古人對於玉的廣泛使用以及熱烈的珍愛之心，實在令人驚歎。

作為兩端之中的、倫理意義上的「中」字，初見於《論語》。此前的文獻《詩》、《書》中則以「和」字取代「中」，甚為尊崇和諧的狀態。這是由於當時尚未見於對立，而無從知曉「中」的總體性把握所致。構成和諧，或提出作為與和諧相對立的相反概念的，在《詩》、《書》之中僅見四例而已，即〈商頌・長發〉中的「不剛不柔，敷政優優，百祿是遒」、〈堯典〉和〈皋陶謨〉篇中對人格的描繪，以及〈洪範〉篇中對王道的說明。《書經》三篇難以斷言成書於孔子之前，[21] 而〈長發〉一詩在滿是和諧之語的《詩經》之中幾乎是唯一的例外，必須加以注意。認識到和諧的內部結構，無疑是相對嶄新的思想。

如上文所述，意識到相對之物的「中」的邏輯表達及其實

言或有太過，但祭祀所用的玉，本來就被認為是一種神秘的東西。

20 林泰輔博士在〈支那上代石器玉器所見漢族〉（〈支那上代の石器玉器より見たる漢民族〉，收錄於《支那上代之研究》）的論述頗具啟發。開篇謂：「支那上古使用石器、玉器頗多，對玉器之愛護尊重殊甚，殆非他民族可比。此特殊習慣豈非研究漢族之一大關鍵？」研究中國古代思想而忽視這一特別精神，絕無益處。

21 關於《書經》，參考顧頡剛《尚書研究講義》、內藤湖南《支那史學史》。

踐表達，實質都以「和」為目標。〈長發〉詩中「不剛不柔」之「中」的表達實即為「和」，這與晏子所言無過與不及而產生「和」一樣，是「和」與「中」二者相通的最佳力證。大約在《詩經》創作年代的後期（約春秋中期），逐漸注意到和諧的結構性而認識到對立事物所形成的統一，逐漸被作為儀式的禮容所啟迪，變得鮮明起來。[22] 和諧的統一在此處蛻變而被視為兩端的集中，最終被名之曰「中」。考慮到禮容之盛的時代與「中」所誕生的時代，以及禮學中對「中」的重視，就能夠理解禮容在這其中所發揮的作用了。所謂「中」已經濾除了形式上的區別意識，不過是「和」的別名而已。

結論

「中」與「和」二文原本是指同樣的事物：「中」是經由理性的自覺而孕育自「和」。「中」基於既已認識到相對立事物的理性立場，「和」則是不辨對立的情感立場。

本文原本試圖考察孕育出「中」一文的理性作用，並對其進行邏輯與哲學的考察，結果則僅限於不左不右這一淺易的說明，反而必須回歸作為實踐的禮的世界，甚至音樂和玉的世界。和諧的概念蓋源自樂與玉，反之，這一概念也與中國人喜好和諧之心難以分開，密切相連。誠然，音樂是藝術世界的和諧，而玉則是其在美術的形象世界的和諧。由理性的覺醒而進

22 有關《詩經・商頌》的成書時期，異說雖多，按三家詩之說則謂為頌揚宋襄公所作，甚是妥當。如此則此篇庶幾《詩》三百篇中最晚的作品。仁井田好古《毛詩補傳》等以春秋中期為作詩時代的下限，與三家詩之說同，當可接受。齊晏子是魯昭公時人，相當於春秋末期，他認識到和諧的內部結構並無不妥，可以理解。

入邏輯世界的精神，掙扎於可以言說而未言說的邏輯困境，再次回歸這一情感的世界。在禮容的學習、奏樂的陶醉、玉石的把玩之中，更加切實地實現其目標。而在「中」之中所意識到的兩端再度遁形而歸於沉寂。中庸這一概念的本質，即應當在這一合理性與非合理性的循環、亦可謂中國式和諧之中去發現。正是因此，「中者和也」的訓詁，在中國悠久的歷史長河中，無論何時都作為合宜的解釋而被普遍接受。

考察中國的思想之際，中庸與中國式和諧的形態、彼此以及相互之間的關係，都是必須反覆思考的重要問題。本文不過揭示其出發點，所論固未能成熟。最先勉勵筆者研究這一問題的，是已故岡崎文夫煥卿先生。本文原為慶祝先生花甲之壽所草撰，不意現在竟要呈於先生靈前，悲之何及！既不得先生之誘掖矣，而復望各方賢達有以指正。

論中庸——其倫理的特徵 *

金谷治

---

* 譯案：原文刊登於《東北大學文學部研究年報》第 4 號（1953 年），1992 年修訂；後收錄於氏著：《金谷治中國思想論集》（東京：平河出版社，1997 年）中卷之《儒家思想與道家思想》（《儒家思想と道家思想》）。

前言

誕生於二千多年前的「中庸」一詞，時至今日仍然作為富有實踐性的、鮮活生動的詞彙而習用不輟。雖然其意義未必固定而明確地保存下來，通常認為大致是「考慮或處理事務之際，選擇不走極端而恰到好處、居中而穩健的處世觀點」。專家們的〈中庸〉研究大體繼承宋代學者的傳統，多就嚴肅的倫理性加以論述，認為其中的「中」不止是「恰到好處的居中」這一曖昧的概念，而是更嚴肅的規則性存在。中庸概念的內容，誠然有複雜的語感，但是說到這一詞彙原本一開始即一以貫之的、最為本質的概念，筆者認為，相比宋代學者的說法，今日一般常識性的看法有更貼近真實的一面。嘗試邏輯地闡明這一橫貫中國悠久歷史，也影響及我國的中庸概念的本質性結構與特徵，是筆者之夙願所在。

在前文〈中與和〉中，[1] 筆者考察了中庸概念的內容，認為其由「兩端之中」與「遵從屬性」或「融通屬性」等概念為重要的構成要素，特別與「和諧」概念本質上密切相連。該文以「中者和也」的訓詁為線索，遍考先秦典籍，充分致力於實證性論證。本文則承前文所論，嘗試探討其中所見中和這一概念

1　拙稿〈中與和〉刊載於《文化》第 15 卷第 4 號（1951 年 ）。修訂本見本書（《中國思想論集》上）第一部之六。

所具作為倫理概念的特徵，考察這一特徵與一般的中國倫理思想特徵之間的關係，進而闡明其倫理的發展歷程。因此，本文與前文雖相連續，但若求諸其間差異，則前者乃就中庸這一思想，從廣泛而普遍的立場出發玩味其概念內容；與之相對，本文則尋求以中庸為倫理概念之善的意義。

一、中和的倫理

（一）

南宋朱熹這樣解中庸的意思：

> 中庸者，不偏不倚、無過不及，而平常之理，乃天命所當然，精微之極致也。（《中庸章句》）

上文前半論述「不偏不倚」與「無過不及」等，謂過和不及狀態為兩個極端，然後闡明無偏無黨的居中這一與平凡淺近的實踐相關之義；後半論述「天命」與「精微之極致」，使人體會到某種不易而嚴肅的倫理之義。《朱子語類》卷六二之中，將中庸的「中」分為「未發之中」和「隨時之中」兩義，恰與此前後兩文之別相對應：

> 〈中庸〉一書，本只是說隨時之中。然本其所以有此隨時之中，緣是有那未發之中……
>
> 中庸之中，本是無過無不及之中，大旨在時中上。若推其中，則自喜怒哀樂未發之中，而為時中之中。未發之中是體，時中之中是用……

朱熹所理解的中庸，確是具有兩層意義：其一，作為日用人倫的實踐者；其二，作為產生前者的根源的、與性和命乃至朱子所謂理相關的形而上概念，是朱熹之中庸既有日用的淺近實踐性，亦立足於高遠的形而上基礎之上。但是，這一中庸之義，來自朱熹獨特的哲學解釋，絕非中庸本來的意思，也不是中庸的通常意義。

今本〈中庸〉一書大致可分為前後兩部分，由論說實踐性中庸的前半部分的古本、與論說形而上意義之誠的後半部分的新本的二書組成，此已由吾師武內博士所論證。[2] 其說個別之處容或有異論；然而平心而論，認為《子思子》的編纂者等人將大致可兩分的不同文獻材料混雜而合為一書，這種觀點十分自然合理。而論述所謂「未發之中」的首章（據《朱子章句》，下同）之文，伊藤仁齋曾懷疑是《樂經》的斷簡，確實與第二章以下文字不相聯屬。今本第二章以「仲尼曰」、第三章以下以「子曰」之文開篇，參照《禮記・仲尼燕居》及《孝經》等例，似也說明此第二章實與第三章相連，為古本首章。那麼，朱熹認為中庸的「中」兼有「未發之中」和「時中之中」兩義，並以前者為本體，後者為作用的觀點，乃是將本來持不同立場的兩書內容合二為一，並參照自己哲學體系加以理解的結果。雖然這使得中庸的倫理性得以深化，但是絕非其本來意義，亦非通常所理解的意義。中庸正確的意思，必須擺脫上述朱熹的解釋，而首先以〈中庸〉古本的部分為線索，直接就上古文獻而加以探討。

關於〈中庸〉古本首先為人所知的，是認識到無過不及而作為「兩端之中」的「中」：

2　武內義雄《易與中庸之研究》第三章（《武內義雄全集》第三卷）。

> 道之不行也，我知之矣，知者過之，愚者不及也；道之不明也，我知之矣，賢者過之，不肖者不及也。（第四章）

上文為代表性論述，即在認識到過與不及兩種極端狀態之下，認為真正的道在於不偏頗於二者中任何一方的居中者，這是最為淺顯易懂的意思。與此同時，亦是繼承了最早使用「中庸」一詞的《論語》以來的傳統而最為本質的概念。然而，下文則有別於此：

> 舜其大知也與！舜好問而好察邇言，隱惡而揚善，執其兩端，用其中於民。（第六章）

此處，誠然也是兩端之中者，但是相比不左不右之居中，更可以視為兼容左右之言而擇其中用之者，是嘗試將諸極端集合於一的心之作用。如此，則前述無過不及的「兩端之中」，實際上不僅是線性正中一點，毋寧是持兼備兩端的包容立場，且在某種意義上具有一定結構性。本來「中」一詞，即使消極來說，也是意識到端這一概念而產生的；而更有甚者，若無端則也就無中的存在。這樣想來，上述關係也可易於理解。

注意到兩端之「中」所持這一包容的意思，則關於孔子人格所謂「溫而厲，威而不猛，恭而安」（〈述而〉）的論述，以及《書經》中所云「直而溫，寬而栗，剛而無虐，簡而無傲」（〈堯典〉）等，也可理解為中庸的表達。有名的「質勝文則野，文勝質則史。文質彬彬，然後君子」（〈雍也〉）之言，正是指在注意到文和質這兩端之後，君子無偏無黨於任何一方而兼備二者，亦即「中立不倚」，也可將此視為立足於獲取文質兩端平衡的和諧的立場。「中」的世界徑與「和」的世界相通。《詩・長發》云：「不剛不柔，敷政優優，百祿是遒」，以得剛柔之宜的和諧政治為優，正是「不剛不柔」這一持中的立場，徑直顯示為「和」。「中庸」一詞，以及取此義的「中」一字，首次清晰的表達雖然見於《論語》，先行文獻的《詩經》之中對和諧性的廣為推崇，誠可謂中庸的先聲，其中尤其呈現出與賞玩音樂和玉器的情感性事物相連的美的和諧，卻並未思索構成這一和諧的內部結構。隨著理性的覺醒，其內部多樣的異質屬性始受到關注，和諧的完備之形，得以顯現於這些相對異質屬性的緊張關係之物中。中庸的「中」、「兩端之中」的概念，正由此而生。整個春秋時代稱為「儀」的禮容學習，對這些概念的形成大致起到十分重要的作用。禮容的目標，旨在避免人際關係之間的摩擦而達到和樂的境界；可想而知，這一伴隨其具體形態的動作，方便理解不走極端而適中的美之和諧之生成。「中者和也」的訓詁，是與中國人的精神生活緊密相連的事實。

（二）

上文蹈襲前稿〈中與和〉之要點，論述了中庸之「中」，或應說「中和」，具有與之相稱的美的和諧的結構性。那麼，中庸的「庸」又是何義？

東漢鄭玄就〈中庸〉的篇名，云：「以其記中和之為用也」，[3] 這裡釋「庸」為用；就篇中中庸之語則云「庸，常也。用中，為常道也」，釋其為常道。「庸」釋為用和常，都是普通

3 《禮記正義・中庸》所引《鄭目錄》。

常訓。《說文》云：「庸，用也」，其例多見於《詩》傳、《書》傳、《左傳》和《國語》的注釋，而《爾雅·釋詁上》謂「庸，常也」，也見於《書》傳、《易》注、《周禮》注等。只是，若從前說，則中庸僅謂「中之用」，並無附加上文所言各種「中」之義。因此，若從後者常道的解釋，則與迄今所見「中」之義相關聯，且能闡明新的中庸思想。

將「庸」釋為常或常道，進而可知其中有二義：其一是恆常不變，另一則是平常凡庸之義。鄭玄心中或未必明確於此，而大致取前者之義。注重後者而首先予以明晰闡釋的，則為朱熹。北宋程氏云：「不偏之謂中，不易之謂庸」（《二程遺書》卷七），又云：「中則不偏，常則不易」（同上卷十一），明確釋為恆常之意；而朱熹則在繼承其「中」的解釋之餘，與程子相異，解「庸」為「平常也」（《中庸章句》）。其在《語類》（六十二）中，就此二義的關係，有如下之言：

> 惟其平常，故不可易；若非常，則不得久矣。譬如飲食，如五穀是常，自不可易。若是珍羞異味不常得之物，則暫一食之可也（葉賀孫所聞作：不久便須厭了），焉能久乎！庸，固是定理（《二程遺書》卷七），若以為定理，則卻不見那平常底意思。今以平常言，則不易之定理自在其中矣。（輔廣所聞）

此處，朱熹強調「庸」所具平常之義的重要。〈中庸〉有云：「庸德之行，庸言之謹，有所不足，不敢不勉，有餘不敢盡」（第十三章），庸德、庸言當從朱熹解釋，釋為平常之德、平常之言最為適宜，可知其解釋不誤。《易·乾·文言》中「庸言之信，庸行之謹」及《荀子·不苟》「庸言必信之，庸行必慎之」

之言，不論舊解如何，仍當謂平常的言行。[4]

中庸的「庸」釋為平常之際，「庸」與「中」的關係始見明確。「中」，如前所論，是兩端之中間，避免極端過激的中和狀態；而這與推崇如是平常之心、認可司空見慣的一成不易之境之心相通。如〈中庸〉云：「索隱行怪……君子依乎中庸，遯世不見知而不悔，唯聖者能之」（第十一章），在致力於隱微之穿鑿附會且行為詭譎而求聞諸於世之流、與遯世不悔的聖者之間，君子依乎理想的中庸而行。這一中間立場，即可謂是平常的立場。奇言怪行是為極端，而一以貫之於平素之凡庸則為「中」。肯定「中」則不走極端過激又擯斥詭譎，其中亦蘊含應當平常之義。「中」旨在「和」，由此所認識到的遵循或融通特徵，也與平常性的概念不無關係。就〈中庸〉的「時中」一語，朱熹釋為「隨時以處中」（《中庸章句》）或「隨時之中」（《語類》卷六二），「中」確實是隨機而變的中間，而非一至九之間的五那種數學上絕對的「中」，[5] 而是總體之中者。因此，這一中，可視為在某時之某社會中、最為平凡而慣常的立場。就此而言，「中」也與作為平常的「庸」相通。

「中」與「庸」有著互相重疊的概念，因此，其中也孕育了「中庸」一詞誕生的契機。中庸的倫理遂為中和的倫理，同時亦是平凡的倫理。在中國，肯定這一特徵的倫理，對於「中國人如何思考」這一中國哲學課題而言，啟發良多。下文即先考察其倫理的意義。

4　舊解（《周易正義》、《荀子》注）作「言常信，行常慎」，釋「庸」為「常」，蓋誤。

5　關於中庸的融通性，前稿〈中與和〉中有詳述。

（三）

由上文考察中庸所具特徵的所得，是世俗（weltlich）性的結論。宋代學者所言形而上學的意義，若區分〈中庸〉新本而加以考察，則求其片鱗半爪而不可得。相比起與天或命相關之說，關乎實際的人的行為論述，才是〈中庸〉的常見內容。前引「道之不行也，我知之矣，知者過之，愚者不及也」（〈中庸〉第四章），是關於道的實踐之論；而「執其兩端，用其中於民」（同第六章），則謂舜之為政風格。中庸一語所始見的《論語》之中記載，在被問及弟子子張、子夏孰賢時，孔子答道：「師也過，商也不及」；又問曰：「然則師愈與？」孔子答曰：「過猶不及」（〈先進〉）。這一名言也顯示出與〈中庸〉相同、對實踐的態度。在〈子路〉篇中與狂、狷相並列、視為理想的「中行」，在《孟子》中作「中道」，也是將「進取」激進的狂者和「有所不為」隱遁的狷者加以對照，而就一般的行為和生活態度論述。

以荀子為中心的禮學者們，認為「禮所以制中」（《禮記·仲尼燕居》），而「過之者，俯而就之；不至焉者，跂而及之。」（〈檀弓上〉）其有關三年之喪的說明，於此處所論問題而言，十分有趣：遭親喪時，君子追思親恩而思慕之情恆久不變，愚者朝喪親而夕忘之。因此，先王衡思其間而為之節度，定立三年之喪的制度（《荀子·禮論》、《禮記·三年問》）。故守此三年之喪，賢君不過而不肖者無不及，此正謂喪之中庸（〈喪服四制〉）。這裡應注意的是，喪禮之意義，並非求諸死者的靈魂這一彼岸的、天上之物，而是求諸地上的人之心情的中庸。安葬死者、祀其靈魂，本來是巫術宗教的意義，但是在中國卻並未得到宗教性的發展，而是成為對父母之孝的現實合理的論述，這也與因中庸所致三年之喪的說明相通。

在禮學者們的意識中，三年的時間正是賢者與愚者之間的一般標準、普通而無足為奇，而與前文所述中庸作為平凡倫理的說法相一致。平凡或平常，誠然與現實生活中最普通、一般的立場相通，就此而言，也可見其作為世俗倫理的特徵。這是世俗性和社會性的，是不斷慮及圍繞個體的周遭處境，而對其中取得平衡的平常而穩妥的立場加以肯定，這也為避免與他人爭執而維繫和諧的中和理想徑直相通。孔子的性格，如「溫而厲，威而不猛，恭而安」所云，是得其「中」的和諧人格，即「仲尼不為已甚者」（《孟子・離婁下》），又或「孔子，聖人之中者也」（《韓詩外傳》卷三）者；而其理想，是奉周初為模範的「郁郁乎文哉」之和諧政治（〈八佾〉），也是「老者安之，朋友信之，少者懷之」（〈公冶長〉）的平穩社會生活。其中所想像的，是穩定而平凡的環境，是和諧社會全體成員都維繫和諧的、和平的生活。孔子詠歎「中庸之為德也，其至矣乎」（〈雍也〉），極為自然。

中庸為這一與實踐直接相結合的世俗（weltlich）倫理，首先令人想到其具體形象性，更有即使原本並非鄙俗之義，也意味著尋求現實的效果而旨在生活快適的狀態。首先，就前者而言，如果慮及「中」這一概念正是認識到兩端的存在而產生，那麼對此就不難理解，可以將之視為原本就是與存在相關而伴隨具體形象的概念。而在未知「中」這一表達之前，其前身為「和」。《詩經》中所見和諧的表達，由於是詩也都是具象的內容，如「鞉鼓淵淵，嘒嘒管聲。既和且平，依我磬聲」（〈商頌・那〉），是描述音樂造就的宗廟中平和洋溢之貌；「黃鳥于飛，集于灌木，其鳴喈喈」（〈周南・葛覃〉），是說和諧悅耳的鳥鳴之聲；「溫溫恭人，維德之基」（〈大雅・抑〉），是特定人格的表達；而這一和諧人格，則云「言念君子，溫其如玉」(〈秦風・小戎〉)，比之與玉的和諧來表達。不過，這些和諧雖然最終可以感受自奏樂的音調、鳥鳴之聲、玉的形象、以及特定人格和處境等具體存在，但是卻並未在此之上繼續探究和諧究竟為何物。肯定和諧及憧憬於此的熱忱，此後與禮容的研習等互相影響、作用，並認識到構成和諧內部的異質的對立。視此對立者為兩端並闡明正是由此二者中間孕育出「和」之際，中庸的「和」這一表達始得以產生。

由是可知，「中」雖然被理解為由分析的理智作用所產生，然而亦離不開非理性的、情感的「和」，而理智的作用，並未進一步將「中」從現象和存在之中脫離出來而轉化為抽象的理念。中庸最明晰的邏輯表達，最終不過是就某特定狀態的「無過不及」、即不左不右的敘述，正說明了上述事實。因此，具體地思考無過或不及的狀態，遂認為其中間狀態也具備特定的形態，如「時中」一語所示，中庸所具有隨機應變的遵循屬性，即由於此。〈中庸〉在「庸德之行，庸言之謹」之後，有云：

> 君子素其位而行，⋯⋯素富貴，行乎富貴；素貧賤，行乎貧賤；素夷狄，行乎夷狄；素患難，行乎患難。(第十四章)

雖謂同樣說「中」，其具體形態則應當因時而有別，進而具象地思考「中」之事，由相關禮的論述，也可更加明瞭。前揭有關三年之喪的說明等即是如此。如果將《論語・鄉黨》所見孔子的日常生活及《左傳》所見外交禮儀中的禮容、禮儀學習，都視為禮學者所云旨在「中」者，那麼，這一「中」可謂是獲取和諧的最美好形態。

中庸概念的本質在於「中」與「和」相重疊之處，這意味著其兩端的中間形態，被視為是這一獲得和諧的美好形態顯現。「文質彬彬」的君子（〈雍也〉），「溫而厲」的孔子人格（〈述而〉），乃至「不剛不柔」的「優優」政治（〈商頌・長發〉），皆滿足了人們感性的形態。《春秋繁露》（〈循天之道〉第七十七）即謂「中者，天地之美，達理也」。[6] 中庸這一既是世俗的、具象的存在的倫理，又是美學的、感性的倫理，因而也與終極的功利主義、快樂主義相通。

倫理學上的功利主義，毋庸置疑，肯定那些對個體和群體帶來利益的行為。因此，亦可視為快樂主義的一種。中庸何以在倫理上被認可？如上文所見，這絕非因神性世界的命令使然。現實生活藉由維繫中庸得以圓融無礙，生活在取得平衡的和諧平安之中，是人所期待。這一狀態對於人生而言乃是快適與幸福，自不待言。原本其中顯然不將重點置於以追求快樂和利益作為人生唯一目標、價值，就此而言，必須將其與功利性快樂主義加以區分。但即使如此，也不能否認中庸倫理有此傾向。前引《春秋繁露》之後，又云：

> 《詩》云：「不剛不柔，布政優優。」此非中和之謂與！是故能以中和理天下者，其德大盛，能以中和養其身者，其壽極命。

文謂因實踐中庸，德盛而壽全。[7] 理性作用發現了「中」一文，

6　「中者，天地之美，達理也」，在「達理也」之前或有脫文。

7　此處當然不是說因為「其德大盛」、「其壽極命」就應當踐行中和，那只是由踐行中和而產生的自然結果。不過，這一與中和踐行相關連而對其效果的論述，仍然顯示出其功利性一面。中庸雖是儒家的

卻並未給予其以邏輯與哲學的解釋，而是返回並滿足於其本源的、非理性的「和」的世界；如同在禮容的研習和奏樂的陶醉等事實所展示，是感性而快樂的美之和諧的世界。中庸的倫理，被認為可以帶來處世的益處並給予心情以滿足。

由中庸概念的本質為中和的概念，為追求平常性的概念這一事實出發，而探究其概念所具倫理意義，即如上文所示，得以明確其作為世俗的感性倫理（weltlich, aesthetische Ethik）的特性。中庸的倫理立場，不止與中庸、更廣泛與古代中國普遍的倫理思想相關聯。儘管有必要去考察逐個的德目，此處則嘗試闡明善的意義究竟是如何被理解。既然諸種德目最終都被認為是善，因此，究明善之意義，也即揭示出這些德目所共通的重要一面。

二、關於善

（一）

首先，就「善」一文，《說文》有云：

> 善，吉也，从誩从羊。[8] 此與義、美同意。（卷三上．誩部）

此字的構成要素為「羊」，與義和美一樣；因而，其義也與二字義近。而《說文》釋「義」字，則以其為禮容威儀之「儀」，整理《說文》而流傳至今的南唐徐鉉亦云：「此與善同意，故

倫理，但與道家相通之處亦不少；《莊子．養生主》云：「為善無近名，為惡無近刑」，這亦是思考處世效果的中庸式思考方式。

8 善在秦篆作譱，許慎乃據其字形立說。

从羊」。段玉裁注謂：「義之本訓謂禮容各得其宜。禮容得宜則善矣。……義、善也，引申之訓也。」《詩》的《毛傳》、《禮記》的《釋文》，都有釋義者善也之例；而《爾雅》則如後文所述，以儀為善。[9]又《說文》雖釋「美」字為「甘也」，但仍謂「與善同意」，段注云：「五味之美皆曰甘，引伸之凡好皆謂之美」，又云：「凡美惡字可作此。《周禮》作媺，蓋其古文」，而肯定《說文》「媄，色好也」的解釋。以上所述正確與否雖是問題暫置不論，但可以知道的是，「美」字是用來表達「好」這一感性美好的文字。《論語》皇疏云：「美者，堪合當時之稱」；《老子》王弼注亦云：「美者，人心之所進樂也」，又云「美惡，猶喜怒也」；《荀子》楊倞注以美意為樂意。上述諸例都是表達感覺上的好、美的意思。又以美與善同意，如《論語》「里仁為美」的美，鄭玄即釋為善。此外，《儀禮．士喪禮》、《淮南子．修務》、《國語．晉語》（一及三）、《周禮．大司徒》注等，都有此例。

如上所述，善與義為威儀、美好諸字相同，而從字形上亦可見有悠久的本質聯繫，這對理解古代中國人如何理解善的意義，給予很大的啟示。善絕非彼岸的理想世界，而是與前述的中庸一樣，有著世俗的、具象的感性特性。即使義字本指禮容威儀的儀，也絕非僅此而已，仁義的義所示精神的意義亦為重要。「義，善也」，較諸段玉裁所云，更可視為是就此精神意義而言者。同樣，即使美字其本義與感性相關，亦非如此而已，亦有更為高尚的道德意味；《孟子》中「豈以仁義為不美也」

9　《詩．大雅．文王》「宣昭義問」句《毛傳》、《禮記．緇衣》「章善癉惡」句《釋文》所引皇侃說，都以義為善；《詩．周頌．我將》「儀式刑文王之典」句《毛傳》則以儀為善。又，《周禮．肆師》鄭注據故書以儀為義，鄭眾注讀義為儀，可知兩字古同為一字。

(〈公孫丑下〉),「道則高矣美矣」(〈盡心上〉)等所示以美為善,蓋即是此義。不過,要注意的是,義字也罷,美字也罷,其最初之義與感性的存在相關;即使用作精神意義,前義依舊作為重要內容而遺存其中。仁義的義誠然是精神,而處世之際卻依然留意於事物的差異,由此決定與之相應的合宜態度,而不離於具體性存在。[10] 北宮文子所釋威儀的「有儀而可象,謂之儀」(《左傳》襄公三十一年)之義,蓋仍然遺存其中。《孟子》以仁義為美,《論語》所謂「里仁為美」,誠然皆是就崇高的道德意義而言;而謂其為美,可以想見,這其中的仁義之狀態、安於仁的人之形象即使並不清晰,也必然擁有美好的形態。善字亦用作如此寬泛之義。

《論語》一書中,善有各種用法:有作為無倫理義的形容詞者,如「求善賈而沽諸」(〈子罕〉);或幾乎用作與美同義者,如「工欲善其事,必先利其器」(〈衞靈公〉)、「子與人歌而善」(〈述而〉)等;又有如「舉善而教不能」(〈為政〉)、「善人」、「善不善」等,用為倫理義者,更有「見善如不及」(〈季氏〉),用為高尚義之例者。不過,其中一貫之義仍然是給予世俗吾輩的心情以滿足的、具象的一種狀態。這不僅見於《論語》,而是一般的善的根本意義。

不過,在《論語》中,關於善與美,有需要倍加留意之文。〈八佾〉云:

> 子謂韶,盡美矣,又盡善也。謂武,盡美矣,未

10 有關仁義的義,請參看拙文《孟子研究——其思想的發展》(《孟子の研究——その思想の生い立ち》,《東北大學文學部研究年報》第1號〔1951年〕,本卷〔《金谷治中國思想論集》中卷之《儒家思想與道家思想》〕第一部之一)。

盡善也。

上文明確將感性的美和精神性的善加以區分。對此，皇疏說得最為明白：

> 美者，堪合當時之稱也。善者，理事不惡之名也。夫理事不惡，亦未必會合當時。會合當時亦未必事理不惡。故美善有殊也。

據此說，美給予人們感性的滿足，而善則建立在有別於此的獨立準則之上，[11] 這正是在皇侃的時代所能夠解釋的明確邏輯。如果這一解釋所傳達是《論語》的真意，那麼，上文所見善與美的緊密關係，將大為削弱。但是據上述《論語》之言，雖然可知區分善與美為獨立之物的重要意義，惟並未激進而至於皇侃所論美與善無關者。作為音樂批評而將美和善並論之說，反而更令人認識到二者的緊密聯繫，其解釋「武」所云「武，盡美矣，未盡善也」一句，也令人窺知美是善的前提條件。孔子雖然明確以倫理的善和單純感性上的美相區別，卻並非否定善所具有感性的美的特徵。

《爾雅・釋詁上》云：「儀、若、祥、淑、鮮、省、臧、嘉、令、類、綝、彀、攻、穀、介、徽，善也」，宋邢昺疏云：

> 皆謂美善也。儀者，形象之善也。若者，惠順之

11 關於「里仁為美」，鄭玄認為是「為善」，皇侃疏則謂「夫美未必善，故鄭深明居仁者里必是善也」，則皇疏在此沿用〈八佾〉之觀點。鄭玄並不認為美自身即為善，則此蓋為過於穿鑿的解釋，未得鄭意。

> 善也。祥者，李巡曰：福之善也。……淑者，有德之善也。……鮮者，清絜之善……臧者，功能之善也。……嘉者，美之善也。……攻者，堅緻之善。穀者，養生之善……介者，大善也。徽者，美善也。

上文所述善之義在實際中如何使用，郝懿行曾有詳細考證。[12] 據郝氏所云，邢昺所述分別之言或未必正確；但是其以美、善解釋總括整體的「善也」，並認為每個文字皆與有形象的現實生活相關的觀點，則正確無誤。此處不能一一詳述，僅舉數例為證：上述文字之中，儀如前所述與義為同字，祥與善、美、義同而皆從羊，嘉、令、徽等字皆可視為讀為美或善之字；則其中所具有的善之義究竟為何，大致可以想見。《說文》云：「善，吉也」，又云吉字「善也，从士口」（卷二上・口部），小徐本中徐鍇謂「口無擇言也」，可見其意本指善言，而引申為廣義的、一般的善。[13] 是以，與此吉字為互訓關係的善字，也以釋為「競言也」的誩字為構成要素，可知意義深遠。總之，可見善字原本作為某事物之長、之妙，而被視為具象之事。

(二)

關於善字，據字形和訓詁為中心所得其義，既如上文所述。下文將進一步考察倫理思想家如何理解善的意義。如前文所見，之所以有區分善和美的《論語》之言，是因為善並不僅是世俗的倫理，而且具有更高遠的形而上意義。在《論語》

12 郝懿行：《爾雅義疏》卷一。

13 徐灝：《說文解字注箋》。

中，即使作為相對高尚的倫理意義而具有目的性特徵的善，最終亦並未超越現實世界的善的狀態之義。就「見善如不及，見不善如探湯」(〈季氏〉)，「不善不能改，是吾憂也」(〈述而〉)等語所示，即可明白，此外則並無更多解釋善本身之言。

善本身的說明，首先令人想起的蓋《孟子》之言：「可欲之謂善」(〈盡心下〉)。此言如果僅取此觀，無疑是純粹的善本身的解釋，實則這是其弟子樂正子為善人之說明，亦即應將之視為言說人品之善。是以，可知朱熹所釋極為適當。朱熹釋此云：

> 天下之理，其善者必可欲，其惡者必可惡。其為人也，可欲而不可惡，則可謂善人矣。

此處成為「可欲」之人的「欲」，也可謂「好」。焦循《孟子正義》即云：「其人善則可好。」強調「可欲」、「可好」之「可」，則導致諸多複雜意義；朱熹特別以「天下之理」為其前奏，認為這是自然而必然地、所有人都「憧憬與鍾意」的人品。考察善的特徵之際，必須注意的是，即使退一百步，認為此義得到某超越者的認可，也需注意到這是從所欲或所好的主觀心情來論述人品（善人）。人品的善誠然本是具象的，但是也可以視為能給予心情上滿足與快感之物。

另一則著名的關於善的定義，見於《荀子》之言：

> 凡古今天下之所謂善者，正理平治也；所謂惡者，偏險悖亂也。是善惡之分也矣。(〈性惡〉)

荀子從「凡人之欲為善者，為性惡（內在無善）也」這一〈性惡〉篇立場出發，反《孟子》之道，視善為外在之物而給予客觀定義。但是，這一客觀的定義，是何等感性的具體性之詞，或「正理平治」或「偏險悖亂」，緊承其後而論述人性。因此，相比單純的社會狀態或具體的行為表達，而具有些許抽象而一般的意義，自不待言。儘管如此，仍顯示出是在不離於整齊、安定而平正狀態的現實中，來理解善。

此處必須考察所謂性善說之中善的意義。《孟子》所云「性善也」(〈滕文公上〉、〈告子上〉)，是從孔子重視人的內在良心、相信人性的觀點出發，直證地推導的結果。在孟子思想中毫無矛盾的性善思想，雖然認可追求美味、美色的感官慾望，視其為本性，但是卻強調如果僅僅依賴於此生而所得者，終將墮落為惡人；而真正稱之為性的高貴者，無論怎樣易於喪失，都是眾人所固有者：[14]

> 口之於味也，目之於色也，耳之於聲也，鼻之於臭也，四肢之於安佚也，性也，有命焉，君子不謂性也。仁之於父子也，義之於君臣也，禮之於賓主也，智之於賢者也，聖人之於天道也，命也，有性焉，君子不謂命也。(〈盡心下〉)

這表明孟子所謂的性，實則從多種、具體的氣質、性格之中，僅挑選出那些不為命所遮蔽、阻礙之物的結果。

性是這一關於具體氣質、性格之物，另一方面也與法則相關的、形而上規範的天命相連，這令人意識到其本身即具有某些形而上的特徵，此或即發展為〈中庸〉新本中所見「天命

14 有關性善說請參看前述拙著《孟子研究——其思想的發展》。

之謂性」思想。那麼，這一作為就其本性的、所謂目的概念的善，頗疑也具有絕對的形而上意義。不過，關於著名的四端說，如果考察性善說的論證如何進行，即可明確認識到這一善的特徵決不是絕對理想世界的觀念。孟子並未言說人之本性何以為善是因其與天命相一致的結果，我們本能地具有惻隱、羞惡、辭讓、是非之心，這些正是能夠臻至仁義禮智等最高的德之發端。有此四端就如同有四肢一樣，再低微之人也必然具備，而人的修養即謂要擴充與發展這四端者（〈公孫丑上〉）。四端者，必待擴充而能成仁義禮智，如「苟失其養，無物不消」（〈告子上〉）所云，是微而不顯的存在。因此，循此論證，我們的本性中只有能夠達到最高的德的萌芽要素，而絕非完全絕對的善。而藉由孝悌的實踐和內在或精神的擴充，強調不斷的修善，在孟子看來，原本也是其本意所在。從而，性善的善實際上不過指「心之向善傾向」而已。

綜上所見，善的文字使用也罷，思想家們對其的思考也罷，都將善理解為某種善的形式的、處在各種階段的具象之物；而作為善的事物給予人們心情的滿足，均不脫離其世俗的特性，如同古希臘將善（agathon）幾乎與善美（kalokagathia）用作同義詞一樣，認為其具有相當的感性與世俗的特性。然而，我們發現，在柏拉圖的《理想國》中，或將善比喻作給予萬物光芒的太陽而超越思維世界，描繪出善所具有的照亮理性與被思維對象之間關係的、崇高的超越性特徵。[15] 善的意識，由本來主觀與任意之物發展成為義務與客觀之物十分普遍。古代中國的思想家之間，雖然本來也能發現這一發展，最終卻並

15《理想國》卷六（據岡田正三譯：《柏拉圖全集》〔《プラトン全集》〕第 8 卷，頁 62）。

未將其理解為理念性概念。

（三）

在孟子的性善說中，更須注意的是，非常消極地闡述與善相對的惡。孟子認為，性善原本指與惡相對者，而相對於善的內在而本有，惡則外在而為後天之物。不過，與其認為惡是一種積極作用的事物自身的存在，不如謂其是善的倒退所形成的狀態。這是忘卻自己本心的所謂放心狀態，是恣意耳目之官等感性慾望所致的狀態（〈告子上〉等）。如前文所述，善被視為本是各種善的狀態，進而由這些狀態而漸失其善，遂為視作近於惡的狀態，終成為惡。正因如此，性雖善，而「存心」與「擴充」的修養工夫仍然必要，否則，「苟失其養，無物不消」（〈告子上〉），也終成惡人。因此，就這一善與惡的關係而言，與其說其作為互不相容而由表及裡相互鬥爭之物、本質上顯然懸絕的概念，毋寧可視為量的範疇上、階段性的、一系列連續性的概念。原本並非不考慮善與惡在質的方面的差異，然而就我們所理解，這些作為原本與價值觀念相關者，固然必須要從純粹的質的方面進行考察，同時還要注意從量的方面考察這一與存在相關者。認為其中並無區分價值和存在的思維作用，這顯示出試圖將意義、精神性事物也理解為具體、存在性事物的傾向。《荀子》用以說明善惡的正理平治和偏險悖亂之語，也可視為持這一觀點。

認識到將價值觀念與存在觀念相結合的思考——這一古代中國人的思維方式，也就能理解前文所述中庸相關考察所得其世俗、感性的倫理特徵，可視此為不止於中庸的、而是關於當時普遍倫理思想的重要傾向。這與嚴肅主義的倫理，完全相去甚遠。

在古代中國究竟是否認為相反的兩個事物最終形成兩極世界的嚴格對立？不容許中間概念存在的矛盾概念，是否果真如此嚴格規定？如《論語》中所云仁與不仁（〈里仁〉）、善與不善（〈述而〉）、賢與不賢（〈里仁〉）等，就名稱而言，毫無疑問是矛盾觀念，但是如「見賢思齊焉，見不賢而內自省也」所云，亦有不賢、非不賢而處於其中的中間之人存在；同時為這些處於其中間之人的修養之故，認為二者分別為具有其存在意義的等價值之物。其中，不賢相比起否定賢的概念，更用作與賢相反關係的愚之義，這是由於賢的概念，與其說是抽象與精神的意義，更多是指涉具體與存在的事物。這種思考，與「文質彬彬」、「子溫而厲，威而不猛，恭而安」所云中和的思想顯然有著深刻關係。即使意識到相對立的事物彼此異質性地對立，其內裡也預想了一個包攝二者在內的存在場域。由此，在成為溝通二者的橋樑、並取得均衡的居中者之間，遂浮現出發現理想觀點的中庸概念。

以上稍稍脫離中庸問題，討論了善的意思，以及與之關連的一般思考態度，由此闡明中庸所具有世俗的感性倫理的特徵，絕非中庸思想所特有。同時，藉此也能夠更清晰地理解作為中庸自身的倫理特徵。因而，再進一步，就必須也考察其與〈中庸〉新本中「誠」的關係：〈中庸〉新本以中庸概念的倫理價值之高深為問題，而截至此處尚未涉及這一資料的考察。

三、極、適中與誠

（一）

孔子讚歎中庸（〈雍也〉），自己也以中和的世界為理想，而強調「中」或「中庸」，卻並未明確將之付諸實踐，這是因為「中庸」一詞，以及此義的「中」一詞雖然首次明確出現於《論語》中，但是這些詞彙使用在《論語》中仍不甚普遍。鼓吹與高揚中庸的倫理價值的，是孔子之孫子思。〈中庸〉古本的部分是否為子思時代之作品雖也有疑問，但大體可視為傳述其思想之作，其中引用到孔子讚歎「中庸其至矣乎」，更言應「擇中庸」、「依中庸」、「守中庸」，強調中庸是必須選擇、遵循與堅守的倫理性實踐目標，如下文所云：

> 天下國家可均也，爵祿可辭也，白刃可蹈也，中庸不可能也。（第九章）

則謂作為實踐目標的中庸是至難之事。朱熹釋此文云：「（始之）三者難而（實則）易，中庸易而（實則）難」。三者確實是英雄豪傑的傑出行為，十分難為；然而相比起獲得和諧人格的中和的平常行為之難，必當無足為奇。又「人皆曰予知，擇乎中庸而不能期月守也」（第七章），仍然是說其實踐之難。

〈中庸〉古本之中，一面勸勉實踐中庸，一面又言其難行，其結局則彰顯出中庸作為倫理的高深。

雖然如「道不遠人」（第十三章）所云，道乃是平常之物，但是：

> 君子之道費而隱。夫婦之愚，可以與知焉，及其至也，雖聖人亦有所不知焉；夫婦之不肖，可以能行焉，及其至也，雖聖人亦有所不能焉。……君子之道，造端乎夫婦；及其至也，察乎天地。（第十二章）

據此，雖然道具有為眾人所皆知、所皆能行的平常，但是另一面也有誰都不能及的至高至深之境界，其不能及之境界絕非不同於平常，毋寧可視為恰孕育於平常。這也適用於上述關於中庸之文。

是以，首先藉由迫使其實踐並強調其實踐之難，從而彰顯中庸作為倫理價值之高深，最終將其定位於最高至極。「中」與「正」、「中」與「極」之間的緊密關聯，亦可以如此理解。

中字讀為正、正字讀為中的訓詁之例雖然不多，[16]「中正」又或「正中」之文則頻繁使用，毋寧視其為自明的訓詁之故。「中正」、「正中」的用例在《易》等文獻中所見甚多，如《禮記．樂記》「中正無邪，禮之質也」等所云，即易知曉中與正有相互重疊的意思，二字形成同一概念。《詩》：「商邑翼翼，四方之極」（〈商頌．殷武〉），鄭玄箋先云：「極，中也」，又謂：「商邑之禮俗翼翼然可則傚，乃四方之中正也」，再將中解作中正。顯然「中」與「正」之義極為相近。又「正」作為正常之義而與變奇相對，或作為平正之義與偏頗相對，亦十分有意思。如前所述，中庸是平常的倫理而孕育於不偏不倚，因此，就此也可知「中」和「正」相近。「中」和「正」相近，正是因為認識到取中庸的狀態直接就是正確而無邪惡的狀態之故；換言之，也可認為這表明中庸是合乎倫理準則之物。

然而，「中」與「極」的結合更為重要。「中」者極也之言，僅見於《春秋繁露．循天之道》第七十七：「中者，天地之太極也」；而用作倫理意義的「極」者中也的訓詁之例，則極為常見。《詩．衛風．氓》所云「士也罔極，二三其德」，有與德字相對應、持倫理意義的極字，而《毛傳》則訓為中。同樣，

16 《經籍纂詁》卷一援引《後漢書．陳寵傳》注云：「中，正也」，又卷八三援引《文選．東京賦》的薛注云：「正，中也」。

〈周頌・思文〉以「立我烝民，莫匪爾極」稱頌周之祖先后稷功業，而《毛傳》亦訓「極，中也」。又，〈大雅・民勞〉「無縱詭隨，以謹罔極」所云「罔極」，其上文作「無縱詭隨，以謹無良」，可見與無良同為倫理意義者。《毛傳》無釋，《鄭箋》則亦訓「極，中也」。此外，著名的《書・洪範》「皇極」等，雖是《偽孔傳》之讀，亦訓為中而大體無礙，而也多見於《周禮》、《淮南子》、《易》、《爾雅》等注中，可知以極為中是傳統而普遍的訓詁。[17]

極字，據《說文》所釋為「棟也，从木亟聲」（卷六上・木部），本義為房屋之棟，朱駿聲亦言，為「在屋之正中至高處」，由此可知其引申為一般的至高至遠的狀態，盡極之義同時，也引伸出中正之義。[18] 從而易於理解如《詩經》中所示，這一極字明確用為道德意義，顯示其作為一種最高的倫理價值。即使此處是否當如後世所釋訓為中仍有疑問，此處更重要的是，將具有卓絕、極品之義者訓為中這一事實，十分普遍。「中」本來指不走極端的居中，破除「極」的觀點，但上述以「中」與「極」相一致的理解，也許是因為將中庸視為具有最高的倫理價值之故。

對此，有意思的是亞里士多德的中庸。氏謂「『德』（arete）就其本質（ousia）或表達其終極本質的定義（logos）言之，是為中庸（mesotes）；反之，就最高性或『善』言之，則是一個極致」。尼古拉・哈特曼（Nicolai Hartmann）援引此文，謂：「此處明確闡述了德在一般為中庸（mesotes）的同

17 《尚書・洪範》：「次五曰：建用皇極。」《正義》曰：「皇，……極之為中，常訓也。」

18 參看朱駿聲《說文通訓定聲・頤部》，徐灝《說文解字注箋》。

時，亦為極致（雖然二者處於不同關係之中）之義」，[19] 指出德作為存在釋為中庸（mesotes），而作為價值則釋為極致。本來中國的古典中，並沒有文獻這樣明確區分存在與價值；毋寧如前文所述多將二者混合其中考察，而這也成為解釋「極，中也」的訓詁的關鍵之一。既然價值與存在並未加以區分，那麼「極」相比原本純粹抽象的價值概念，理解為關於具象的、屋頂般金字塔形式的頂端更為合宜。這樣，也就能夠理解所謂「中」的神髓所在。中庸的「中」並非線性的中間，而是相當於具有和諧結構性的中和概念，即如上文所述，這無疑正與所論「極」的形象相類似。總之，將極釋為中的本質中，可見中庸作為倫理的價值之高。

（二）

上文謂具有世俗、感性特徵的中庸倫理，其價值得到提高，而最終未能摒棄這一特徵而徑以此成為至上的善。

「中」字另有適中一義，前文尚未涉及；而考察中庸作為倫理的意義，也須對此加以討論。

檢閱《論語》，〈先進〉云：「夫人不言，言必有中」，是一旦開口發言，必言語適度而切中肯綮；〈微子〉云：「言中倫，行中慮」，也以適中為最合宜者。可知上述表達都是與理性判斷相關者，其中倫理的意味亦顯而易見。此「中」也作「中禮」（《孟子・盡心下》）或「中道」（〈中庸〉新本），或「刑罰不中」（《論語・子路》）等，顯然也揭示出明確的對象，那

19 Nicolai Hartman: Ethik-Aristotelische Tugenden. 亞里士多德說參看《尼各馬可倫理學》（《ニコマコス倫理学》，東京：河出書房，1954 年）第二卷六章一一〇七 a 六，高田三郎譯文，頁 81。

麼「中」當然也是有為而發。即使如「言必有中」、「億則屢中」（〈先進〉）所云。儘管並未明示對象，但是亦有其目的所在，似乎也可謂與前者所述正相吻合。從而，這一「中」與本文前面所論中庸的「中」，雖然同是倫理概念，但是多少意思或有相違之處。中庸的「中」是兩端之間的和諧之義，有著遵循屬性或融通屬性，而適中的「中」則令人感到如矢中的般進退維谷之緊張，兩者的關係究竟如何？

「中」字有「中間」和「切中」兩義，今日亦以平聲、去聲相區分，而甲骨文中所見「中」的字形也大致分為兩種，頗疑二者本來即作為兩種概念而有意識加以區分，但是甲骨文中兩種字形未必與此兩概念相適合。羅振玉氏考證其用例，結果表明中字可別用作中正和伯、仲、叔的仲二義，卻與「切中」之義無涉。[20] 丁山氏則認為「中」字最初之義即「切中」，中正等義乃由後此派生者，中庸的「中」亦因得刑罰之適中而來。[21] 丁山氏之說，舉證有《書．呂刑》中「刑之中」一文，又牧殷與叔夷鐘銘有「中」字與刑罰有關（切中的中）；更就其字形，丁氏從朱駿聲射侯之象的說法，並舉《儀禮．鄉射禮》中射箭時在侯之前立旗的記載，謂「中」字即象此旌旗，此為「中」之原本之義，其說甚巧。

字形解釋暫置不論，如就用例而言，筆者實不能苟同丁山氏之說。甲骨文和金文所見「中」字，大部分確如羅振玉所述，尤其「中人」（前篇卷三、卅一，葉玉森云宮內小人）、「中

20 羅振玉《殷虛書契考釋》「中」條。其說為其弟子商承祚《甲骨文篇》及葉玉森《殷虛書契前編集釋》所繼承，然顧實〈釋中史〉等則反對其說。

21 丁山：〈刑中與中庸〉（《慶祝蔡元培先生六十五歲論文集》下冊所收）。

立」（前篇卷七、廿二）、「立中人」（《殷契佚存》二五二）等，以及壓倒性眾多之例的「中廷」所示，以「裡面」、「中間」之義為核心。在丁山所舉資料之中，牧𣪘的「不中」是否即「沒有切中」之義仍有疑竇，《書經・呂刑》的成書年代亦甚晚，遂僅存叔夷鐘；而據此孤證來論述「中」字原義，實難令人信服。再就文獻而言，《詩經》中無解作「切中」之「中」字，即使在《論語》中的用例，也僅限於其後半所謂下論之中。慮及下論比上論成立時間較晚，那麼，僅見於下論這一事實似也並非無意義。這樣看來，從「中」字的用例來看，「切中」的意思更像是後起之義。「中間」與「切中」二者的出現先後之遽定固未為安，從用例看來，筆者以為先有「裡」、「中間」的意思，然後從中產生出中的的「切中」之意。

不過，這裡必須注意的是，「中」所具「切中」之義的思想之中，有著尋求以某事物為目的的嚴肅效果。中庸作為倫理價值的不斷提高，也即其倫理性目的之意義不斷深化。從而，此處「中」字「切中」之義的思考，徑可視為與中庸倫理的提升相關者。「中」所具「切中」之義，對於作為中和的倫理、平常的倫理之中庸，起到促進其倫理性提升之作用。

（三）

在〈中庸〉新本中，中庸一詞僅見「極高明而道中庸」（第二十七章）一條。因此，毋寧謂新本以論說誠為主旨，此明確為眾所周知者。就此誠，如朱熹所云：「中是道理之模樣，誠是道理之實處，中即誠矣」（《語類》卷六二），一般以此為中庸的根源，而視此與中庸並非二物。當然，這樣的理解，是基於二者同在〈中庸〉篇之中所述的事實，並非無由。

> 喜怒哀樂之未發，謂之中；發而皆中節，謂之和。中也者，天下之大本也；和也者，天下之達道也。（首章）
>
> 唯天下至誠，為能經綸天下之大經，立天下之大本，知天地之化育。夫焉有所倚。（第三十二章）

上引二文也都可視為誠與中關係的論述。然而，若云有誠即能實現中庸，或中庸的實踐乃由於誠，則是伴隨中庸倫理意義的深入，將中庸問題轉化為誠問題所導致結果。以誠心為中心的倫理，原本是與中庸不相關涉而發展的理論。

德字的原初字形最初所表達的是「省心」的意思；[22] 如此說來，從倫理的立場出發而以心為問題，其事當始自遠古。這一傳統使得人內心高貴特質得以發現，此即忠字所示「真心」。忠字不見於《詩經》或《書經》中年代較早的部分，其始見之文獻，乃是《論語》。孔子之道，其弟子曾子理解為忠恕而已，是扎根於內心之誠的心情倫理。到了《孟子》，誠字始用作道德原理；至於〈中庸〉新本，則成為貫通形而上的宇宙原理的最高終極之德：

> 誠者，天之道也；誠之者，人之道也。誠者不勉而中，不思而得，從容中道，聖人也。誠之者，擇善而固執之者也。（第二十章）

如上文所示，其中大體分別天的世界和人的世界；相比之下，誠是天之道而為聖人之德，以此誠為目標而努力實現

22 郭沫若〈周彝中之傳統思想考〉三之道德思想（《金文叢攷》所收）。

之，則是一般人所勉力為之者。而如「唯天下至誠，為能盡其性；能盡其性，則能盡人之性；能盡人之性，則能盡物之性；能盡物之性，則可以贊天地之化育」（第二十二章）所言，可見與宇宙運行原理相結合的、誠的超越性特質，而與誠相對的「誠之」一文，明確表現出作為倫理目的的崇高意義。

此誠，即使以之為中庸的基礎，也是與中庸根本不同的倫理，其並非產生於作為中庸倫理之歸結者，而是別有其獨自傳統的倫理。兩者所以得以結合，自其內部而言，以中庸倫理的提高為重要原因；就其外部而言，由於「中」與忠字得以通用之故。以喜怒哀樂的感情尚未觸發的平靜狀態為中，正與上文「天命之謂性」相應，而必為「忠」之義。而繼之的「發而皆中節謂之和」，所云更是中庸的本義，與「率性之道」相呼應。是以，首章之文也可視為正是論述真心及作為真心發露的中庸二者之間關係；而在偶爾以「中」字假借應作「忠」字之處，可以理解為作者將中庸的倫理與誠的倫理相結合的、外部的某種理由。如前所述，中庸漸次增加和提升其倫理性價值，以至其極，遂超越中庸本身而與誠的倫理相結合，藉由獲得其形而上世界的基礎，佔據穩固地位。中庸所具本質的世俗、感性的特質，並未因此有任何改變。中庸倫理所具上述的特質未曾消失，而徑以此形式成為終極之論，立足於形而上的基礎之上。所謂超越中庸，實際正是從中庸的問題轉移至其他問題。

結論

中庸作為中和、平常的倫理，其世俗的、感性的倫理（weltlich, aesthetische Ethik）的特徵十分明顯。其持續不斷地關注現實，立足於現實與處世的立場而與日常事態做相應之思考，從而，可以認為其不斷地企及某種效果。同時，又以取得均衡的美之和諧姿態訴諸感覺，從而給予我們以快感。中庸為難及的至難之物，是具有最高、終極價值的倫理；然而卻並未揚棄這一特徵，而成為脫離存在的純粹概念。這一倫理，以嚴肅主義的倫理視之，固然甚至是完全連名不副實都不足稱者。然而，我們仍然發現其中有值得學習的一些內容。中庸誠然是曖昧的倫理：即使謂之不至極端而得宜的中間，其極端與中間的區分亦不嚴格；即使是取得和諧的狀態或合乎時宜的態度，實踐中依舊或陷入迷惘無從，而導致這一迷惘的，可視為是我們自身的道德感貧乏所致。這一藉由敏銳感覺而來的直觀，在其中發揮了積極的作用。以美之和諧為目標的感性倫理，或許正如這藝術世界中的事物，要求這一感覺不斷簡潔、精煉。在樸素的古代世界，則以道德為切身之物，而對此有著敏銳的感覺依舊頑強地存在。

尤有甚者，還必須注意的是，感性的倫理不僅不否定一般的人性，反而對其加以肯定。大凡既然是倫理，都必是為人服務，但是從結果而言，往往看到其或孕育著否定人性的危險性，或是始自否定自然人欲的倫理。中庸的倫理作為世俗、感性的倫理，則始自對現實中真實的人加以肯定，以及對此感覺的信任。這其中不僅不否定自然慾望，更將理想處境理解為合意、感覺舒暢之物，而真實地准諸日常性而尋求人生理想之貌與現實生活的快適。中庸作為倫理固然有其界限，但是相比輕易地順從神的意旨而求其道德基礎於超越者的權威立場，毋寧這一根植於現實生活中人之欲求的立場，更能使人獲取新的啟示。

關於中庸思想的現代意義，容今後再做探討。若蒙諸賢賜教，喜不自勝。

心中之心——中國古代心理學説的展開 *

金谷治

* 譯案：原文刊於《追手門學院大學創立二十週年記念論集·文學部編》（1987 年）；後收錄於氏著：《金谷治中國思想論集》（東京：平河出版社，1997 年）上卷《中國古代的自然觀與人間觀》（《中国古代の自然観と人間観》）。

《管子》有言曰「心之中又有心」，類似話語還有「心以藏心」、「彼心之心」等表達，迄今為止尚未為人所注目，但是如此明確地表明「心中之心」這一概念，在其他文獻中罕有其例。本文檢討這句話的意義內容，玩味其在思想史中所佔據的地位，並嘗試揭示出中國古代心理學說的一個發展面相。

《管子》全書以現實性富國強兵相關的政治經濟思想為主要內容，論說「心」的文句並不多見。而〈心術上‧下〉與〈內業〉等三篇以及〈形勢〉、〈勢〉、〈九守〉等篇之中的哲學思想則支撐起《管子》全書，尤其前三篇中展示出關於「心」的獨特思想。[1] 前文援引之句也重複見於〈心術下〉和〈內業〉篇，此處先從〈心術上〉的「心」開始加以論述。

〈心術上〉篇開篇云：

> **心之在體，君之位也。九竅之有職，官之分也。心處其道，九竅循理。**

1 〈心術〉等三篇加上〈白心〉篇，這四篇在《管子》中別具特色，自古以來即受到注目。近年劉節、郭沫若等人指出，此〈管子四篇〉實為宋鈃、尹文遺著而混入《管子》者。此學說雖負盛名而憑據甚弱，尤其與其認為此四篇為其他學派之作而橫加割捨，不如視之為維繫《管子》全書基礎的哲學思想而同為管仲學派之書更勝。詳參拙著：《管子的研究》（《管子の研究》，東京：岩波書店，1987 年）。

九竅指眼耳口鼻等感覺器官，將其喻作官職的分工，各負責視覺、聽覺等職責；「心」則處於君主之位，表明其優於九竅的立場。文中所言「君之位」、「官之分」明確地顯示出二者之間的差異。另一方面，如「心處其道，九竅循理」所言，認為「心」的優越性乃是「心控制感覺器官的作用」。此外，「心術者，無為而制［御］竅者也」所指也是一樣，只是這種控制與駕馭狀況稍為特別。據各篇行文皆附以「心處其道」、「無為」等條件，「心」的維繫方法與作用之形式必須遵循道而無為自然。〈九守〉篇云：「心不為九竅，九竅治；君不為五官，五官治」，明確表達出這一內容。雖然兩篇相隔甚遠，但是〈九守〉之文當然與〈心術上〉文字關係匪淺。不為有意為之者，是其所尋求。

對「心」尤加重視並深入考察的，實則以儒家的孟子為顯著。相比禮的形式，孔子更重視禮的精神，[2] 但是如「隨心所欲不踰矩」(《論語‧為政》)、「回也，其心三月不違仁」(〈雍也〉)等所云，僅表現出一般性普遍常識的「心」，而未對「心」本身的性質加以反省性深刻考察。至孟子則對「心」的作用加以分析。孟子認為，一方面心是為感覺所觸動之慾望的主體，同時也有著統率感覺的主宰者特徵；更將其與作為應當發展為仁義禮智四德「四端之心」的善之本性相連。孟子的修養論——少欲而謹守之、培育作為「四端之心」的「本心」(存心)，即因此之故。總而言之，孟子的道德論尤為強調「心」。而其中相對感官的主宰者特徵之說，則與前揭〈心術上〉篇的觀點相近。

2 《論語‧陽貨》篇：「禮云禮云，玉帛云乎哉？樂云樂云，鐘鼓云乎哉？」

孟子云：「從其大體（本心）為大人，從其小體（感官）為小人。」何以能夠區分出這一大人與小人？「耳目之官（感官）不思而蔽於物。……心之官則思。思則得之，不思則不得也。」（《孟子．告子上》篇）這一文字謂心有思考判斷，而遵從一定的道義標準，於是甄別耳目所接受的事物，能夠統御之使不至沉迷而流泆。不過，此處「心之官」以「心」與耳目相同，也為官之一。在這點上，相比之下，更晚的荀子所云「心者形之君也」（《荀子．解蔽》篇）更接近《管子》的觀點。荀子之說容後文再述。孟子特別加以區分的「四端之心」，當然是最為高貴的「心」；但是孟子並沒有邏輯清晰地闡明此「心」與涉及慾望的、普通的「心」之間的關係。雖然兩者都是天生之「心」（「此天之所與我者」，〈告子上〉篇），但是，在孟子的主觀概念裡，認定只有前者屬本心，而據其為性善說之基礎（〈盡心下〉篇口之於味章）。這是從道義立場出發的孟子之先決條件。[3]

回到前文〈心術上〉篇。若「心」遵循道則九竅之用也可得正常；承此，「心」若「嗜欲充盈」[4]，則將陷入「目不見色，耳不聞聲」。即「心」處於違道之境。因此，如果想挽救這種情況，當然就必須回歸道的立場上。是以必須效法天之虛及地

3　關於孟子心性說，參看拙著：《孟子》（東京：岩波新書，1966 年）第五章，頁 110–128。又，黑田亮：《支那心理思想史》（篠山：小山書店，1948 年）及栗田直躬：《中國上代思想研究》（《中國上代思想の研究》，東京：岩波書店，1949 年）一書中的〈「心」與「神」——在上代支那典藉之中〉（「心」と「神」——上代シナの典籍について），皆有詳論；二書雖皆未言及《管子》，但作為普通心理學說著作使人獲益良多。

4　「盈」本作「益」，此處從王念孫說改。下文從郭沫若等《管子集校》（1956 年）說而改動者，皆加底線以作標識。

之靜，而使「心」處於無嗜欲的虛靜狀態。「心」若虛靜，則有「神」或「神明」受其感召降臨，並駐足於此：

> 動則失位，靜乃自得。
> 虛其欲，神將入［心而］舍。
> 掃除不潔，神不留處。
> 潔其宮（心），開其門（耳目），去私。
> 毋言，神明若存。[5]

無言多言，這一「神」或「神明」入其「心」而駐足的狀態，就是與前文「心處其道」的狀態相近者。從而「心術」之篇名，就是指這一「心之思考以及使之作用的方法」。也就是說，為了「神」能夠駐足並降臨於「心」，而調整「心」的狀態，從而達到「無求之也，故能虛無」，憧憬「恬愉無為，去智與故」、「其處也若無知，其應物也若偶（遇）之」的實踐，總括之可歸結於「靜因之道也」。

至此，〈心術上〉的前半「經」的部分結束；以下的後半部分則是逐字逐句解釋「經」之「解」。這一解說當然給「經」加入新的擴展內容，其中與「心」相關的嶄新內容即如下文討論所示。

首先，就前述「經」之「潔其宮」一文，以其「宮」所指為「心」，並解釋云：「心也者，智之舍也。故曰宮」；而所謂「潔之者」就是「去好過（惡）也」之意。也就是說，視好惡的作用為心所寓之智的作用，而認為「去好過」與臻至「去

5　譯案：括號中內容均為作者日譯時補充內容，今皆予以保留。下同。

智」、「無知」者相連。因此，《管子》也承認，作為普通的一般狀態，「心」寓智於內而為好惡所改變。是以，如「經」所言，必須虛靜而守靜因之道。關於虛與因，「解」詳加解釋云：

> [於心中] 去知則奚率求矣，無藏 [虛心] 則奚設矣。無求無設則無慮，無慮則反覆虛矣。
>
> 虛者萬物之始也。
>
> 無為之道因也。因也者，無益無損 [循之] 也。……因也者，舍己而以 [外界之事] 物為法 [循之] 者也。

是皆以「心」的理想狀態為目標。值得注意的是，以「虛」為無藏之空、萬物之始，並強調無為之因循。〈心術上〉的「心」，藉「經」和「解」所示的內容大致如此。

下文移至〈心術下〉及被視為其別傳的〈內業〉篇。這兩篇雖然誠然依舊強調「心」，但是不用〈心術上〉篇中所使用「虛」和「因」之語，取而代之的是強調「正靜」、「正平」等。通過「修心」、「安心」、「治心」而求獲得「正心」、「定心」。具體的做法為：「無以 [外] 物亂 [感] 官，毋以 [感] 官亂心，此之謂內德」，即所謂獲得「內德」；與之相關，還必須「專於意，一於心」。除此之外，還要不流於「憂樂喜怒欲利」之情感而避免偏「私」。換言之，〈心術下〉和〈內業〉篇陳說直接修正「心」本身之事。

言及正「心」的內容，也見於〈版法解〉篇。〈版法〉篇「經言」有言「正彼天植」，而〈版法解〉對其加以說明曰：「天植者心也」。若天植（心）為正，則無偏私。所謂「天植正」，謂「虛氣平心，乃去怒喜」，與前述〈心術下〉所言相似。此外，或謂〈九守〉篇對於「心」和九竅的關係頗近於〈心術上〉的觀點，如云「虛心平意，以待（備）傾」，而以「神明之德，正靜其（之）極」為理想。此處所謂「虛心」亦如他章中「以天下之心慮，則無不知也」所云：意為捨去個人偏私之情；依然強調「心」本身應有的狀態。

不過，就直接修正「心」而言，其看似與《孟子》守護與培育「本心」的「存心」相近，實則絕非如此。因為〈心術下〉和〈內業〉篇中，在言說「正心」與「治心」的同時，還有主張「心中之心」，並別有論述所謂與「心」相關意義的氣或精氣的存在。《孟子》的修養論主張，「心」是生來便有的「四端之心」，為避免本心受慾望所惑而放漫（放心）則須「存心」。雖然〈心術下〉篇誠然也有「毋以［感］官亂心」之語，近於《孟子》之論，但是其下文緊接「氣者身之充（盈）也，……充不美，則心不得」之句，又重視「精氣之極」，認為另有優越於普通的一般之「心」，而所謂「心之中又有心」的心中之心，就是指其優越者。

〈內業〉篇更加清晰地論述了這一關係。〈內業〉篇的內容，部分與前文所述〈心術下〉篇內容相重疊，又有部分承繼〈心術上〉篇而來。讀通全篇，則可知〈心術上〉中意義重大的「神」或「神明」，此篇則明稱之「精」、「靈氣」或「道」。

> 有神自在身，一往一來，莫之能思。失之必亂，得之必治。敬［掃］除其舍（心），精［氣］將自來。
>
> 凡道無所。善心安愛。心靜氣理，道乃可止。
>
> 靈氣在心，一來一逝。
>
> 其細（小）無內，其大無外。……心能執靜，道將自定。

此處所見「神」、「精」、「道」、「靈氣」等本質上都指同一事物，而與〈心術上〉的「神」或「神明」相通。這點已為馮友蘭氏指出。[6]〈心術上〉篇中所言虛其「心」而「神」遂入其內而停駐云云；〈內業〉篇中則以「氣」詳加說明。此處「心」遂形成二重結構，即形成了孕育「心中之心」概念的基石。

此處的人之「心」，如「舍」與「官」等詞彙所表達，是一種容器。為避免這一容器為惡者所破壞於是去其惡者而使之虛空，或為避免其傾斜動搖而置於平正穩定狀態，從而善者才能入其內而駐其中。前揭〈內業〉篇中的「神」或「精」將「自來」，就是繼承這一思路而強調心中之心。

> 心以藏心。心之中又有心焉。彼心之心，[7]意以先言……使然後治。……精存自生，其外安榮，內藏以為泉原……

由此可見，心中之心明確與「精」、「神」相通。

總體而言，先秦文獻中的「神」，如栗田直躬教授所說大略有四義：[8]古時指①作為祭祀對象的超驗者，後來，從超驗者的卓越特質轉指②普通的神秘作用，再變成③形容這種作用與能力的形容詞，最後指④人類心靈之物。儒家文獻中並不多見，《孟子》所見的是第三義，至《荀子》始見第四種意義。如《荀子．解蔽》篇說「心者形之君也」之後，繼言「而神明之主也」，就是一例。不過，上文以「神明」與「心」有別，

6　參看馮友蘭：〈先秦道家所謂道底物質性〉，《中國哲學史論文集》（1958年），頁135。

7　舊注：謂心中所藏之心。

8　栗田直躬，參前揭注3氏著。

同時亦使「神明」從屬於「心」，明確表達出「心」之理性活動的一面。「神」或「神明」用為第四種意思多見於道家文獻，尤以《莊子》中為多見。而其「神」超越普通而一般的「心」，是具有更卓越機能的崇高存在。相關例子多不勝數，例如《莊子．在宥》篇云：

> **目無所見，耳無所聞，心無所知，[則] 女神將守形 [體]，形乃長生。**

認為「神」具有出色機能，超越耳目和心的作用。

又如〈刻意〉篇中：

> **精神四 [方] 達並流，無所不極。上際於天，下蟠於地，化育萬物，不可為象。**

認為這一崇高與宇宙的廣闊同在。

為何道家如此推崇心靈意義上的「神」？這是因為道家一般對「心」的作用持否定態度。《老子》云：「虛其心，實其腹」（第三章），《莊子》則除去使心「如死灰」之外（〈齊物論〉篇），更以無知、無欲、無心為理想。因為一般的「心」只會為世俗慾望所誘惑，難以進入理想的「道」的世界。因此，在這一世間庸俗的「心」之外，遂構想出一個能夠實現更崇高理想作用的、洞察事物真相的心靈之物。這就是所謂超越「心」的「神」、「神明」或「精神」。

因此，荀子以「心」為「形之君」，又言其為「神明之主」，這是因為他在受到道家思想影響的同時，更將其納入儒家式以「心」為中心的體系之中。《荀子．解蔽》篇中，為獲得真實的認識而期待「虛壹而靜」之「心」的狀態；雖是道家之言，但其中的「虛」非無藏之虛空，「靜」亦非不動之寂滅，而轉化為儒家的意思。相較之下，《管子》不論虛靜還是「神明」，其意義都與道家的立場更為接近。不過，云「心安，是國安也。心治，是國治也。……治心，在於中，治言出於口，治事加於民」（〈心術下〉篇），如前所述，這是重視「心」本身而主張應想方設法對其加以修正，證明其並不是一味對「心」加以否定；其中又有與道家不同之處。

作為《管子》特徵最為顯著者，乃是被稱為「神」、「精」，又或是所謂「道」的崇高之物的性質。如所謂「靈氣」或「精也者，氣之精者也」（〈內業〉篇）所示，是氣屬之物。又云：「凡人之生也，天出其精，地出其形。合此以為人」（〈內業〉篇），似以這一崇高之物乃生而自有，但是從其作為「氣」的性質自然就可以預想到，實則其「一往一來」而「自來」、「入舍」，本來並不穩定。唯有藉由使其安定且「留處」於「心」中，人才能得以完全。即其並非僅是與人之「心」相連接之物，而是本來就遍布廣闊的宇宙而流動不息。

〈內業〉篇又云：

> 凡物之精，化則為生。下生五穀，上為列星。流於天地之間，謂之鬼神，藏於胸中，謂之聖人。
>
> 夫道者所以充形也，而人不能固。
>
> 其往不復，其來不舍。……卒乎乃在於心。

〈心術上〉篇雖然不見「氣」，但是下文則與〈內業〉篇相仿：

> 道在天地之間也，其大無外，其小無內。……唯

> **聖人得處道。**[9]

「道」當然就是藉由去私欲而與「入舍」之「神」相通者，自不待言。〈樞言〉篇又云：

> **道之在天者，日也，其在人者，心也。**

也是同樣的思想。[10] 認為宿於「心」的崇高者也是與宇宙性擴展有關的存在，恰提供合理邏輯的根據，使其與通常一般的個人的、私人的「心」相區分開來。所謂的心中之心，換言之就是宇宙之精神。

正如許多研究者所指出，這一崇高之物——遍布宇宙且深入人心，並使得人們理想狀態得以實現——的存在，也與《莊子》中部分內容相類似。〈人間世〉篇第一部分就「心齋」有如下說明：

> **若一志，無聽之以耳，而聽之以心。[更] 無聽之以心，而聽之以氣……氣也者，虛而待物者也。唯道集虛。虛者，心齋也。**

又云：

9　譯案：「處道」諸本作「虛道」，疑誤。

10　馮友蘭在〈先秦道家三派的自然觀的異同〉（《中國哲學史論文二集》〔1962 年〕，頁 253 起）一文中，繼承侯外廬《中國思想通史》說，認為〈內業〉篇之「道」是「氣」，嚴格來說是「精」，視之為《管子》一派的特色。

> 瞻彼闋（空）者，虛室生白，吉祥止止。……夫徇耳目內通，而外於心知，鬼神將來舍，而況人乎。

上文所云使心為潔齋指虛其心而使「道」止於此，鬼神降臨而吉祥乃至，與〈心術〉、〈內業〉篇所云十分相似。〈知北遊〉篇第三則對話云：「攝汝知，一汝度（心），神將來舍」，也與此相同。《莊子》謂「神」或「道」等崇高者具有流動之「氣」的特徵，可謂與《管子》正相同。

不過，上述內容在《莊子》中實屬異例。《莊子》之「道雖然」一般有「無所不在」的遍布屬性，又以「知道」、「安道」、「得道」等為問題；但是，此「道」的體得儘管與藉由忘我所導致的「道」相冥合，卻並非如〈內業〉篇所云，是將「道」攝取至人內心而使其駐足。毋寧，同樣〈知北遊〉篇「精神生于道，形［體］本生于精」所言，「道」相比「精神」更為根本而吸引人。《管子》謂攝取「神」與「精」、甚至「道」而至於「心」中，並以「心之中又有心」明確說明。作為關於「心」的學說，這可以說是劃時代的思想。

心為潔齋而使「神」入舍其中，如同馮友蘭氏所舉《國語・楚語下》中巫覡之事所云，[11] 或確是古老宗教式神明降臨的思想餘武；又或是如聞一多與赤塚忠所說，也可認為是以宗教性神秘體驗為前身或範本。[12] 不過，這一神秘思想逐漸被加以合理解

---

11 參看前揭注 6 馮友蘭文，頁 130。〈楚語下〉中觀射父說「古者民神不雜」，「民」之中特別聰明智慧的人「則神明降之，在男曰覡，在女曰巫」，馮文舉此並指出，這一宗教思想之殘餘也見於《管子》此篇。只是，《管子》中這一思想轉化為「精氣」說的唯物論思想。

12 參看聞一多：〈道教的精神〉，《神話與詩》（1956 年）；赤塚忠：〈古代信仰體驗與道家的思辨法〉（〈古代の信仰体験と道家の思弁法〉，《斯文》第 35 號（1963 年）。

釋，而與「氣」的思想相結合。「氣」是遍布且流動於宇宙間、賦予萬物生命之物。《管子．樞言》篇云：「有氣則生，無氣則死。生者以其氣」，與《莊子．知北遊》篇「人之生，氣之聚也。聚則為生，散則為死」所言相同；蓋為自古相傳的思想。而《管子》之「氣」也區分「善氣」與「惡氣」（〈心術下〉篇），並有作為「氣之精者」的「精」或「靈氣」（〈內業〉篇），這就作為「神」或「神明」的合理解釋而與神入舍心齋說相結合。此處清晰而合理地闡述了宇宙之精靈或世界之根源的內在化，「心中之心」概念即如此形成。

那麼，這是何時發生的事？首先，關於〈心術〉與〈內業〉篇的成書時期，必須作整體而多方面的考察。概述之，則〈心術上〉篇尚未明確形成關於氣的思想，特別是「經」的部分大率為韻文，而為「解」逐句逐字所解釋，是為相對最早成立的內容，而包括「解」部分在內，通篇〈心術上〉的政治思想有所謂「道法折衷」的思想，必須將其與新出土的古佚書《經法》等四篇之間的關係一並考察。筆者認為，這一道法思想的起源與曾在齊國稷下的慎到有關。[13] 誠如此，則〈心術上〉篇的成篇理應不至於約公元前三百年以前，而〈心術下〉和〈內業〉篇中有類似的文章，因此當是同時期的作品。通常認為以氣為主體的養生思想是〈內業〉篇的特色，這一內容與《呂氏春秋．貴生》篇所見多種養生思想相比，似稍為早出；就此而言，這些篇章的成書時期可認為是在早於《呂氏春秋》的戰國末期。要之，〈心術下〉和〈內業〉篇雖非同時而有先後之別，但大致在戰國中期之末至戰國末期之間成書。這一成書時代結論，

13 參看本論文集（《金谷治中國思想論集》）中卷第三部之三〈先秦法家思想的展開〉（〈先秦における法思想の展開〉）。

即使從與前揭所論「心」及「神」的道家思想之間的關係，以及與氣的思想發展之間的關係而言，都可以接受。

論述至此，令人想起在秦漢之際成書的〈中庸〉之「誠」的哲學思想。〈中庸〉開篇有名言曰：「天命之謂性，率性之謂道，修道之謂教」，明確闡述所謂道義乃遵循本性之物，而本性作為天命，乃是天所賦予者。其文後半強調作為「天之道」的「誠」之德，闡明這正是作為天命的本性，亦即以我們內心的崇高道義之本性為「誠」，藉由將其歸於根源性至高的天，而強調其在倫理上價值的絕對性；反言之，即天命的內在化，將稱為「誠」的「天之道」汲取為人的「本性」，亦即「心中之心」。

《論語》與《孟子》中所見天命指命運，作為不從人願之物，有著強烈的、迫於外人的外在性質。至〈中庸〉則一變為道義性的人之本性，理解為內在者。[14]〈中庸〉「誠者，天之道也；誠之者（誠之德於世間實現），人之道也」一文，在《孟子．離婁上》中也有大體相同記載（「誠之」作「思誠」）。然而，《孟子》中尚未見對「誠」之內在性、或就「誠」與心性間關係的清晰思考。〈中庸〉認為其為人之本性的「誠」，是內在性的，且「誠」之用如同與鬼神之德相比肩般甚為微妙，不僅成就自我也成就萬物，乃是贊天地之化育者。本性之誠無疑作為天命是從外而內之物，因而其作用仍是溝通天人的宇宙性

14 拙稿〈關於孔、孟的「命」〉（〈孔、孟の「命」について〉），《日本中國學會報》第 8 集（1956 年）；後收錄於《死與命運——中國古代的思索》（《死と運命——中国古代の思索》，1986 年），有相關論證。又，關於〈中庸〉的誠在思想史上的意義，拙著《秦漢思想史研究》（東京：日本學術振興會，1960 年）第四章第一節「中庸新本」條下有詳論。

擴展。

人的本性是道德的，同時也為天所維繫，這一思想確實也見於《論語》或《孟子》，是儒家的傳統。《論語》中罕言本性，卻也云「天生德於予」，強調作為誠意的忠之德。《孟子》則言「四端之心」，說「良知良能」，而以此為據鼓吹性善之說。〈中庸〉的天命之本性、誠之德，無疑是繼承上述傳統者。儘管如此，仍有突破性發展。這一宇宙範圍發生作用的誠的概念，與《管子》中所見「心中之心」這一概念有共通之處。〈中庸〉誠的哲學的誕生，抑或也受到《管子》之影響。

本文考察《管子》「心中之心」的概念，指出其作為心理思想的重要意義。至此結束。

〈中庸〉之成書 *

金谷治

* 譯案：原文收錄於《日本中國學會創立五十週年記念論文集》（東京：汲古書院，1998 年）。

眾所周知，《四書》之一的〈中庸〉原為《禮記》之一篇，因朱子表彰乃作為孔子之孫子思的著作為人所重視。但就其為子思著作這一點，儘管《史記》有明文記載，學界對此則普遍持懷疑態度，其中最具代表性的是武內義雄在《易與中庸之研究》等文中所提出的「中庸二分說」：今本〈中庸〉包括了原本的〈中庸〉和敷陳解釋前者的〈中庸說〉，後者大約成書於秦始皇時代。在中國，馮友蘭的《中國哲學史》採與此相近的二分說；在日本，重澤俊郎《原始儒家思想與經學》和金谷治的《秦漢思想史研究》也步武此說。這些研究不僅探討了這一著名古典成書的文獻問題，更深化了立足於此的思想史考察。

當然，有別於二分說，也有視此篇為一整體而考察〈中庸〉成書時代的研究。津田左右吉的〈漢儒的述作方法〉（《儒教研究三》），指出漢代儒學著述的特點在於缺乏一貫邏輯，幾乎都是由詞語的聯想而連結、引申出各種論述，〈中庸〉即此典型；通過與他書中相類似詞語對照比較，津田認為〈中庸〉的成書晚至《禮記》編纂時的西漢後半期。其後，板野長八〈《中庸》篇之成書〉（收錄於《儒教成書史之研究》）及赤塚忠《大學・中庸》一書的解說，亦對〈中庸〉成書做一整體性的考察。不過，與津田氏不同，二者認為〈中庸〉是具備既定主張和邏輯的結構性著作，而主要透過考察其內容，進而考察其時代。二者方法上有類似之處，都是在探索〈中庸〉與其他書籍之間關係之外，致力於考察外界的思想史狀況；不過，板野氏認為〈中庸〉成書於漢武帝時代稍晚，赤塚氏則定其在秦始皇時代。儘管二者一致認為〈中庸〉非子思作品，二者結論卻也齟齬不合。參照前揭二分說，謂〈中庸〉新的部分成書於秦始皇時代，即今本〈中庸〉的成書年代，赤塚說近乎此。

概觀截至今日的研究，此處也產生出新的問題。其一，再三玩味二分說，可知其對於強調〈中庸〉具有統一性意味的立場，毋寧是否定性的。這一看法是否妥當？再者，有關其成書時期的說法，歧為秦始皇時代和漢武帝以後二說，是否能夠判定其是非？或者是否有其他時代的可能性？本文並無決定性新材料以解決上述問題，而是通過檢討舊說來試圖回答這些問題。

將今本〈中庸〉徑作整體的一本書來讀，原是很自然的事。往昔撰寫《禮記》注的鄭玄就是如此，朱子的《中庸章句》亦如是。特別是朱子強調其中一貫的統一性，認為〈中庸〉篇是繼承堯舜以來相傳「中」之思想的子思著作而傳授儒學真髓，而結合自己的哲學對其加以詳細注釋。不過，這一解釋雖然隨著朱子學盛行而廣為接受，但是從客觀的思想史學立場看來，則有很多問題，如堯舜以來相傳之事既不能作為歷史事實加以證明，對於其作為子思著作的統一性也難以理解。

再者，就〈中庸〉的傳承亦有目錄學上的疑問。《史記．孔子世家》雖有「子思作〈中庸〉」的記載，而在《漢書．藝文志》的著錄中，〈諸子略．儒家類〉有「《子思》二十三篇」、〈六藝略．禮類〉有「〈中庸說〉二篇」，但卻沒有「中庸」之名。「《子思》二十三篇」為子思的總集，而〈中庸〉可能為其中的一篇。梁朝的沈約指出，今本《禮記》中〈中庸〉、〈表記〉、〈坊記〉、〈緇衣〉四篇，均採自「子思子」（《隋書．音樂志》），可為上說之印證。既是如此，「〈中庸說〉二篇」又是甚麼？

朱子的再傳弟子宋代王柏，在尊重朱子的解釋之餘，卻也質疑〈中庸〉篇：「文勢時有斷續，語脈時有交互」，以及後來得知有「〈中庸說〉二篇」的著錄，遂認為其書混入至今本〈中庸〉中：即原書可分為前半的「〈中庸〉」和後半的「〈誠明〉（〈中庸說〉）」兩部書（《經義考》卷一五三〈訂古中庸〉跋），這就是所謂二分說之嚆矢。伊藤仁齋贊成此說並又加分析與修正，再就仁齋的說法加以修正整理的，是為武內說。武內說遵循朱子的分章而區分新古：第二章至第二十章前半（至「道前定則不窮」為止，後來修正至「不可以不知天」）、除去第十六章之外的部分是古本，第一、十六章和第二十章後半以後部分為新本。其劃分的細節姑置不論，這一新古二分說作為大綱在學界廣為接受。

二分說的動機，如王柏所明言，乃出於對〈中庸〉文章的質疑。〈中庸〉篇文章的脈絡不佳，令其自一開始即為一篇完整文字的主張疑竇叢生；是以，作為試圖合理解釋上述問題的產物，而有此二分說。如像津田說所云將這種混亂視為漢儒的著作所致，遑論二分說，就其整體進行拆分而給予合理解釋的必要都不需要。另一方面，重視其整體統一性的赤塚說或板野說，則認為其文章看似跳躍、混雜，實則有著緊密脈絡，是以有必要給予整體與整合的解釋。仔細玩味〈中庸〉篇各章以考察其間的相互關係、並致力於闡明其統一性，原因即在於此。

為此，即使持二分說的立場，也有必要嘗試就上述統一性予以解釋。這是因為即使原書分為兩篇，其究竟如何暫置不論，探討二者合為一篇而成今本形式的意義也十分重要。如果至少存在某人（截至《禮記》編纂時的某人）編輯而成此書現在的形態，那麼自然會認為〈中庸〉具有某種統一性目標與文脈。作為這一考察結果，自然就會消除對於〈中庸〉篇文章脈絡的質疑；那麼，二分說或許因此也就不復存在。下文先就現行〈中庸〉篇的脈絡和構成加以考察，結合赤塚、板野二說，探討藉此脈絡與構成的新解釋如何疏通其統一性。

首先，將首章（茲從朱子《章句》，下文同）視為一段總結，諸說皆同；自「天命之謂性」開始闡述性、道、教，謂道須臾不可離，而進言中與和，以「致中和，天地位焉，萬物育焉」作小結。此處中和之說稍顯唐突，乃有仁齋謂此句是否為《樂經》斷簡之疑；但是，作為第一章的小結，實不可刪除。「喜怒哀樂之未發」之「中」是純粹的「天命之性」本身；而情感發動而適當、正常之「和」則為「率性之道」。認為由「致中和」進而可以參贊天地自然之秩序，這是因為人之本性的根本乃是天命之故。

首章的大意，認為人的道德活動根源於天，擴展其效能而廣至自然界，而樹立所謂天人相關思想的強有力支柱。其後的第二章以下，雖然並未出現「天命」和「中和」，但是首章大意尤其與後半所論「誠」的部分相吻合。編者的意識可能是將「中和」和第二章以下出現的「中庸」視為同義而進行連續性思考。由全篇統一性立場看來，首章就如《章句》所引楊龜山之言，是「一篇之體要是也」，或可謂是總論。

第二部分是從「仲尼曰」的第二章、「子曰」的第三章到約第十四（或十五）章為止。其中截至十一章為止，引用孔子之言以說明「中庸」之德並論其實行之難；第十二到十四章則闡述「君子之德」高遠亦卑近，不離於自身，以論忠恕之德與自我反省。此後第十五章陳述身邊的家族之和，而以順（悅）

父母為目標。借用〈大學〉篇的說法，相當於修身和齊家。依據首章的脈絡，可謂上承「道也者，不可須臾離也」而來。朱子認為，由第六到第十一章提及舜、顏回和子路相關文字，作為闡述知、仁、勇的內容而與後文第二十章的「三達德」相連；實則並非很匹配。

第三部分到第十九章為止，承接第十五章所述「父母其順矣乎」的家庭和睦以論述孝之德。不過，此處關於由舜之大孝至武王、周公之孝，與前述基於修身的家庭和睦不同，是作為天子的孝；此處陳述其孝道實踐以祭祀祖先為重點，而延伸至祭天，政治意味濃厚。板野氏指出這段文字與《孝經》相關，無疑是正確的。但是其謂第十六章的鬼神之德是下文論述祖先祭祀感應的前提，則難從之。鬼神之德仍當如仁齋所疑，十分突兀；而「懷德堂定本」〈中庸〉將此章移到第二十四章後的做法也不可忽略（山片蟠桃《夢之代》卷七）。第十六章言「誠之不可揜如此」，主旨在於藉鬼神的神秘存在以形容誠的作用，故此移至下文第二十四章，而與「至誠如神」一文正相適合。

下接第二十章篇幅頗長，有必要從先賢之見進行再分章。首先其前半（至「不誠說乎身矣」）是政治論說，陳述政治的基本在於為政者的人格，其修身至為緊要；其主旨與〈大學〉所論平天下的根本也在於以修身如出一轍，其內容可以分為：以仁義為主的修身一節（至「不可以不知天」），論說五達道（五倫）、三達德（知、仁、勇）一節，治理天下國家的九經一節，和「凡事豫則立」一節。作為整段的主旨一以貫之，上承最後的「誠身」，而後下文「誠者天之道也，誠之者人之道也」的第二十章後半段展開論述。文中以誠一詞連結前後兩部分，而《孟子・離婁上》篇中亦作為孟子之言將上下文連為一體；[1] 如板野氏所云：第二十章全體也可謂是第二十一章以下「闡明誠之道的緒論」。不過，第二十章的後半相比前半的政治論述，毋寧與第二十一章以下關於誠的說明更為密切，因此將其斷開而歸入第五部分更為妥當。赤塚氏亦於此分段。

採用二分說的武內將五達德一節作為新本文字而分開，馮友蘭則將此章前半最末一節「在下位不獲乎上」以下部分置於「誠者天之道」後，定為新本；但是兩說都並無明證能夠對比前後文而區分新本與古本。只是大體而言，至此章前半為止，文章尚未具體解說誠，後半則一變不斷論述高遠之誠，而所有讀者大約都有同感：作為文章脈絡，這其中有問題。

第五部分自第二十章後半的一節開始至第二十六章，強調誠的至高性，並高舉之作為君子努力的目標。首先區分「誠者天之道，誠之者人之道」，並以此作為與「聖人」、「君子」存在形態相匹配的大前提；論述君子遵循教誨而不斷積累修養，也可以達到本性即為聖人的境界；而這一至誠之境不僅成就自我，也成就萬物，在此意味之下遂得以贊天地自然之功能，而與博厚、高明、悠久的「天地之道」相一致。主題明顯是強調誠的哲學，而論說誠與本性的關係，與天地自然的效用相一致並贊助之云云，則是前所未有者，並與首章思想遙相呼應。

第六部分由第二十七章到三十二章，交替論述理想的「聖人之道」與欲獲取此道的「君子之道」，而與集中論述誠的第五部分稍覺疏離；但是第三十章論仲尼之德、三十一章論天下之至聖、三十二章論天下之至誠，可見這部分顯然仍是誠之哲學的延伸。又謂以仲尼為代表的至誠活動是人倫極致，可以

1 譯案：「誠者，天之道也；思誠者，人之道也。」

「配天」而「知天地之化育」。最後的第七部分第三十三章以連引《詩》文而加以解說為體裁特點，其內容論述始於慎獨的君子修養自然感化周圍事物以至於「平天下」，可視之為全篇的終章。

以上檢討了〈中庸〉全體的脈絡構成。據此雖不能說其中有緊密聯繫，但整體則以天命之誠為中心，構成一個體系；首章總論和末章結尾亦相呼應，可解讀為〈中庸〉篇本身具有一定程度的整合性（蓋即編纂者之意圖）。朱子《章句》引程子之說云:「其書始言一理，中散為萬事，末復合為一理」，「理」、「事」這些哲學用語的意義容當別論，而作為對整體進程的概觀十分恰當，始言的「一理」為天命之性。中間的「萬事」為中庸、作為切近之德的忠恕、反求，再至大孝、仁義之德治、五達道與三達德、治世的九經等內容；雖有雜亂之感，然其中心則在於「修身」，再至結尾合而歸於「誠」。那麼，以中庸與誠的兩部分別為二書的依據究竟何在？於是產生對於二分說的質疑。

二分說中另有異說認為，古本和新本的劃分當於第二十章中間。換言之，其中或難以明確進行劃分。因此，從文章脈絡言，甚至有像朱子和板野那樣將第二十章視為一體的看法，而其前半部分論「修身」則承接此前有關「君子」的修養論而來。第十二章到十四章有「君子之道」一語，也可視為後半第五、六部分中對比論述「聖人之道」與「君子之道」，並與後者相呼應的文字。是以，上述論述越發不利於二分說。

但是，這裡更不能不考慮的仍然是前半「中庸」和後半「誠」的各自集中論述。與此相應，其行文亦各有特色，特別是自論述性、道、教和中和的首章，到進入論說中庸的第二部分，多以「仲尼曰」、「子曰」等語相連綴，言多簡潔。上下文銜接明顯不暢。首章的「中和」雖然有可能與「中庸」相通，但是其銜接方式與其說是創作，更可能是就已有文章編輯而成的結果。「中庸」一詞在後半的第二十七章中與高明相對，用作通常之義，也顯示出編纂者所據原始資料群之差異。

以上考察是將〈中庸〉視為一部編纂而成的作品，並非由〈中庸〉和〈中庸說〉兩書合成，而是選取某些資料、編纂成為一篇〈中庸〉。

首先，如前賢所示，第二部分的中庸部分有相對古老的資料，其中淺近的實踐性意味很濃，尚不見包含與自然界交流的形上學觀念的色彩，內容也確如其書名所示為論述「中庸」。行文以「仲尼」發端或是以「子曰」引出下文的這一形式，也見於《孝經》和《禮記·仲尼燕居》篇等，是各篇行文之始的形式。因而，據此也顯示出第二章與首章所用為不同原始資料。這部分所說的「中庸」和《論語》及《孟子》所論者無大差異。然而第五部分以後所論誠的部分，相比《孟子》，其與《荀子·不苟》篇的關係更為緊密，成為更深刻的哲學，明顯是基於其他原始資料所成者。〈中庸〉整體以論說這一誠的哲學為重點，於是汲取了「天命之性」的一段、尤其於第一章中所示年代更早的中庸部分資料。大概只是在「中庸」這個名目上，還有利用的價值，這一旨在論述天命之誠的作品被命名為「中庸」，由此可知。

編纂〈中庸〉篇所採用的資料，大概不止「中庸」和「誠」的兩部分資料而已。第三部分論述大孝的部分無疑也確實用到其他資料，由前後文的脈絡來看，大孝的一段著實突兀，即使認為是下文祭祀祖先之際首要的神人感化之誠的先導，在寫作上也有問題。仁齋懷疑是否混入了漢儒雜記，或如其然；筆者則認為這也是因為使用了既有資料所導致。白此論大孝的部分開始，羅列程子所言「中散為萬事」的仁義、五倫、三德、九經等諸儒家論說，大約都是原始資料的匯集。如果將〈中庸〉理解為這樣編輯而成的作品，那麼，就可以理解在其文章中有著統一主張的另一面，其文章脈絡卻不甚緊密的情形了。

那麼，〈中庸〉篇的宗旨究竟何在？這雖然也與其編纂時代有關，但是據上文對其內容的考察而加以總結，則如下文所示。

本篇雖名為「中庸」，實則強調誠作為天命之性的至高性，而涵括中庸等所有儒家諸德。在標舉以天性而成之聖人與天地相並立的同時，勉勵人們致力於以此為目標的君子修養，其要點正在於，藉由並揭示這一崇高之誠的聖人以及以此為目標的君子，勉勵儒家士人積極進取。那麼，其成書究竟在何時？

探論此處所假定的〈中庸〉原始資料的時代，在思想史上也至為重要。中庸概念的歷史、孝的思想發展等，均可由此遡及，而此處自然以考察〈中庸〉的成書為首要任務。以誠的哲學為中心而具有相應統一結構的〈中庸〉篇，究竟編成於何時？當然與其時代的一般動向也有著密切聯繫。

關於這點，首先應當參考二分說所提到的「〈中庸〉新本」的成書時代。定其成書於秦始皇時代的說法，是因如俞樾所指出（《湖樓筆談》卷一），文中的後半部第二十八章提到「今天下車同軌，書同文，行同倫」，與秦始皇統一天下之後言辭相合之故。此前公元前四世紀中葉活躍於秦國的商鞅，雖然也實行過否定「法古」而統一度量衡等政策，但是考慮到〈中庸〉中「今天下」這樣的文勢，並結合琅邪臺碑文等同時代史料等來看，將其定為戰國時代的文章實在牽強。是以，下文以此為標準，比較前後時代的文獻與〈中庸〉篇的文字加以考察。

第一個問題是《孟子》。「誠者，天之道也；誠之者，人之道也」這一重要的兩句話，作為與前一節相連之文，也見於《孟子．離婁上》篇。如果〈中庸〉是子思所作，孟子引用這句是正常的。歷來通說如此，略無質疑。但是，如此理解則《孟子》對於誠的論述過於不成熟。《離婁上》篇之文中，具哲學性的論說只有「天之道」，其前文所言「誠身」則是實踐意義上的誠實之意，此外別無重視誠的文字。是以，津田、赤塚二氏都懷疑此文並非《孟子》原文。即使未必如此，若將此讀作〈中庸〉篇所蘊含之義，則亦不得為孟子之思想。「天」作為至高的存在，雖然在《孟子》、《論語》中也均有出現，卻並未作為「天命之性」的主體、並以與天地自然之效用相通的形象出現。相比之下，〈中庸〉明顯遠為超前。

《孟子》之後的是《荀子》，尤其〈不苟〉篇強調誠之德，與〈中庸〉相似，既已廣為人知。「君子養心莫善於誠」，以誠之心實踐仁義進而改變世界，是為「天德」。而天地四時有一定的秩序，是「以至其誠者也」；不止天地自然，聖人以下的道德活動的一切，正是因誠而得以成就。這種將誠作為至上道德的說法，明顯與〈中庸〉有關。但是比較兩者即可知，〈不苟〉篇的誠具有樸素的實踐性，而〈中庸〉篇的誠則在強烈實踐性的同時，為大書特書而進行觀念性強調的意味濃厚。〈不苟〉篇亦有將誠的效用稱為「天德」，但是指道德的效用可以廣及天地自然界，而與〈中庸〉篇作為誠的形上學基礎的天不同。更有甚者，像「自誠明謂之性」這樣結合誠和性（天命之性）的思考，也不見於《荀子》。〈中庸〉篇的內容相比之下更為深化，極為自然；很難想像先有〈中庸〉而後有〈不苟〉篇。

板野氏曾強調，論述由舜之大孝到文王、武王、周公等人達孝的部分（第十七至十九章）與《孝經》關係密切。是說固然有道理，不過兩者雖有關係，但卻未必十分密切。板野認為

《孝經》以天子之孝為第一的觀點，在〈中庸〉篇中也寓諸言外；但是〈中庸〉篇論述是否以《孝經》所言由庶人至於天子的階層秩序為背景？毋寧謂其僅提及作為孝之理想形態的聖王之孝，而以「夫孝者善繼人之志，善述人之事者也」為重點，並非如《孝經・聖治章》所言「后稷以配天」、「文王以配上帝」的、唯有天子可為的特別之孝。儘管如此，當然也不能簡單認為〈中庸〉所言就樸素近古，而應當認為這同樣是出自強調大德之孝的文獻。關於《孝經》成書年代，問題也很多。雖然據《呂氏春秋》援引其文來看，可能成書於戰國最晚期，但是也有內容是修改自《春秋左氏傳》，是以或出自漢人之手（武內義雄《孝經研究》）。假定其成書於秦漢之際，那麼，其背景的思想也可能為〈中庸〉篇的編者所用。總之，大約成書於此前後。

《荀子》和《孝經》之外，尚有《子思子》殘本三篇的問題，但其內容與〈中庸〉並非十分密切，對於考察〈中庸〉成書年代，作用並不大。相比之下更重要的則是《韓詩外傳》和董仲舒〈對策〉中，有與「天命之性」同義之語。人的內在德性乃是作為天命所賦與者，這一思想至武帝時，在儒家中已經十分普及。而〈中庸〉篇究竟是這其中的一環還是其先導，是個問題。如果注重作為基準的「今天下」一文，那麼就會認為不太可能晚至統一之後；然而卻並不能一概而論。赤塚氏認為〈中庸〉篇成書於始皇帝時，而《呂氏春秋》編成之際最為合宜，而不晚於始皇三十四年禁私學之時；蓋因在箝制日益苛峻之秦，無由誕生這樣的儒家文獻之故。但是，也沒必要將始皇的思想箝制視作如此死板，或許也有可能稍晚延至漢初之際。

究竟〈中庸〉為何而作？據上文就其內容的考察，可知〈中庸〉篇期盼出現藉由天命之性為誠之德以治理天下、贊育自然界之作用的、嶄新的儒家士人。如果這是相應的時代要求，那麼何時合宜？迄今為止一直為學界關注的秦始皇時代當然合適。關於秦時儒生的積極活動，筆者舊著中已加詳考。[2] 秦時儒生活動伴隨秦亡所致動亂而有所衰減，至劉氏天下安定、新興知識分子被起用的文帝時代又再度活躍起來。此事在此不贅述。可為例證者，有天子集權的權威確立之後，試圖在天子與平民之間建立儒家官僚機構的賈誼（見《漢書》本傳）。那是作為新生士人的儒生渴望崛起的年代，次於始皇帝時代，這也可能是與〈中庸〉篇成書相適宜的時代。可以認為〈中庸〉篇成書是在獲得嶄新的政治統一時機的始皇帝之際，然而寬泛看來，可將秦漢之際的文帝時期作為其成書的下限。

本文就〈中庸〉篇之成立，首先考察〈中庸〉篇二分說，其次就其作為整體的成書時期進行了探討。本文之作或許稍晚，因為近來關於〈中庸〉的思想史意義在中國和日本都有所動搖，遂有此文之作。

本文首先透過考察〈中庸〉統一性的主旨以及文章脈絡，對於現行的認為〈中庸〉由古〈中庸〉和新〈中庸說〉接合而成的二分說進行了若干修正。相比起字面上新舊兩書合二為一的觀點，筆者認為：〈中庸〉篇是部分採用了論述中庸之德等既有儒家系統資料、並強調嶄新的天命之性的誠，編輯而成的文獻。這是強調嶄新的誠之德的至高性、而試圖證明其將儒家諸德都包攝在內的結果。為嶄新的主張而將古老的不同資料彙集、編輯為一篇，這種形式在《禮記》諸篇中並不少見。

其次就其成書年代，二分說認為「〈中庸〉新本」的成書時期為始皇或秦漢之間，約略可以從之。不過，本文則是將舊

2　譯案：金谷治《秦漢思想史研究》。

的〈中庸〉部分也包括在內的整體性考察。筆者補充新見認為，其成書也有可能是在文帝之際；但是，這是作為其不可能晚至武帝時期的依據之一，而揭示其成書下限之可能。

〈中庸〉究竟何時、如何成書，其宗旨又何在？本文雖然並未提出新的結論，但是已嘗試給予回答，其與〈大學〉篇之間的關係須另文論述。筆者舊著《秦漢思想史研究》所考論「〈中庸〉新本」之思想史意義固未究竟，但是如果加上本文所作補充，〈中庸〉篇成書之意義或許不必再做修訂。

非受命聖人——〈中庸〉的編撰意圖 *

淺野裕一

* 譯案：原文刊於《集刊東洋學》第 61 號（1989 年）；後收錄於氏著：《孔子神話——儒教作為宗教的形成》（《孔子神話——宗教としての儒教の形成》，東京：岩波書店，1997 年）。

序言

自古相傳〈中庸〉係孔子之孫子思所作，[1] 但時至今日，已少有人完全採信這樣的說法。針對此一問題，許多學者都曾提出自己的見解。例如有學者認為，從內容的一致性來看，〈中庸〉整體大致可分為前半段的「中庸本書」與後半段的「中庸說」，前者出自子思本人或與其親近的門人之手，後者則是秦代子思學派的著作；[2] 亦有學者否定上述前後二分說，將〈中庸〉視為具有連貫體系的著作，認為〈中庸〉的原型成立於荀子的時代，並完成於秦始皇時期；[3] 另有學者指出，〈中庸〉受到道家思想的強烈影響，且與漢代的著述方式極為相似，因此

1 《史記．孔子世家》:「子思作〈中庸〉。」

2 如武內義雄〈關於子思子〉(〈子思子について〉，收錄於《老子原始》) 及《易與中庸之研究》(《易と中庸の研究》) 第三章；馮友蘭《中國哲學史》第一篇第十四章；重澤俊郎《原始儒家思想與經學》(《原始儒家思想と経学》) 第一部分；金谷治《秦漢思想史研究》第四章；島森哲男〈《中庸》篇的構成及其思想〉(〈中庸篇の構成とその思想〉,《集刊東洋學》第 32 號) 等。

3 如赤塚忠:〈中庸解說〉(〈中庸解說〉，收錄於新釋漢文大系《大學．中庸》)。

判定〈中庸〉的成書時期是在西漢武帝時期以後。[4]

以上所說的這些研究，在方法論上具有一項共通的特色：主要都是將〈中庸〉各部分的思想水平，與古代思想史的整體推移進行對比，透過這樣的方式來推斷〈中庸〉的大致成書時期。本文雖然也會參考以上研究的分析成果，但主要是想從一個稍微不同於以往的視角出發，探尋〈中庸〉整體的編撰意圖，同時檢討〈中庸〉在古代儒學發展歷程中的意義。

一

本章將先就「中庸」、「慎獨」、「反求」及「誠」等重要概念的意義進行考察，以作為探尋〈中庸〉整體編撰意圖的預先準備。此處先將〈中庸〉一書中與「中庸」相關的部分抽取出來，並羅列如下：

> （1）天命之謂性，率性之謂道，脩道之謂教。道也者，不可須臾離也。可離非道也。
>
> （2）子曰：「道之不行也，我知之矣。知者過之，愚者不及也；道之不明也，我知之矣。賢者過之，不肖者不及也。人莫不飲食也，鮮能知味也。」
>
> （3）子曰：「舜其大知也與！舜好問而好察邇言。

4　如津田左右吉《道家思想及其展開》（《道家の思想とその展開》）第五篇及〈漢儒的著述方式——剖析〈禮記〉諸篇〉（〈漢儒の述作のしかた—礼記諸篇の解剖—〉，收錄於《津田左右吉全集》第十八卷）。此外，板野長八〈《中庸》篇的成書〉（〈中庸篇の成り立ち〉，《廣島大學文學部紀要》第22卷第2號）的視角與論據雖與津田氏不同，但同樣認為〈中庸〉成立於西漢武帝時期。

> 隱惡而揚善，執其兩端，用其中於民。」
>
> （4）君子和而不流，強哉矯！中立而不倚，強哉矯！
>
> （5）喜怒哀樂之未發，謂之中；發而皆中節，謂之和。

此處所列舉的（2）至（5），特別著重描述了「中庸」裡的「中」之性質。儘管（1）並未直接提及「中庸」，但在筆者看來，此文構成了〈中庸〉一書的整體基調，具有相當的重要性，因此將其放在最一開始來討論。

（1）不僅位於〈中庸〉開篇的位置，更是貫穿〈中庸〉整體的原則宣言。此文已明白表示「天命」與「性」、「率性」與「道」，以及「修道」與「教」是同等的關係。如此一來，此處所否定的離道之行為，就是指偏離了「率性」的生存方式，亦即這樣的行為會與自身內在的天命－性拉開距離。

如果根據以上的基本原則來解釋（2），那麼決定過與不及的基準就是道－率性。既然如此，那麼無論是知者與賢者所超過的基準，還是愚者與不肖者所無法達到的基準，都是指各自內在於其自身之中的天命－性。飲食的比喻，是以飲食這種人皆有之的日常行為裡的淺近與普遍性，來比擬人皆有之的天命－性的切身與普遍性，進而藉由將「知味」比擬為自覺於自身的天命－性。既然每個人所應遵循的基準就在自身之中，那麼要意識到自身的天命－性，乍看之下似乎並不是甚麼難事，然而事實上卻並非如此：無論賢愚，都很難實現這件事情。

接著讓我們看到（3）的部分。本段文句讚揚舜的統治之道：舜將人民之性－天命預設在較低的水準，採用能符應人民之性的中正水準來施行教化。本段文句將舜縱使執持善惡兩端、但亦不強求人民實踐至善的做法評為「大知」，這就明確表示「中」是一種具有相對性質的基準，會因應對象的不同而產生變動；絕對不是一種為了追求普遍合理性而預先固定下來的外在規範。

而（4）所說的「中立」，指的是不受外在狀況左右、堅持中正立場的態度。在這種情況下，用以徹底持守「中立」的主體性根據、以及判定何為「中」的基準，同樣也是君子自身已覺醒的內在天命一性。

那麼，（5）所說的「中」又是指甚麼呢？所謂喜怒哀樂，自然是指受到特定外在狀況觸發而偏向某一方的情緒，而尚未發出任何情緒的「中」，就隔絕了外界的干擾，將天性以原樣保存於自身內在，所以是指不偏向任何一方，保持於不動位置的心境狀態。

通過以上的考察可以得知，所謂的「中」，指的是不偏向過或不及（如 2 所言）、善或惡（如 3 所言）、喜怒哀樂（如 5 所言）等任何一方的中正位置或狀態。同時也已釐清，縱使人有知者、愚者、賢者、不肖者、君子、民等類型的差異，但判定中正與否的指標或基準，皆是內在於各人自身之中的天命一性這一相對性的基準。

接著讓我們看到「庸」的部分：

（6）仲尼曰：「君子中庸，小人反中庸。君子之中庸也，君子而時中；小人之中庸也，小人而無忌憚也。」

（鄭注）庸，常也。用中為常道也。

（新注）中者，不偏不倚無過不及之名。庸，平常也。

（7）庸德之行，庸言之謹。有所不足，不敢不勉。有餘不敢盡。

首先，鄭玄與朱子都把（6）的「庸」解釋為「常」，而在接下來（7）的用法裡，也印證了「庸」確實有「恆常」、「一定」的意思。因此「庸」顯然是指每個人應持續維持的恆常性，亦即以各人自身天命—性之固定水準為準據的言行進退。

通過以上的考察可以得知，所謂「中庸」，指的是依照天所賦予自身之命—性的水準，無過、無不及地適應自身水準並保持中正，具有恆常、一定的言行和處世之道。接下來我們將結合「中庸」的其他用例，檢驗這樣的詮釋是否妥切。

（8）子曰：「中庸其至矣乎！民鮮能久矣！」

（9）子曰：「天下國家可均也，爵祿可辭也，白刃可蹈也，中庸不可能也。」

（10）人皆曰予知，擇乎中庸，而不能期月守也。

（11）子曰：「回之為人也，擇乎中庸，得一善，則拳拳服膺，而弗失之矣。」

（12）君子依乎中庸，遯世不見知而不悔。

（13）君子遵道而行，半塗而廢，吾弗能已矣。

（14）子曰：「道不遠人。人之為道而遠人，不可以為道。《詩》云：『伐柯伐柯，其則不遠。』執柯以伐柯，睨而視之，猶以為遠。故君子以人治人，改而止。」

在以上所列舉的文句裡，（8）到（11）皆是強調「中庸」於實踐上的困難，而其所以困難的原因在於以下兩點：一是當人意識到自身內在的天命一性之後，必須由自己來選擇一條能與自己之性相符的中正水平線，以作為恆常的依循之道（如 10、11 所言）；二是在選擇之後，又該如何持守這條中正水平線（如 8、10、11 所言）。因為既然「中庸」是內在於自身的規範，那麼所有的選擇就都只能交給自身判斷，不可能通過外在的規範來進行客觀判定，因此常會有陷入主觀恣意的危險；再加上縱使人能暫時保持中正，掌握恆常之道（一善），但在應對外在狀況變化的過程裡，人將會受到特定局面的影響，從而偏離「中庸」的天命一性之水準而偏向某一方，導致突如其來的極端言行。而這樣的危險，將不斷阻礙人對恆常之道的持守。

（12）與（13）的主旨與前文的（4）相同，皆是在表達人如果要克服前段所說的困難，於處世之際謹守自身之天命一性，那麼往往會與外界扞格不入。

最後的（14）則借用手執舊柯砍削新柯的比喻，表達儘管應當遵循的規範，即天命一性，就內在於各人自身之中，但要不偏離規範而實踐「中庸」是極為困難的事情。因此君子在教化人民時，應考量到「人之為道而遠人，不可以為道」，從而「以人治人，改而止」，不以高遠的倫理來要求人民，因為那與人民之性的水準相距甚遠，所以本段文句與前文的（3）實具有共通的論旨。

「中庸」這個概念說來具有這樣的性質：若要將「中」確立起來，就必須先決定何為兩端；但反過來說，若要決定何為過與不及，同樣必須先將「中」確立起來。然而在〈中庸〉一書裡，卻找不到對「中」之內容的明確具體敘述。因此歷來的〈中庸〉研究者在定義「中」之內容時，始終只能採取一種非常模糊不清的表達方式。但如果我們像前文所說的，將〈中庸〉

開篇的章節作為理解全篇的基礎，把「中」之內容詮釋為各人自身內在天命—性的水準，應該就可以消除過往解釋裡的曖昧不明，並且更加明確地掌握〈中庸〉的論旨（請參照圖一）。

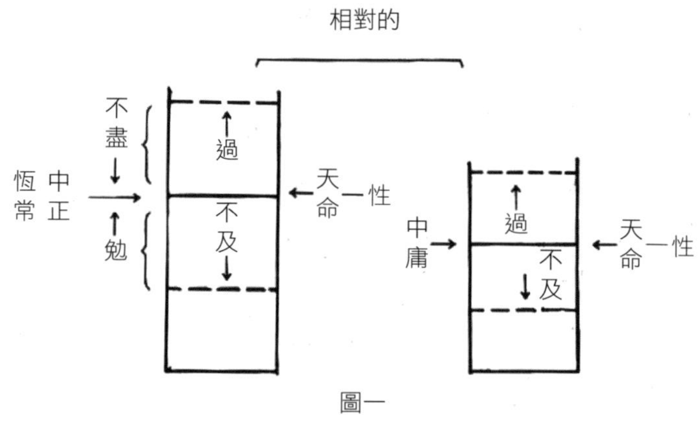

圖一

接著來討論「慎獨」的部分。下文是〈中庸〉裡「慎獨」出現的段落：

> 是故君子戒慎乎其所不睹，恐懼乎其所不聞。莫見乎隱，莫顯乎微，故君子慎其獨也。

朱子對上文的解釋如下：他先是說：「獨者，人所不知而己所獨知之地也」，接著表示縱使是獨處於幽暗之中、言細微之事，亦終將敗露，因此處於此種狀況下的君子最為謹慎戒懼。朱子的這番解釋也是學界過去的通論。不過，在長沙馬王堆漢墓出土的帛書〈五行〉篇裡，對「君子慎其獨」一句做出如下解釋：「慎其獨也者，言舍夫五而慎其心之謂也。君子然後一」、「言至內者之不在外也。是之謂獨。獨也者，捨體也」

（說 7），以及「無與終者，言捨其體而獨其心也」（說 8）。根據這些解釋，我們可以看到「慎獨」的本義，是將心從身體分離、獨立出來，並戒慎於內心的集中專一。[5] 對於〈中庸〉一書，我們同樣也應該依循上述的詮釋來進行理解。

那麼，君子為何必須做到「慎獨」？此處「君子慎其獨也」云云：是夾在「天命之謂性⋯⋯可離非道也」及「喜怒哀樂之未發⋯⋯」兩個段落的中間出現。而這樣的段落安排其實已設定了一種連續性：人在意識到自身內在的天命—性以後，就應該讓自心適應天命—性的水準；而人若能捨去身體的表面形象、戒慎於內心意念的集中專一，則這種凝聚之心就能流露至外界，從而發揮「致中和，天地位焉，萬物育焉」的效用。這就是君子之所以必須做到「慎獨」的理由。

接下來討論「反求」的性質，同樣先將相關部分羅列如下：

（15）君子素其位而行，不願乎其外。（中略）君子無入而不自得焉。在上位不陵下，在下位不援上。正己而不求於人，則無怨。上不怨天，下不尤人。故君子居易以俟命，小人行險以徼幸。

（16）子曰：「射有似乎君子；失諸正鵠，反求諸其身。」君子之道，辟如行遠必自邇，辟如登高必自卑。《詩》曰：「妻子好合，如鼓瑟琴；兄弟既翕，和樂且耽；宜爾家室；樂爾妻帑。」子曰：「父母其順矣乎！」

5 詳細討論請參看拙作：〈帛書《五行篇》於思想史上的位置——儒家向天的靠近〉（〈帛書「五行篇」の思想史的位置—儒家による天への接近—〉，《島根大學教育學部紀要（人文・社會科學）》第19卷〔1985 年〕）。

（17）反諸身不誠，不順乎親矣。

最前面的（15）雖未直接出現「反求」一語，但此文的內容是在說：君子之所以在不得志時仍能「自得」，是因為採取「正己而不求於人」的態度，這和（16）的「反求」完全是相同的概念。而在「君子素其位而行，不願乎其外」、「君子無入而不自得焉」，及「上不怨天，下不尤人」等文句裡，值得注意的是：「反求」在這裡被當作一種應對不得志或逆境的方法，用來處理仕途的受挫。（16）中「失諸正鵠」，正是在指這種上升志向遭受挫折的情形。

如果這樣的詮釋能夠成立，「自得」和「居易」的實際內容又是甚麼？那必然就是（16）所強調的，通過修身齊家而展現的對父母之孝。「行遠」和「登高」，皆是在指我們前段所說的上升志向。而上升志向受挫之後，「反求諸其身」、歸返「邇」、「卑」之處的行為，指的正是「父母其順矣」裡的盡孝行為。這種「反求」與「孝」之間的連續性，也能通過（17）的文句得到印證。

然而，（17）希望通過「順乎親」而「自得」的做法，就如（15）的「君子居易以俟命」，以及（16）的「辟如行遠必自邇」、「辟如登高必自卑」所明白顯示的，君子在做這些事的同時，心底仍然暗藏著一股強烈的願望，希冀在鞏固卑近的根基之後，再次得到天命而上升。若以圖示來表達上述所說的關係，那就是：對外界（為政）的上升志向→挫折／不遇→不怨／不尤→反求→孝（自得／居易）→俟命／再次上升。我們必須將「反求」置於這樣的連續性之中，方有可能正確理解其性質。

最後要討論的是「誠」的部分，這裡同樣先將相關部分羅列如下：

（18）誠者天之道也；誠之者人之道也。誠者不勉而中，不思而得，從容中道，聖人也。誠之者，擇善而固執之者也。

（19）自誠明謂之性；自明誠謂之教。誠則明矣，明則誠矣。

（20）唯天下至誠，為能盡其性；能盡其性則能盡人之性；能盡人之性則能盡物之性；能盡物之性則可以贊天地之化育；可以贊天地之化育，則可以與天地參矣。

（21）其次致曲。曲能有誠。誠則形，形則著。著則明。明則動。動則變。變則化。唯天下至誠，為能化。

（22）至誠之道，可以前知。國家將興，必有禎祥；國家將亡，必有妖孽；見乎蓍龜，動乎四體。禍福將至：善必先知之；不善必先知之。故至誠如神。

（23）誠者自成也，而道自道也。誠者物之終始也。不誠無物。是故君子，誠之為貴。誠者非自成己而已也，所以成物也。成己仁也；成物知也。性之德也，合外內之道也。

（24）唯天下至誠，為能經綸天下之大經，立天下之大本，知天地之化育。夫焉有所奇？肫肫其仁！淵淵其淵！浩浩其天！苟不固聰明聖知達天德者，其孰能知之？

首先看到（18）。本段文句旨在說明具備天賦之誠的聖人，與生來非誠而需一心向誠、並持續付出後天努力的常人之間的區別。朱子將本段文句的開頭視為對「誠」本身的說明，認為這是在描述天理作用之誠，但這其實完全誤解了文義。本段文句真正想表達的是，指出常人與聖人之間的範疇區別：後文談到「人十能之，己千之」的一般人，從屬於人道（人的行事方式）的範疇，需要持續付出人為努力；而先天至誠者則從屬於天道（天的行事方式）的範疇，無需付出任何人為努力。

接著看（19）。本段文句旨在表達聖人之治的大要：具備天賦之誠的聖人，能通過自身之誠獲得預知未來的特殊智慧，並運用這份智慧正確無誤地教導萬民，使萬民也能被教化為誠的狀態。

（20）則是針對（19）的內容做出進一步詳述。保持天賦之誠的天下至誠，若能發揮自身天命一性，就能通過其教化使得萬民發揮內在的天命一性；而農、工、商等不同階級的萬民，若能充分發揮自身天性，那麼萬物在他們的作為之下，也能充分發揮自身天性。如此一來，天下至誠就能參贊天地化育，並以此功業與天地並參。

其次看（21）。本段文句進一步詳細展示至誠教化萬民的順序。[6] 至誠若能由世間卑近之事著手，掌握各種實情，不對人民提出過高的要求，詳細周密地對待人民，則人民亦會抱持誠心迎接至誠。而此一內心之誠必將流露於外形，內心之誠若能顯露於外界，人民就會明確意識（著）到自身的言行舉止。如此一來，人民自能清楚分辨善惡，往善的方向去發展，最終一

6　鄭玄和朱子注都將「次」字解釋為下一階段的人物，亦即賢者；但這一解釋並不正確，應理解為「天下至誠」教化人民的「順次」或「順序」。

掃舊態，轉變至其原本應有的狀態。以上就是天下至誠教化人民的過程步驟。

（22）則是在說明「至誠之道」，亦即生來至誠者的行事方式。至誠能通過徵兆或筮占龜卜來預知未來的吉凶禍福，以此斷定王朝的興亡。為何只有至誠具有這種「如神」般的神秘預知能力？後文「質諸鬼神而無疑，知天也」清楚答覆了這個問題：這是因為至誠能向鬼神詢問未來之事，事前掌握未來的訊息。〈中庸〉裡的鬼神，是一種「視之而弗見，聽之而弗聞」的形而上存在，但「體物而不可遺」的鬼神，會悄悄附身在蓍草龜甲上，向至誠者告知未來之事。前文的（18）之所以會說「誠者不勉而中，不思而得，從容中道」，事實上也是基於此一理由。

接下來（23）裡的「誠者物之終始也」，同樣是在表達誠者具有特殊的預知能力，能夠預見未來事物的前後發展。[7] 如果自己的內心並非至誠，那就會落入「不誠無物（之終始）」的狀態而遭鬼神離棄，從而喪失神秘的預知能力，因此下文才會接著說「是故君子，誠之為貴」。「成物知也」則是在說，人自鬼神那裡獲得的智慧，方為引導完成天下事物的關鍵所在。這種只有至誠才具備的預知能力既是「性之德」、即生而有之的天賦能力，同時還擁有「知天」的能力，因此被（18）稱作「天之道」──從屬於上天範疇的行事方式。

最後（24）裡的「茍不固聰明聖知達天德者，其孰能知

7　朱子將「誠」本身解釋為「物之終始」。但從文意上來說，應將「誠者物之終始也，不誠無物」視作對文，亦即誠者具有預知物之前後發展的能力，而與此相對，不誠者不具備預知物之前後發展的能力。

之」，同樣是在強調這種天賦的異能，是只有天下至誠才被賦與的能力。

通過以上的考察，我們已可看出誠具有兩種作用方式：一是如（20）、（21）所說的，以自身之誠下臨萬民、教化群眾的能力，其方向是向下延伸；一是如（22）、（23）所說的，通過自身的至誠感應鬼神，從而獲得「知天」的特殊預知能力，其方向是向上延伸。當然，就如（19）、（24）所說的，後者在像前者那樣下臨萬民時，同樣也為萬民提供教導的方針。兩者的相互結合，就成了至誠的天下統治基礎，從而「贊天地之化育」。

二

本章將探討〈中庸〉全書的編撰意圖。因此下文先依照主題上的連貫性，將〈中庸〉全書分成幾個小節，並逐一展開其論點。

（一）在第一節裡，討論以「中庸」為主題的部分，相當於《中庸章句》的第一章到第十三章。本節在論述中庸時，將重點放在中庸於整體執行面上的困難，以及中庸的貫徹將使人落入被迫孤立的處境。例如「素隱行怪，後世有述焉，吾弗為之矣」及「君子依乎中庸，遯世不見知而不悔」等文句，都彷彿是在說君子如果要實踐中庸，就必須抑制自身向外追求的積極志向；然而，在「致中和，天地位焉，萬物育焉」、「故君子語大，天下莫能載焉」、「故君子以人治人，改而止」，及「君子之道，造端乎夫婦；及其至也，察乎天地」等文句裡，又可以看到其中潛藏著一股希冀達至天地之道，進而參與政治的強烈意志。

〈中庸〉在開篇處即已宣示：「天命之謂性，率性之謂道」，要求每個人意識到自身的天命一性，並使其完整發揮。那麼，意識到自身天命一性並依循其前進的君子，必然是以與普羅大眾不同的君子獨有型態而存在。君子擁有教化統治天下萬民的參政熱情，因此他會有一股積極的上升志向，追求能實現參政理想的地位。不過，君子展現上升志向的方式是「依乎中庸」——忠實地遵循自身的天命一性。君子絕不心存苟且、以權謀術數來謀取地位，因此君子不會「半途而廢」；縱使「國無道」亦「至死不變」，由是導致君子「遯世不見知」的不遇與孤立。所以對君子來說，中庸的實踐會同時帶來兩種結果：一是上升志向會要求他追求適應自身天命一性的地位；一是他必須克制自己，避免做出偏離自身天命一性以換取飛黃騰達的行為。

第一節表面上的論旨就如以上所述，但其根本處還潛藏著編撰者更深一層的意圖。君子、亦即孔子在意識到自身內在的天命一性之後，若想使其得到發揮，必然會萌生即天子之位以統治天下的上升志向；但另一方面，孔子亦深明自身的天命一性猶未受天命，因此只能在不得志的境遇裡苦苦堅持。編撰者試圖通過上述理由為孔子進行辯護，孔子為何會有想要自行坐上天子之位的野心，以及孔子的這一野心為何會以未遂告終找到合理的解釋。編撰者在開篇處宣示天命即性、率性即道、修道即教的大原則之後，緊接著羅列了孔子本人的諸多發言，其實就是想通過這樣的形式來為孔子暗中辯護。

（二）在第二節裡，討論以「反求」與「孝」為主題的部分，相當於《中庸章句》的第十四章到第十五章。本節論旨就如前章所述：想要獲得地位以參與政治的君子，在此一上升志向受挫後，不會將原因歸咎於上天或他人，而是反求諸己，於卑近之孝道實踐中怡然自得，期盼在不久之後能重獲天命再次上升。

那麼，在本節的某處是否也藏有編撰者更深一層的意圖？孔子屢次期望獲得政界起用，夢想在魯國建立起新的王朝，如《論語．陽貨》篇「如有用我者，吾其為東周乎？」所云；他心裡甚至還懷抱自立為王的野心，如《論語．子罕》篇「鳳鳥不至，河不出圖，吾已矣夫！」所云；在這樣的期望落空之後，孔子即裝出一副甘受天命不遇，如《論語．憲問》篇「道之將廢也與？命也」所云；而對參政一事不再有任何眷戀的態度，如《論語．泰伯》篇「不在其位，不謀其政」所云。孔子甚至還準備了一套頗為牽強的說詞，表示孝道的實踐也能和為政連結在一起，如《論語．為政》篇「或謂孔子曰：『子奚不為政』。子曰：『《書》云：「孝乎惟孝、友于兄弟，施於有政。」是亦為政，奚其為為政？』」所云。〈中庸〉的編撰者以孔子的這些發言為基礎，將孔子應對不得志處境的方式，詮釋為君子之道的實踐，由此將其合理化；並預告雌伏（孝）之後將迎來再次的上升。

（三）第三節的主題是「慎獨」，相當於《中庸章句》的第十六章。不過，「慎獨」一語並沒有直接出現在第三節裡。但如果注意到第一章的「莫見乎隱，莫顯乎微，故君子慎其獨也」，和第十六章的「夫微之顯，誠之不可揜如此夫」於內容上的相似，就能發現此部分同樣是在說明慎獨的主張，要人純化內心，並將其自外形分離獨立出來。

歷來學者在討論此章時，多懷疑此處為錯簡，認為應將其移至第二十四章和第二十五章中間。[8] 這樣的調整方式，能使

8　三宅石庵、中井竹山、中井履軒、山片蟠桃及武內義雄等學者皆抱

第十五章和第十七章通過「孝」字連結在一起；同時也能使第二十四章、第十六章及第二十五章這樣的排序，具有以誠來預知未來的一貫論旨，因此確實是值得充分考慮的一種看法。

另一方面，倘若不把此處視為錯簡，直接就原來的位置關係來進行理解，其實也是說得通的。[9] 此處承接第二節裡對反求與孝的自得，表示於自身內心反求挫折原因的純粹之誠，必能顯現、流露於天地與鬼神。因此，本段文句應是在暗示自得於不遇的君子，亦即遇挫之孔子的再次上升。

（四）在第四節裡，討論以「聖王之孝」為主題的部分，相當於《中庸章句》的第十七章到第十九章。此一主題固然是自第二節的「孝」延續而來，但儘管同樣是在談孝這個德目，此處卻並非自得於不遇的君子之孝，而是忽然轉而觸及舜和文、武、周公等古代聖王之孝。試看下文舜的事例：

> 子曰：「舜其大孝也與！德為聖人，尊為天子，富有四海之內，宗廟饗之，子孫保之。故大德必得其位，必得其祿，必得其名，必得其壽。故天之生物，必因其材而篤焉。故栽者培之，傾者覆之，《詩》曰：『嘉樂君子，憲憲令德！宜民宜人；受祿于天；保佑命之，自天申之！』故大德者必受命。」

編撰者在此表達的立場是：登上天子之位，使盛大的宗廟祭祀世世不絕的行為，方是對祖先盡最大的孝。同時，藉助舜的事

持這一立場。

9 或許是因為感到內疚的緣故，〈中庸〉的編撰者在言及君子上升的段落前面，往往會搭配一段強調君子自制的文句。如果將此文也理解為上述心態的產物，就不一定非得要將其視為錯簡。

例，天性而「德為聖人」，從而達致「尊為天子」之尊榮，推導出「故大德必得其位」、「故天之生物，必因其材而篤焉」、「大德者必受命」等，有德君子必能得到上天庇祐，受命而即天子之位的因果法則。當然，編撰者在這裡暗示並預告的隱藏意圖是：這套因果法則適用於作為「嘉樂君子」的孔子，而自得於孝道實踐的孔子，已擁有上天賦與的「憲憲令德」，因此必能「受祿于天」，不久就能受命而即天子之位。

編撰者抱著同樣的目的，在繼續列舉文、武、周公的事例之後，接著提及與孝相關的「宗廟之禮」，並進一步將討論轉到「郊社之禮」上。通過這樣的操作，編撰者引出「明乎郊社之禮、禘嘗之義，治國其如示諸掌乎」的孔子之言，巧妙地將主題轉換到下一節的治國及為政之道上。

（五）在第五節裡，討論以「為政」為主題的部分，相當於《中庸章句》第二十章開頭至「道前定則不窮」的部分。本節通過哀公與孔子問答為政方略的形式，提出了「天下之達道五，所以行之者三」、「凡為天下國家有九經」等經營天下國家的為政之道。而從「懷諸侯」及「繼絕世，舉廢國」等內容來看，此處的「國家」明顯是「王朝」的意思。因此孔子是以五達道、三達德及九經為核心，傾吐其作為天子的統治論。

編撰者在此想要表達的隱藏意圖是：孔子不僅有成為天子的自信和願望，同時也已經做好了明確規劃，足以擔任天子一職統治天下。本節最後以「言前定則不跲，事前定則不困，行前定則不疚，道前定則不窮」作結，而在此文之中，其實也可看出編撰者想暗中表達的意圖：孔子本人已做好一切準備，只要時機到來，就能立刻登上天子之位著手統治天下。

（六）第六節的主題是「起用」，相當於《中庸章句》第二十章「在下位不獲乎上」到「不明乎善，不誠乎身矣」的部分。編撰者延續前節討論，認為「在下位不獲乎上，民不可得而治矣」，如果君子無法獲得上位者起用，那麼不管統治天下的規劃做得再好，也無法實現參政的夢想。編撰者接著列舉獲得上位者起用所必需的倫理德目，「獲乎上有道：不信乎朋友，不獲乎上矣」，並以「不明乎善，不誠乎身矣」作結，將討論轉移到下一節的主題——「誠」。

儘管獲得上位者的提拔起用，是實現孔子所設計統治天下方案的前提，但獲得上位者提拔起用的前提是誠的具體實現，因此編撰者想通過誠這條新的途徑，來為孔子的再次上升開拓一條道路。

（七）在第七節裡，討論以「誠」為主題的部分，相當於《中庸章句》第二十章「誠者天之道也」到第二十六章「天地之道，博也，高也，明也，悠也，久也」的部分。本節的討論重點，就如我們前章已解說過的：生來的至誠在延展發揮自身之性以教化人民的同時，還能通過至誠精神感應鬼神，獲得預知未來的神秘能力，進而以此智慧為方針教導萬民，參贊天地生成化育萬物之功。

那麼，編撰者又在本節暗藏了甚麼樣的意圖？「天下至誠」自然是指孔子無疑。參政的實踐有賴上位者的提拔，但現實世界裡的孔子卻最終未獲起用，賫志而歿。那麼，孔子希冀統治天下的理念，是否亦就此化為泡影？答案是否定的。編撰者寄托於本節的真正意圖，其實是以下這樣的想法：孔子憑藉其生來至誠的資格，在終極的上位者，亦即上天和鬼神的庇佑下實現再次上升，以與天地之道齊驅的博厚高明型態，教導萬民、化育萬物，在實質上達成了統治天下。

（八）在第八節裡，討論以「德」為主題的部分，相當於《中庸章句》第二十六章「今夫天斯昭昭之多」到最後的第三十三章。本節分量頗多，部分段落在揭示編撰者意圖一事上，具有決定性的作用，因此下文將引用原文並逐一展開其主要論旨。

> 大哉聖人之道！洋洋乎發育萬物，峻極于天。優優大哉！禮儀三百，威儀三千。待其人而後行。故曰：苟不至德，至道不凝焉。

本段文句表示，「禮儀三百，威儀三千」的中華至道，也必須等待具備至德的聖人到來方能實現。編撰者在此試圖主張，唯一有資格君臨天下、施行禮治，並發揚中華文明光輝的人，就只有「峻極于天」、具備至德的聖人孔子而已。

> 居上不驕，為下不倍，國有道，其言足以興，國無道，其默足以容。《詩》曰：「既明且哲，以保其身。」其此之謂與！

那麼，儘管孔子是唯一擁有至德且應坐上天子之位的人物，但孔子又為何沒有實際登上天子之位？正是因為孔子將「足以興」的言論藏在心裡，謹守無道之世明哲保身的教誨而沉默到底。孔子理應已藉由至誠的嶄新途徑而實現再次上升，進而參贊天地化育，成為實質上的王者；但在現實世界裡，孔子卻沒有登上天子之位。這裡，針對此一情形，編撰者開始替孔子進行辯解。

> 子曰：「愚而好自用，賤而好自專，生乎今之世，反古之道。如此者，烖及其身者也。」非天子不議

> 禮，不制度，不考文。今天下車同軌，書同文，行同倫。雖有其位，苟無其德，不敢作禮樂焉；雖有其德，苟無其位，亦不敢作禮樂焉。子曰：「吾說夏禮，杞不足徵也；吾學殷禮，有宋存焉；吾學周禮，今用之，吾從周。」

編撰者為孔子進一步辯護。首先，孔子為了避免不顧卑賤身分而專斷獨行的情況發生，表示「非天子不議禮」、「雖有其德，苟無其位，亦不敢作禮樂焉」，亦即謹守其自身有德但無天子之位的立場；縱使孔子只要願意施行就能實現，但他也並未試圖作為王者而創制新禮樂。其次周代禮制仍殘存並通用至今，既然依其遺制所定的車寬、文字及人倫如今仍能維持統一，為了避免「反古之道」而招致災禍，孔子選擇遵循周代遺禮。從這點來說，孔子也不一定要親自創制禮樂。編撰者就是通過上述兩項理由，解釋孔子雖為實質上的王者，卻沒有作為王者創作新禮樂的矛盾。

> 故君子之道：本諸身，徵諸庶民，考諸三王而不繆，建諸天地而不悖，質諸鬼神而無疑，百世以俟聖人而不惑。質諸鬼神而無疑，知天也；百世以俟聖人而不惑，知人也。是故君子動而世為天下道，行而世為天下法，言而世為天下則。

編撰者在此想以「其或繼周者，雖百世可知也」（《論語・為政》篇）的孔子之言為基礎，由此解釋既未即天子位、亦未創作禮樂的孔子為何能成為王者的問題，說明孔子是以何種型態君臨天下。孔子上能通過鬼神預知天事，明察天地之道，下能依照自身與庶民的實際情形，損益三代禮制而窮盡人事，即通過「下學而上達」(《論語・憲問》篇）的方法，孔子於百世之後仍能教導天下萬民，成為里程碑與準則。而此是以「動而世為天下道，行而世為天下法，言而世為天下則」的方式，即徑以孔子的言行舉止為里程碑準則，因此並不需要天子的地位和禮樂的創作等具體形式。

> 仲尼祖述堯舜，憲章文武；上律天時，下襲水土。辟如天地之無不持載，無不覆幬。辟如四時之錯行，如日月之代明。

編撰者在此將繼承堯、舜、文、武之道的孔子，進一步比喻為天地、四時及日月，以此彰顯作為王者的孔子之偉大：縱使孔子於形式上並非天子，但他卻作為天下萬民所應遵循效法的里程碑、準則而君臨天下。東漢鄭玄在注釋上文時云：「此孔子兼包堯、舜、文、武之盛德，而著之《春秋》，以俟後聖者也。」然而，〈中庸〉編撰者的意圖，並不只停留於「以俟後聖者也」的層面，而是進入了更深的層次：縱使孔子本人無官無職，但自己也躋身於堯、舜、文、武等古代聖王的行列，作為實質上的王者君臨天下。

> 唯天下至誠，為能聰明睿知，足以有臨也。

鄭玄對上文的注解為：「言德不如此，不可以君天下也。蓋傷孔子有其德而無其命。」誠如鄭玄所言，這種對孔子「有其德而無其命」的感傷，正是〈中庸〉編撰者之所以提出前述主張的動機。不過，在上文中，編撰者的意圖同樣不只停留於為孔子感到哀傷，而是向前更進一步，認為唯有天下至誠的孔子，才擁有作為真正天子君臨天下的資格；因此編撰者其實是在說孔子已是實質上的王者。

> 唯天下至誠，為能經綸天下之大經，立天下之大本，知天地之化育。（中略）苟不固聰明聖知達天德者，孰能知之？（中略）君子之道，闇然而日章；小人之道，的然而日亡。

編撰者於此處同樣是在說明，唯有「天下至誠」、生來「聰明聖知」且「達天德」的孔子能作為王者經綸天下。當然，孔子作為王者統治天下的型態不同於普通的王者。孔子是在無官無職的狀態下，以「經綸天下之大經，立天下之大本，知天地之化育」的永恆導師及規範的形式君臨天下。如果我們只將焦點放在孔子一生無官無職的歷史事實，可能會認為孔子這樣的生存方式闇然而抑鬱不得志；然而，作為人類永恆里程碑與準則，孔子的偉大將隨著時間的推移愈加熠熠生輝，逐漸顯現出其作為王者的真實姿態。

> 君子之所不可及者，其唯人之所不見乎。《詩》云：「相在爾室，尚不愧于屋漏。」故君子不動而敬，不言而信。（中略）是故君子不賞而民勸，不怒而民威於鈇鉞。《詩》曰：「不顯惟德！百辟其刑之。」是故君子篤恭而天下平。《詩》云：「予懷明德，不大聲以色。」

編撰者認為，君子並不倚賴號令或賞罰等外在統治手段，而是自然而然地向外界流露、顯現自身內在的德性，採取「不動而敬，不言而信」，即無為、無言的統治型態。因此未登上天子之位而挾斧鉞之威號令天下的孔子，乍看之下並沒有作為天子君臨天下，實際上卻是作為所有君王皆應遵循的法則，施行「君子篤恭而天下平」的沉默德治。[10]

> 子曰：「聲色之於以化民，末也。」《詩》曰：「德輶如毛」，毛猶有倫。「上天之載，無聲無臭」，至矣！

編撰者借孔子之口表示，號令和威嚇的怒容皆不過是統治的細枝末節；而唯有不讓人民感受到統治重壓的無為沉默之德治，方為統治的根本，這恰好與上天無聲無息地支配地上萬物的做法相同。在統治天下這件事上，孔子同樣沒有實際成為天子而君臨天下，因此所實施的是無形無言的德治，誰也沒有切實感受到他的統治。但孔子的統治其實就和上天的統治一樣，是在無形無言之中作為王者而君臨天下。

在〈中庸〉的結尾處，編撰者根據「子曰：『為政以德，譬如北辰，居其所而眾星共之』」（《論語．為政》篇）、「子曰：『無為而治者，其舜也與？夫何為哉，恭己正南面而已矣』」（《論語．衛靈公》篇）、「子曰：『不怨天，不尤人。下學而上達。知我者，其天乎』」（《論語．憲問》篇），及「子

10《論語》、〈中庸〉及《孟子》之所以會主張無為垂拱之治，是基於儒學內部的必然需求：一方面是因為儒學標榜德治主義，另一方面是要為沒能成為天子、被迫採取無為的孔子進行辯護。如津田氏等，在未充分考慮儒學內部因素的情況下，就徑直認定儒學著作中的無為垂拱之治是受到道家思想的影響，或許有些失之武斷。

曰：『予欲無言。』（中略）子曰：『天何言哉？四時行焉，百物生焉，天何言哉』」（《論語・陽貨》篇）等孔子之言，將孔子的統治大膽比擬為上天的統治；通過這樣的手法，編撰者試圖暗示：孔子實質上是作為無冕的帝王而君臨天下。

以上所述就是筆者所理解的〈中庸〉整體意圖，及其主要論點的展開。若將其化為圖示，大致就是圖二所示的結構，謹供各位讀者參考。

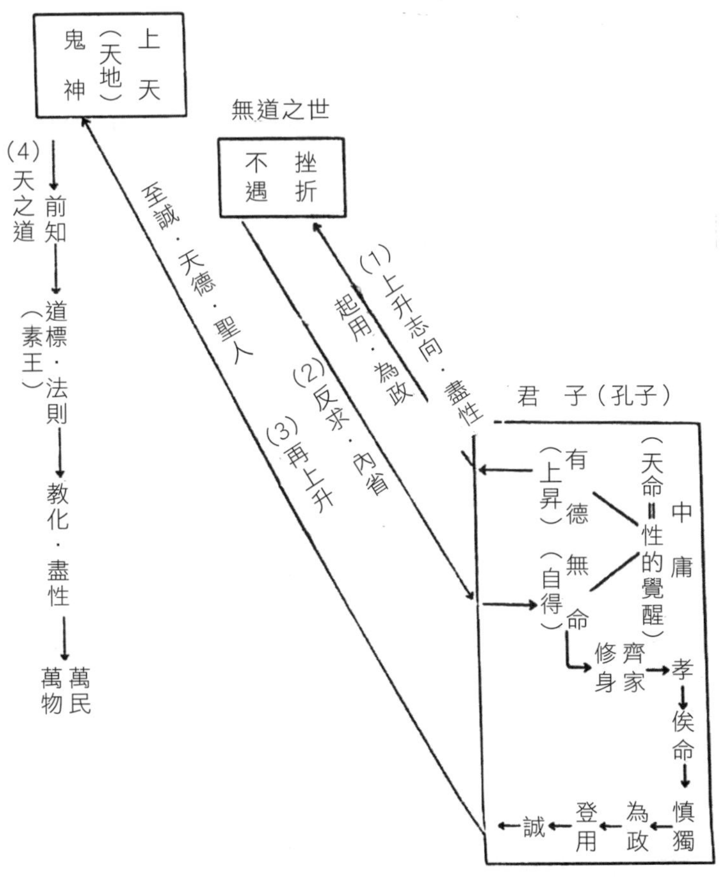

圖二　中庸的結構

三

前章探討了〈中庸〉全書的編撰意圖。不過，〈中庸〉的編撰者為何要以這樣的形式將孔子尊為無冕之王？本章將由古代儒學的發展歷程，考察〈中庸〉之所以被編撰出來的部分主因。

在「苟有用我者。期月而已可也」(《論語．子路》篇)、「我待賈者也」(《論語．子罕》篇）等文句裡，孔子表達出強烈願望，意圖謀求獲取政界地位並參與為政；而於此同時「居則曰:『不吾知也』」(《論語．先進》篇)、「知德者鮮矣」(《論語．衛靈公》篇）等文句裡，也看到孔子對沒有君主願意起用自己的現狀越憤懣不滿。

因此，孔子為實現進入政界的夢想，甚至還接受了反叛者的延聘，如「公山弗擾以費畔，召，子欲往。」「佛肸召，子欲往。」(《論語．陽貨》篇）所云。孔子的這番心思，不僅被反叛者陽虎看穿，如「好從事而亟失時，可謂知乎？」(《論語．陽貨》篇）所云，更從「已而，已而！今之從政者殆而！」(《論語．微子》篇）所見楚國狂人接輿的揶揄，以及「二三子，何患於喪乎？天下之無道也久矣，天將以夫子為木鐸。」(《論語．八佾》篇）所見儀地封人的寬慰中，可以知道這已是天下皆知的事情。

孔子所以如此始終執著於參政一事，主要有兩個原因：第一個原因是，就如「殷因於夏禮，所損益，可知也；周因於殷禮，所損益，可知也；其或繼周者，雖百世可知也」(《論語．為政》篇）所說，孔子想要親手損益三代禮制，並且就如「如有用我者，吾其為東周乎」(《論語．陽貨》篇）及「魯一變，至於道」(《論語．雍也》篇）所言，孔子對日益失去守護周文化傳統地位的既存周王室已不抱期待，而是懷著另一個大膽無畏的願景，即想在奉周公為開國君主的魯國繼承發展周道，建立起新的王朝。[11] 第一個原因是孔子懷著一個大膽無畏的願景：親手損益三代之禮制、拋棄對周王室之幻想、轉而奉魯欲在魯建立新王朝。

第二個原因是，就如「文獻不足故也，足則吾能徵之矣」（《論語・八佾》篇）、「文王既沒，文不在茲乎？天之將喪斯文也，後死者不得與於斯文也」（《論語・子罕》篇）及「天生德於予」（《論語・述而》篇）所說，孔子具有一種不可思議的自信，認為上天僅將損益三代禮制、從而奠定新王朝基礎的特殊禮學知識，以及能夠開拓新王朝的偉大德性授予一個人，而獨佔這份知識和德性的人正是自己。[12]

這兩項原因在孔子心中合而為一，使他燃起一股甚至異常的參政執著。這股熱情表面上雖然是像「出則事公卿」（《論語・子罕》篇）所說，以獲得既存為政者提拔起用的形式來實現，但孔子心裡真正的想法並不止於此，而是懷著自己遲早要成為天子的願望和夢想。

---

11 例如「《春秋》王魯」（《公羊傳》莊公二十三年，何休注）等《春秋》公羊學所採取的立場，就是基於孔子的此類言論。

12 雖然孔子將奠定王朝基礎的三代禮制作為自身專業而誇示，但如果從「不在其位，不謀其政」（《論語・泰伯》篇及〈憲問〉篇）和「君子恥其言而過其行」（《論語・憲問》篇）來看，以一介匹夫的身分談論王朝禮學是僭越至極的行為。因此，在孔子自稱習得的禮學裡，其實已必然潛藏著孔子的強烈政治志向。而子貢在被人問到孔子的學統時，始終只能以「夫子焉不學？而亦何常師之有」（《論語・子張》篇）的方式來強作解釋，完全無法明確揭示孔子的學問師承關係。這種奇異的現象，已經暗示著我們：孔子誇口「雖百世可知也」（《論語・為政》篇）的禮學知識，很可能是有幾分誇大妄想的孔子所幻想出來的產物。

然而，對於直接表明想要自己成為天子的野心，孔子畢竟還有所顧忌，只能通過極其曲折難解的方式來吐露。[13] 例如南宮适曾對孔子說：「羿善射，奡盪舟，俱不得其死然；禹稷躬稼，而有天下」（《論語．憲問》篇），暗示有德的孔子才是應該統治天下的人，孔子對此雖是「夫子不答」地佯裝沉默，但內心卻是深獲我心地喜悅不已，待南宮适一告退，立即滿臉喜色地表示：「君子哉若人！尚德哉若人！」此外，孔子也曾獨自感嘆：「山梁雌雉，時哉！時哉！」（《論語．鄉黨》篇）將自己想登上天子之位的心思，寄託於雌雉能待時飛翔、應機而止於樹枝之上的習性。更有甚者，就如「鳳鳥不至，河不出圖，吾已矣夫」（《論語．子罕》篇）所說，孔子焦慮於聖王出現的瑞兆始終不至的狀況，而感嘆自己的人生已走到盡頭。孔子這樣的心情，幾乎已經可以說是對周王室的精神謀反。[14]

13 例如《論語．堯曰》篇的開頭部分，一面將聖王受命與曆運聯結起來，一面強調由聖王來起用賢者，在行文上頗為特異而難解。但如果將「謹權量」以下部分都視作孔子的發言，就可發現其中同樣存在要將孔子加入創始新王朝的聖王之列的意圖。

14 屢屢夢見魯國開國君主周公的孔子，應該是在意識裡將自己與周公重合了起來，如「仲尼曰：『周公攝政，踐阼而治』」（《禮記．文王世子》）、「周公踐天子之位，以治天下」（《禮記．明堂位》），及《史記．魯周公世家》之中周公旦亦曾因有讒言稱其陰謀篡奪王位而出奔至楚等記載所言，周公究竟有無自行稱王一直是個爭論不休的問題；但後世儒家對此事做了讚揚和美化，稱周公只是攝政輔佐年幼的成王，並未由自己坐上王位。無論如何，儘管周公並未繼承王位，但就如「周禮盡在魯矣，吾乃今知周公之德，與周之所以王也」（《左傳》昭公二年）所說，周代的文物制度皆是由其親手制定，周公實質上是周王朝的核心存在。周公的這些事跡，對孔子的夢想形成具有極大的推進作用。

為了尋求起用自己的君主，孔子在十四年裡顛沛流離，長期周遊於列國之間，但終究還是在進入政界夢想未果的情況下收場；最後感到灰心喪志的孔子，發出「子曰：『予欲無言』」（《論語．陽貨》篇）和「子欲居九夷」（《論語．子罕》篇）等彷彿自暴自棄的絕望話語，並寄望尋求上天作為最後的理解者：「知我者，其天乎！」（《論語．憲問》篇）

孔子就這樣結束了他不得志的一生，而《史記．孔子世家》對孔子的臨終之姿是如此敘述的：

> 孔子病，子貢請見。孔子方負杖逍遙於門，曰：「賜，汝來何其晚也？」孔子因歎，歌曰：「太山壞乎！梁柱摧乎！哲人萎乎！」因以涕下。謂子貢曰：「天下無道久矣，莫能宗予。夏人殯於東階，周人於西階，殷人兩柱間。昨暮予夢坐奠兩柱之間，予始殷人也。」後七日卒。

上文所描繪的，是孔子淒涼無比的悲慘模樣：整個人都仰賴拐杖支撐的孔子，口中唱著「哲人萎乎」，沉浸在悲傷的淚水之中，哀嘆著「天下無道久矣，莫能宗予」，怨懟自己未能成為天下宗主的潦倒一生；雖實為殷人後裔的孔子，傾其畢生之力繼承與發展周道，卻不得不在臨終之際全盤否定自己一生的努力。[15] 就如孔子在夢裡所看到的那樣，孔子若是殷人後裔，那他在時間上就是遭到時代拋棄的踽踽獨行者，在空間上則是煢

15 在《禮記．檀弓》裡也有與本段敘述相關的平行資料，該資料將敘述重點放在孔子從夢的內容體悟到自己的死期上，且此文中的孔子，看起來只是希望能獲得明君起用：「夫明王不興，而天下其孰能宗予？」

煢孑立於周人社會中的孤零者。臨終之際的孔子，心中所浮現的就是這樣一幅悲涼的景象。

究其根本，孔子的一生充滿了許多矛盾，[16] 而他作為非受命聖人而生、又以此身分告終一事，尤其充塞深刻矛盾。包括孔子自己在內，儒者主張有德聖人方能受命統治天下，並標榜現實歷史就是如此推移的德治主義。因此當他們在回顧歷史時，自然會將歷史解釋為一套有德聖人受命成為聖王的系譜，而這套有德聖人受上天之命成為聖王的因果法則，在堯、舜、禹、湯、文王、武王的傳承裡也確實得到了貫徹。

然而孔子之死卻徹底改變了這整件事情，因為歷史上第一次出現非受命的聖人。孔子雖然帶著這一矛盾撒手人寰，此矛盾卻並不單純只是孔子個人的矛盾、並伴隨著他的離世而解除，而是就此遺留下來，成為儒學全體亟待解決的學派課題。此矛盾若沒有得到解決，那麼無論是儒學所標榜的德治因果法則，還是學派開山祖師孔子本人都將就此崩塌。因為儒學將永遠無法走出這樣的死路：即儒者越是聲嘶力竭地主張德治因果法則的正當性，越會招致孔子本人是否確為真實有德之聖人的質疑；反過來說，儒者越是極力宣傳孔子是絕對有德之聖人，德治因果法則的破綻就越加明顯。隨著孔子的辭世，孔子後學面臨一個巨大的危機：他們無比敬愛追慕的開山祖師孔子，其本身的存在將會瓦解儒學的根本理念。

16 我們還可以舉幾個例子來說明孔子的矛盾：孔子教導弟子發言要與地位相應，但他自己卻大談與其身分不相應的天下國家為政之道；孔子強調「不患無位，患所以立」（《論語・里仁》），認為自我修養比起獲得地位更為重要，但在他處又頻頻針對不得志一事發出不滿；孔子提倡繼承周道的理念，但他對現存的周王室卻又採取完全無視的態度等。

此外，就如前文所說的，儒學開山祖師孔子的死亡可說悲慘至極；而儒者在理解傳承這件事時，很自然會產生以下兩種情緒：一是向不願接納孔子偉大德性、使其潦倒而亡的歷史現實展開復仇；一是通過向世界復仇的行為，寬慰於失意中辭世的孔子靈魂。在上述復仇和安魂的同時，當然也必須連帶解決前述的學派課題。這樣，孔子後學開始著手處理「非受命聖人——孔子」這道被遺留下來的難題。

說來與此類似的動向，在孔子的晚年既已存在。身懷經世之才、支持晚年孔子的心腹弟子子貢，[17] 就曾經展開如下的宣傳活動：「子貢曰：『固天縱之將聖，又多能也』」（《論語・子罕》篇）、「仲尼不可毀也。他人之賢者，丘陵也，猶可踰也；仲尼，日月也，無得而踰焉」（《論語・子張》篇），及「夫子之不可及也，猶天之不可階而升也」（《論語・子張》篇），主張孔子正是能與天和日月相並列的聖人。

子路則認為應以位居要津者的方式來為孔子治喪，故以「使門人為臣」（《論語・子罕》篇）的欺詐方式，想在虛構之

17 公元前 484 年，齊國為報復前一年的兵敗郥邑，派大夫國書攻打魯國。人在衞國的孔子接獲急報，立即派遣子貢前往齊國，勸說齊田常討伐吳國。子貢在出使齊國之後，接著又去了吳國，說服吳王討伐齊國以拯救魯國。其後子貢又前往越國，煽動越國先暫時假裝與吳國合作，再伺機滅掉吳國。子貢最後甚至還去了晉國，指點晉國做好戰備，以應對吳國的征伐中原。《史記・仲尼弟子列傳》對子貢的精明幹練讚許不已：「故子貢一出，存魯，亂齊，破吳，彊晉而霸越。子貢一使，使勢相破，十年之中，五國各有變。」即子貢帶著孔子交付的密令，宛若縱橫家般地進行國際謀略活動。臨終之際的孔子，之所以會發出「賜，汝來何其晚也」（《史記・孔子世家》）這樣令人費解的感嘆，或許是以暗喻的形式隱藏著孔子的悲嘆：子貢你要是能更早發揮出這種縱橫諸國的力量，也許我就能成為天下的宗主了。

中實現孔子的宿願。以上這些做法都是通過矯飾來將孔子聖人化，就如「夫子之得邦家者，所謂立之斯立，道之斯行，綏之斯來，動之斯和」(《論語・子張》篇) 所說，想像孔子登上君位的模樣，可說是這場企圖去除孔子怨念的運動先驅。在孔子逝世之後，這場運動更是賭上了整個學派的命運，義無反顧地持續推行下去。

如前文所言，相傳為孔子之孫子思所作的〈中庸〉，用盡全書篇幅，試圖替孔子未能於現實世界中成為王者一事進行辯護，並說服讀者相信，儘管孔子未能於現實世界中成為王者，實際上卻是通過沉默德治而君臨天下的王者。對自負為孔門嫡系正傳的子思學派來說，這樣的努力具有格外切實的意義。

繼承子思學統的孟子，如「由堯舜至於湯，五百有餘歲，若禹、皋陶，則見而知之；若湯，則聞而知之。由湯至於文王，五百有餘歲，若伊尹、萊朱則見而知之；若文王，則聞而知之。由文王至於孔子，五百有餘歲，若太公望、散宜生，則見而知之；若孔子，則聞而知之」(《孟子・盡心下》篇) 所說，將德治的因果法則與王者五百年周期說結合起來，以此形式將孔子置於獲得上天啟示成為新王朝宗主的古代聖王系譜之中，[18] 主張孔子是能夠聽聞繼承周王朝之新王朝的王者。

另一方面，孟子又說：「五百年必有王者興，其間必有名世者。由周而來，七百有餘歲矣。以其數則過矣。」(《孟子・公孫丑下》篇)，在承認孔子實際上並未開創新王朝的歷史事實同時，也為孔子展開辯護活動：孟子力唱孔子《春秋》筆削之說：「孔子懼，作《春秋》。《春秋》，天子之事也」(《孟子・

18 此部分的詳細解釋，請參照腳注 5 提到的拙作。此外，在馬王堆漢墓出土的古佚書《德聖》裡，亦有「知天道曰聖。聖者，聲也」及「其謂之聖者，取諸聲也。知天者有聲」這樣的文句。

滕文公下》篇），認為孔子以作《春秋》來代替制禮作樂，於實質上實行天子之事業，故其應為「得百里之地而君之，皆能以朝諸侯有天下」（《孟子．公孫丑上》篇）的聖人。

這股尊吾輩學統之師為王者的風潮，並非僅限於子思和孟子學派。作為標榜德治主義的儒家宿命，荀子後學們竭力宣傳，完全不遜於子思和孟子學學派：「為說者曰：『孫卿不及孔子。』是不然。（中略）然則孫卿懷將聖之心，蒙佯狂之色，視天下以愚。《詩》曰：『既明且哲，以保其身。』此之謂也。（中略）得孫卿之遺言餘教，足以為天下法式表儀。（中略）天下不治，孫卿不遇時也。德若堯禹，世少知之。（中略）宜為帝王。天地不知。」（《荀子．堯問》篇）這裡以與〈中庸〉極為相似的語調，主張荀子才是實際上應該坐上帝王之位的人。

到了西漢的公羊學者董仲舒那裡，則直接明言孔子懷有親自招來鳳鳥及河圖的祥瑞，以及自己成為新王朝開創者的願望：「孔子曰：『鳳鳥不至，河不出圖，吾已矣夫！』自悲可致此物，而身卑賤不得致也。」（《漢書．董仲舒傳》）董仲舒更繼承孟子以來的孔子《春秋》筆削說，「孔子作《春秋》，先正王而繫萬事，見素王之文焉」（《漢書．董仲舒傳》），將孔子明確認定為素王。董仲舒還獻策，建議武帝抑制諸子百家之學，並以孔子之教誨作為唯一正統的官學而予以國家認可。以此為契機，其後儒學獨佔了國教寶座。

到了東漢章帝時期，孔子終於成為國家祭祀的對象，[19] 孔

19《後漢書．祭祀志中》云：「章帝即位，元和二年正月，詔曰：『山川百神，應祀者未盡。其議增修群祀宜享祀者。』（中略）幸魯，祠東海恭王，及孔子、七十二弟子。」此外，根據劉昭注補引用的《漢晉春秋》所言，當時是由章帝升廟西面擔任主祭，群臣則於中庭北面。也就是說，此時的孔子神靈，對東漢群臣而言是作為王

子無冕王者的地位得到了官方追認，儒學也上升為以孔子為宗主的王者之教——儒教。[20] 對儒者來說，孔子為何一定要是素

者南面。另外，漢代皇帝首次祭祀孔子的事例為公元前 195 年的漢高祖：「行自淮南還。過魯，以大牢祠孔子。」（《漢書・高帝紀》）但其意圖今已不可考。

20 若要以「教」來稱儒家和道家為「儒教」和「道教」，就必須如「夫帝王功成作樂，治定制禮。此蓋皇業之盛事也。（中略）孔老何人得為教主。孔雖聖達無位者也。」（釋道安：《二教論・君為教主第三》），與「凡立教之法，先須有主。道家既無的主，云何得稱道教。（中略）周孔二人直是傳教人，不得自稱教主。若言以老子為教主者，老子非是帝王，若為得稱教主。（中略）儒者用三皇五帝為教主。（中略）墳典是教，帝皇為主，儒得稱教」（法琳：《辯正論》）所云，考量三項必須的要件：一是要有教主；二是教主要擁有帝王的地位；三是要有記載作為王者之教主教誨的經典。相關討論請參照小林正美：〈三教交涉中的「教」之概念〉（〈三教交涉における『教』の観念〉，收錄於吉岡博士還曆紀念《道教研究論集——道教的思想與文化》）。要求「教」必須符合上述條件的議論，源自中國世界的傳統觀念，亦即唯有王者方能教令天下、教化萬民。前揭引文裡，姚道安和法琳的指責矛頭主要是指向道教，對於儒家以儒教一事姑且還能容忍。但縱使如此，就如「孔雖聖達無位者也」及「周孔二人直是傳教人，不得自稱教主」所言，他們以孔子不具帝王之位為唯一理由，完全否定將孔子作為儒教教主的想法。在這種儒釋道三教競相擴張勢力、爭奪國家認可、互相主張自身正統性的情況下，儒家經常不斷遭到外界批評，質疑孔子並非帝王。因此，為了消除這樣的外界壓力，儒家必須將孔子尊為素王，將儒學上升為王者孔子的教誨，亦即儒教。在這層意義上，下文兩件事對國家承認孔子素王說及儒教的成立，具有劃時代的作用：一是「二十七年詔，夫子既稱先聖，可謚曰文宣王。遣三公，持節冊命，以其嗣為文宣公，任州長史，代代勿絕。先時孔廟，以周公南面，而夫子坐西墉下。貞觀中廢周公祭，而夫子位未改。至是二京國子監，天下州縣，夫子始皆南向，以顏淵配」（《新唐書・禮樂志五》）；二是唐玄宗開元二十七年，首次追封孔子為「文宣王」。自此之後，儒學就從陰鬱情緒的桎梏中逐漸解放出來，並提出新的目標，以四書為教本，透過自身的學習來達到聖人境界。新儒學的時代就此到來。

王，儒學又為何必須是國家公認的唯一正統學問，其理由已非常明白：通過儒學的國教化，儒家就能將孔子作為素王公然列入有德故受命的聖王系譜之中，解決其非受命聖人的矛盾，從而成功維持德治因果法則的有效性。同時儒者也通過這樣的方式，向拒絕孔子而迫使其淒慘失敗的歷史現實展開復仇，並拯救孔子那因難以平息的為政執念而「禱久矣」(《論語・述而》篇)，卻只能含恨而終的靈魂。

這種陰鬱的激情，就是在根柢處支撐起古代儒學，並將儒學一路推至儒教位置的力量。如果〈中庸〉也是這種陰沉怨念下的產物，那麼潛藏於其中的編撰意圖，也將會鮮明地浮現於我們眼前。[21]

結語

通過以上討論，本文已闡明〈中庸〉整體的編撰意圖，在於主張非受命聖人孔子是無冕的王者。如果接受這樣的看法，那麼無論是將〈中庸〉分割成前後兩半的說法，或是將〈中庸〉視作沒有連貫思想體系、僅是雜亂無章之編輯物的說法，都只能是因為忽略〈中庸〉整體編撰意圖所導致的嚴重誤解。

〈中庸〉的編撰者，主要是以現存於《論語》的孔子言行為基礎，並斟酌揀選儒家所傳承的各式資料，再以己意進行添改，以期傳達前述的意圖。因此，即使書中素材源自各式各樣的不同文章，但在編撰意圖上仍具有一致的連貫性。

21 這種情緒並不止侷限於〈中庸〉，更將《詩》、《書》、《易》、《十翼》、《春秋》、《禮記》、《儀禮》、《周禮》等與孔子進行聯結，並轉化為經書，成為推動經學形成的根本精神；更是用以補充經學的緯書之所以產生的要因。

然而，就此將〈中庸〉視作邏輯分明、首尾連貫，且具有縝密的哲學體系之著作，同樣也是錯誤的。〈中庸〉的連貫性隨著編撰者對論點的展開，其整合性、體系性僅止於各段落在形式上大致具有一種編排順序的程度。所以，若是對〈中庸〉的內容進行嚴格探究，會發現許多無法整合的部分和互相矛盾的敘述。不過，既然編撰者在意圖上本來就並非哲學系統化，那麼這樣的現象也是理所當然的事情。因此，探討〈中庸〉的主題究竟在於「中庸」還是「誠」的考察，同樣沒有把握到問題的核心。唯有將〈中庸〉置於試圖使得孔子上升為素王的古代儒學發展史裡，才有可能釐清〈中庸〉的本質。

本書作者簡介

（按文章順序排序）

武內義雄（Yoshio Takeuchi，1866–1966）

字誼卿，號述庵。京都大學文學博士，日本東北大學名譽教授，日本學士院會員，獲「文化功勞者」稱號。師從狩野直喜，研究集清代考據學與日本漢學文獻批判學之長，奠定了日本中國思想史研究基礎。著有《論語之研究》、《老子原始》等，另有《武內義雄全集》（東京：角川書店，1978 年）十卷行世。

津田左右吉（Sōkichi Tsuda，1873–1961）

文學博士，早稻田大學名譽教授，日本文化勳章獲得者，東京文獻學派初代重要學者之一，在日本思想史、中國思想史及日本古代史等領域鑽研甚深。歿後由岩波書店出版了《津田左右吉全集》全三十三卷（1963 年 –1966 年），再版（1986 年 –1989 年）時並追加了補遺兩卷。中譯本有《論語與孔子思想》（曹景惠譯，台北：聯經，2015 年）；《日本的神道》（鄧紅譯，北京：商務印書館，2011 年）等。

重澤俊郎（Toshio Shigezawa，1906–1990）

1932 年於京都帝國大學文學部中國哲學科畢業，歷任京都帝國大學文學部助教授、教授。1970 年退休，任榮譽教授。著有《原始儒家思想與經學》、《周漢思想研究》、《左傳人名地名索引》、《中國哲學史研究——唯心主義與唯物主義抗爭史》等書目。

板野長八（Chohachi Itano，1905–1993）

1931 年畢業於東京帝國大學東洋史系。1933 年任立正大學講師，1934 年任東京東洋文化研究所助理。1947 年任北海道大學法文學部教授，北海道文理大學教授。1958 年任廣島大學教授。後來在廣島修道大學任教授。著有《儒教成立史之研究》、《中國古代社會思想史之研究》。

赤塚忠（Kiyoshi Akatsuka，1913–1983）

1913 年生於茨城縣。1936 年東京帝國大學中國哲學科畢業。曾任東京大學文學部助教授、教授，1974 年退休後，為東京大學名譽教授、二松學舍大學教授。研文社出版《赤塚忠著作集》（1986 年 –1989 年）包括《中國古代文化史》、《中國古代思想史研究》、《儒家思想研究》、《諸子思想研究》、《詩經研究》、《楚辭研究》、《甲骨・金文研究》等七冊。

島森哲男（Tetsuo Shimamori）

宮城教育大學名譽教授。1949 年千葉縣生。東北大學文學部畢業，東北大學大學院博士課程期滿退學。歷任宮城教育大學講師、助教授、教授。2016 年退休。中國哲學專攻。著有《四字熟語 —— 四字所述睿智深邃》（1995 年）；《伊達政宗之漢詩》（2014 年）。與淺野裕一共著《鑑賞中國古典》卷三《孟子・墨子》（1989 年）。與村上哲見共編《四字熟語源流》（2002 年）。

金谷治（Osamu Kanaya，1920–2006）

1920年生於三重縣，畢業於東北帝國大學法文學部中國哲學專業。文學博士。舊制弘前高校講師，東北大學文學部副教授，曾任東北大學名譽教授，追手門學院大學名譽教授。主要著作有《秦漢思想史研究》（1960年）、《論語之世界》（1970年）、《老莊討繹》（1988年）等。

淺野裕一（Yuichi Asano）

1946年出生於仙台。畢業於東北大學文學部，文學博士，專攻中國哲學。曾任東北大學研究生院環境科學研究所教授等，現為東北大學名譽教授。著有《孔子神話》、《古代中國的語言哲學》、《解讀孫子》、《中國古代的宇宙論》、《老子與上天》等。

編譯後記

這本小書歷經多時終於正式出版了！

一個多世紀以來的日本漢學研究，無論是中國文學、歷史還是思想史研究，迄今為止，依舊是世界範圍內的中國研究值得矚目和學習借鑒的重要成果。有鑒於此，遂有這一本《現代日本中庸研究論文集》的付梓刊行。

關於本書收錄相關日文論文的情形，筆者已在前言〈二十世紀日本學者中庸研究回顧〉一文（《中國經學》第二十九輯所收）中有所敘述。允當與否且置不論，茲則不再贅述。下文僅就相關翻譯出版經委略作說明。

本書的翻譯緣起與初始工作，全賴黃冠雲教授之功。冠雲兄按照佐藤將之先生〈「建構體系」與「文獻解構」之間：近代日本學者之《中庸》思想研究〉（《政大中文學報》第16期〔2011年〕）一文，不但制定了書中選錄的日文論文篇目，還請相關友人對部分論文進行了初步翻譯。2018年夏，承蒙冠雲兄不棄，轉將相關論文原稿和部分譯稿託付筆者，推進後續相關翻譯與編輯整理工作。其間，又因筆者在Bentley University教學之故，進展緩慢。直至2019年末新冠疫情肆虐之後，反而因禍得福，得以全身心投入其中。一則重譯部分初稿，再則完成剩下譯稿；全書譯稿完成之後又重校兩遍，最終結成此編。

在翻譯進行中，筆者曾向古橋紀宏教授、目片祥子博士、池田一也博士幾位請益；完稿之後曾請李靜博士校閱一過。一字之師，足資感銘。書稿完成之後，承冠雲兄推薦，香港浸會大學饒宗頤國學院陳致教授慨允，最終得以幸忝饒宗頤國學院漢學譯叢系列叢書，十分幸運！

關於本書中相關日文論文的版權問題，是決定最終能否出版的決定性因素。在多方求援，幾近無望的情況下，筆者冒昧聯繫到大阪大學湯淺邦弘教授請求幫助。不意湯淺教授竟在百忙之中施以援手，不厭其煩地與相關論文原出版社、雜誌社逐一聯繫，牽線搭橋，最終玉成此事。令人感佩！需要特別說明的是，本書實際所收論文與最初選目略有出入：大濱皓與木村英一兩篇文字因版權問題，只能割愛。希讀者諒之。

最後，謹以此書獻給相濡以沫的妻子陳俐霖（Ting Lee Ling）女士！

刁小龍

二零二二年八月末於港島納米居

□ 責任編輯：黃杰華
□ 封面設計：簡雋盈
□ 排　　版：陳美連
□ 印　　務：劉漢舉

饒宗頤國學院漢學譯叢

現代日本中庸研究論文集

□
編譯
刁小龍

□
出版
中華書局（香港）有限公司
香港北角英皇道 499 號北角工業大廈一樓 B
電話：(852) 2137 2338　傳真：(852) 2713 8202
電子郵件：info@chunghwabook.com.hk
網址：http://www.chunghwabook.com.hk

□
發行
香港聯合書刊物流有限公司
香港新界荃灣德士古道 220-248 號
荃灣工業中心 16 樓
電話：(852) 2150 2100　傳真：(852) 2407 3062
電子郵件：info@suplogistics.com.hk

□
印刷
美雅印刷製本有限公司
九龍觀塘榮業街 6 號海濱工業大廈 4 樓 A

□
版次
2025 年 5 月第 1 版第 1 次印刷

□
規格
特 16 開（228 mm × 151 mm）

□
ISBN：978-988-8913-50-3